城市轨道交通土建工程
质量安全管理概论

北京建大京精大房工程管理有限公司　编著

中国建筑工业出版社

图书在版编目（CIP）数据

城市轨道交通土建工程质量安全管理概论 / 北京建大京精大房工程管理有限公司编著.—北京：中国建筑工业出版社，2019.10
 ISBN 978-7-112-24337-2

Ⅰ.①城… Ⅱ.①北… Ⅲ.①城市铁路—轨道交通—土木工程—工程质量—安全管理—概论 Ⅳ.①U239.5

中国版本图书馆CIP数据核字（2019）第227088号

责任编辑：戚琳琳 率 琦
责任校对：赵听雨

城市轨道交通土建工程质量安全管理概论
北京建大京精大房工程管理有限公司 编著

*

中国建筑工业出版社出版、发行（北京海淀三里河路9号）
各地新华书店、建筑书店经销
北京点击世代文化传媒有限公司制版
北京富诚彩色印刷有限公司印刷

*

开本：787×1092毫米 1/16 印张：25¼ 字数：563千字
2020年1月第一版 2020年1月第一次印刷
定价：148.00元
ISBN 978-7-112-24337-2
 （34660）

版权所有 翻印必究
如有印装质量问题，可寄本社退换
（邮政编码 100037）

《城市轨道交通土建工程质量安全管理概论》编委会

主　　编　田世文　赵　群

副 主 编　周兰芳（北京建筑大学）　段银茂　杨焕松　刘学红　耿培刚

顾　　问　周正宇（北京市交通委员会）
　　　　　　王　钢（北京市重大项目指挥部办公室）
　　　　　　杨和平（北京市住建委应急管理处）
　　　　　　鲁　屹　金　淮　韩学诠　韩少光　刘　鑫　张自太　贺农农

主　　审　刘　文

审核委员　谢四林　张京辉　赵慧勇　马雪梅　刘永勤　陈　建　闫相林　耿　敏
　　　　　　马运康　张海波　司　磊　李　强　刘　丹　李贵林　姜宏勋　田万义

编　　委　田世文　周兰芳　段银茂　杨焕松　刘学红　吴力刚　李安清　杜新飞
　　　　　　张　柏　杨　军　武玉华　侯长红　朱　斌　郝立垄　田飞宇　张春艳
　　　　　　王小燕　张大伟　杨旭升　郑　刚　高　健

资料支持　于　珊　杜庆松　张之正　孙　浩　王秋月　陈雪萍　黄湘燕

参　　编　汪国锋　李　波　王宏斌　刘永旗（北京市轨道交通建设管理有限公司）
　　　　　　林　森　孟昆鹏（长春轨道交通集团有限公司）
　　　　　　耿培刚　曹小为（徐州市城市轨道交通有限责任公司）
　　　　　　付春青　毕　欣　王　青（北京住总集团有限责任公司）
　　　　　　杨志强　张　宏　马云新（北京建工集团有限责任公司）
　　　　　　曾德光　刘双全（北京城建设计发展集团股份有限公司）
　　　　　　宋海山（北京市政路桥股份有限公司）
　　　　　　王建锋（中交路桥建设有限公司）
　　　　　　卢艳伟　陈振溢（北京城乡建设集团有限责任公司）
　　　　　　孟德平（中铁一局集团有限公司）
　　　　　　徐公文（中铁三局集团第四工程有限公司）
　　　　　　曾恕辉　夏国松（中铁十一局集团城市轨道工程有限公司）
　　　　　　冯振鲁　孙　伟（中铁十四局集团有限公司）
　　　　　　李宏达　杨立伟　王　兵（中铁十六局集团有限公司）
　　　　　　刘新乐　郑新志　张　鹤（中铁电气化局集团有限公司）
　　　　　　郑　印（内蒙古维盈工程咨询有限公司）
　　　　　　王铁铮（中国建筑一局集团有限公司）
　　　　　　郑俊杰（河南万安工程咨询公司）
　　　　　　彭　刚（郑州市工程质量监督站）

序

继 2015 年出版《地铁车站装饰装修工程质量管理实务》，时隔三年多，北京建大京精大房工程管理有限公司又组织编制了两本书，分别为《城市轨道交通土建工程质量安全管理概论》与《城市轨道交通土建工程质量安全管理实务》，可谓孪生篇。这三本书从城市轨道交通装修工程和土建结构本体工程着手，相互呼应形成城市轨道交通土建工程质量安全管理的姊妹篇。再次受邀为图书作序，我深感荣幸。

世界各大城市的发展表明，轨道交通是现代城市多层次、立体化综合交通体系的骨架，是破解大城市病的一剂良药。其在完善城市功能布局，拓展城市发展空间，带动社会经济发展，缓解地面交通拥堵等方面均发挥了重要作用。

近年来，随着社会经济的不断发展，我国轨道交通建设迎来高速发展期。截至 2017 年年底，中国内地共有 34 个城市拥有已运营的轨道交通，运营总里程达到 5032.7 公里，年度完成总投资达到 4762 亿元。同时，北京轨道交通建设也一直处于高速发展期。截至 2018 年年底，北京轨道交通运营线路达到 22 条，运营里程达到 636.8 公里。"十三五"末，北京轨道交通运营里程将超过 900 公里。按照《北京城市总体规划（2016～2035 年）》，2035 年北京轨道交通运营里程将超过 2500 公里。

轨道交通是百年工程。如此大规模、快速度、高投资推进的城市轨道交通建设，需要参建各方切实做好质量安全管理工作。相比较而言，城市轨道交通装饰装修工程主要体现线路、车站特色，为乘客提供舒适愉悦的乘车环境，是乘客对轨道交通的第一视觉感受。土建结构本体工程的质量安全则直接关乎每条线路的建设水平、效益和安全运营，是实现进度、功能、成本目标的前置条件，看不见，摸不着，但要经得起历史的检验。

此两本书以项目管理理论为基础，以政策法规、技术标准为依据，并结合部分案例论述，全书内容丰富，各章节逻辑关系符合施工规律，语言描述简练明了，图文对照，便于理解记忆。

《城市轨道交通土建工程质量安全管理概论》侧重宏观预控，首先，将庞大的城市轨道交通土建结构工程内容梳理得清晰有序，并对各主要工法做了简介，继而从项目生产组织活动视角系统地论述城市轨道交通土建工程质量、安全、风险的管理要点和各责任主体的职责。同时阐述了城市轨道交通土建工程的合同与信息化管理，最后从技术角度论述了各工法共同的测量及试验检测的专业管理内容，对各参建单位的管理人员提高专业理论和技术水平将起到促进作用。

《城市轨道交通土建工程质量安全管理实务》侧重于施工现场的管理，分别论述不同工法的车站、区间及车辆基地和声屏障工程的施工质量安全管理要点及验收标准，具有较强的可操作性，对加强城市轨道交通土建工程质量安全管理具有指导作用。

城市轨道交通质量安全管理工作是一项系统工程，需要常抓不懈，需要在工程实践中不断总结和提升。相信这套书的出版，能够对城市轨道交通建设领域的从业人员有所帮助，为提高我国的工程质量安全水平作出贡献。

王 钢

2019年2月

前　言

我国的城市轨道交通建设始于 1965 年 7 月的北京地铁 1 号线（该线路于 1969 年 10 月通车），历经半个世纪发展势头日趋强劲，正处于建设基本路网的快速发展时期，全国各主要大中城市地铁建设投资规模之大，建设速度之快前所未有，据中国城市轨道交通协会信息，截至 2018 年年底，全国城市轨道交通运营里程达 5761.4 公里，北京市城市轨道交通运营里程达 713 公里，近两年来城市轨道交通更是走上了稳步有序的发展之路，我国各城市的轨道交通建设规划由国家发展改革委员会与住房和城乡建设部审批，报国务院备案。城市轨道交通近期和远期的发展规划，是从单一线路建设逐步形成交通网。

不可否认，城市轨道交通建设在发展中存在一定的问题，其中土建工程施工质量安全管理的不足较为明显，例如，有些参建单位对相关质量安全管理的法规文件贯彻不力，对工程风险的辨识及其控制尚不能够全面，施工过程的质量控制和安全管理尚有缺位，未能做到全面检查监管质量安全；部分技术、管理人员对各工法相关的技术标准和基本概念掌握不准，难以正确指导作业人员等，导致了质量安全事故时有发生。

作为高等院校的企业和城市轨道交通工程的参建者之一，为贯彻党和国家的方针政策，提高土建工程质量安全管理水平，培养"准入业人员"和基层作业人员的基础知识和操作技能，协助提升技术管理人员的专业理论和现场管理能力，我们责无旁贷。

鉴于此，我们组织力量编写了《城市轨道交通土建工程质量安全管理概论》与《城市轨道交通土建工程质量安全管理实务》两本书，可谓孪生篇，与 2015 年年底出版的《地铁车站装饰装修工程质量管理实务》组成姐妹篇。

《城市轨道交通土建工程质量安全管理概论》以现行各层级相关的法律法规、政策文件和技术标准为依据，从项目管理视角出发，以建设、施工、监理单位为主角，论述其管理职责及主要工法施工质量安全管理要素和控制方法、手段。本书首先将城市轨道交通土建工程中的实体划分（单位、分部分项工程）及主要工法做了细致梳理，引导读者入门，进而系统讲解关于其质量、安全、合同和信息化管理的理论知识，为实际工程履行职责打好基础。

本书共分八章。

第一章为城市轨道交通土建工程概述，分两节，第一节是城市轨道交通土建工程的组成，介绍城市轨道交通土建工程的基本概念以及在建筑领域内的定位；第二节介绍工程层次（单位、分部、分项工程）的划分。

第二章为城市轨道交通土建工程工法简介，共分六节，依次是地下水控制、明挖法、盖挖法、浅埋暗挖法、矿山法、盾构法等。

以上两章为基础知识，使读者首先建立起城市轨道交通土建工程的完整轮廓和主要修建方法，为阅读本书及《城市轨道交通土建工程质量安全管理实务》起到索引和导读作用。

第三章为城市轨道交通土建工程质量管理，分三节，分别是质量管理综述、施工阶段的质量控制及验收阶段的质量管理。

第四章为城市轨道交通土建工程安全与环境管理，分两节，分别是安全管理、职业健康和环境管理。

第五章为城市轨道交通土建工程风险管理，分三节，分别是风险管理概述、施工风险管理和质量安全事故典型案例分析。

以上第三、四、五章从组织管理角度叙述各工法通用的质量、安全、职业健康和环境管理以及风险管理要点，并阐述了建设、勘察、设计、施工、监理五大参建方及其法定代表人、项目负责人、相关工作人员的职责。

第六章为城市轨道交通土建工程合同及信息化管理，分三节，分别为合同管理、项目信息化管理以及项目资料管理。

第七章为城市轨道交通土建工程测量、监控量测质量管理，分为两节，分别是测量质量管理、监控量测质量管理。

第八章为城市轨道交通土建工程试验和检测管理，分为三节，分别是工程试验及实体检测概述、工程材料试验管理及实体检测管理。

第七、八章为各工法中通用的专业部分，为减少以后重复，集中在本书叙述。

本书受众对象主要为城市轨道交通土建工程参建单位的管理人员和技术人员，可供其在工作中使用参考，尤其对刚从业或从相关专业（如工民建或市政等）转岗的技术和管理人员起到快速进入角色、胜任岗位工作的作用，助力城市轨道交通土建工程整体队伍管理水平的提高。本书可作为行业内企业对基层一线建设者的培训教材，或作为入职人员的从业引导工具；还可供大专院校相关专业在校生阅读，或作为毕业生和在读研究生课题研究的参考资料。

本书编委会

目 录

序
前言

第一章 城市轨道交通土建工程概述　　001

第一节　城市轨道交通土建工程的组成　　002
一、车站　　003
二、区间　　006
三、车辆基地　　008
四、轨道　　020
五、声屏障　　022

第二节　城市轨道交通土建工程的划分　　029
一、城市轨道交通土建工程划分依据　　030
二、城市轨道交通土建工程质量验收划分的原则　　031
三、工程层次划分表　　032

第二章 城市轨道交通土建工程工法简介　　039

第一节　地下水控制　　040
一、降水工程　　040
二、止水工程　　042

第二节　明挖法　　044
一、明挖车站、区间施工简介　　045
二、基坑围护　　046
三、基坑开挖　　046
四、防水工程　　047
五、主体结构与附属工程　　047
六、覆盖土层回填　　047

第三节　盖挖法　　048
一、盖挖顺作法（铺盖法）　　048
二、盖挖逆作法　　051

	三、盖挖半逆作法	052
第四节	浅埋暗挖法	052
	一、浅埋暗挖法分类和施工原则	052
	二、一般断面隧道的开挖法	054
	三、特大断面暗挖法	062
	四、暗挖主要工法的综合比较	065
	五、超前支护	066
	六、初期支护	069
	七、冻结法	070
第五节	矿山法	077
	一、钻爆法	078
	二、新奥法	082
第六节	盾构法	084
	一、盾构机简介	085
	二、盾构工法流程	094
	三、盾构工法特点	097

第三章　城市轨道交通土建工程质量管理　　099

第一节	质量管理综述	100
	一、建设单位确定工程项目目标	100
	二、城市轨道交通土建工程质量管理法规依据	103
	三、城市轨道交通土建工程质量管理类标准	104
	四、城市轨道交通土建工程质量技术标准	105
	五、工程质量监督、管理体系及职能	109
	六、各方主体的质量责任	115
	七、质量管理的宏观措施	117
第二节	施工阶段的质量控制	122
	一、施工准备阶段的管理	122
	二、施工过程质量控制	127
第三节	验收阶段的质量管理	137
	一、单位工程验收的管理	137
	二、项目工程验收的管理	139
	三、工程竣工验收的管理	140
	四、竣工验收后相关问题的处理	142

第四章　城市轨道交通土建工程安全与环境管理　　145

第一节　城市轨道交通土建工程安全管理　　146
　　一、安全管理依据　　146
　　二、安全管理目标　　148
　　三、国家及建设领域安全生产监督管理体制　　149
　　四、工程建设领域的安全生产监督管理　　150
　　五、危险性较大的分部分项工程的监管　　159
　　六、关键节点施工前条件核查　　163
　　七、危险作业区域的安全管理　　164
　　八、现场消防及临时用电安全管理　　165
　　九、起重设备及大型机械、设施安全管理　　167
　　十、有限空间作业安全管理控制　　168
　　十一、脚手架（模架）的安全管理　　170
　　十二、安全事故及处置　　178

第二节　安全生产及职业健康安全和环境管理　　185
　　一、职业健康和环境管理依据　　186
　　二、职业健康安全与环境管理的体系及职责　　187
　　三、职业健康安全管理　　188
　　四、环境管理　　191
　　五、城市轨道交通土建施工标准化管理　　197
　　六、现场交通安全管理　　209

第五章　城市轨道交通土建工程风险管理　　211

第一节　风险管理概述　　212
　　一、风险管理依据　　212
　　二、风险分类及风险管理的目标、原则　　212
　　三、风险管理职责　　214

第二节　施工风险管理　　219
　　一、施工前期的风险管理　　219
　　二、施工过程风险管理的相关规定　　222
　　三、施工过程的风险管理核心　　225
　　四、工后阶段安全风险管理　　235
　　五、安全风险技术管理控制流程　　235

第三节	质量安全事故典型案例分析	239
	一、明挖基坑事故案例分析	239
	二、暗挖车站、区间塌方事故案例分析	242
	三、涌水、涌砂事故案例分析	247
	四、地下管线破坏事故案例分析	252
	五、其他事故案例	253

第六章　城市轨道交通土建工程合同及信息化管理　　255

第一节	合同管理	256
	一、合同体系定位	257
	二、合同管理原则	259
	三、合同管理重点和措施	262
第二节	项目信息化管理	268
	一、建设项目管理信息化及其作用	268
	二、建设工程项目信息管理的任务	270
	三、建设工程项目信息的分类、编码和处理方法	272
	四、项目信息门户	273
	五、轨道交通建设信息化管理现状	278
第三节	项目资料管理	285
	一、资料管理概述	286
	二、施工过程的资料管理	289
	三、竣工验收的资料管理	294
	四、工程资料现代化管理	296
	五、工程资料电子化管理的趋势	298

第七章　城市轨道交通土建工程测量、监控量测质量管理　　309

第一节	土建工程测量质量管理	310
	一、施工测量质量管理依据和目标	310
	二、测量管理的体制及制度	311
	三、各参建单位的测量管理职责	312
	四、控制测量	315
	五、施工放样测量	318
	六、贯通测量	323

		七、线路中线测量	324
		八、人防门及屏蔽门安装测量	327
		九、结构竣工测量	328
		十、测量工作质量检查验收	330
		十一、盾构测量质量管理	332
	第二节	城市轨道交通土建工程监控量测质量管理	338
		一、监控量测管理的依据和目的	338
		二、各参建单位监控量测工作的管理职责	339
		三、掌握工程影响分区和监测等级划分	341
		四、监测方法及技术要求	345
		五、变形监测	348
		六、力学监测	352
		七、监测成果及信息反馈	356

第八章　城市轨道交通土建工程试验和检测管理　359

	第一节	工程试验及实体检测概述	360
		一、控制依据	360
		二、试验和检测的相关规定	361
		三、参建各方职责	362
	第二节	工程材料试验管理	364
		一、钢筋试验管理	364
		二、现场用水泥、集料、外加剂试验管理	368
		三、砂浆试验管理	372
		四、商品混凝土试验管理	374
		五、防水材料试验管理	379
		六、钢结构工程试验管理	383
		七、盾构工法试验管理	384
	第三节	实体检测管理	385
		一、土建施工实体检测	385
		二、其他相关实体检测项目	396

参考文献　399

第一章
城市轨道交通土建工程概述

在国际上，城市轨道交通尚无统一的定义，国内外有关城市轨道交通和地铁的定义以及两者之间的关系不尽相同。国际隧道协会将地铁定为："轴重较重、单方面输送能力在3万人次/h以上的城市轨道交通系统"，按照国际标准，城市轨道交通列车可分为A、B、C三种型号，分别对应3m、2.8m、2.6m的列车宽度。凡是选用A型或B型列车的轨道交通线路就被称为地铁。轻轨运输，泛指与路面交通混行的有轨电车和铁路列车，又称轻轨捷运、轻轨铁路，简称轻轨、轻铁，选用C型列车。

按以前的国家标准城市轨道交通为"通常以电能为动力，采取轮轨运转方式的快速大运量公共交通的总称。"一般包括地铁、轻轨列车、有轨电车等。而现行的《城市轨道交通工程基本术语标准》GB/T 50833—2012（以下简称《轨交基本术语》）规定，城市轨道交通是"采用专用轨道导向运行的城市公共客运交通系统，包括地铁、轻轨、单轨、有轨电车、磁悬浮、自动导向轨道，市域快速轨道系统"。而地铁则是"在全封闭线路上运行的大运量或高运量城市轨道交通方式，线路通常设于地下结构内，也可延伸至地面或高架桥上"。

在实际应用中，随着区域经济和城市群的发展，人们把连接各地区的城际铁路和铁路客运专线也惯称为城市轨道交通，包括市郊铁路、自动化导向交通和磁悬浮交通系统等，号称"城市交通的主动脉"。地铁作为城市轨道交通中的重要组成部分，凭借其速度快、运量大、安全、便捷等特点和优势，几乎成为城市轨道交通的代名词。

近年来，我国着力推进可持续发展战略与科学发展观，在城市建设中，确定了公共交通在城市交通中的重要战略地位和社会公益性定位，坚持公交优先。城市轨道交通作为公共交通的重要组成部分，得到了良好的发展机遇，是城市的基础设施之一。城市轨道交通土建工程的建设者和管理者都必须首先掌握其工程项目实体的构成和工程质量验收的划分，只有这样才能更好地进行质量和安全的管理与控制。因此特将本章作为本书的开篇，确定了本书的内容范围和编写纲目。本章分三节，第一节为城市轨道交通土建工程的组成，第二节为城市轨道交通土建工程施工方法，第三节为城市轨道交通土建工程分部分项的划分。

第一节　城市轨道交通土建工程的组成

研究城市轨道交通工程，应首先了解轨道交通工程的定位。根据《建设工程分类标准》GB/T 50841—2013 规定，建设工程按自然属性分为建筑工程、土木工程和机电工程三大类，每大类下又细分为若干小类，土木工程又分为道路、轨道交通、桥涵、隧道等八类工程,在轨道交通工程中可分铁路工程、城市轨道交通工程和其他轨道工程，详见图 1-1-1 上半部。在此宏观定位的基础上，了解和掌握城市轨道交通工程的定位及其组成。

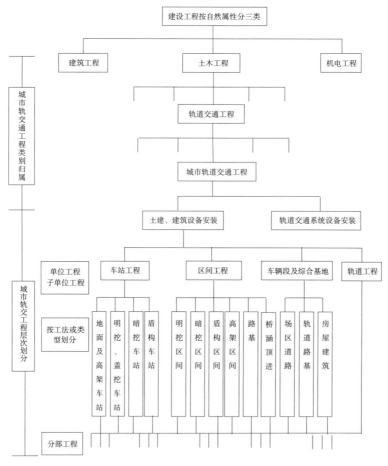

图 1-1-1　轨道交通土建工程分类及划分示意图

注：1. 图中上部竖向分支线下未显现内容是指所包含的其他若干工程，均不在本书论述范围，故省略；
　　2. 图中下部竖向分支线下未显现的部分为各子单位工程中所含的分部工程；其下又划分为若干子分部、分项工程，此图从略，请参照以后各专业章节的划分表。

城市轨道交通工程中包含土建、建筑设备安装工程与轨道交通系统设备安装工程三类。土建类范围包括车站、区间（隧道）、车辆段和综合基地工程。关于各工程的组成及其作用基本摘自《轨交基本术语》。

建筑设备工程中的建筑设备安装包括建筑给排水、暖卫、通风、电气、电梯和自动扶梯、消防系统、人防系统、防灾报警（FAS）系统、设备监控（BAS）等系统工程的安装，是地铁内各生产单位运行和公共服务区域投入使用的先决条件，也是工作人员办公、生活的保证。虽与土建施工密切配合，但各分属不同的专业（水、暖、电等），不在本书论述范围。轨道交通系统设备安装包括通信、信号、环境与设备监控系统、乘客信息系统、自动售检票系统、门禁系统等，此是线路运行体系，也不属于本书范围。

一、车站

车站是城市轨道交通路网中一种重要的建筑物，是"供列车停靠、乘客购票、候车和乘降并设有相应设施的场所"。包括站台、站厅、生产、生活用房等建筑，规模主要指车站站台外轮廓尺寸、层数及用房面积的大小等。一般分为三级，大城市的车站按三个等级设置，中等城市可设置两级。

车站既是列车在线路上乘客上下列车之处，又是地铁运营设备设置的中心和办理运营业务的地方，车站可为单一线路使用，也可作为两条线路的换乘站。车站实际是广泛的称谓，其构成含有以下部分：车站主体、出入口、风亭及风井、围护结构及地面广场等附属结构，平面布置见图1-1-2。

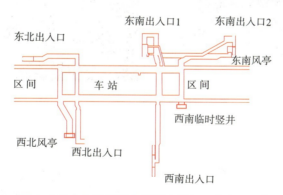

图1-1-2 车站平面布置图（增加一个出入口）

（一）车站主体

按车站与地面的相对位置关系，主要有三种形式：

1. 地面车站

根据《轨交基本术语》定义，"轨道设在地面上的车站为地面车站"。城市轨道交通地面车站类似铁路地面车站或公交车站。

城市轨道交通的地面车站较少,其设计重点考虑乘客进出站流线,尽可能简捷,并减小站房面积以降低车站造价和行人穿越道路时的干扰。根据功能要求和环境特点,地面车站一般分单层、双层或结合周围环境进行开发的多层结构。

北京香山地区为旅游风景区,由于该地区不适合进行大规模的道路和其他交通设施的建设,为解决旅游和交通的矛盾,建成了轨道交通西郊线,使之与公交线路结合,从而建立起以轨道交通为主导、公共交通为主体和内外分离、层次清晰的香山景区综合交通体系,不仅大大提高了整体运输能力,缓解了节假日期间的交通拥堵,还有效地促进了沿线的环境保护,提升了旅游质量。

该线是北京地铁首条使用现代有轨电车的线路,是主城区连接香山地区的专用轨道交通,定位以旅游、休闲、观光为主,同时服务于周边科研等重点单位,该线从10号线巴沟站为起点向西引出,终点到达香山。该线路虽然不长,但包含了地铁各种线路类型,全长8916m,其中地下线2141m,高架线1550m,地面线4406m,过渡段819m。其间4个车站(即颐和园西门站、茶棚站、万安站、植物园站)均为地面岛式站台。采用的车型为低运量等级的轻轨—现代有轨电车。见图1-1-3~图1-1-6。

图1-1-3　北京地铁西郊线香山站

图1-1-4　北京地铁西郊线

图1-1-5　北京地铁西郊线植物园站

图1-1-6　地面车站

上部结构可为单层或多层的轻钢结构或砖混结构，多采用浅基础。轻钢结构用于地面车站屋架系统及附属结构。

2. 高架车站

根据《轨交基本术语》定义，"轨道设在高架结构上的车站为高架车站"。

我国的城市轨道交通高架车站从2000年开始建设，上海轨道交通3号线（明珠线）为国内第一条高架线，其线上以高架车站为主。经过近20年的发展建设，目前已经在北京、上海、广州、青岛等大城市的轨道交通工程中建成了数量较多的高架车站，北京地铁房山线、上海地铁5号线、广州地铁4号线、青岛地铁11号线等均建有多座高架车站。例如：重庆地铁6号线高架车站（见图1-1-7）、青岛地铁11号线高架车站（见图1-1-8）。

图1-1-7　重庆地铁6号线高架车站

图1-1-8　青岛地铁高架车站

高架车站既不是单一的房建结构，也不是单一的桥梁结构，而是桥梁与房建结合的结构体系，服务于车站功能需求，根据车站主体中站厅、站台结构与行车轨道结构的关系，即车站中承受列车荷载的轨道梁结构与承受非列车荷载的其他主体结构是否脱开，分为"桥建分离"和"桥建合一"两大类。见图1-1-9和图1-1-10。高架车站中列车荷载是不同于车站里的其他活荷载，类似于桥梁上的动载。

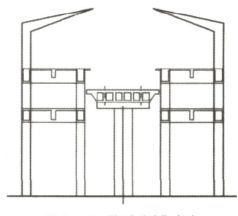

图1-1-9　"桥建分离"车站

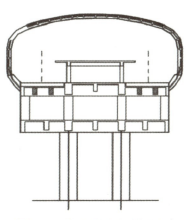

图1-1-10　"桥建合一"车站

高架车站的主体结构一般含站房、站台面，附属工程包括雨棚、站台栏杆、室外高架旅客活动平台、天桥、地下通道、广场等室外工程。

高架车站基础为桩基础，上部结构多采用钢筋混凝土结构、型钢混凝土柱，屋盖为钢桁架结构，雨棚多采用无柱空间三角钢结构桁架。如车站轨行区轻钢屋盖，站厅层及站厅层到站台层的钢箱梁、钢楼梯及人行天桥钢箱梁等。北京地铁13号线及房山线很多高架车站的站台外围采用钢结构。

城市轨道交通的地面和高架车站是城市建筑艺术整体的一个有机部分，一条线路中各站在结构或建筑艺术上都有其独特之处。

3. 地下车站

根据《轨交基本术语》，地下车站是"轨道设在地面下的车站"。其形式及规模根据城市规划、轨道交通发展规划、地质条件等设计。城市轨道交通线路的车站大多为地下车站，为钢筋混凝土结构，以现浇为主，也有少量装配式。一般采用明挖法、盖挖法、暗挖法和盾构法兴建，详见后述。

（二）车站出入口

根据《轨交基本术语》，车站出入口是"供乘客进出轨道交通车站的通道"。一般设计为4个，其位置分别位于车站地面路口的西北、东北、西南、东南方位，以A、B、C、D表示，根据地理条件和运营需要可以减少或增加个别位置的出入口。出入口可以设计为独立式、合建式、下沉式等，地铁站出入口与周围建筑物相协调，共同形成城市景观。地铁车站出入口还要与城市的步行系统、停车场系统、火车站及公交站点有机结合起来，以缩小交通工具的换乘距离，促使城市交通系统更加完善。

（三）地面通风亭和风井

地面风亭或风井是通风道在地面出入口部位的建筑物，一般布置在车站的两头端部，根据车站规模大小，一般设置1~2个。主要作用是新鲜空气的采集和排风，保证地下车站具有一个舒适的地下环境。地面通风亭一般均设有顶盖及围护场地，外墙上设有门，供运送设备使用，大小主要根据通风量及风口数量决定，位置应选在空气良好无污染的地方，可设计成独建式或合建式并尽量与周围环境相协调，通风亭的设计为城市的一角带来现代化的美感。

二、区间

地铁线路上下两个车站之间的地段即为区间，按线路与地面相对关系，可分为以下三种形式：位于地下，统称为区间隧道；高于地面的统称高架区间；位于地面上的称为地面区间，即路基。每个区间可以是一种形式，也可以两种或三种形式并存。

（一）区间隧道

根据《轨交基本术语》，区间隧道是"车站之间形成行车所需空间的地下构筑物"。又根据《中国土木建筑百科辞典·隧道与地下工程》，区间隧道是指"在同一地铁线路的相邻地铁车站间设置的隧道。主要用于通行地铁列车",通常简称区间隧道。

采用明挖法、暗挖法和盾构法均可建成区间隧道,暗挖法隧道贯通见图 1-1-11,盾构法隧道管片拼装完毕见图 1-1-12,具体施工方法请参见本书后续相关内容。

图 1-1-11 暗挖法隧道贯通　　图 1-1-12 盾构法隧道管片拼装完毕

（二）高架区间

城市轨道交通高架区间是指在城市里以高架桥形式建设的线路,其走向服从城市规划。线路可跨越多个车站、区间。与市政高架桥比较,相同之处在于桥梁长度大,穿过居民区、绿化带,跨过路口、管线;不同之处在于,承受水平力大、要求后期变形小等。与铁路桥梁相比,有相同之处,如要求结构刚度大、基础沉降小、维修方便、乘坐舒适等;也有不同,如承受的荷载较小、速度较慢、景观要求高等。

高架桥因其线路适应性好、施工周期短、难度相对较小、占用地面以上空间大、投资小、运营成本低、但噪声大等特点,适合建设在城市郊区。高架区间根据设计可以为全线路,也可为部分线路。上海于 2001 年建成国内第一条高架轨道交通线路,随后各大城市陆续新建了多条高架地铁线路,为城市景观增加了亮丽色彩。如北京地铁 5 号线高架区间（见图 1-1-13）、重庆地铁 6 号线支线Ⅱ期高架桥（见图 1-1-14）。

图 1-1-13 北京地铁五号线高架桥　　图 1-1-14 重庆地铁 6 号线支线Ⅱ期高架桥

随着经济和技术的发展，人们对城市轨道交通高架桥的要求也越来越高，高架桥的设计选型不仅要满足结构的适应性、耐久性和安全性，还应充分考虑景观效果和环保要求。

（三）地面区间——路基

路基工程是城市轨道交通工程的重要组成部分，是由填筑或开挖形成的直接支承轨道结构的土工结构物，高于原地面的填方路基称为路堤，开挖而成的路基为路堑。路基承受着本身的岩土自重和由路面传来的轨道、车辆及行车荷载，在静、动荷载及各种不利地质、气象和水文条件作用下长期工作，必须具有足够的强度、稳定性和耐久性。

路基工程是按照线路位置和一定技术要求修筑的带状构筑物，可分为两种情况。

1. 区间路基

位于地面的区间或地面连接高架车站的过渡段，称为路基工程，如云南某地面区间路基，见图1-1-15，又如北京地铁八通线从四惠东站到高碑店站的地面区间也为路基工程。

2. 车辆段（停车场）路基工程

地铁线路从地下车站通往地面车辆段、停车场的出入段线以后，在车辆基地的咽喉区（详见后述）范围内分布一定的地面轨道路基工程，如，呼和浩特市某地铁线路至车辆段的路基工程，见图1-1-16（正在施工中），北京地铁9号线郭公庄车辆基地的路基工程，见图1-1-19和图1-1-20。

图1-1-15 云南某地面线路的路基工程

图1-1-16 呼和浩特市某地铁线连接车辆段的在施路基工程

三、车辆基地

车辆基地是城市轨道交通系统中进行车辆运行管理，停放及维修保养的场所。是地铁运营的控制指挥、维修、综合管理的核心部分，对车辆安全运行至关重要。在实际工程中，将车辆停放场地、维修的库区与相关办公、附属生产、生活设施称为车辆基地及综合基地。它涉及了房屋建筑（以钢筋混凝土结构和钢结构为主）、市政、轨道、设备、安装等众多专业，有各种办公、行政管理的民用建筑、工业库厂房、道路及管线等市政设施分布在场区范围内的地上、地下，投资巨大，工期较长，一般每座车辆基地的投资多达10多亿人民币，建设工期至少两年以上，其质量安全管理的工作量繁重，各参建主体必须有充分认识，在技术、管理上加大投入。

（一）车辆基地功能和设置

1. 车辆基地功能

车辆基地是指"以车辆停放、检修和日常维修为主体，集中车辆段（停车场）、综合维修中心、物资总库、培训中心及相关生活设施等组成的综合性生产单位"。是为保证轨道交通正常运营而设立的场所。

其中维修定位多为架修，为线网中的架修段，是线路的基本维修单元，承担全线配属车辆的隔日检、月检、维修、临修和本段配属车辆的停放、运用整备、清扫洗刷任务，以及沿线各种运营设备、设施的保养维修等任务。

北京市轨道交通车辆采用厂、段分修，计划修为主、预防修为辅的检修模式，采用资源共享方式，每个架修基地承担1~3条线路的架修功能；修理厂承担线网配属车的厂修功能。

2. 设置

车辆基地为一个建筑群，城市轨道交通每条运营线路中最少宜设一个车辆基地，若条件受限，当技术经济合理时也可两条或两条以上线路合建一个车辆基地。例如：北京地铁14号线与15号线共用马泉营车辆基地，北京地铁3号线与12号线共用东坝车辆基地，一般可布置成尽端式或贯通式。

（1）尽端式布置，在线路的一端设置，能力稍低，车辆停放数量较少，见图1-1-17。

（2）贯通式布置，在线路中段某适宜的车站附近，两端可收发列车，能力较大，列检库每（单股）轨道可停多辆列车；若运行线路较长，超过20km时，或车辆机车型号不同，为利于运营和分担车辆的检查清洗工作量，可以在线路的另一端增设停车场，负责部分车辆的停放、运营、检查和整备工作。例如北京房山线与地铁9号线两条线路在郭公庄站衔接，车型不同，在两条线路交汇处设置贯通式车辆基地。见图1-1-18。

图1-1-17 北京地铁3、12号线共用车辆基地（尽端式）

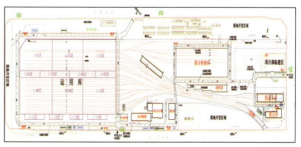

图1-1-18 北京地铁9号线郭公庄车辆基地（交汇贯通式）

两条线路一端设计了车辆基地,另一端又设置了一个停车场。

(二)车辆基地的构成

按《轨交基本术语》规定,车辆基地的构成包括以下各部分。

1. 车辆段

车辆段是"承担车辆停放、运用管理、整备保养、检查和较高或高级别车辆检修的基本生产单位"。具有配属车辆检修任务的作用。

2. 停车场

停车场是"承担所辖车辆停放和日常维护的基本生产单位"。

实际上,车辆基地的基本功能之一就是担负本条线路的车辆停放、清洁和维修,场区范围较大,铺设多条轨道和道岔,可容纳一条或多条地铁运营线路的机车收、发及停放。如前所述,有时需要增设功能单一的停车场作为车辆基地内停车能力的补充。当运营线路较长或者运营运力载荷较大时,可根据列车间隔时间判定,增设停车场缓解运营安全。

3. 综合维修中心

综合维修中心是地铁运营单位集指挥、调度、信号及维修的中心。包括控制中心、段务中心、信号等办公用房和供电等设备间。若车辆基地规模较大,维修任务量大时,可分别设供电、通信、信号、机电、工务、建筑等专业维修车间。若车辆基地规模较小,可设综合性维修车间。

4. 物资总库

(1)联合检修库

联合检修库承担车辆架修作业的架车、分解、检修、组装、落车以及单元车组交验等工作。由架修、定修、临修及附属用房组成。

(2)运用库

运用库承担车辆的停放、运用、整备作业;车辆进出库的技术交接、检查和测试,司乘人员出、退勤技术交接;内部清扫及定期消毒;运用车辆的隔日检、月检任务及一般性临时故障的处理。

联合检修库、运用库可设计为低层建筑,钢结构屋架结构。也可根据规划进行上盖开发,详见下述。

(3)停车库、洗车库、不落轮镟库、内燃机车库及附属用房等,此处不予详述。

(4)材料库

材料库是车辆基地设备设施备品备件存放的库房,包括机电设备库、金属材料库、配件库、辅助材料库等。材料库对地面平整度要求比较高,运营要求库内运输叉车举起重物不能有晃动,要充分考虑运行中列车的震动影响。同时,按需要设置材料装卸线、起重运输设备和露天堆放场地等。

(5)危险品库房

危险品库、油库用于存放车辆基地易燃、易爆及油料等物资材料,要求安全设置,系统控制比较全面。

（6）牵引和降压变电所

牵引降压变电所是引进外电源专供车辆基地强电的设施之一，位置一般应靠近临近道路一侧，方便变压器、变电箱等设备设施安装和应急综合。此外还应设置综合水处理站、消防泵房、锅炉房、燃气站等。这些建筑负责车辆基地上下水处理，厂区消防及冬季供暖等功能。

5. 出入线段与库区的连接过渡段——咽喉区

车辆基地的出入段（场）线是连接正线和车辆基地的中间区段，结构形式可为单层框架结构和敞口U形槽段，关于U形槽详见《城市轨道交通土建工程质量安全管理实务》相关内容。

由于场区库房类型多、占地面积大，运营走行车辆的轨道分别通向各个库房，而车站与车辆基地库区的连接是靠线路区间的一条出入线段完成，因此，从车站进入库区在平面上就形成了一个急速缩小的部位，即从出入线到库区的过渡区，是集轨道和道岔组合的狭长的电客车行走区域，被人们形象地称为咽喉区，行驶电客车轨道岔区，通常将进出运用库区的部分称作大咽喉区；行驶进出轨道车库或单个库区单股或双股轨道组成的岔区简称小咽喉区。见图 1-1-19 和图 1-1-20。咽喉区可按规划加盖开发，详见后述。

图 1-1-19　大咽喉区（北京地铁 9 号线郭公庄车辆基地）

图 1-1-20　小咽喉区（北京地铁 9 号线郭公庄车辆基地）

6. 培训中心

培训中心是地铁运营单位集办公、生活及培训的中心，一般可建成综合行政楼。中心内应设有教室、实习设备室、教职工办公室和必要的行政配套设施。

7. 小型建筑及设施

车辆基地应设置完整的生活用房及设施，包括公安派出所、门卫室、围墙、工作人员和工人宿舍，食堂、医务室等建筑以及文体活动场所、洗衣房、充电房等小型设施，并应充分利用当地社会化服务条件，以满足现场人员生活、休息所需。

8. 特殊构筑物工程

车辆基地内设有一些特殊构筑物，属于土建内容，包括：

1）电缆沟

地铁车辆基地场区内电缆沟是站场综合管线预埋的场地，通常采用钢筋混凝土方形结构，上设盖板，外包防水材料，必须确保场区电源电缆安全，且符合运营使用功能。电缆沟内部构造及盖板，见图1-1-21和图1-1-22。

图1-1-21　电缆沟内部构造　　　　　　图1-1-22　电缆沟盖板

2）检查坑

在地铁车辆厂、车辆基地、停车场内的停车列检库、检修库设列检线，靠近辅助用房，便于列检人员就近作业。每条列检线设车辆检修坑槽，坑内设计列检作业所需的用电、照明等设施。检查坑形式主要有墙式、柱式及联合应用三种形式，见图1-1-24。

（1）墙式检查坑

检查坑两侧轨道下部结构采用连续墙方式，见图1-1-23。检查坑两侧地坪与轨面平齐或者略低。墙式检查坑在北京地铁车辆基地中应用广泛，可方便库内接触轨、受流器防护罩的安装，而且使用安全。但列检作业人员劳动力强度大，坑内通风及环境条件较差。

（2）柱式检查坑

检查坑两侧轨道下部结构采用单个立柱方式，轨道扣件设置在立柱上，立柱间距设计应满足轨道扣件安装和安全的要求，检查坑两侧地坪一般较低。此种检查坑，检查作业较方便，检查坑内与两侧空气相通，改善了工作环境，减轻劳动强度，一般采用接触网供电的地铁线路多采用此种形式的检查坑。北京地铁16号线北安河车辆基地检修库的检查坑为柱式。

（3）墙式和柱式联合布置

在北京地铁八通线土桥车辆基地采用了单侧立柱式与墙式检查坑联合应用的方式，即：列检线检查坑一侧为墙式，一侧为柱式。

图 1-1-23　墙式检查坑

图 1-1-24　柱式检查坑

3）检修平台

检修平台是库区内停放地铁运营电客车车辆检修使用的安全平台，也是满足电客车库区检修人员作业所需的平台，形式多样，例如，有自动升降式平台，见图1-1-25，接触网维修梯车等，也可在车辆上方设置检修平台，通常设计为型钢结构，利用钢结构牛腿搭设走行钢板，侧面加不锈钢栏杆防护，见图1-1-26。

图 1-1-25　自动升降式检修平台

图 1-1-26　防护式检修平台

4）卸车平台

卸车平台是为了满足利用汽车吊等大型设备装卸电客车使用的平台，是车辆基地应及早筹划的构筑物，也是地铁运营电客车进场卸（接）车的关键场地。通常是在卸车线紧邻道路一侧利用新建场区道路施作，平台结构含基础，垫层、混凝土面层等构造，见图 1-1-27（a）、1-1-27（b）。

5）车顶防护网

车顶防护网是车辆在库区存放、吊装及检修，进出库区起到安全防护功能的设施，一般在联合检修库区内停靠检修电客车的顶部加装，见图 1-1-28（a）和图 1-1-28（b）。

图 1-1-27（a） 施工中的卸车平台

图 1-1-27（b） 卸车平台

图 1-1-28（a） 车顶防护网 1

图 1-1-28（b） 车顶防护网 2

9. 道路

车辆基地内设有循环闭合的场内市政道路，并与外界市政道路连接，将基地各建筑连成整体，形成人员办公、生产操作和各种物资运输等资源后勤保障通道，确保电客车进出、维修等生产活动的有序连续进行。

（三）车辆基地工程项目特点

车辆基地是地铁各条运营线路车辆维修、调度、指挥、车辆保养检修、清洗等，以及人员办公和培训的综合性工业厂区，项目自身及其管理具有明显特点。

1. 工程量大，技术难点多

车辆基地工期较长，不仅在地铁建设中，而且对建成后运营期保证运营安全、实现高效管理亦有着重要的作用。其中土建工程涵盖众多专业，以房建、轨道工程、市政专业为主，单体建筑数量多，为群体建设工程；轨道工程体量较大，尤其是在咽喉区，道路和管线工程以及场区环境绿化等工程广布，土方工程、混凝土工程和钢结构工程所用的材料、构件、半成品数量众多，不仅劳动力和各种物资、能源投入量极大，各专业施工均有技术重点、难点。

1）房屋建筑

车辆基地中以房建工程为主，涉及工业建筑中的厂房与民用建筑的办公楼。

（1）库区各类库房（含运用库、联检库等），层高净空较高，跨度大，面积大，多采用框架结构，屋盖多采用钢结构金属屋面。若有落地开发，多用框架剪力墙劲钢混凝土结构，上盖部分混凝土板内施加预应力筋等，钢结构的焊接、型钢与钢筋的连接，施工技术复杂。

（2）办公楼、维修楼等多为高层剪力墙结构，单体体量大，大体积混凝土的浇筑、冬施防冻等都是技术难点。

（3）室内土建、装饰装修与水、暖、电、气等专业的管线敷设与设备安装交叉施工，预留孔洞及预埋件数量多，位置、尺寸精度要求高，需要土建施工单位统筹安排。

2）轨道工程

车辆基地的大、小咽喉区及部分库房内均铺设轨道，为地铁车辆提供通道。

3）市政道路

车辆基地中有厂区市政道路和管线工程，具有与房建工程平面、立体交叉的特点，也是制约工期的主要因素之一。

（1）土方（挖方、填方）工程量较大，地上地下施工作业面分散，不易集中组织施工；

（2）因场内运输量大，投入机械设备多，劳动力高峰集中，故施工组织难度增加；

（3）市政道路与机车线路、上盖开发的汽车坡道分别存在交叉，都增大了市政道路施工的复杂程度，两种交叉情况见图1-1-29和图1-1-30。

图1-1-29 车辆段市政道路与电客车轨道线路交叉

图1-1-30 车辆段市政道路与上盖平台汽车坡道交叉

4）市政管线

车辆基地涉及众多市政管线，各专业技术接口关系复杂，管线敷设精度要求高，专业技术接口管理需统筹安排。

（1）管线与各专业施工接口多，车辆基地的建筑设备安装工程中存在大量地下管线，各专业交叉作业频繁，施工空间有限，不能按正常工序施工，易造成工期延误。

（2）特殊情况下，某些设备管道需要过轨埋设，各专业应通力协作、密切配合完成，施工单位组织调度繁杂，需精心安排与紧前和紧后工序的衔接，以达到设计性能指标和使用功能需求。

各专业接口一般由建设单位牵头（运营单位过程参与配合）统筹安排，土建、市政、机电设备安装、轨道等专业施工单位协助，加强各专业间的沟通协调，做好界面划分与交接、技术参数的统一；明确检验批划分，统一分项工程验收标准，做好成品保护等，为技术接口创造良好的条件，保证接口质量。

2. 项目管理任务重

1）合同体系复杂

车辆基地作为一个单位工程，不同于车站、区间，占地面积大，单体建筑数量多、结构形式多样、功能要求复杂，工程量庞大，采用施工总承包模式，又包含多个子单位工程，分部、分项工程更是众多，其中有部分为专业工程。形成总包、专业分包的多层次施工合同。

另有物资采购的生产厂家和材料、设备供货商的供货合同，以及监理、第三方试验、测量检测等技术服务委托合同，组成了庞大复杂的合同体系。对其管理是贯穿工程实施全过程的重要环节。对建设单位和施工单位（总包）而言，都存在专业分包、劳务分包、物资材料采购合同。

2）进度目标与质量目标矛盾突出

车辆基地为地铁运营线上各个系统的指挥、调度中枢，其行车控制功能是相当全面、完备的，实现质量目标是项目管理的灵魂。不可否认存在着与进度目标之间的矛盾，进度目标甚至成为质量目标的瓶颈。

因为车辆基地占地大，一般会因征地拆迁时间较长，而不得不压缩施工工期，所以，一旦开工就处于抢工状态，另外，项目历时长，又逢多次雨季、冬期施工，任何一个环节失控都有可能影响"节点工期"，甚至总工期目标的实现。为保证总进度计划顺利完成，全线工期节点部位的质量与进度矛盾十分突出，如冬季施工混凝土和钢结构施工，其增加保温、防冻等质量保证措施会延长工期，但为追求快速而"从简"，又将影响质量安全。解决这个矛盾，必须掌握辩证统一观念，进度控制必须保证质量目标不受影响，以实现质量目标为核心实现进度目标，杜绝为赶工期而发生质量事件乃至事故，在保证施工质量前提下，强化各种资源的合理配置，确保项目的关键工期、阶段工期及总工期目标的实现。

3）安全、职业健康和环境管理难度大

（1）安全管理

车辆基地项目所含工程以房屋建筑和市政道路工程为主，虽然大部分工程量都在地面，多为常规的工种、工序，但因其施工场地面积宽阔，多个建筑物分阶段依次建造，作业面广布于地上、地下，同一个施工作业区内多工种长时间工作（连夜倒班），厂区内空间布满了多个单位施工人员、机械，交叉作业，甚至不得已违反工序抢工期，均是较大的安全风险因素。尤其是群塔吊装、模架体系的搭设和拆除，更是重要的安全管理环节，必须认真管理。

（2）职业健康安全和环境管理

车辆基地许多分项工程中存在职业健康风险和环境污染源。有多个可引发职业病和环境污染的特殊工种作业,如钢结构焊接、涂装、土方开挖、注浆、管道中有限空间作业等,保护现场人员的职业健康和控制对环境污染的工作量极大。为达到现场整洁有序、忙而不乱,创造良好的作业条件,提高施工效率,应进行标准化管理。

4)组织协调工作量大,界面管理难度大

车辆基地的项目系统外部协调工作量极大,涉及众多政府管理部门,如规划、住建委、质量监督、安全监管等行业主管机构;街道派出所、交通管理、消防及环保管理等政府管理部门。

项目系统内部,建设、设计、施工、监理等单位相互间的协调也存在于施工全过程中。

车辆基地各单体工程多,施工(总包)单位内不同专业、各分包单位的施工往往需要同时全面平铺、竖向立体交叉,工序间相互制约、工作面之间相互影响屡见不鲜,此类界面的组织协调管理也不容忽视。

车辆基地项目施工过程中,建设单位发挥组织协调工作的主导作用,各参建单位发挥自身的优势,承担大量组织协调工作,使项目得以有序、顺畅、快速运行。

(四)车辆基地建筑上盖开发技术复杂

地铁车辆基地占地面积大,场区内大量的低层库房建筑和露天的轨道区(咽喉区),这些空间均可利用顶盖或加盖后开发利用,简称其为上盖开发,以提高城市中有限的土地资源利用率,实现经济、社会和环境的和谐可持续发展。上盖开发工程融城市轨道交通、综合体(住宅与商业等)于一体,具有特殊的复杂性。

1. 开发原则

在如此之大的场区范围内开发,应贯彻统一规划、综合开发、合理利用、依法管理的原则,坚持社会效益、经济效益相结合,全面考虑市政设施、交通、商业服务以及居住、仓储、防灾等多方面系统功能的要求,明确规划可开发范围,协调盖上、盖下空间及其相关联的系统衔接,使盖上、盖下浑然一体,完整有序。

2. 可开发部位与开发类型

车辆基地可开发部位很多,开发的建筑类型各异,目前主要有以下几种。

(1)上盖开发范围主要为运用库、联合检修库等库房,因其是单层整体框架结构的建筑体,进行上盖开发效果好,宜规划。库内净空高度在满足车辆停放、检修要求的基础上尽量压缩。库房上可开发为汽车库和管线夹层以及设备用房,其上部再进行其他建筑的开发。

(2)咽喉区顶面与出入线段衔接部斜坡,可作为汽车坡道延伸到运用库、联合检修库和洗车镟轮库等库房上盖。其上也可做其他开发,如广场、景观等。

(3)停车场加设上盖作为平台,适度开发,并使盖上、盖下的设施互不干扰。对地基承载力和建筑物沉降要求甚高,决定了车辆基地开发的建筑主体结构应与基础整体考虑,确保盖上、盖下建筑和设施安全使用。

3. 开发建筑类型及实践

库房上盖可开发为办公、商业和住宅等建筑,应由规划设计单位综合经济、社会效益与地方需求确定。

我国地铁车辆基地的上盖开发起源于香港，内地第一个大型车辆基地上盖开发项目是北京于 2003 年底完成的四惠车辆基地，随后全国各地城市车辆基地的上盖开发也逐渐兴起，近半个世纪以来，取得了显著成效。不仅开发了住宅、商业等项目，提高了土地利用率，还通过景观、绿化、台地等手法，将庞大的车辆基地边缘弱化，形成丰富的城市空间。

（1）香港地区最早兴起

香港地区为提高土地资源利用率，将单一的地铁建设逐步转变为地铁和物业开发的综合模式。进入 21 世纪，提出了更为先进的建设理念，即车站与物业提供健康和可持续的生活方式，在建设城市轨道交通时，将其上盖开发同时考虑。港铁公司有较多案例，比较具有代表性的开发项目主要有：柴湾车辆基地物业开发项目（见图 1-1-31）、九龙湾车辆基地物业开发项目（见图 1-1-32）等。这些成功的经验逐渐被内地城市轨道交通建设吸收、引用。

图 1-1-31　香港柴湾车辆基地上盖物业开发

图 1-1-32　香港地铁九龙站上盖物业一览照片

（2）北京地区实践

北京地铁 1 号线和八通线的四惠车辆基地，位于东四环外四惠桥东、京通快速路北侧、四惠站和四惠东站之间，开发范围包括车辆基地全部用地的上空和四惠站—四惠东站区间的正线上空，设置了两层钢筋混凝土框架结构的开发平台，东西长 1290m、南北宽 226m，距地面 11.6m，面积达 29.4 万 m^2，采用了厚板转换加梁转换的结构形式。首层为地铁车辆基地和地铁区间使用空间，层高 7.5m，建有停车列检库、联合检修库、内燃机车库、信号楼等；二层为设备夹层，层高 4.1m，建有变电所、水泵房、热力站和机动车停车场、各种管理用房、设备管线等。在二层顶板即开发平台之上为住宅楼，面积超过 50.33 万 m^2，主要是 6 层、9 层为主的经济适用房及其配套的公用设施（面积为 9.94 万 m^2），楼房基础直接位于平台顶面，开发平台基础为钻孔灌注桩，平台下方南侧为地铁四惠站—四惠东站区间地面线，采用木枕碎石道床。

此后，北京地铁车辆基地开发建设住宅的项目逐渐增多。例如：9号线郭公庄车辆基地、7号线焦化厂车辆基地、15号线马泉营车辆基地、8号线二期平西府车辆基地和6号线五路车辆基地等，都建成"空中"住宅项目。

（3）其他城市也陆续开展

深圳地铁1号线前海车辆基地上盖开发项目，位于深圳市南山区前海湾，于2015年建成，上盖建筑面积为60万m^2，12000套保障性住房，包括一所小学、两个幼儿园，居住面积为56万m^2左右。

广州地铁6号线萝岗车辆基地等的上盖开发已投入使用。天津地铁上盖开发正在大力推进中，目前正在建设的有6号线大毕庄车辆基地和10号线梨园头车辆基地上盖开发。

上盖开发部位逐渐扩展，除车辆基地以外，近年来，车站也陆续开发上盖建筑。例如：北京地铁10号线六里桥站、上海莘庄地铁站、杭州地铁5号线长虹路西站等已完成开发。天津地铁6号线北运河站和新开河站上盖开发正在建设中。

4. 开发中的技术难点

车辆基地上盖开发设计存有多个技术难点，首先要降低地铁运行诱发的振动，减少噪声污染，才能发挥开发建筑的功能，这将由专业设计人员解决，此处不予论述。仅就开发部位的土建工程而言，设计图纸和文件较为复杂，施工、监理人员必须认真阅读、消化，掌握质量控制要点，在施工中完美实现设计意图。

（1）可设置转换层

库区上盖开发的汽车库，有需要时可作为开发部分的转换层，若开发高层居住用房、高层及超高层办公用房，由于柱网与原库房柱网不符，均需加建结构转换层，将大尺寸柱网转换为适宜的小尺寸柱网；若上盖建设多层办公、商业用房，由于其跨度与车库相似，则无需做转换层。如设计加设转换层，施工及监理人员应特别注意结构尺寸和构件设计强度的变化，确保施工无误。

（2）不同类型的建筑叠加

车辆基地运用库和检修库，属于工业用房，上盖开发多为民用建筑，不同类型的建筑叠加建造，目前尚无现行消防设计规范多借鉴北京、上海等开发经验并参照《地铁设计防火标准》GB 51298—2018设计。为保证火灾发生时上盖开发和车辆基地建筑互不影响，将两区域的人员交通疏解严格分开，盖下与盖上作为两个不同的防火分区，采用有效的防火措施将它们完全分隔，各自为独立防火系统，但能互通信息。

（3）需应用预应力混凝土和大体积混凝土

车辆基地本体建筑的屋盖体系、上部主体结构及下部基础设计时，均考虑了施工荷载（材料堆放、塔吊、材料运输、模板等）各种工况的优化组合。开发平台为超大型厚板结构，多采用预应力梁板技术，以获得承受更大荷载的效果。平台属于大体积混凝土施工，板的截面尺寸还会发生变化，这都将使施工难度增大，质量控制难点增多。

（4）开发层数受限

根据运营安全的要求，停放、检修车辆的库区屋顶沉降必须为"0"，为了确保大面积的开发建筑物的安全稳定性，限定开发建筑所增加的荷载，以降低荷载过大产生的风险。至目前为止，北京市轨道交通上盖开发建筑，最高层数为20层（地铁9号线郭公庄车辆基地）。要求结构自身具有较高的强度，因开发商住楼的荷载与车辆基地库区荷载共同作用在地基基础部分，所以设计通常应考虑加大基础抗剪受力，一般基础桩加长、承台加大、采用劲性钢结构，故库区厂房上部结构多采用钢结构中的劲性钢结构矩形立柱，其与混凝土的结合、与钢筋的连接等都增大施工质量控制的难度。

（5）上盖开发与车辆基地建设不同步

有些项目上盖开发与车辆基地建设不同步，为保证车辆基地建成后开发工程能顺利开工建设并对运营无干扰或干扰最小，必须提前做好上盖开发的施工预留。如开发工程施工所需的塔吊，其基础在建设车辆基地时一次性规划建成；汽车运输匝道也应在车辆基地建设时一次性建成或预留施工条件。这些预留孔口在开发平台上，给施工带来一定不便，但必须做好相应的质量控制，为以后的开发部分施工奠定好基础。

（6）上盖开发建筑与车站的连接

车辆基地上盖开发建筑与车站的连接方式有多种，站厅层平台直接连接，人流可直接出站，或经台阶、坡道、自动扶梯、电梯，利用立体交通系统连接，这些细节的施工都应严格执行设计要求。

提醒读者注意的是，开发部分在工程划分表中并未列出，实际项目中如有开发工程，可根据需要增列分项工程。

四、轨道

城市轨道交通中的轨道是指路基面或结构面以上的线路部分，是由钢轨、轨枕、连接零件、道床、道岔和其他附属设备等组成的构筑物。轨道结构为列车行驶提供了导向和承载作用，轨道种类多种多样：有钢轮钢轨系统（包括市郊铁路、地铁、轻轨、有轨电车等）、胶轮混凝土轨系统（有单轨、双轨）和特殊系统（如悬挂式单轨、磁悬浮式轨道系统等）。本章论述的是目前国内轨道交通工程普遍采用的钢轮钢轨系统，新建轨道交通通常采用50kg/m或60kg/m的钢轨，采用标准轨距1435mm。

轨道工程属于土建类工程，为一个单位工程，分期施工的、分标段施工的、场段范围内的轨道工程宜分别划分为子单位工程。因本部分为专业队伍施工，故不在本书范围之内。但为使读者全面了解地铁的组成，简要介绍如下相关知识。

（一）主要线路

1. 正线，是指"列车载客运营的线路"。

2. 辅助线，是指"为保证正线运营而设置的不载客列车运营的线路"。

3. 渡线，是指"引导列车从一条线路转移到另一条线路的设施，一般由两组单开道岔及一条连接轨道组成"。

4. 出入线，是指"车辆基地与正线的连接线路。也称出入段（场）线"。

5. 联络线，是指"连接两条独立运营线路的辅助线路"。

（二）轨道工程

轨道工程涉及行车安全及乘客舒适度，按照《地下铁道工程施工质量验收标准》GB/T 50299—2018，轨道工程为一个单位工程，含有12个分部工程。包括线路基标、普通无砟道床轨道、钢弹簧浮置板道床轨道、减震垫浮置板道床轨道、梯形（纵向）轨枕道床轨道、有砟轨道、无砟道岔、有砟道岔、钢轨伸缩调节器、无缝线路、有缝线路、轨道安全设备及附属设备。其每个分部工程中又包含若干分项工程。

1. 有砟道床

又称碎石道床，由底砟和面砟两部分构成。在造价、轨道弹性、阻尼、易于维修等方面优于整体道床，但也存在着自重大、不易保持轨道几何形态、维修工作量大、易污染等缺点，在新建轨道交通线路中只在高架地面线、车辆段站场线使用。

（1）底砟，是有砟道床的重要组成部分，位于面砟层和路基基床表层之间，传递、分布列车荷载，防止面砟和路基基床表层颗粒之间的相互渗透，具有渗水过渡和防冻保温等作用。

（2）面砟，主要作用是支撑轨枕，把轨枕上部的巨大压力均匀地传递给底砟、路基面；固定轨枕的位置，阻止轨枕纵向或横向移动；提供轨道弹性，减缓和吸收轮轨的冲击和振动；提供良好的排水能力。

2. 无砟道床

又称整体道床，为钢筋混凝土结构。因其具有外观整洁、结构稳定、维修量小的特点，广泛应用于轨道交通工程中。

3. 轨枕和连接零件

轨枕的作用是固定轨道轨距，承载钢轨及通过车辆的重量荷载，使轨道压力荷载均匀分散传递至道床，保持线路稳定畅通。有砟道床使用长轨枕，材质为防腐木或钢筋混凝土。

4. 接触轨

又称三轨，是向列车供电的导体。接触轨系统是地铁牵引供电系统的重要子系统，它直接影响到地铁供电系统甚至整个地铁系统的安全运营。

接触轨应在走行轨起、拨、整道达标后安装，安装时应与供电专业相配合。接触轨固定与连接方式改变时，按设计要求施工。

5. 轨道附属设备

（1）正线线路标志，主要有百米标、坡度标、曲线要素标、圆曲线及缓和曲线起重点标、控制基标、道岔编号标等。信号标志有限速标、停车标、终点停车标、警冲标、车挡表示器等。

（2）防护措施主要包括车挡及道口。

（三）主要施工方法

1. 铺轨

（1）有缝线路铺轨

铺轨施工，通常采用轨排法，在轨排组装基地内将钢轨与轨枕用硫磺锚固等方式连结成一根钢轨长度的轨排，将轨排整体运输至铺轨作业面铺设。在不具备条件的时候，也可采用散铺法人工铺轨，即分别将轨枕和钢轨运输到铺轨作业面后再行连结固定。

（2）无缝线路铺轨

无缝线路是把标准长度的钢轨焊连而成的长钢轨线路，由于消灭了大量钢轨接头，因而具有行车平衡、机车车辆和轨道维修费用低、使用寿命长等优点。无缝线路轨道中钢轨不仅承受列车荷载作用，钢轨本身还存在巨大的温度应力。钢轨焊缝受环境、设备、工艺、操作水平影响较大。

（3）道岔、岔枕

道岔是一种使机车车辆从一股道转入另一股道的线路连接设备，通过拨动两根活动轨道，使车辆轮缘依开通方向驶入目标轨道，通常在车站、车辆基地大量铺设。

（4）起拨道、整道

起拨道、整道通过对碎石道床的调整、捣固，使钢轨轨道的轨向、高低、水平允许偏差及轨面平顺性达到设计要求。

2. 道岔铺设

整体道床道岔是项难度大、施工周期较长的工程，道岔部件多，部件的连接扣件各异，浇筑混凝土前难以定位，但其相互间的几何关系却要求较严，必须严加控制。

五、声屏障

按照《地下铁道工程施工质量验收标准》GB/T 50299—2018 的划分，声屏障是高架结构桥面及附属分部工程中的一个分项工程，且内容较为简单，实际上，声屏障不仅用于高架结构，在车辆基地的建筑群中也有所应用。故将此内容单列一项介绍。

地铁运行对线路周边建筑物的影响主要有两种：噪声和振动。其中，噪声又分为一次噪声和二次噪声：一次噪声由于轨道不平顺导致轮轨撞击而产生；二次噪声由于轮轨撞击引起高架桥振动而产生，两种噪声都是通过空气介质传播到周边建筑物的。而振动则是通过轨道结构—道床—地基这一途径传递到建筑物，再通过建筑物自身的耦合放大而激发出低频振动，振动源中没有衰减掉的低频成分，则通过建筑物的墙壁和底板激发出固体声。

减少噪声污染应标本兼治，降低噪声为"标"，防治噪声的产生为"本"。治本的方法，则应从轨道结构设计着手，采取多种措施，改善轮轨关系，减少产生振动和噪声，此部分内容不在本书研究和讨论范围之内，此处从略。

治标的方法，是吸纳或隔断列车运行时产生的轮轨噪声、机车动力装置的噪声和各种与列车有关的间歇（突发）性噪声的传播。其中，在声源和接收者之间设置声屏障（隔声屏障），能够使声波传播显著衰减，从而减弱接收者所在的一定区域内的噪声影响。是改善轨道沿线及站、场周边噪声敏感区声环境质量的有效措施，也是迄今为止解决交通噪声问题用得最多、最有效的手段。

声屏障根据其应用环境，可分为交通隔声屏障、设备噪声衰减隔声屏障、工业厂界隔声屏障三种。交通隔声屏障主要用于高速公路、铁路的高架桥以及城市轨道交通工程中。作为城市轨道交通工程中的永久设施，声屏障的建设应系统考虑其对噪声控制的效果和未来周边环境治理的需求，科学、合理地设置声屏障，能够获得良好的经济、社会环境等综合效益。

声屏障是设置在城市轨道交通沿线噪声敏感地带的一种高而薄的永久性构筑物，如居民集中区、学校、医院、养老院等区域附近设置声屏障，能够将噪声降低到55dB以下，从而达到《声环境质量标准》GB 3096—2008所规定的噪声控制值，使该地区工作、生活的人们声环境质量达标，进而提高生活品质。

设计不仅充分地保障本身的安全要求，还要满足限界、线路养护、交通车辆的撞击安全及安全运营的要求和全天候的露天防腐问题。声屏障外观形式保持了自身特点，色彩以自身金属材料的银色或灰色为主，加上透明材料，使得屏体显得轻盈挺拔，保持了简洁、明快的现代感，体现出城市轨道交通快捷的形象。

（一）声屏障的分类

我国目前大多数城市轨道交通工程的声屏障根据线路附近不同的噪声敏感建筑物情况和地基条件，可分为整体式和插板式两大类，各类又分为多种形式。

1. 整体式声屏障

指声屏障屏身（如单元板）与基础形成一体的声屏障，因实际工程很少使用，只简要介绍分类，不予详述，分为下列三种。

（1）预制或现浇混凝土声屏障。

（2）砌块砌筑形成砌体声屏障。

（3）生态声屏障是砌体、混凝土声屏障的升级版，即选用现场浇筑的种花砖建成声屏障面层，其上种植花草或树藤爬墙类植物，外观成为布满绿色植物的生态形式，既绿化声屏障，又增加吸声和减噪功能。从材料、外形、景观设计，都体现绿色环保，符合建设"环境友好型"社会的国策，值得推广。

2. 插板式声屏障

插板式声屏障由支撑体系与屏体构件组成，支撑体系一般为钢结构或混凝土结构，即在型钢或混凝土立柱间插装吸声或隔声板材，从外形可分为开敞、半封闭和全封闭三类，每类又分为多种形式。开敞式与半封闭式声屏障，则用于两侧为多层建筑物的敏感地带。全封闭式声屏障，一般用于高架区间两侧为高层建筑物的敏感地带。

插板式声屏障制作精致，运输、安装方便，使用寿命长，已经成为最理想的隔声降噪设施，同时也为城市轨道交通沿线增加了景观效果。

1）开敞式声屏障包括直立式和弧形两种形式。

（1）直立式（含顶部有变化），该种形式的声屏障应用最广泛，为增加观感效果，顶部也有作成小弧形，北京地铁八通线在噪声敏感地区设置了直立型单面和双面吸声、顶部为弧形的声屏障。

特别体现人性化设计的是，在直立式声屏障中间位置，相当于列车车厢高度范围内设置透明的屏体（夹胶玻璃、聚碳酸酯板与亚克力板等），使列车内的乘客能够观赏到屏障外部的景观，见图1-1-33和图1-1-34。车站进出口处直立式声屏障需进行特殊设计。

图1-1-33 直立式声屏障

图1-1-34 直立、顶部小弧形、中部透明声屏障

（2）弧形声屏障，屏体设计成较大弧形，见图1-1-35和图1-1-36。

图1-1-35 大弧形声屏障

图1-1-36 某高架桥弧形声屏障

（3）为增强降噪效果，其顶部有多种变化形式。近年来，国际上研究了多种顶端折壁或加一些简单几何构造来增加隔声性能的声屏障，如：多重边、T形、鹿角形、水车形（声学软表面）等顶部形式声屏障，其剖面见图1-1-37～图1-1-40，但实际应

用较少，鹿角型声屏障在日本有所应用，效果显著。国内对于声屏障顶部的研究还处于起步阶段。

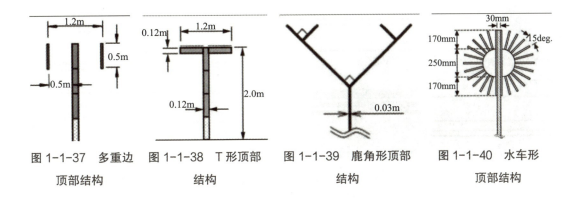

图 1-1-37　多重边顶部结构　　图 1-1-38　T 形顶部结构　　图 1-1-39　鹿角形顶部结构　　图 1-1-40　水车形顶部结构

2）半封闭式声屏障，即被屏蔽区域的屏体顶部为部分封闭，留有露天段，顶部边缘采用弧形结构，按屏身距轨道的距离又分为近轨半封闭式和远轨半封闭式两类。

（1）远轨半封闭式声屏障，将顶部隔声板封闭至远轨处，即开敞的尺度较大，相当于顶部封闭约 3m。见图 1-1-43。

（2）近轨半封闭式声屏障，将顶部隔声板封闭至近轨处，即开敞的尺度较小，相当于顶部封闭约 8m。见图 1-1-41。

图 1-1-41　近轨半封闭式声屏障（实际工程）

3）全封闭声屏障，是指被屏蔽的区域空间屏体两侧至顶部全部封闭，即隧道式的声屏障，可采用金属吸、隔声屏体 – 彩钢吸、隔声板，设置隔声采光窗解决采光问题，屏体顶部形式有人字形、拱形两类，其顶部材料可为透明、半透明的阳光板，或不透明的加芯波纹彩钢板（为与周围环境协调）。全封闭式声屏障示意及剖面，见图 1-1-42 ~ 图 1-1-44。

 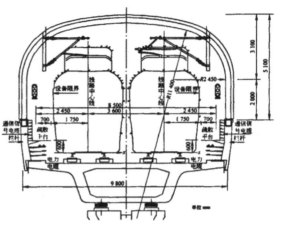

图 1-1-42 列车行驶在全封闭式声屏障内　　图 1-1-43 全封闭式透光声屏障剖面图（简化线条）

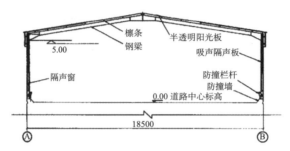

图 1-1-44 全封闭式人字形半透光声屏障剖面图

此种声屏障隔音效果明显优于前两种，声屏障将高架区间全封闭后，周围的声环境质量有显著的提高，例如北京地铁 5 号线，建设之初，全线共设置以直立式为主的各种声屏障 51290m，当年建成总投资约为 6000 万元。该条线路运行 4～5 年后，随着部分高架区间和车站附近噪声敏感建筑的增多，为改善声环境。惠新西街北口站至立水桥南站三个区段的 1529m 声屏障，由原已建成的半封闭式改建为全封闭式后，明显地降低了噪声对周边居民的影响。

该声屏障虽然隔声、降噪效果突出，但对区间内部通风、排烟、消防有一定的影响。一般要求长度不超过 300m，如若超过时，在屏体顶部中间沿纵向适当位置（由设计确定）设置排风口，安装通风消声百叶窗，开窗的总面积应不小于该段区间地面面积的 2%，它既是噪声向外传播的洞口，又能解决排烟问题。

（二）声屏障的构成

声屏障由基础和上部结构两大部分构成，各部分又有多种类型和构件。

1. 基础

声屏障基础按固定生根方式，分为两类，即划分表中所示的路基声屏障基础和桥梁声屏障基础。

1）路基声屏障基础可采用桩基础、条形或梁板体系两种形式生根于地基。

（1）桩基础，在线路沿线路基、车站、车辆段附近区域的噪声敏感点附近设置声屏障时，其基础可设计为桩基础，一般地基上可用钻孔灌注桩基础，在承台梁上固定声屏障的主体结构，当土质较软时（如软土地区）也可采入打入预制桩。

（2）条形或梁板体系，若声屏障设置所在地的地基中密布市政管道，限制了桩基础应用，或浅层地基土承载力足够时，可选用钢筋混凝土"条形或横纵连梁框架"的基础形式。见图 1-1-45。

图 1-1-45　条形梁基础

2）桥梁声屏障基础，若声屏障结构荷载较小，可利用高架区间主体结构自身适当部位，使声屏障生根，例如：在桥面梁体结构上敷设声屏障，其基础就是桥面梁结构，可在现浇箱梁混凝土结构或预制混凝土栏板上留置预埋件，利用高强螺栓或预埋筋焊接将屏体的立柱连接在桥体上，即基础植根于上部结构上。

2. 插板式声屏障上部结构

声屏障上部结构即屏身结构，城市轨道交通工程中最常用的插板式声屏障，上部结构组成如下。

（1）立柱是声屏障的主要受力构件，多采用 H 型钢，也可以采用混凝土结构，型钢需进行热浸镀锌，颜色根据周围环境和建设单位的要求，由设计确定。它通过螺栓或焊接固定在道路防撞墙或高架区间桥面结构梁上的预埋钢板上。

（2）吸、隔声板是主要的吸声、隔声构件，由设计选定材质和尺寸，它通过连接件——高强弹簧卡子将其固定在 H 形立柱槽内，形成屏体结构。

（3）伸缩缝，声屏障屏体与基础在同一个环境温度下工作，基础与屏体温度收缩不一致，为防止因基础伸缩造成吸声板与立柱顶死或脱出，声屏障屏体的吸声板与立柱间，应视基础梁不同的伸缩量而预留一定的伸缩装置。每个区间声屏障段内均设置有伸缩缝跨、调整跨和非标跨，其中伸缩缝跨需专门设计非标立柱和压片角铁等紧固件，调整跨及非标跨需按照埋件间距设计非标 PC 板、吸声隔声板和夹胶玻璃窗等部件的尺寸。

声屏障基础梁一般每 20～30m 长设置一个伸缩缝，施工中应结合现场地形确定具体伸缩缝位置。

（4）轻钢框架顶面，全封闭式声屏障顶部由轻钢框架结构、顶板（由穿孔面板、吸声填料、背板组成）及配套的连接件组成，各项参数、性能指标由设计单位确定，并应能达到降噪、防火、防腐蚀、防潮（水）、防老化、防眩光、防尘等要求。

（5）声屏障应按设计要求预埋排水管，以排出轨基和路基本体渗水和电缆槽泄水，外侧排水出口应避免对路基边坡产生冲刷和影响车辆、行人，并防止漏声。

（6）安全门，由于声屏障是连续设置，而当在某处发生意外时需要进行人员的紧急疏散，所以需要在一定距离内设置紧急出口，即安全门（也能起到隔声作用），或者将该段声屏障进行错层设计。每 500 米声屏障设置一道，可为单门或双开门结构。

（7）声屏障板是主体结构屏身的基本构件，其作用是吸收、反射噪声，因内容较多，以下单列标题叙述。

（三）声屏障板分类及其特性

按照吸声特性和材质划分为多种。

1. 根据吸声特性划分

（1）吸声型声屏障板，是在各种板状材料（铝板、镀锌钢板等金属板）上穿击成高密度小孔而成，可以根据噪声频率特性，定制不同穿孔率、孔径的吸声板。有面板、背板两层，面板之间填充各种有机或无机纤维制成的纤维状聚集组织，或者开孔型泡沫塑料和珍珠岩制品，该柔性材料与穿孔面板结合使用，扩大了吸声范围，提高吸声系数并且减轻了自重。声音进入小孔后，会在结构的内壁中无序反射，直至大部分声波的能量转化为热能，以达到隔声效果。该种屏体以吸收中高频声波为主。

这类型声屏障，在道路交通、铁路工程中，一般用于噪声源双侧都有敏感建筑的路段，而对于城市轨道交通而言，要求较高，即使只在线路一侧有敏感建筑，仍然采用吸声型的声屏障。

（2）反射型（隔声）板目的是单纯隔绝噪声，即将噪声声波通过声屏障反射回去。

（3）吸声–反射复合型，为有效的降噪隔声，目前都选用吸声和隔声混合型的声屏障，其特点是对噪声的产生和传递特征有针对性地控制，可设计成上下吸声、中间隔声。高架桥声屏障的中间使用透明的反射型隔声板，能有效地中断声波的传播途径，同时也为司机和乘客提供一个开阔的视野环境。

2. 根据材质划分

吸、隔声单元板按材质可以分为以下多种。

1）金属单元板

可采用铝合金卷板、镀锌卷板等，吸声板内的填充材料采用离心玻璃棉。具有美观、经济、方便、安全、轻便、防水、防雨、防尘及强度高等优点，但成本高，易锈蚀。

2）PC 板

（1）采光极佳，透光率高达 85%～91%，透明度可与玻璃相媲美，具有美观效果等优点。

（2）本身不自燃并具有自熄性，燃烧时不会产生有毒气体，在 -40℃ ~ 130℃温度范围内不会引起变形。

（3）重量轻，只有玻璃的一半、丙烯酸板的1/3，具有良好的适应性和安全性，其弯曲性大，可依设计图在工地现场采用冷弯方式，安装成拱形、半圆形、顶和窗，亦可热弯。

（4）隔声效果明显，比同等厚度的玻璃和亚克力板有更佳的音响绝缘性。

（5）耐候（耐热、耐寒）性强，热导率（K值）低于普通玻璃和其他塑料，隔热效果比同等玻璃高 7% ~ 25%，从而使热量损失大大降低，夏天保凉，冬天保温。

（6）防结露，室外温度为 0℃，室内温度为 23℃，室内相对湿度低于 80% 时，材料的内表面不结露。但也有缺点，PC 板硬度低，耐紫外线性差，现有改性 PRC 板具有较好的抗紫外线功能，抗紫外年限 15 年以上，可弥补其不足。

在城市轨道交通声屏障工程中常用金属板或其与 PC 板相结合的吸、隔声板。

3）玻璃钢板

虽然具有透光性的突出优点，但因其成本高，不防火，工程中很少应用。

4）混凝土板（轻质混凝土、高强混凝土）等

混凝土单元板是一种建筑用水泥夹芯轻质隔声板，由前面层、后面层和中间隔声层组成，隔声层的百叶孔采用固定式真空挤出式制成，在相应的方孔内填充吸音材料。该板自重大，强度低，一般是工厂生产的预制件，尺寸根据用户要求制作。

第二节 城市轨道交通土建工程的划分

城市轨道交通工程项目土建工程实体组成的层次划分，虽源于建筑工程的划分，但又有其特点。一般情况下，一条线路即为一个工程项目，规模较大线路分期建设，各为一个工程项目。按照专业划分，又分为土建与建筑设备、轨道交通系统设备和其他三大类工程。在土建类中，又根据施工方法、专业系统分为若干单位（子单位）工程，其下又分为分部、子分部与分项各层次的工程。每个项目（标段）中可包含一个或多个单位工程，在每个单位工程中，按照工法和类型划分为一个子单位工程，也即图 1-1-1 的下半部分和注。质量验收的划分基本同实体构成的层次划分，只是增加了检验批，是每个分项工程验收的基本单元，每个分项工程需要划分为若干个检验批进行验收。

根据《建筑工程施工质量验收统一标准》GB 50300—2013 中定义，检验批是指按统一的生产条件或按规定的方式汇总起来供检验用的，由一定数量样本组成的检验体。检验批的划分将在以后各专用章节的质量控制中叙述。本章仅论述城市轨道交通土建工程的划分，关于轻轨、磁悬浮等系统不在本书论述范围内。

一、城市轨道交通土建工程划分依据

（一）划分依据名录

1. 行政文件

《城市轨道交通建设工程验收管理暂行办法》（建质[2014]42号文）

2. 技术标准

（1）《建设工程分类标准》GB/T 50841—2013。

（2）《城市轨道交通工程基本术语标准》GB/T 50833—2012。

（3）《中国土木建筑百科辞典.隧道与地下工程》。

（4）《地下铁道工程施工质量验收标准》GB/T 50299—2018。

（5）《城市轨道交通工程资料管理规程》DB11/T 1448—2017。

（6）相关专业工程的国家或行业施工质量验收标准。

对城市轨道交通土建工程划分，现行的相关行政文件与技术标准均有涉及，由于出台的背景及出发点不同，对划分的规定略有不同，本章编纂时，对其进行了比较和选定。

（二）划分依据的分析与选定

1. 行政文件划分分析

《城市轨道交通建设工程验收管理暂行办法》[建质（2014）42号]是进行城市轨道交通土建工程项目验收的依据，文件中对工程项目只划分到单位工程，向下的层次未予以详细的划分，该文件可以指导城市轨道交通项目的验收，但不适宜城市轨道交通土建工程中各分项、分部工程质量安全的管理和控制的需要。

2. 技术标准划分分析

关于城市轨道交通土建工程的划分，多年来并未有专门的国家、行业技术标准出台，实际工程中多依据相关专业工程中的国标、行标中有所划分，也有少数城市（北京、上海等）的相关地方标准中涉及工程划分，另有个别的企业标准涉及了工程划分标准。

（1）《城市轨道交通工程质量验收标准第1部分：土建工程》DB11/T 311.1—2005对分部分项工程的划分较为详细，已执行10年以上，在实际的工程应用中已显不足。

（2）《城市轨道交通工程资料管理规程》DB11/T 1448—2017，从资料管理角度规定了工程划分，将各种工法和工程类型划分为子单位工程，划分体系更加合理。弥补了以前划分的某些不足，增加了一定的分项工程，但某些分部分项工程的划分归属欠妥，少数分部工程层次划分较为粗略，名称不够严谨。

（3）《轨道交通土建工程施工质量验收统一标准（修订版）》QGD-005—2015和《轨道交通单位工程、分部工程和分项工程划分标准（修订版）》QGD-004—2015中分部分项工程的划分较为详细，已实施近3年，尽管企业标准的效力层级较低，目前，北京市的城市轨道交通土建工程划分基本采用此标准。

（4）《地下铁道工程施工质量验收标准》GB/T50299—2018对各工法的工程进行了

划分，自 2018 年 12 月 1 日起实施。

3. 本书选定的划分依据

本书编写目的以掌握城市轨道交通土建工程的具体构成，更好地控制各分项工程的质量安全为宗旨，因此，需兼顾全国各地需求，以最新实施的国家标准《地下铁道工程施工质量验收标准》GB/T50299—2018 的划分为主，但并未采取统一的划分依据，而是根据各单位工程实际内容的质量控制需要，对于个别划分不够详细的部分，吸收了北京地区的《城市轨道交通工程资料管理规程》DB11/T1448—2017 部分划分内容，也参考了北京市轨道交通建设管理有限公司的企标《轨道交通单位工程、分部工程和分项工程划分标准（修订版）》QGD-004—2015 中的划分，或相关专业工程的国家标准或行业标准，各单位工程分部分项划分均在本书与《城市轨道交通土建工程质量安全管理实务》一书的各章前言中有所介绍。

读者不必纠结于多种划分标准难以适从，在工程实践中，可以自行选择最适宜的划分标准。若有各地区的地方标准出台，则可参照其进行划分，以更好地指导参建人员进行城市轨道交通土建工程的质量安全管理。

二、城市轨道交通土建工程质量验收划分的原则

城市轨道交通土建工程施工质量验收根据《建筑工程施工质量验收统一标准》GB50300—2013 的有关规定执行。又根据《地下铁道工程施工质量验收标准》GB/T50299—2018，土建工程在城市轨道交通中分部较广，主要集中在车站、区间和车辆基地，故仅将此三大部分的划分摘录如下，其他部分中土建工程划分请参见该规范相关规定。

（一）工程质量验收应划分为项目工程、单位及子单位工程、分部及子分部工程、分项工程和检验批

（二）单位工程、子单位工程宜按以下规定划分

1. 车站的单位、子单位工程划分宜符合下列规定：

（1）每座独立的车站宜划分为一个单位工程。

（2）分属于不同线路的换乘站的车站工程、同一车站采用不同工法施工的区段、不同期实施施工的车站工程、车站每个出入口或风道等附属结构工程宜划分为子单位工程。

2. 区间的单位、子单位工程划分宜符合下列规定：

（1）每段独立的区间宜划分为一个单位工程。

（2）同一区间不同期实施施工的区段、区间附属工程、同一区间不同期实施施工的区段、同一区间划分为不同施工标段的区段宜划分为子单位工程。

3. 车辆基地的单位、子单位工程划分宜符合下列规定：

（1）每座车辆段、停车场或车辆基地宜划分为一个单位工程。

（2）车辆段、停车场或车辆基地内具有独立使用功能的单体工程、工艺设备安装、道路及环境、管线等附属工程，宜分别划分为子单位工程。

三、工程层次划分表

（一）单位（子单位）工程划分（见表1-2-1）

单位（子单位）工程划分表　　　　　　　　　　表1-2-1

单位工程	子单位工程
车站工程	换乘站分属于不同线路的部分
	分期施工的车站
	每个附属工程（出入口、风道、应急通道等）
	采用不同工法的部分车站工程
区间工程	采用不同工法的区间工程（矿山法、盾构法、明挖法、盖挖法、沉管法、高架、路基等）
	每个附属工程
	不同施工标段
车辆基地综合工程	具有各自独立功能的单体建筑
	道路（桥梁）及环境工程
	管线（道）工程
	车辆基地工艺设备安装
轨道工程	分期施工的正线轨道工程
	分标段施工的正线轨道工程
	车辆基地及出入线段轨道工程

（二）分部分项工程和检验批的划分

1. 地下水控制划分（见表1-2-2）。

地下水控制分项工程、检验批划分　　　　　　　　表1-2-2

分项工程	检验批
降水工程	轻型井点每30～50眼井
	管井每20～40眼井
	渗井每20～40眼井
	回灌井每进行回灌一次
	集水明排每处
	排水管线及检查井每100m（含井）
	降水维护及监测每项
止水工程	地下连续墙帷幕每槽段
	桩式帷幕每20根桩
	注浆隔水每20延米
	冷冻法每处

2. 明挖法工程划分

明挖法分部及子分部工程、分项工程、检验批划分，见表1-2-3。

明挖法分部及子分部工程、分项工程、检验批划分 表1-2-3

分部工程	子分部工程	分项工程	检验批
基坑围护	有支护土方	灌注桩、水泥土搅拌桩墙	≤20根
		地下连续墙	每施工槽段
		土钉墙	每一施工段
		旋喷桩、咬合桩	≤20根
		桩顶冠梁	每一浇筑段
		横撑	每10根
		锚杆（索）	每20根
		桩间网喷混凝土	每20根桩间
		冻结法	每一浇筑段
		土方开挖	每一施工段
		施工测量	每一施工段
		监控量测	每一监测断面
		土方回填	每一回填段
	无支护土方	土方开挖、施工测量、土方回填	每一施工段
地基处理		灰土地基、砂石地基、土工合成材料地基、粉煤灰地基、夯实（强夯）地基、砂桩地基、预压地基、注浆地基、水泥粉煤灰碎石桩地基、夯实水泥土桩地基、旋喷、搅拌桩等	每一处理段
结构	混凝土结构	模板及支架	一个施工段
		钢筋	一个施工段
		混凝土/防水混凝土	一个浇筑段
		装配式结构	一个安装段
		施工测量	一个施工段
	钢管（劲钢）混凝土结构	钢管（劲钢）制作	每10根
		钢管（劲钢）焊接	每根
		螺栓连接	每50根
		钢管（劲钢）安装	每根
		混凝土	每根
	砌体结构	砖、石砌体	每一砌筑段
		混凝土小型空心砌块砌体	每一砌筑段
		填充墙砌体	每一砌筑段

3. 盖挖法工程划分

盖挖法分部及子分部工程、分项工程、检验批划分，见表1-2-4。

盖挖法分部及子分部工程、分项工程、检验批划分　　　　表 1-2-4

分部工程	子分部工程	分项工程	检验批
结构	支承柱	钻孔灌注桩	每根桩
		钢管柱（加工、安装）	每根柱
	盖板结构	支承梁、盖板加工制作	每块
		支承梁安装	每榀
		盖板安装	每 5 块
	逆筑土模	基面平整、压实、土模制作	每一施工段

4. 矿山法工程划分

矿山法分部及子分部工程、分项工程、检验批划分，见表 1-2-5。

矿山法分部及子分部工程、分项工程、检验批划分　　　　表 1-2-5

分部工程	子分部工程	分项工程	检验批
结构	开挖与支护	管棚	每一加固段
		超前小导管	每一加固段
		超前锚杆	每一加固段
		注浆加固	每一加固段
		土方开挖	每一循环
		格栅钢架、型钢	每 20 延米
		钢筋网	每 20 延米
		喷射混凝土	每 20 延米
		背后充填注浆	每 20 延米
		施工测量	每 40～60 延米
		监控量测	每一监测断面
	钢筋混凝土结构	模板及支架	每一施工段
		钢筋	每一施工段
		防水/混凝土	每一浇筑段
		施工测量	每一浇筑段
		背后回填注浆	每一注浆段

5. 盾构法工程划分

盾构法分部及子分部工程、分项工程、检验批划分，见表 1-2-6。

盾构法分部及子分部工程、分项工程、检验批划分　　　　表 1-2-6

分部工程	子分部工程	分项工程	检验批
始发和接收竖井	盾构始发、接收洞口段地层加固	注浆加固	每一洞口加固段

续表

分部工程	子分部工程	分项工程	检验批
始发和接收竖井	盾构始发、接收洞口段地层加固	冷冻法加固	每一洞口加固段
		旋喷桩加固	每一洞口加固段
		搅拌桩加固	每一洞口加固段
		洞门预埋钢环制作、安装	每一洞门
盾构隧道		管片进场验收	每10环
		盾构掘进及管片拼装	每10环
		壁后注浆	每10环
		成型隧道	每10环
		监控量测	每一监测断面
		施工测量	每10环
		成型隧道贯通测量	整条隧道
防水工程		管片自防水	每10环
		管片接缝防水	每10环
		螺栓孔防水	每10环
		柔性接头	每一处
		变形缝等特殊结构处防水	每道变形缝

6. 路基工程划分

路基分部及子分部工程、分项工程、检验批划分，见表1-2-7。

路基分部及子分部工程、分项工程、检验批划分 表1-2-7

分部工程	子分部工程	分项工程	检验批（m）
路基工程	路堑	基床	≤300
		路堑开挖	≤200
		边坡	≤50
		过渡段	每处
	路堤	基床	≤300
		路堤填筑	≤200
		边坡	≤50
		软土路基处理	每处
	路基支挡与防护	基坑	两沉降缝间长度
		基础	两沉降缝间长度
		挡墙身	两沉降缝间长度
		护坡	≤50
		回填	≤50
	排水	地表排水沟	≤100

续表

分部工程	子分部工程	分项工程	检验批（m）
路基工程	排水	急流槽、管道及井	≤100
	涵洞	地基及基础	每座涵洞
		装配式涵洞涵身	每个安装段
		现浇模板及支架	每个安装段
		现浇式涵洞钢筋	每个安装段
		现浇或顶进混凝土	每个浇筑段
		涵洞防水	每座涵洞
		附属工程	每座涵洞

7.高架结构工程划分

高架结构分部及子分部工程、分项工程、检验批划分，见表1-2-8。

高架结构分部及子分部工程、分项工程、检验批划分　　表1-2-8

分部工程	子分部工程	分项工程	检验批
地基基础	土方开挖及围护	围护结构、基坑开挖、回填	每个基础
	桩基础	成孔、钢筋、混凝土	每根桩
	承台	模板及支架、钢筋、混凝土	每个承台
	扩大基础	模板及支架、钢筋、混凝土	每个基础
下部结构		板及支架、钢筋、混凝土、预应力结构	每个墩台
支座		支座安装	每个支座
上部结构	现浇梁	模板及支架、钢筋、混凝土、预应力	每浇筑段
	预制梁	模板及支架、钢筋、混凝土、预应力、安装	每片梁
	悬臂浇筑梁	模板及支架、钢筋、混凝土、预应力	每浇筑段
	悬臂拼装梁	模板及支架、钢筋、混凝土、预应力、梁端拼装	每安装段
	钢桁梁	杆件拼装、涂装	每施工段
	钢梁	制作、安装、涂装	每施工段
	叠合梁	钢梁拼装、涂装、模板及支架、钢筋、混凝土、预应力、桥面板安装	每安装段
	钢管混凝土拱	拱肋制作、拱肋拼装、拱肋混凝土、拱肋涂装、吊杆、系杆、梁部	每安装段
	钢拱	杆件拼装、涂装	每安装段
	顶推梁	模板及支架、钢筋、混凝土、预应力、顶推	每施工段
	索塔	模板及支架、钢筋、预应力、混凝土、锚固段	每施工段
	斜拉索	斜拉索	每安装段
桥面及附属		变形缝、防水、排水、护栏、声屏障、锥坡	每跨或每段
车站主体结构	混凝土结构	模板及支架、钢筋、混凝土	每施工段

续表

分部工程	子分部工程	分项工程	检验批
车站主体结构	钢结构	制作、拼装、涂装、连接件	每安装段
	砌体	砌块	每施工段
	施工缝、变形缝、后浇带	模板及支架、钢筋、混凝土	每道缝

8. 防水工程划分

防水分部工程、分项工程、检验批划分，见表1-2-9。

防水分部工程、分项工程、检验批划分　　　　表1-2-9

分部工程	分项工程	检验批
地下结构防水	防水混凝土	每施工段
	水泥砂浆防水层	每施工段
	卷材防水层	每施工段
	涂膜防水层	每施工段
	塑料板防水层	区间或车站隧道每20m
		明挖结构每施工段
	无机涂料防水层	每施工段
	金属板防水层	每10m²
	膨润土防水毯	区间或车站隧道每20m
		明挖结构每施工段
	细部构造防水	每个细部
	地下连续墙防水	每个接缝
	管片衬砌环防水	每50环
	沉管隧道防水	每节沉管

第二章
城市轨道交通土建工程工法简介

我国城市轨道交通线路中的主要建筑车站、区间结构物修建方法，已由最初单一的明挖法发展到现在的以明挖、暗挖、盾构为核心的系列工法和新工艺。为使读者更好地理解城市轨道交通土建工程的划分与各种工法的关联，将简介其常用施工方法、辅助工法（含临时支护结构），具体内容将在《城市轨道交通土建工程质量安全管理实务》各章节中详细叙述。需要说明的是，一条城市轨道交通线路包含若干个区间和车站，设计单位会根据不同的地质条件选定不同的结构方案和施工方法，即使在同一个区间或车站内，各种工法也可能同时采用，读者应掌握各工法的核心，更好地处理不同工法的衔接关系。

本章内容以《地下铁道工程施工质量验收标准》GB/T 50299—2018 为依据，介绍其中最为常用的工法，对个别不常采用的工法，限于篇幅不予详列。

第一节 地下水控制

明挖地铁线路多数穿过城市繁华区域，其车站和区间结构地下埋深比较深，一般位于地下水位以下。无论采用明挖（盖挖）、暗挖、盾构中的何种方法，施工前均需进行地下水控制，这是为了保证支护结构、基坑开挖、地下结构无水作业，防止地下水变化对基坑周边环境产生影响所采用的必要措施。根据《地下铁道工程施工及验收规范》GB/T50299—2018划分表，地下水控制划分为两个分项工程，即降水与止水工程，各分项工程又有多种形式，划分表见1-2-2。设计单位可根据地质状况选择一种或几种方式组合的具体方案。本节分别简要介绍其工法。

一、降水工程

降水工程一般用传统的轻型井点、管井、渗井、回灌井及集水明排等方法，但是遇到地层中存在上层滞水层，或跨越铁路、高速公路、繁华市区、群房施工地下工程需要降水，传统的降水方法较为困难时，可用喷射井、辐射井等方法。故此处除按照规范介绍的上述五种方法外，还补充了喷射井、辐射井的降水方法。

（一）轻型井点降水

轻型井点是一个由井管、集水总管、普通离心式水泵、真空泵和集水箱等组成的排水系统。沿基坑四周每隔一定间距布设井管，底部设置滤水管插入透水层，上部通过连接管与集水总管相连。地下水从井点管下端的滤水管凭借真空泵和水泵的抽吸作用流入井点管内，汇入集水总管，然后流入集水箱，由水泵排出，从而达到降低基坑四周地下水位的效果，保证了基底的干燥无水，见工程实图2-1-1。系统构造见图2-1-2和图2-1-3。

图 2-1-1 轻型井点降水工程实图

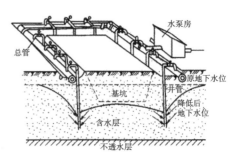

图 2-1-2 轻型井点降水构造

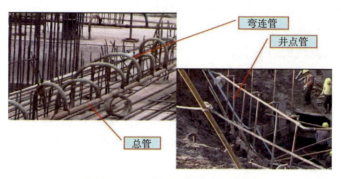

图 2-1-3　轻型井点降水系统构成

（二）管井降水

管井井点设备较简单，由滤水井管、吸水管和抽水机械等组成。排水量大，降水较深，较轻型井点具有更大的降水效果。水泵设在地面，易维护。但管井属于重力排水范畴，吸程高度受到一定限制。

1. 适用条件

（1）第四系地下水丰富的土层、砂层，含水层厚度大于 5.0m；

（2）基岩裂隙和岩溶含水层，厚度可小于 5.0m；

（3）含水层渗透系数较大的土层，K 宜大于 1.0m/d；

（4）适用于降水深度 3～5m。

2. 管井降水施工流程

（1）降水井井位应沿基坑周边以一定间距形成闭合状，设计单位根据水文地质条件，确定降水井间距，一般间距 10～50m；

（2）采用人工挖探坑；

（3）管井成孔，钻进深度应比设计深度大 0.5～1.0m，井径大于管径不小于 150mm；

（4）成孔后清孔和井管下放；

（5）井管周边填充滤料。

3. 注意事项

（1）成井后应用清水洗井至水清、砂净或达到上下含水层串通；

（2）抽降水之前的单井试验性抽水，试抽水合格后方可正式抽水。

（三）四渗井

渗井是重力水通过无管裸井或无泵管井自行或抽水下渗至下部含水层的井，分为引渗自降和引渗抽降两种。渗井适用地层为黏性土、砂土，降水深度由下伏含水层的埋藏和水头条件确定。

（四）回灌井

采用降水与排水时，在一定区域内不可避免的造成地下水位下降，需要工程结束后采取回灌措施，减少工程建设对地下水位的影响。

回灌是将抽排的地下水从基坑外通过回灌井灌进地层，保证基坑周边不会水土流失，同时能够防止基坑周边下沉。

（五）集水明排

明挖基坑内、外排水一般采用集水明排、管线排水等型式。

集水明排是用排水沟、集水井、泄水管、输水管等组成的排水系统将地表水、积水、渗漏水排至基坑外；管线排水指的是利用相互连通的管线、检查井及相应设施，汇集和排除基坑内的地表水、积水。

（六）降水维护及监测

由于降低地下水位，地层结构会受到一定影响，若有砂颗粒带出，更会引起地层下沉，因此降水期间必须重视降水设施的围护及水位监测。

（七）喷射井降水

喷射井点降水是在井点管内部装设特制的喷射器，用高压水泵或空气压缩机通过井点管中的内管向喷射器输入高压水（喷水井点）或压缩空气（喷气井点）形成水气射流，将地下水经井点外管与内管之间的缝隙抽出排走。其主要设备由喷射井点管、高压水泵（或空气压缩机）和管路系统组成。比轻型井点降水设备少，排水深度大，可达到 8～20m，施工快，费用低。

1. 适用条件

（1）适合于基坑开挖较深、降水深度较大的地层；

（2）适用于渗透系数 0.1～50m/d 的填土、粉土、黏性土、砂土地基中使用。

2. 施工工艺流程

设置泵房、安装进排水总管→水冲法或钻孔法成井→安装喷射井点管、填滤料→接通进水、排水总管，并与高压水泵或空气压缩机接通→将各井点管的外管管口与排水管接通，并通到循环水箱→启动高压水泵或空气压缩机抽取地下水→用离心泵排除循环水箱中多余的水→测量观测井中地下水位。

（八）辐射井降水

辐射井由钢筋混凝土竖井和自竖井内向土层水平打入含水层的辐射井组成，辐射井钻孔；可在任一高程打入，具有一定长度，根据需要可设置多层、数根至数十根。竖井可用沉井法、钻井法、人工挖井法施工，竖井可预制、也可现浇，水平辐射井通常为塑料或钢质滤水管。

二、止水工程

根据《地下铁道工程施工质量验收标准》GB/T50299—2018 对地下水控制工程的划分，止水工程包括以下四种方式：地下连续墙帷幕、桩式帷幕、注浆隔水和冷冻法。根据《建筑基坑支护技术规程》JGJ 120—2012 的术语，隔水帷幕是"用以阻隔或减少地下水通过基坑侧壁与坑底流入基坑和防止基坑外地下水位下降的幕墙状竖向截水体。"据此，前三种止水方式均属于隔水帷幕。

（一）地下连续墙帷幕

根据《建筑基坑支护技术规程》JGJ120—2012 术语，地下连续墙是指"分槽段用专用机械成槽、浇筑钢筋混凝土所形成的连续地下墙体。亦可称为现浇地下连续墙"。实际工程中，应设置在排桩围护体背后，与其共同组成围护结构体系。沿着深基坑工程的周边轴线，将整个地下连续墙分成若干槽段单元，成槽施工前，沿地下连续墙两侧设置混凝土导墙（埋深一般不小于 1.5m），导墙强度和稳定性应满足成槽机和顶拔接头管施工的要求。在泥浆护壁条件下，成槽机开挖出一条狭长的深槽，清槽后，在槽内吊放钢筋笼，然后用导管法灌筑水下混凝土筑成一个单元槽段，如此逐段进行，在地下筑成一道连续的钢筋混凝土墙壁，作为截水、防渗、承重、围护结构。在相邻槽段之间用"接头"连接，接头管的作用是让相邻两槽段嵌接更完美，不出现渗水现象，同时为了钢筋笼的稳定，并保证混凝土扰流得到良好的控制。接头有多种形式，可由设计选定，设计未选定时，必须在施工方案中确定。

（二）桩式帷幕

可选用素混凝土桩、水泥土搅拌桩帷幕、搅拌—喷射注浆帷幕、咬合式排桩和型钢水泥土搅拌墙（SMW 桩墙）。由于前几种帷幕在明挖法中有所介绍，此处仅对型钢水泥土搅拌墙（SMW 桩墙）做简单介绍。

1. 基本工法

根据《型钢水泥土搅拌墙技术规程》JGJ/T 199—2010 术语，型钢水泥土搅拌墙是"在连续套接的三轴水泥土搅拌桩内插入型钢形成的复合挡土截水结构"。三轴水泥土搅拌桩是"以水泥作为固化主剂，通过三轴搅拌机将固化剂和地基土强制搅拌，使地基土硬化成具有连续性、抗渗性和一定强度的桩体"。套接一孔法施工是"在三轴水泥土搅拌桩施工中，先施工的搅拌桩与后施工的搅拌桩有一孔重复搅拌搭接的施工方式"。因其与主体结构分离，主体结构侧墙可以施工外防水，被可应用于软土地基的深基坑围护结构。

所谓 SMW 工法，是利用三轴型钻掘搅拌机就地钻进切削土体，在钻头端部将水泥浆液注入土体，经充分搅拌混合后，形成搅拌桩，相邻桩搭接一定宽度形成搅拌墙，未凝固硬结前将型钢（常用 H 型钢，也可用拉森式钢板桩、钢管等）插入搅拌桩体内，形成具有一定强度和刚度、连续完整、无接缝的地下连续墙体。见图 2-1-4 和图 2-1-5。目前，成墙厚度范围为 550～1300mm，常用厚度 600mm。

2. 工法优势

（1）桩墙结构同时具有受力与抗渗两种功能，由 H 型钢承受土体侧压力，围护桩墙的刚度大，提高了抗剪与抗弯能力，连续性好。

（2）水泥具有良好的抗渗性能，不必另设挡水帷幕，减少了对周围环境的污染。水泥土搅拌桩止水帷幕的深度可达 15～18m，最深可达 35m 左右。而诸如 TRD 工法

图 2-1-4　H 型钢打入水泥搅拌墙示意　　图 2-1-5　型钢水泥土搅拌墙成品示意

等则可达到 60m 左右，视地质条件尚可施工至更深。

（3）施工基本无振动、噪声、泥浆，仅在开槽时有少量土方外运；适应于明挖车站（区间）深基坑工程靠近周边建筑物红线施工的情况。

（4）占地面积小，工期缩短，在一般地质条件下，为地下连续墙的三分之一，还可回收 H 型钢等材料，大大降低成本，经济效益明显。

（三）注浆隔水

对于单独使用排桩作为支护结构，可对排桩及其桩间土高压喷射注浆或摆喷注浆帷幕，使排桩与土相互咬合成为整体的组合帷幕，对碎石土、杂填土、泥炭质土或地下水流速较大时，宜通过试验确定高压喷射注浆帷幕的适用性。

（四）冷冻法

冷冻法用于地铁工法中的止水，冷冻法施工工艺最早出现在欧洲，在矿井施工中广泛使用，适用于涌水、流沙淤泥等松散含水复杂地层条件的施工。在施工地下构筑物之前，用人工制冷的方法将构筑物周围含水地层进行冻结，形成具有临时承载和隔水作用并满足工程施工安全需要的冻结壁，然后在冻结壁的保护下进行构筑物掘砌作业。详见本章第四节浅埋暗挖法相关内容。

第二节　明挖法

根据《轨交基本术语》，明挖法是"在地面挖开的基坑中修筑地下结构的施工方法"，简言之，即在地面挖开的基坑中修筑地下结构的施工方法，施工具有简单、快捷、经济、安全的优点，城市轨道交通工程发展初期都把它作为首选的开挖方法，尤其是明挖车站，由于其适应性强，可以较好地利用地下空间，灵活布置车站的平面及纵断面，适用于客流量大的车站、换乘站以及需要考虑城市地下、地上空间综合开发利用的车站。其缺点是对周围环境的影响较大。

一、明挖车站、区间施工简介

（一）明挖车站

1.明挖车站主体结构的构成

明挖车站一般设计为岛式或侧式车站，包括站厅层、站台层、设备层等。多为2～3层矩形钢筋混凝土框架结构，并配置一定的建筑设备及附属设施。车站平面一般为长条形，规模长约150～500m，宽约22～50m，车站立体示意及主体结构的构成见图2-2-1和图2-2-2。

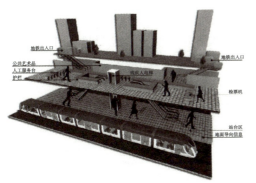

图2-2-1 明挖车站立体示意

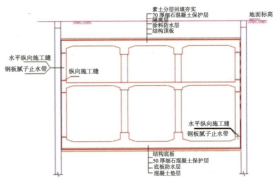

图2-2-2 明挖车站结构构成剖面示意

明挖车站由梁、柱、墙、板等现浇钢筋混凝土承重构件组成。顶板、侧墙、底板一般采用防水混凝土。荷载由顶板、楼板、侧墙、柱传递到底板，最终传至地基。底板埋深按车站层数、规模有所不同，约15～35m，结构顶板上覆盖土层约4～8m。目前，装配式结构在明挖车站中也有所应用，详见《城市轨道交通安全质量管理实务》的相关内容。

2.明挖车站施工流程

地下水控制→基坑围护结构施工及土方开挖→主体结构施工及防水工程→结构顶板上覆盖土层回填等。

地下水控制已在第一章叙述，其他工序的具体施工方法详见《城市轨道交通安全质量管理实务》的相关内容。

（二）明挖区间

1.区间结构构成

区间主体结构一般由底板、侧墙、顶板、中隔墙、梁等钢筋混凝土承重构件组成。一般设计长度约为1～3km，基坑宽度约为25～55m，开挖深度一般约为15～60m，结构顶板上覆盖土层约 2～10m。

明挖法施工的地铁区间隧道工结构通常为矩形断面，一般为现浇结构或装配式结构，优点是其内轮廓与地铁建筑限界接近，内部净空可得到充分利用，结构受力合理。

（1）现浇结构：结构断面分单跨、双跨等形式。该结构形式整体性好，防水性能容易得到保证，所以可适用于各种工程地质和水文地质条件，但施工工序较多，速度较慢。

（2）预制装配式结构：该结构形式应根据工业化生产水平、施工方法、起重运输条件、场地条件等因地制宜选择，目前以单跨和双跨较为通用，装配式结构整体性较差，对于有特殊要求的地段（如防护、抗震）要慎重选用。

2.明挖区间施工流程

与明挖车站基本一致。通常按施工段整体开挖，但因现场施工条件所限必要时开也可分段开挖。明挖区间主体结构属于大体积混凝土，浇筑时必须按划分的施工段跳仓施工。

跳仓法浇筑成功地解决了超长、超宽、超厚的大体积混凝土裂缝控制和防渗问题。是利用"抗放兼施、先放后抗、以抗为主"的原理，科学划分"跳仓块"，采取材料、结构、施工管理综合措施。

明挖区间遇地面有横穿道路时，强度已达到设计要求的区间主体结构及回填覆土可作为道路路床实现交通导改。

二、基坑围护

（一）明挖车站基坑围护

明挖车站工程中一般是多种支护方式组合成基坑支护体系，通常有混凝土钻孔灌注桩＋横撑＋桩间网喷混凝土，混凝土钻孔灌注桩＋旋喷桩＋横撑＋桩间网喷混凝土，混凝土钻孔灌注桩＋锚杆（索）支护＋桩间网喷混凝土，地下连续墙＋横撑等支护形式。

（二）明挖区间基坑围护

明挖区间基坑支护体系可与明挖车站一致，还可有土钉墙，锚杆（索）支护等支护形式。

以上各种支护方式的具体施工方法见《城市轨道交通安全质量管理实务》的相关内容。

三、基坑开挖

明挖法施工中，开挖与围护的工序交替进行，大量土方开挖在有支撑的基坑内实施。

（一）开挖原则及理论

1.遵循开挖原则和要点

开挖中严格执行"分层、分步、对称、平衡、限时"五个要点，"竖向分层、纵向分区分段、先撑后挖、快速封底、限时支撑到位"的原则，支护与挖土要密切配合，处理好开挖和支撑的关系。

2. 遵循"时空效应"理论

"时空效应"是要尽量缩短基坑开挖卸荷的尺寸及土方无支护暴露时间，以使开挖支护能最大限度地限制围护结构的变形和坑周土体的位移与沉降。在软土地区开挖，遵循此理论更为重要，应分层、分块均衡开挖，随开挖随支护。

（二）开挖方法

1. 可采用机械或人工配合开挖

作业时要保持安全距离，对围护结构、降水井管的碰撞破坏。严禁掏底施工、掏挖坡脚、超挖。

2. 中间纵向拉槽时，横向可由中间向两侧放坡开挖。

3. 放坡开挖基坑应随基坑开挖的同时刷坡，边坡应平顺，坡度应符合设计文件要求。

四、防水工程

防水工程设计遵循"以防为主、刚柔结合，多道防线，因地制宜，综合治理"的原则。明挖法一般设置两道防线，结构防水体系以防水混凝土自防水为根本，底板、侧墙及顶板采用防水材料外包，并做好施工缝、变形缝、穿墙管、后浇带等细部结构防水。

五、主体结构与附属工程

（一）主体结构

明挖车站、区间主体结构主要有混凝土结构（现浇结构、装配式结构）、钢管（劲钢）混凝土结构、砌体结构、钢结构等结构形式。其中混凝土结构最为常用，施工方法同常规。砌体结构一般用于公共区、设备间、厕浴间等内墙部分，施工方法一般同常规，但应注意防水要求。

（二）附属工程

车站附属工程主要有出入口、风亭和风井、换乘通道（厅）以及围护结构、地面广场等附属工程。多为混凝土结构和砌体结构。此外，还有一些必要的辅助设施。

六、覆盖土层回填

明挖的土方回填主要是车站和区间主体顶板以上的覆盖土方回填以及少量围护结构与主体结构之间的肥槽回填和附属结构的土方回填，其工序和施工方法均为常规，不再赘述。

第三节 盖挖法

盖挖法简要说是先盖后挖，实质上是明挖法的一种发展，早期是顺作法，也称铺盖法，继续发展为逆作法，详见下述。盖挖法在日本多采用，近80%的地铁车站采用盖挖法。我国首次采用盖挖顺作法施工的是深圳地铁一号线华强路站，并采用军用梁作为临时路面支撑系统。目前，此工法应用已很普遍，如北京地铁14号线东湖渠站、北京地铁10号线亮马桥站等均采用此法。

根据《地下工程盖挖法施工规程》JGJ/T364—2016术语，盖挖法是指"在盖板及支护体系保护下，进行土方开挖、结构施工的一种地下工程施工方法"。在地面修筑维持地面交通的临时路面及其支撑结构后，自上而下开挖土方至坑底设计标高，再自下而上修筑结构的施工方法。多用于盖挖车站，根据基坑开挖、临时路面系统的构成及结构浇筑顺序的不同，可分为盖挖顺作法、盖挖逆作法和盖挖半逆作法三种。

一、盖挖顺作法（铺盖法）

盖挖顺作法是指"完成围护结构及盖板后，分层开挖土方、架设支撑，再自下而上施作地下结构的方法"。此法是在维持道路交通的条件下修建车站，需沿车站宽度段分幅施工，见图2-3-1，保持部分路面通行。每施工段内分幅顺作施工，各段全部完成后，恢复原路面。此法实质是在临时交通盖板的铺盖下完成车站的全部工作，故也称铺盖法。

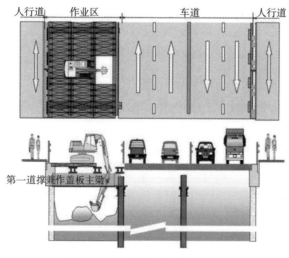

图2-3-1 盖挖分幅施工示意

(一)施工顺序 [见图 2-3-2(以分三幅为例)]

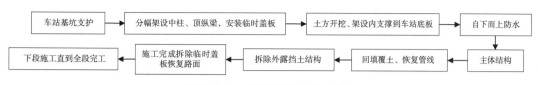

图 2-3-2 盖挖顺做法施工步序

1. 车站基坑支护结构,首先自地表施作车站主体结构基坑的支护结构,同前所述。
2. 分幅架设中柱、顶纵梁、临时盖板。

(1)在第一幅基坑内沿纵向施作主体结构中间立柱(可为钢管柱、混凝土柱),及其条形基础或灌注桩。必要时增设临时立柱,施作中柱上顶纵梁并与支撑连接紧密。见组图 2-3-3 ①。

(2)中间柱顶纵梁上架设预制铺盖横梁,安装铺盖板(临时盖板)于围护结构和中柱上,创造施工平台,完成局部临时路面,见组图 2-3-3 ②。

(3)按施工方案分幅、依次完成各幅内的上述工序,见组图 2-3-3 ③~⑤。

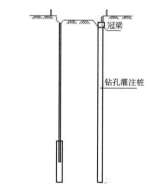

①施作钻孔灌注桩及中间桩,开挖基坑至铺板梁下缘。

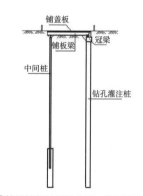

②铺设铺板梁及铺盖板,恢复路面。

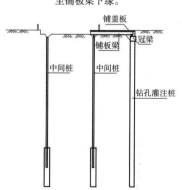

③围挡车站中间段,施作中间桩,开挖基坑至铺板梁下缘。

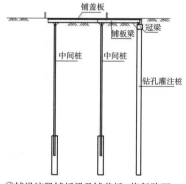

④铺设该段铺板梁及铺盖板,恢复路面。

组图 2-3-3 盖挖法施工步序图(一)

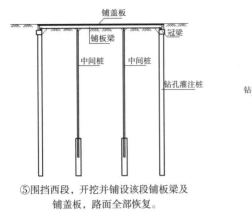 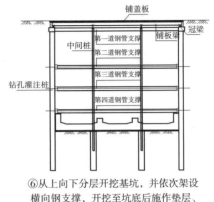

⑤围挡西段，开挖并铺设该段铺板梁及铺盖板，路面全部恢复。
⑥从上向下分层开挖基坑，并依次架设横向钢支撑，开挖至坑底后施作垫层、防水层及结构底板。

组图 2-3-3　盖挖法施工步序图（二）

3. 土方开挖

向下开挖和施做内支撑，顶板可作为第一道横撑，直至车站底板设计标高。见组图 2-3-3 ⑥。

4. 由下而上，施作垫层防水、主体结构。

5. 回填土并恢复管线路或埋设新的管线路。

6. 视需要拆除支护结构外露部分并恢复道路，开始另一幅施工。

（二）施工特点及适用条件

此法与明挖法基本一致，均是主体结构在基坑内施工。区别是依靠支撑体系，即由中柱、边桩、系梁体系及铺盖体系等构件相连组成支撑体系，承受路面荷载和土压力，提供盖板下施工条件。

1. 铺盖体系概念

铺盖体系是施工期间在基坑上方架设的临时路面系统，以保证开挖路段的正常通行。基坑内支撑架设、土方开挖及结构施工等作业均在铺盖体系下方进行。铺盖体系间隔一定距离应设置人员进出口和投料口。

2. 施工顺序

顺作法可以分幅实施，分期进行围护桩、军便梁路面体系及管线悬吊的保护施工，交通导改方案灵活，封闭道路时间比较短暂，若路面先期恢复（或盖挖系统完成后），后续施工对交通几乎无影响。

3. 施工特点

施工简便，设备简单，不需大型设备，操作空间大，操作条件相对好，且不受季节影响，无冬施要求。对周边环境的干扰时间较短，低噪声，少扰民，对防止地面沉降及对周围建筑物和地下管线保护具有较好的效果。

4. 挖土是在顶部封闭状态下完成，大型机械应用受到限制，工效低，造价高，施工工期较明挖法长。

5.在道路交通不能长期中断的情况下修建车站,可考虑采用盖挖顺作法。

二、盖挖逆作法

盖挖逆作法是指"完成围护结构及盖板后,利用各层结构板和结构梁作为基坑水平支撑,自上而下分层开挖土方、由上至下逐层施作地下结构的方法",即开挖地面修筑地下结构顶板及其竖向支撑结构后,在顶板的下面自上而下分层开挖土方,分层修筑结构的施工方法。

(一)施工顺序(见图 2-3-4)

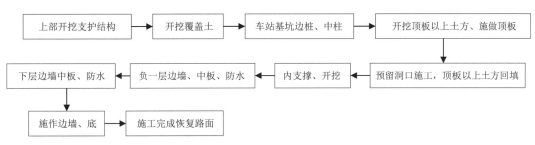

图 2-3-4 盖挖逆作法施工顺序

1.上部支护结构,先在地表面向下做车站覆盖土层周边围护桩(悬臂短桩),富水软土地区常用帷幕桩。

2.开挖覆盖土层至车站顶板底面设计标高,施做围护结构及中柱。

3.施做顶板、预留洞口施工,利用未开挖的土体作为土模浇筑顶板,达到强度后,即形成盖板,注意施做预留洞口以备出土。

4.回填顶板上土方,将道路复原,恢复交通。

5.自上而下逐层开挖并架设内支撑。

6.逆作车站主体结构与防水,随开挖施作主体结构负一层的边墙、中隔板及防水,继续向下逐层重复施作,直至底板,车站主体结构按倒序完成,恢复路面。

(二)施工特点及适用条件

1.节点处理难度大

位于同一节点的结构构件(柱、梁、板)非同步施工,其节点的连接精度控制难度较大。对地下连续墙与结构侧墙、中柱与楼板、盖板和各种纵梁的连接点需要认真处理。

2.控制沉降

必须根据上部框架结构抵抗不均匀沉降的能力及节点连接的精度要求,严格控制边墙、中柱的绝对沉降量及差异沉降量。

3.适用条件

如果开挖面积较大、覆土较浅、周围沿线建筑物过于密集,为尽量防止因开挖基坑而引起临近建筑物的沉陷，或需及早恢复路面交通，但又缺乏定型铺盖结构，常采用盖挖逆作法施工。

三、盖挖半逆作法

盖挖半逆筑法施工与盖挖逆筑法类似，区别之处在于其结构顶板完成及恢复路面后，向下挖土至车站底板基底设计标高后先浇筑结构底板，再依次向上逐层浇筑侧墙、中板。在盖挖半逆作法施工中，一般都必须设置横撑并施加预轴力。

第四节 浅埋暗挖法

根据《轨交基本术语》，暗挖法是指"不开挖地面，在地下进行开挖和修筑地下结构的施工方法"，即在建筑物密集的繁华市区和特殊地质区段修筑地铁，包括车站和区间，受周边环境等条件因素的限制，全部从地下进行开挖。其中以浅埋暗挖法应用较为广泛，该工法是多种配套技术的综合，在城市软弱围岩和土层中，以改造地层条件为前提，以控制地表沉降为重点；在开挖前采用多种辅助施工措施加固围岩，开挖后及时支护，封闭成环，使其与围岩共同作用形成联合支护体系；施工过程进行监控量测、信息反馈和优化设计，实现安全施工。由于土层的浅埋暗挖法应用较广，故从矿山法中提出单列于此叙述，在第五节矿山法中不再重复。

与明挖、盖挖法相比，此法具有拆迁占地少、扰民少、节省拆迁费用、不干扰地面交通和周边环境等优点；与盾构法相比，具有简单易行，无需专用设备，灵活多变，适用于不同地层、不同跨度、多种断面等优点。但同时也存在诸多不足，如：人工劳动强度大，机械化程度不高，施工速度慢；喷射混凝土焊接钢筋烟尘较多，施工环境差；受地下水的影响很大，在高水位地层结构防水比较困难；部分施工方法需大量拆除初期支护结构以及多分步施工对地层的多次扰动，常导致地层变形和地表沉降较大，甚至不能满足地表建筑物和地下埋设物对地层不均匀沉降的要求等。

一、浅埋暗挖法分类和施工原则

（一）浅埋暗挖法分类

浅埋暗挖法按断面大小有各种适宜的方法，其分类见图2-4-1。

熟悉和掌握各种暗挖方法的适用条件、特点、施工工序和注意事项，对于暗挖施工的安全质量管理起到重要的作用。

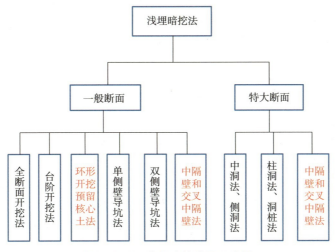

图 2-4-1 浅埋暗挖常用工法图

（二）浅埋暗挖法施工原则

以格栅（或其他钢构件）和锚喷为初期支护手段，遵循"新奥法"大部分原理，按照"管超前、严注浆、短开挖、强支护、快封闭、勤量测。""十八字"原则，进行隧道的设计和施工。从减少地表沉陷的城市要求角度出发，还要求初期支护有一定刚度。尽量减少土体扰动；要求周边圆顺避免棱角突变处应力集中；初支与土体密贴；量测信息反馈指导设计施工等。

浅埋暗挖法作用于浅埋隧道上的地层压力是覆盖层的全部或部分土体重，其地层压力和支护的刚柔度关系不大。

设计时并没有充分考虑利用土体的自承能力，这是浅埋暗挖技术与"新奥法"的不同点。

（三）浅埋暗挖法施工风险

浅埋暗挖法施工，除与明挖法共同的内容外，尚应关注施工风险并采取控制措施，见表 2-4-1。

浅埋暗挖法施工风险等级及控制要点　　　　　表 2-4-1

项目	风险等级	控制要点
超前小导管及地层注浆	II	管超前，严注浆。依据围岩的自稳能力，决定打设小导管和地层注浆、浆液配比、注浆压力、注浆试验及注浆参数确定
导洞开挖	II	短进尺
格栅架设及喷射混凝土	I	强支护、快封闭。格栅洞外加工及洞内安装时，要确保格栅的整体性，如节点邦焊钢筋、喷混工艺
竖井施工	II	逆作法施工，及时封闭，适时内撑
开马头门	I	先受力转换后进马头门。如作贴口圈梁，防止马头门高度范围内的偏载受力措施
二衬施工	I	时空效应及受力体系含转换、分段拆除初支及此工况的监测

续表

项目	风险等级	控制要点
背后注浆	Ⅱ	初支背后注浆及二衬背后注浆
施工监测及信息化施工	Ⅰ	勤监测

二、一般断面隧道的开挖法

一般断面开挖法是地铁区间或小跨度隧道开挖的基本方法，主要包括：全断面法、正台阶法、单侧壁导坑法、双侧壁导坑法、中隔壁法（CD法）、交叉中隔壁法（CRD法）等。

（一）全断面开挖法

隧道采用沿着断面轮廓自上而下一次开挖成形、初期支护一次到位的施工方法称为全断面开挖法，适用条件及优缺点，见表2-4-2。

全断面开挖法适用条件及优缺点　　　　　表2-4-2

工法	适用条件	优点	缺点
全断面开挖法	适用于地质稳定的Ⅰ~Ⅲ级围岩、断面跨径不大于8m的隧道，适宜爆破或机械开挖作业；当断面在50㎡以下，对于Ⅳ级围岩地层，为减少对地层的扰动次数，在采取局部注浆等辅助措施加固地层后，也可采用此法	开挖断面与作业空间大、干扰小；可充分组织机械化施工，施工速度快，节省人力；可以减少开挖对围岩的扰动次数，有利于围岩自身承载拱的形成；施工操作和防水处理简单，便于施工组织与管理	对地质条件要求严格，在用于Ⅳ级围岩时，从开挖到初期支护前，围岩必须有足够的自稳能力；由于开挖面较大，围岩相对稳定性降低，且每循环工作量相对较大；当采用钻爆法开挖时，每次深孔爆破震动较大，因此必须精心设计和严格操作

（二）台阶开挖法

隧道围岩软弱段（Ⅳ、Ⅴ级及土层或土夹石）的开挖常采用台阶法，是将开挖断面分成上下两个或以上工作面，分步开挖，根据围岩情况，采用人工开挖或钻爆法，开挖后及时施作超前支护结构。

据地层条件和机械配套情况划分为正台阶法和反台阶法（中隔壁台阶法）两种，反台阶法用于稳定性较好的岩层中施工，地铁施工中极少使用，不予论述。

1. 正台阶法的分类及选择

正台阶法运用最广泛，是实现其他开挖方法的基础，适用于各类岩层和第四纪沉积地层，当地层无水、洞跨小于10m时，均可采用。其优点是灵活多变，适用性强，当遇到地层变化，能及时更改为其他方法；施工速度快，支护闭合较早，有利于控制结构变形及所引起的地面沉降。其缺点为上下部作业相互干扰，下部作业时对上部稳定性会产生一定的影响，开挖会增加围岩被扰动的次数。

正台阶法按上台阶超前长度划分为长、短、超短台阶三种，示意见图2-4-2，1为上台阶长超前，H为台阶高度，D为洞泾。

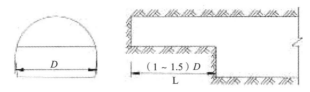

图 2-4-2　上下两步开挖法断面示意图

（1）长台阶法：L：50m 以上或大于 5D。
（2）短台阶法：L：5~15m 或大于 1~1.5D。
（3）超短台阶法：L：3~5m 或小于 1D。

根据初期支护形成闭合环的时间要求和施工机械的效率选择台阶长短，围岩越差，闭合时间要求越短，则台阶必须缩短；机械效率高，支护闭合时间短，台阶可以适当加长，具体适用条件，见表 2-4-3。

正台阶开挖法分类表　　　　　　　　　表 2-4-3

工法	适用条件	优点	缺点
长台阶法	一般情况下不宜采用。仅适用于在全断面法中开挖面不能自稳，但围岩坚硬程度不需要用底拱封闭断面的情况	利于掌子面的稳定，有足够的工作空间，施工速度快，上部开挖支护后，下部作业较安全，上下部可配备同类机械平行作业。相对于全断面法，此法一次开挖的断面和高度都较小，只需人工或配备中型钻孔台车即可施工	上下部作业干扰大，上台阶上材料和设备困难、向下台阶出渣困难；不能及时封闭成环，有时须在上台阶底板上做临时仰拱
短台阶法	适用于稳定性较差围岩，尤其运用于 Ⅳ、Ⅴ 级围岩，土质隧道中经常采用	上台阶不用大型设备，从上台阶向下台阶运土的距离短，可缩短支护结构闭合的时间，也能保证围岩开挖后的稳定，改善初期支护的受力条件，有利于控制隧道收敛速度和变形值	由于上台阶长度有限，出渣时对下半断面施工干扰较大，不能全部平行作业。解决措施：上台阶采用长皮带机出渣；若断面较大，上、下断面之间设置坡道出土
超短台阶法	适用于软弱的膨胀性围岩和土质地层、要求较早闭合的断面，也适用于机械化程度不高的各类围岩地段；施工应特别注意开挖面的稳定性，必要时进行超前加固	此法初期支护全断面闭合时间更短，更有利于控制围岩变形，能更有效的控制地表沉陷	上台阶工作场地小，只能将渣土推到下台阶再运走，不能平行作业，只能交替进行，因而影响施工进度

2. 正台阶法的开挖方法

根据隧道断面尺寸和地层情况，正台阶开挖时沿断面高度分成两步或多步台阶施作。

若地层条件较好，如 Ⅲ~Ⅳ 围岩，可分成两个台阶开挖，台阶较短。一般上台阶高度 H 宜为 2.5m。当拱部围岩条件发生较大变化时，可适当延长或缩短台阶长度，但必须在地层失去自稳能力之前尽快开挖下台阶围岩，形成封闭的支护结构，若地层条件较差，则应辅以小导管超前支护措施，如遇岩石地层，针对破碎地段可配合挂网喷锚支护施工。

当隧道断面较大,围岩结构稳定,采用双侧壁导坑法、CD法、CRD法等进度慢、工效低,可采用三步台阶开挖,见图2-4-3。

3. 三步台阶开挖施工顺序

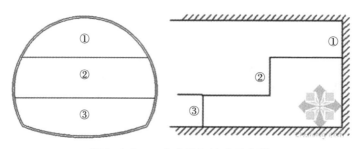

图2-4-3 三步台阶开挖法示意图

(1)将隧道分成上、中、下三个台阶,各台阶的开挖高度,一般为3~4m。或以人站立方便操作为准。台阶长度要适当,以充分利用地层纵向承载拱的作用;

(2)先开挖上部台阶,完成后施作上部洞身初期支护,依地质情况必要时底部设置临时仰拱封闭;

(3)上台阶施工至3~5m后,开挖中部台阶,工序与上台阶相同;

(4)开挖10~20m后,开挖下部台阶,及时封闭初期支护;

(5)根据量测结果分析,待初期支护收敛后,及时浇筑仰拱混凝土,分段拆除台阶1、2部临时仰拱。

(6)最后利用衬砌模板台车或模板支架浇筑二衬混凝土。

该法的优点:施工空间大,方便机械化施工,可以多作业面平行作业,根据不同的地质条件选择开挖机械和工具,及时地转换施工工序,调整施工方法;台阶法和临时仰拱结合,利于开挖面稳定;适应不同跨度和多种断面隧道,为初期支护工序在时间和空间上创造条件。

(三)环形开挖留核心土法

又称正台阶环形开挖法、台阶分部开挖法,一般用于软弱围岩,根据隧道断面的大小,分成环形拱部(1、2、3)、上部核心土(4)、下部台阶(5)等三部分,如图2-4-4、图2-4-5所示。每次拱部环形分块交替开挖,进尺为0.5~1.0m,不宜过长。台阶长度一般控制在1D内为宜。

1. 施工流程

(1)用人工或单臂进机开挖环形拱部的分块1、2、3。

(2)在拱部施作初期支护,如安设锚杆(管)、钢筋网或钢拱架、喷射混凝土。

(3)开挖上部核心土4和下台阶5,宜采用挖掘机或单臂掘进机,及时架设钢格栅、钢筋网片和喷射混凝土、封底。

(4)根据初期支护的变形情况或施工方案的安排施作二次衬砌。

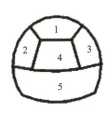 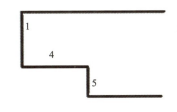 

图 2-4-4 环形开挖留核心土法断面示意　　图 2-4-5 环形开挖留核心土法工程实例

2.适用条件

适用于一般土质或易坍塌的Ⅴ–Ⅵ软弱围岩、断面较大的隧道，是城市第四纪软土地层浅埋暗挖法最常用的一种标准掘进方式。

3.工法的主要优点

（1）开挖过程中利用核心土 4 能及时施做拱部初期支护，开挖面稳定性好。

（2）核心土 4 和下部台阶 5 开挖都是在拱部初期支护保护下进行，施工安全性好。

（3）与超短台阶法相比，台阶长度可以适度加长，以减少上、下台阶施工干扰。与下述的侧壁法相比，施工机械化程度可相对提高，施工速度可加快。

4.质量控制应关注之处

（1）虽然核心土增强了开挖面的稳定，但开挖中围岩要经受多次扰动，而且断面分块多，支护结构形成全断面封闭的时间长，有可能使围岩变形增大。因此，要对开挖工作面及其前方岩体进行预支护或预加固。

（2）由于拱形开挖高度较小，或地层松软锚杆不易成型，在城市第四纪地层施工中，一般不设或少设锚杆。

（四）单侧壁导坑法

单侧壁导坑法一般是将断面横向分成 3 块或 4 块，见图 2-4-6，左侧壁先行导坑①、上台阶②、下台阶③。即变大跨断面为小跨断面，先开挖一侧导坑，并完成侧壁的初期支护，再分部开挖剩余部分，每步开挖的宽度较小，而且封闭型的导坑初期支护承载能力大。

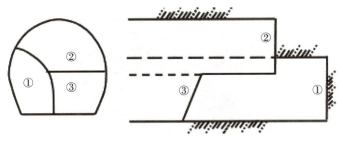

图 2-4-6 单侧壁导坑法开挖顺序示意图

1. 开挖顺序

(1) 开挖导坑①、支护

根据围岩情况和设计要求,采用小导管(或锚杆)、架立左侧壁钢格栅、喷射混凝土等进行初期支护,及时封闭成环。采用正台阶法或全断面法开挖,上半断面超前 2.5~3.0m,每循环进尺 0.5~1.0m。

(2) 开挖②、③部分、支护

在左侧①先行导坑超前一定长度(15~20m)后开挖右侧上下②、③部分,并支护,方式与左侧相似。

(3) 仰拱施工

在③开挖至设计标高后,即可清基,施作仰拱,使全断面形成闭合支护。

(4) 全断面衬砌

初支结构稳定后即可拆除临时支护,按设计要求施作防水层,施作二次衬砌。

2. 适用条件及优缺点,见表 2-4-4。

单侧壁导坑法适用条件及优缺点　　　　表 2-4-4

工法	适用条件	优点	缺点
单侧壁导坑法	该法适用于地层较差、地表沉陷难于控制的软弱松散围岩以及断面跨度大、采用台阶法开挖有困难的隧道施工	通过形成闭合支护的侧导坑将隧道断面的跨度一分为二,有效地避免了大跨度开挖的不利影响,明显地提高了围岩的稳定性	左侧导坑内的侧壁支护,施作后又拆除,增加工程造价

(五) 双侧壁导坑法

双侧壁导坑法,又称双侧壁导洞法或眼镜工法,是边开挖边支护的施工技术,依据新奥法基本原理,利用两个中隔壁,把隧道分成左、中、右三个区域,每个区域内又可分为上下两部分,将隧道大断面分割为多个洞室,每个小洞室周边轮廓圆顺,避免应力集中,其初期支护成环后,形成独立的受力体系,有利于控制拱顶下沉,以便解决大断面、浅埋隧道下穿既有建(构)筑物开挖的安全问题,拆除两侧导洞中隔壁(临时仰拱)后,受力体系转换为隧道全断面,见图 2-4-7。

图 2-4-7　双侧壁导坑法施工断面

1. 施工流程

（1）超前地质预报

为有效预防重大地质灾害事故的发生，施工单位应编制超前地质预测预报方案，采用适宜方法对隧道开挖面前方进行必要的超前地质预测预报，以指导施工。

（2）左、右区域为导坑，开挖前先施作初期支护，可采用钢拱架、小导管、钢筋网片、喷射混凝土柔性支护体系，必要时在隧道拱部采用管棚支护或进行深孔注浆加固。采用台阶法开挖导坑，适宜人工配合小型机械，为防止扰动周边土体，在周边预留200mm厚土层，人工清理。

（3）开挖中部，其上部为核心土，建造拱部初期支护，施作内层衬砌。拱脚支承在两侧壁导坑的初期支护上。开挖下部台阶，建造底部的初期支护，使初期支护全断面闭合。

（4）拆除导坑临空部分的初期支护。

（5）拆除中隔壁

双侧壁导坑法施工流程，见图2-4-8。

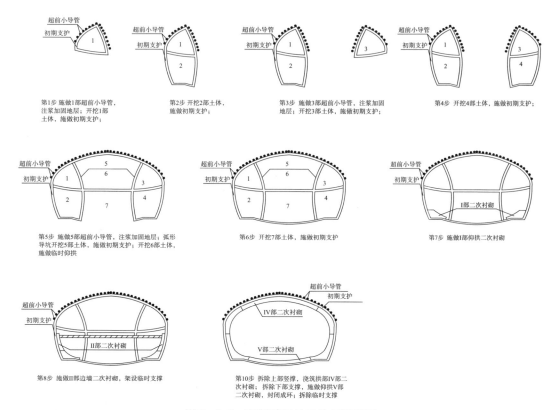

图2-4-8 双侧壁导坑法施工流程图

2. 双侧壁导坑法适用条件及优缺点见表2-4-5。

双侧壁导坑法适用条件及优缺点　　　　　　表 2-4-5

工法	适用条件	优点	缺点
双侧壁导坑法	主要适用于跨度很大（大于 20m）、V 级围岩条件、黏性土层、砂层、砂卵层等地层的隧道；对地表沉陷要求严格、围岩条件特别差、单侧壁导坑法难以控制围岩变形的大断面，特别是双线或多线大断面的隧道开挖	虽然开挖断面分块多、扰动大，初期支护全断面闭合的时间长，但每个分块都是在开挖后立即各自闭合，施工中间变形几乎不发展。现场实测结果表明，该法所引起的地表沉陷仅为短台阶法的 1/2，施工较为安全	工序较复杂，导坑的支护拆除困难，测量误差可能引起钢架连接困难，从而加大了下沉。施工速度较慢，废弃工程量大，成本较高；由于开挖多个导洞，地层多次被扰动，会引起较大沉降，导洞断面不规则更加大沉降

（六）中隔壁法（CD 工法）和交叉中隔壁法（CRD 工法）

CD 及 CRD 法是大跨度隧道中普遍应用的两种开挖工法，其原理和工序基本相同，其最大特点是将大跨度隧道利用中隔壁墙分成左右两个断面，每侧按高度又分为二或三步，体现了变大跨为小跨的指导思想，将大断面隧道划分成小断面洞室施工，各个局部封闭成环的时间短，控制早期沉降好，每个步序受力体系完整，结构受力均匀、变形小。

1. 中隔壁（CD 法）施工顺序，见图 2-4-9 和图 2-4-10。

断面加设中隔壁，左右两部分封闭成环。

（1）施工前视地质情况可沿隧道拱部施作超前支护，左右两侧先后分台阶开挖。

（2）施工时先沿隧道一侧断面施工，自上而下开挖①、②、③，每开挖一步均应及时施作中隔壁（钢架、喷射混凝土），依次完成各步，中隔壁墙上下联结成整体，形成完整的初期支护。

（3）再按同样程序施作另一侧④、⑤、⑥。

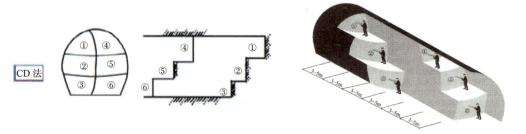

图 2-4-9　中隔壁法（CD 法）开挖断面示意图　　图 2-4-10　中隔壁法三维示意图（分步编号顺序）

2. 交叉中隔壁法（CRD 法）施工顺序，见图 2-4-11 和图 2-4-12。

在 CD 工法的基础上改进发展的一种工法。将先开挖中隔壁一侧改为两侧交叉开挖，同时加设临时仰拱、分步封闭成环。

先开挖隧道左侧的①或②，施作部分中隔壁和临时仰拱，再开挖隧道右侧的③或④，完成临时仰拱施工；然后再开挖左侧的⑤，并延长中隔壁，最后开挖右侧⑥。每个步序均采用最基本的台阶法开挖。

第二章 城市轨道交通土建工程工法简介

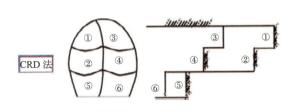

图 2-4-11 交叉中隔壁法开挖断面示意图

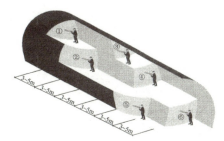

图 2-4-12 交叉中隔壁法三维示意图

图 2-4-13 交叉中隔壁法工程实例图

交叉中隔壁法工程实例，见图 2-4-13。具体施工顺序同中隔壁法，此处从略。

3. 中隔壁法和交叉中隔壁法适用条件及特点，见表 2-4-6。

中隔壁法和交叉中隔壁法适用条件及特点比较　　表 2-4-6

工法	适用条件	特点比较
中隔壁法（CD 工法）	主要适用于地层较差和不稳定岩体，且地面沉降要求严格的隧道	CD 法是将一个半块挖完后再挖另一个半块，而 CRD 法是左、右每层交替开挖至最下层。大量施工实例表明，CRD 工法优于 CD 工法，前者比后者减少地面沉降近 50%。一般在第四纪地层中修建车站，且地面沉降要求严格时才使用； 若当断面的高、宽尺寸不大、外形好（矢跨比大）的情况下，由于分块、分层多，对地层的多次扰动，对控制地表沉降反而不利。若采用台阶法，加强初期支护，不但增加了结构安全，减少地表沉降，还可省去中隔壁、临时仰拱施工和拆除工序，节约造价和缩短工期。 由于地层软弱，分块断面较小，只能采取小型机械或人工开挖及运输作业，工序繁多、复杂，进度较慢； 临时支撑的施作和拆除困难，成本较高
交叉中隔壁法（CRD 工法）	适用于软弱围岩大跨径隧道中，CD 工法不能满足要求时使用，车站三拱两柱和双拱单柱结构断面，其中洞和侧洞大断面自上而下的开挖、车站风道双层大断面及风道进入车站施工的抬高段，一般均采用此法，应用广泛	

综上所述，根据开挖断面大小，常用的单跨隧道浅埋暗挖方法选择可参见图 2-4-14。

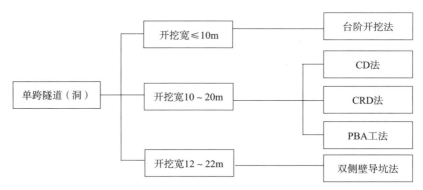

图 2-4-14 常用的单跨隧道浅埋暗挖方法选择

三、特大断面暗挖法

当地层条件差、断面特别大时，一般设计成多跨结构，跨域跨之间有梁、柱连接，比如常见的双拱、多跨连拱的大型地铁车站、渡线及折返线等。其开挖除采用一般断面的双侧壁导坑法以及 CRD 法（详见前述），还可用中洞法、侧洞法、柱洞法、洞桩法等。洞桩法（PBA 工法）也是特大断面开挖的方法之一，广泛用于暗挖车站，故单列一节叙述（第五节）。特大断面隧道随结构形式的不同施工工法也不同，一般由设计确定。下面简要介绍中洞法、侧洞法、柱洞法的施工质量控制。

特大断面各种方法开挖核心思想是变大断面为小断面，提高施工安全性。但应注意开挖分块越多，扰动地层次数增多，地表沉陷就越大；初期支护及时、开挖支护封闭时间越短地表沉陷就越小。应兼顾多方面，选择适宜的施工方法和相应的辅助措施，以达到安全、经济、快速施工的目的。

（一）中洞法

中洞法施工就是先开挖中间部分（中洞）土体，在中洞内施作梁、柱结构，然后再开挖两侧部分（侧洞）土体，并逐渐将侧洞顶部荷载通过中洞初期支护转移到梁、柱结构上，最后完成隧道二次衬砌结构。由于中洞的跨度较大，一般采用 CD、CRD 或双侧壁导坑法进行施工。

该工法适用于土类—软岩类的地质条件较好且施工受地下水影响较少时应用，为优选方案。

1. 中洞法施工流程，见图 2-4-15，按工序描述如下。

总体顺序为：1→2→3→4→5→6→7→8→9→10→11→12→13→14→15。

注：图中阿拉伯数字 1、11 为超前预支护；2-7、12-14 为开挖初期支护；9 为架立钢管柱；8、10、15 为二次衬砌的施工顺序。

2. 中洞法的特点

（1）易于质量控制，初期支护自上而下，每一步封闭成环，环环相扣，二次衬砌自下而上，先完成中墙和第一期底板后再进行开挖时可将临时支撑和拱架都支撑于坑

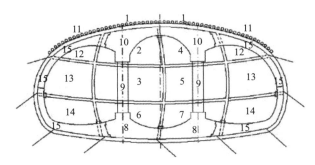

图 2-4-15 中洞法施工步序图

道中墙及第一期底板上。

（2）灵活性好，可因地制宜地选择断面形状和尺寸。

（3）可操作性强、机械化程度低，可采用人工挖土或简便机具挖掘。

（4）出土效率高，大量石渣可通过上下导坑间一系列漏渣孔从下导坑运出。

（5）施工环境好，空间大、工序间干扰较少；完成中洞后，可左右侧同时施工。

（6）工期较长，因中洞和侧洞开挖采用三层六部，分块多，所以工期较长。

（7）安全性好，两侧洞对称施工，比较容易解决侧压力从中洞初期支护转移到梁柱上的不平衡问题，两侧洞的沉降曲线不会在中洞施工的沉降曲线最大点叠加，地面沉降均匀，沉降较易控制。

（8）沉降量较小，影响范围小。

（9）废弃工程量较少，造价低、经济性强。中洞施工支撑多，拆除量大，造价较高。

（二）侧洞法

侧洞法施工顺序正好与中洞法相反，首先开挖两侧部分（侧洞）土体，在侧洞内做天梁、底梁及钢管柱结构，与侧洞曲墙一起组成封闭的侧墙支撑体系，待侧墙衬砌结构完成后，再开挖中间部分（中洞）土体，并逐渐将中洞顶部荷载通过初期支护转移到梁、柱上，完成中洞扣拱和仰拱结构。

1.侧洞法施工流程，见图 2-4-16，按工序描述如下

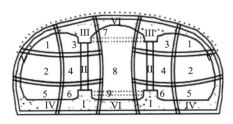

图 2-4-16 侧洞法施工步序图

总体顺序为：1→2→3→4→5→6→Ⅰ→Ⅱ→Ⅲ→Ⅳ→Ⅴ→7→Ⅵ→8→9→Ⅶ。

注：图中阿拉伯数字 1 到 9 为开挖初期支护，罗马数字 Ⅰ 到 Ⅶ 为二次衬砌施工顺序，

其中Ⅱ为架立钢管柱。

2. 侧洞法的特点

（1）在处理中洞顶部荷载转移时，较中洞法困难。两侧洞施工时，中洞上方土体经受多次扰动，形成危及中洞的上小下大的梯形、三角形或楔形土体，直接压在中洞上，稍有不慎就可能发生坍塌。

（2）钢格栅连接难度较大。

（3）工期短，中洞的开挖分块较少，可以采用机械开挖，工期相对要短，安全性好。

（4）中洞施工时较中洞法引起的沉降量大，影响范围大。

（5）中洞施工支撑少，拆除量小，用机械开挖费用小。

（三）柱洞法

柱洞法是按照"小分块、短台阶、早成环"的原则，将整个断面开挖横向分为侧洞、有柱洞和中洞，用台阶法施工。以三跨双柱车站柱洞法为例共5个洞，每洞分上、中、下三层（侧洞也可分为两层），先自上而下或自下而上对称施工柱洞初支，再由下而上施作柱洞的底梁、立柱和顶梁，建立起梁、柱纵向支撑体系。柱洞完成后，施工两个柱洞中间的中洞初支和二次衬砌，形成整个大中洞稳定体系。再对称自上而下施工两侧洞初期支护，最后纵向分段自下而上对称施作二次衬砌，完成隧道结构闭合。

1. 柱洞法工序

（1）在正式开挖前先对中洞、柱洞及侧洞拱部打设管棚并注浆。

（2）具体施工流程，见图2-4-17，按工序描述如下。

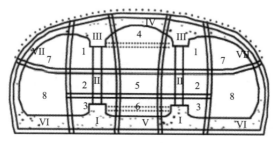

图2-4-17　柱洞法施工步序图

总体顺序为：1→2→3→Ⅰ→Ⅱ→Ⅲ→4→Ⅳ→5→6→Ⅴ→7→8→Ⅵ→Ⅶ。

注：图中阿拉伯数字1到8为开挖初期支护，罗马数字Ⅰ到Ⅶ为二次衬砌施工顺序，其中Ⅱ为架立钢管柱。

2. 工法特点

（1）力的平衡和力的转换较为复杂，此法的关键是如何确保两侧开挖后初期支护同步作用在顶纵梁上，而且柱子左右水平力要同时等量加上。

（2）导洞内作业条件较差、操作空间小，顶、底梁施工难度大，施工质量难以保证。在扣拱施工时，中间跨度较大，土体受力较大，稳定性不好。

（3）左右柱洞同时施工，但中洞不能用机械，工期介于中洞、侧洞法之间。
（4）安全度大，中洞开挖受力转换复杂。采取措施后，沉降量较侧洞法小。
（5）废弃工程量较少，较经济，侧洞若分上下开挖，经济性显著。

四、暗挖主要工法的综合比较

现将浅埋暗挖主要施工方法从经济技术指标方面进行比较，见表2-4-7。

浅埋暗挖主要施工方法综合比较表　　　　表2-4-7

施工方法	示意图	重要指标比较					
		结构与适用地层	沉降	工期	防水	初期支护拆除量	造价
全断面法		地层好，跨度≤8m	一般	最短	好	无	低
正台阶法		地层较差，跨度≤10m	一般	短	好	无	低
环形开挖留核心土法		地层差，跨度≤12m	一般	短	好	无	低
单侧壁导坑法		地层差，跨度≤14m	较大	较短	好	小	低
双侧壁导坑法		小跨度，连续使用可扩大跨度	较大	长	效果差	大	高
中隔壁法（CD工法）		地层差，跨度≤18m	较大	较短	好	小	偏高

续表

施工方法	示意图	重要指标比较					
		结构与适用地层	沉降	工期	防水	初期支护拆除量	造价
交叉中隔壁法（CRD工法）		地层差，跨度≤20m	较小	长	好	大	高
中洞法		小跨度，连续使用可扩大跨度	小	长	效果差	大	较高
侧洞法		小跨度，连续使用可扩大跨度	大	长	效果差	大	高
柱洞法		多层多跨	大	长	效果差	大	高
洞桩法（PBA工法）		多层多跨	较大	长	效果差	较大	高

五、超前支护

由于采用明挖法、暗挖法施工均在地表以下大面积开挖，尤其是浅埋暗挖法施工的地铁隧道，在软岩地段、自稳性差的软弱破碎围岩、断层破碎带、砂土层、淤泥质软土等不良地质条件下施工时难度较大，若围岩自稳时间短、不能保证完成初期支护，直接影响工程安全。为完成支护结构，必须采用相应的辅助工法加固处理土层，以创造出安全施工的必要条件，保护地上、地下建筑物（构筑物）。

针对埋深较浅、松散不稳定的地层和软弱破碎岩层，在开挖中以多种辅助措施加固围岩及周围土体，开挖后及时支护，封闭成环，与围岩及周围土体共同作用形成联合支护体系，有效地控制围岩及周围土体过大变形的一种综合施工方法。

需要注意的是，同一个辅助工法可能在多种工法中出现，如明挖、暗挖中的支护子分部工程中，均可能使用同一种加固处理措施。

（一）管棚及注浆

1. 基本工法

管棚是利用钢管或钢插板作为纵向预支撑、钢拱架作为横向环形支撑，构成纵、横向整体刚度较大的支护系统，阻止和限制围岩变形，提前承受早期围岩压力。一般管棚是沿地下工程断面的一部分或全部，以一定的间距环向布设，形成钢管棚护。

管棚及注浆作为地下工程的辅助施工方法，在隧道开挖之前，按设计给定的加固范围和打设部位，可局部或全部，见图2-4-18，沿着开挖轮廓线外设定管棚。

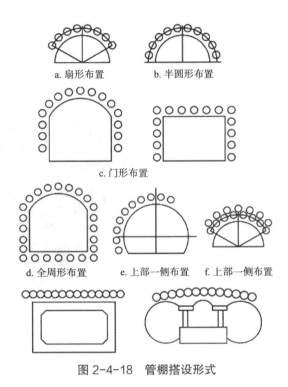

图 2-4-18　管棚搭设形式

通过事先打入的钢管向围岩注浆，浆液经管壁孔压入围岩裂隙中，使松散岩体胶结、固结，从而改善了软弱（破碎）围岩的物理力学性质，增强了围岩的自承受能力，对周围的围岩起到加固作用。使得钢管与围岩一体化，共同构成支撑体系以减少围岩沉降。

2. 应用

管棚可用于特殊的软弱地层，如塌方体、砂土质、强膨胀性、强流变性、裂隙发育岩体、断层破碎带、浅埋大偏压围岩等地层，以及对地层变形有严格要求的工程，如大跨度地铁车站、重要文物保护区、河底、海底的地下工程施工；修建穿越地下和地面结构物以及大断面的地下工程；隧道在开马头门、变换断面及接近风险源施工时等。作为隧道顶部和边墙的超前预支护，刚度较大，对隧道的稳定起到了保护作用，可以有效防止掌子面的坍塌及地层过量变位，为隧道开挖提供安全保障。

管棚通常在洞口段使用，外插角在3°以内，长度根据岩土体状况和洞口段埋深情况而定，但最长不宜超过40m，环向间距20～40cm，管径90～100cm，不宜超过110cm。

（二）超前小导管

1. 基本工法

超前小导管支护注浆是隧道开挖前通过小导管将掌子面前方的较为破碎的围岩进行超前加固后再进行下一步工序，必须配合钢拱架使用，是稳定开挖工作面的一种非常有效的辅助施工方法。它具有能配套使用多种注浆材料，施工速度快，施工机具简单，工序交换容易等优点。超前小导管的加固范围约为6m左右。小导管是受力杆件，为壁厚5mm的钢管，直径一般为42mm。超前小导管布设及施工参见图2-4-19、图2-4-20。

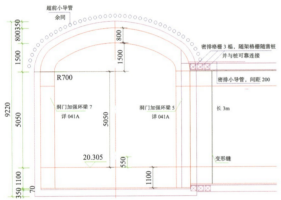

图2-4-19 超前小导管布设断面示意图

图2-4-20 超前小导管施工示意图

2. 应用

根据设计有单排和两排设置，一般在软弱、破碎、渗透系数较大的无地下水或水量和压力较小的地层中，且施作超前锚杆比较困难或者结构断面较大时采用，特别在浅埋段、洞口偏压段、砂层段、砂卵石段应用较多。

（三）超前锚杆

超前锚杆是沿开挖轮廓线，以稍大的外插角，向开挖面前方一定范围内安装的斜向锚杆，形成对前方围岩的预锚固（预支护），在提前形成的围岩锚固圈的保护下进行开挖、装渣、出渣和衬砌等作业。

超前锚杆可以与系统锚杆焊接以增强其整体加固作用，但由于超前锚杆的柔性较大而整体刚度较小，因此其对前方围岩的整体加固效果一般，而且加固范围也有限。因此，超前锚杆主要适用于应力不大、地下水较少、岩体软弱破碎，开挖面有可能坍塌的地铁隧道中。如沙质地层、弱膨胀性地层、流变性较小的地层、裂隙发育的岩体、断层破碎带等围岩条件，以及浅埋无显著偏压的地铁隧道，且一般应与系统锚杆同时使用，形成联合支护。在应力较大的严重软弱破碎围岩中，超前锚杆的后期支护刚度有些不足，不宜使用。

（四）地层加固注浆

地层加固注浆在暗挖工程中是宽泛的概念，包含各种加固注浆方式，如超前小导管注浆、管棚注浆及深孔注浆等。

1. 超前小导管注浆

在条件允许时，也可在地面进行超前注浆加固；在有导洞时，也可在导洞内对隧道周边进行径向注浆加固，对于降水后自稳能力较强的粘性土地层可不进行小导管注浆。

2. 管棚注浆

管棚注浆可作为超前支护措施单独使用，也可与超前小导管和超前深孔注浆等措施组合使用。由于管棚管径较粗、刚度大，承载能力比小导管要大，在所有超前支护中，其支护能力最大、一次施作长度长（一般 20~30m）、施工效率高。管棚也可用于特殊的软弱地层，如塌方体、砂土质、强膨胀性、强流变性、裂隙发育岩体、断层破碎带、浅埋大偏压围岩等地层，以及对地层变形有严格要求的工程，如大跨度地铁车站、重要文物保护区、河底、海底的地下工程施工；修建穿越地下和地面结构物以及大断面的地下工程；隧道在开马头门、变换断面及接近风险源施工时等。作为隧道顶部和边墙的超前预支护，刚度较大，对隧道的稳定起到了保护作用，可以有效防止掌子面的坍塌及地层过量变位，为隧道开挖提供安全保障。

3. 深孔注浆

深孔注浆属于特殊的注浆加固地层工艺，主要用于隧道下穿及侧穿既有建筑物、重要城市管线及河流，或开挖土体稳定性较差，超前小导管注浆无法满足开挖要求，或含水量较大，极易引发流砂及泥浆现象的地层。深孔注浆可对开挖面的土体进行改良，可有效地控制地表和建筑物的沉降；对于含水地层起到止水作用，防止带水开挖，保证开挖面的施工质量及安全。

4. 应用

适用于隧道内超前止水加固、地表垂直（含斜向）止水加固、竖井中的止水加固等。深孔注浆可采用全孔一次性、分段前进式、钻杆后退式和袖阀管后退式等几种工艺。不同的注浆方式，其优缺点及适用范围各不相同。

超前支护完成后进行土方开挖，同时进行初期支护施工，关于土方开挖详见《城市轨道交通土建工程质量安全管理实务》一书。

六、初期支护

按照《地下铁道工程施工质量验收标准》GB/T 50299—2018 的划分，矿山法开挖与支护子分部工程中含有四个分项工程，格栅钢架和型钢、钢筋网、喷射混凝土、背后充填注浆，均为矿山法开挖初期支护的方式。

（一）格栅钢架、型钢

钢架是在隧道开挖后，安装在开挖轮廓线内侧，有加强和限制围岩形变的作用，作为超前支护的后支点，承受部分松弛荷载，并可与钢筋网片、喷射混凝土等共同组成初期支护。钢架可用钢筋或型钢加工、制作，分别称为格栅钢架及型钢钢架，地铁工程中常用格栅钢架。

（二）钢筋网

钢筋网片有加强和限制围岩形变的作用，一般铺设在开挖后的围岩上或安装在钢架格栅两侧，并与喷射混凝土共同组成初期支护。

（三）喷射混凝土

喷射混凝土作为初期支护方式，其作用是支撑、"卸载"、填平补强、覆盖围岩表面，阻止其松动和分配外力，起加固作用。它可直接喷射在开挖后的围岩表面，也可喷射在钢筋网片上，或喷射在格栅、网片的结合体上共同组成初支结构。

（四）背后充填注浆

背后充填注浆的目的是充填初期支护背后与围岩之间存在空隙和加固因施工而被扰动的土体，减少地层位移和地表沉降，控制初期支护变形，改善结构受力条件，并作为封堵地下水的一道防线。

七、冻结法

冻结法施工技术在国际上被广泛应用于城市建设和煤矿建设中的地下工程，已有100多年的历史，其核心技术为形成高强度、不透水的冻结壁，实现安全开挖。尤其适用于含水量大、地层软弱、其他工法施工困难或无法施工的地下工程。根据相关资料规定：只要地层天然水含量大于10%，且地下水流动或渗透速度小于10m/d的情况，都可以采用冻结法施工。若含水量低于10%，只要采取增加土层湿度的辅助方法，仍可采用此法。

我国采用冻结法施工技术至今也已有40多年的历史，最初主要用于煤矿井筒开挖施工，即"冻结法加固、矿山法施工"。自1992年起，在城市轨道交通工程中应用于不具备成洞条件的流砂地层等地段的盾构上下线隧道之间联络通道、端头加固和泵房的施工，我国上海、南京、天津等地已普遍采用。北京地区也有所应用，如地铁16号线西苑站－万泉河桥站区间CT1/CT2联络通道，位于富水砂卵石地层，地面无降水条件，若采用常规注浆止水方案，则存在地下水突涌风险。通过专家咨询会，联络通道加固方案变更为冻结法施工。

另外，在城市建筑区密集、地下管线密布、既有建筑（构筑）物下进行的盾构掘进、顶管进出洞施工、地下工程堵漏抢救施工等方面也得到了广泛的应用。

（一）冻结法主要术语及原理

1. 主要术语

根据《旁通道冻结法技术规程》DG/TJ08-902—2006，主要术语如下。

（1）冻结法，是"在施工地下构筑物之前，用人工制冷的方法，将构筑物周围含水地层进行冻结，形成具有临时承载和隔水作用并满足工程施工安全需要的冻结壁，然后在冻结壁的保护下进行构筑物掘砌作业的一种施工工法"。

（2）冻结壁，指"用制冷技术在构筑物周围地层所形成的具有一定厚度和强度的连续冻结岩土体。又称冻土帷幕或冻土墙。冻结壁由两两相交的冻土圆柱组成，相邻冻土圆柱的交界面称冻结壁界面"。

（3）冻土圆柱，指"冻结器与周围含水地层发生热交换并使周围含水地层冻结所形成的近似圆形的冻土柱"。

（4）冻结壁厚度，指"冻结壁壁面上任一点与另一壁面之间的最短距离。冻结壁厚度设计值一般指在拟建构筑物开挖面外侧冻结壁所要达到的最小厚度"。

2. 工艺原理

冻结法施工的核心是用电能换取冷能，通过循环实现地层的降温，把土体变成冻土。在地层中钻孔后埋入加盐水或液氮的钢管，冻结壁能保证地层稳定，同时还能起隔水作用，保证地下工程的顺利施工。实际工程中，是在拟开挖土体周围施作一定数量的冻结孔，孔内安装冻结管。采用冻结站内的大功率的压缩机（一台或者数台，一般使用氟利昂制冷）降低盐水温度（一般为 −25～−35℃）后，将冷盐水通过冻结器，进入埋入土层的冻结管，使其周围土体由近及远不断降温，把松散或有空隙的地层水冻结在一起，形成冻土。通过回管路把土层中的热量带出来，如此循环往复，利用人工制冷手段，使结构周围不稳定的含水围岩冻结成封闭的、具有足够强度和刚度的冻结壁（冻土帷幕）。随后开始施做地下结构，直到结构完成后，方停止冻结。

制冷方法有多种，如，相变制冷、蒸汽压缩制冷、吸收制冷、热电制冷等。岩土工程多用蒸气压缩制冷技术，其又可分为盐水循环氨制冷冻结、液氮冻结、干冰冻结和混合冻结，常用的为盐水循环氨制冷冻结，简称盐水冻结。其系统包含以下三部分。

（1）盐水循环：以氧化钙等盐溶液为冷媒剂的间接制冷系统。

冻结站制出的低温盐水在冻结器中流动，吸收周围地层之热量形成冻土圆柱，冻土圆柱逐渐扩大并连接成封闭的冻结壁，直至达到其设计厚度和强度为止。

（2）氨循环

液氨变为饱和蒸气氨，通过压缩机被压缩成过热蒸气进入冷凝器冷却，高压液氨从冷凝器经贮氨器、节流阀流入蒸发器液氨在蒸发器中气化吸收周围盐水的热量。

（3）冷却水循环

冷却水在冷却水泵、冷凝器和管路中循环，将地热和压缩机产生的热量传递给大气。制冷循环过程：压缩—冷凝—降压—蒸发。冻结法的原理及制冷循环见图 2-4-21。

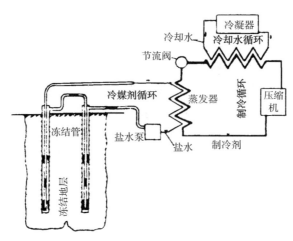

图 2-4-21 冻结法的原理及制冷循环示意

3. 冻结方式

冻结法施工一般分为垂直冻结和水平冻结，工艺原理相同。

冻结方式根据工程需要可有下列多种。

（1）一次冻全深，适应性强，应用广泛。

（2）局部冻结，只在局部涌水部位进行冻结。

（3）差异冻结，又叫长短管冻结，即冻结管有长短两种间隔布置。

（4）分期冻结，当一次冻结深度很大时，为了避免使用过多的制冷设备而将全深分为数段（通常为两段），从上而下依次进行冻结。

4. 冻结施工流程

冻结施工流程为：施工准备→冻结孔施工，同时安装冻结制冷系统→安装盐水系统和监测系统→积极冻结→试挖→开挖与临时支护→维护冻结→永久支护→解除冻结→收尾工作。其关键工序是冻结孔施工和冻结过程的监测与控制。工艺流程见图 2-4-22。

（二）冻结法用于地下工程的优势

1. 封水性好——无论是透水层，还是隔水层，均可有效隔绝地下水，形成干燥的施工环境，其抗渗透性能是其他任何方法不能相比的。

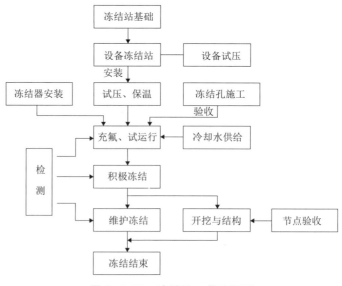

图 2-4-22 冻结法工艺流程图

2. 强度高——冻土强度一般可达到 2~10MPa，远大于融土强度。冻土壁的形状和强度可视施工现场条件，地质条件灵活布置和调整。

3. 复原性强——冻结结束后，土层恢复原状，对土层破坏性很小，不影响建筑物周围地下结构。

4. 环保、无公害——施工无有害物质排放，无异物进入土壤，噪声小，对周围环境、空气、地下水、土质均无污染。生态保护的优势明显。

5. 施工可控、便捷——不需进行地下水控制，无支护衬砌，可进行大面积敞开式施工，有效提高工效；辅助用于城市轨道交通地下工程，冻结工期、冻结壁厚度、冻结壁形状等都可调控。

（三）冻结孔及相关钻孔的布设

1. 选择和布设各类钻孔

利用冻结法施工，按其作用有多种类型钻孔，一般分为冻结孔、温度观测孔和泄压孔，施工单位应按设计位置分别选择适当的钻孔方式。

1）冻结孔，其作用是安装冻结管、布设制冷设备，也泛指冻结器。

（1）一般冻结孔围绕构筑物的环线布置，该环线称冻结孔布置圈。有垂直孔、水平孔、倾斜孔之分。

（2）在隧道联络通道喇叭口等特殊部位，由于混凝土结构和管片较土层散热快，会影响附近土层的冻结速度，从而影响冻结帷幕的整体稳定性和封水性。要保证冻结帷幕的厚度和强度，需要增设冻结排管。

2）温度观测孔，用于安装温度传感器，监测不同时期地层温度分布状况，以便正确判断冻结帷幕是否交圈和测定冻结帷幕厚度。

温度观测孔布置在冻结壁及冻结降温区内，沿冻结帷幕四周布置，用来加强冻结过程检测，利用测温数据计算冻结壁的扩展速度、厚度和平均温度等特征参数。

3）泄压孔（管），用来观测和释放土层水土压力。通过观测水压变化来判断冻结壁是否交圈，并通过泄水、排泥来缓解土层冻胀对周围环境的影响。

（1）对于一般土体的冻结，泄压孔布置在冻结壁围护结构内。

（2）对于隧道联络通道，一般在两端布设卸压孔，以减小土层冻胀对隧道的影响。该孔可作为冻结帷幕压力变化的观测孔，同时利用其来卸压。

2. 孔口管定位及安装（一次开孔）

为在联络通道四周施作冻结孔，应从隧道内首先定位和安装孔口管，再进行钻孔，见图 2-4-23。

1）冻结孔开孔位置定位，误差不大于 10mm。

2）用开孔器按设计角度开孔，开孔直径 130mm，当开到深度 250mm 时停止取芯钻进。

3）安装孔口管，见图 2-4-24。

图 2-4-23 冻结孔打孔示意图

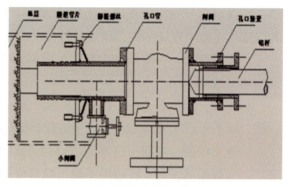
图 2-4-24 孔口管安装示意图

3. 冻结孔钻进与成孔控制

1）钻孔前，核查孔口定位与设计孔位布置图的符合性，对于不能避开障碍物的需重新定位，并得到设计单位的认可。

2）应根据隧道的允许空间搭设冻结孔施工平台，平台应牢固平整，并符合有关技术规程的规定。冻结孔施工平台搭设应有利于冻结孔成孔设备移动和固定。

3）冻结孔成孔方法可选用跟管钻进法、夯管法和顶管法等。在地层沉降控制要求高的地层中应用钻进法时，宜实施干钻钻进。

4）冻结孔应及时测斜，检查冻结孔、温度测温孔、水位观测孔在不同深度上的偏斜值和偏斜方位，并于成孔后在进行最终测量。

5）冻结孔防偏措施

（1）根据实际开孔误差调整冻结孔施工方位，以减小冻结孔的最大偏斜值。

（2）间隔施工冻结孔，必要时通过调整中间冻结孔的施工轨迹，减小冻结孔最大成孔间距，使冻结孔间隔均匀。

（3）下入冻结管时，应反复检查冻结管的方位与倾角，确保孔口段冻结管方位满足设计要求。

6）成孔后，及时核查冻结孔成孔记录（孔位、孔深、角度），超出要求时必须经设计书面确认后再补钻孔。

7）打压试验

为检验冻结管密封性，应在成孔后，按照批准后的施工方案进行打压试验。

4. 其他各类钻孔施工质量控制

温度观测孔和泄压孔按设计位置进行钻孔，具体控制要点同冻结孔。成孔后应核查成孔和安装记录。

5. 如在钻孔过程中发现涌水涌泥，应及时启动应急预案。

6. 注浆

管路安装后，应及时注浆，有效封闭管道外侧环行间隙，确保孔口位置不发生涌水漏砂事故。

（四）冻结站的安装

冻结站是集中安设制冷设备和设施的场所，主要有制冷剂（氟利昂等）循环系统、冷媒（盐水等）循环系统、冷却水循环系统及供电系统。

1. 建立冻结站应考虑因素

（1）制冷设备的选择，包括制冷压缩机、冷凝器与蒸发器、盐水循环系统。

（2）冻结站应距运用冻结开挖部位最近处，并方便供冷、供电、供水、排水，以降低成本。

（3）同时还应兼顾施工场地布置和进出材料、器材方便。

某盾构区间联络通道冻结站的位置及布置，见图2-4-25。

图 2-4-25　联络通道冻结站房布置

2. 冻结站的安装

1）设备安装流程及控制

冻结机、水泵、冷却塔等设备应按照设备使用说明书的要求进行安装，并符合《机械设备安装工程施工及验收通用规范》GB50231—2009 和《施工现场临时用电安全技术规范》JGJ46—2005 等规范的有关规定。

设备安装流程为：设备基础放样→施工设备基础（或锚固地脚螺栓）→设备就位、调平、固定→敷设电缆→安装电控系统→冻结机试漏→冻结机充氟、加油→冷却水池注水→化盐水→制冷系统试运转→盐水箱和冻结机低温容器及管路保温。安装控制要点如下：

（1）冻结机和水泵固定后要重点检查联轴器的间隙和同心度、轴封和盘根的松紧情况，确认满足设备安装技术要求。

（2）冷却塔安装后，应重点检查布水器电机电缆接头绝缘、电机转动方向，布水器布水应均匀，与电器设备应有足够距离，防止水溅到电器上引发机电事故。

（3）按设备配电线路图要求连接供电电缆和控制电缆，确保设备的保护接地良好。

2）冻结检测仪表的安装

（1）各种设备的阀门、压力表和温度计安装要整齐，便于操作和读数。测温管埋设时管口应向上，深度为水管直径的1/3-1/2。

（2）流量计要水平安装在直管上。

（五）冻结器连接

冻结器由冻结管、供液管、回液管及管盖等组成，供液管连接盐水泵，回液管连接蒸发器，与冻结站组成冻结系统。

1.冻结管敷设

冻结管一般采用优质的无缝钢管，管的外面以散热系数小的材料作为隔热层，防止冻结能量的损失。

1）冻结管路安装

冻结管安装流程：主管路放样→主管路→分支管路→压力与温度监测装置→管路试压、试漏→盐水管路保温，控制要点如下。

（1）冻结管及冻结管接头材质和规格应符合规范相关要求，连接要顺直，尽量缩短管路长度、减少管路弯头，并做到竖直横平、整齐美观。

（2）当需要拔管或预计冻结壁变形大、有可能引起冻结管断裂时，冻结管接头强度应不小于母管强度的80%，并宜采用加内衬管的对焊连接接头。

（3）冻结管下入地层深度不得小于设计深度,每节冻结管材应有长度及顺序编号记录。

2）冻结管试压保温

（1）冻结管下入地层后采用压水试压检漏，试压不合格的冻结管必须进行处理，达到密封要求后方可使用，无法处理时应补孔。水温与环境温度基本一致，确保管路密封符合要求。

（2）试漏合格后，对管路进行保温。

3）漏管处理

冻结管周围不得漏水漏泥，否则应采取注浆方法封堵。

2.供、回液管敷设

供、回液管直径小于冻结管直径，一般采用普通钢管或塑料管。各种管路连接符合设计要求，焊接角度或软管连接要整齐统一，避免管路出现硬弯增加盐水流动阻力。注意做好连接管的保温。

（六）冻结站运转

1.运行前对照施工方案检查以下内容

（1）相邻钢管片的焊接质量。

（2）冻结机低温部件和盐水管路、冻结排管的保温情况，保温厚度符合要求。

（3）安全防护门的安装，需经压力试验合格。

2.试运转

冻结站安装完毕应进行调试，正式运转前，应对冷却水、冷媒剂及制冷剂系统进行试运转，随时调节压力、温度等各状态参数，使机组在有关工艺规程和设备要求的技术参数条件下运行，各系统应达到设计要求。

3. 运转应具备的条件

（1）在充制冷剂过程中，制冷剂、盐水、冷却水系统应运转正常，盐水温度逐渐下降。

（2）配电系统应能连续正常供电。

（3）冻结站内灭火器材、防毒面具、防雷装置、电气接地等安全设施应齐全。

（4）冻结机易损件、仪表和冻结机油均应有足够备用。

4. 运转要求

（1）制冷剂、盐水、冷却水循环系统温度、流量、压力应正常。经过3~7d盐水温度应逐渐下降并达到设计要求，各冻结器回液温度正常、基本一致，头部、胶管结霜均匀。

（2）制冷剂冷凝压力和蒸发压力应与冷却水温度、盐水温度相对应。

（3）冷媒温度比制冷剂蒸发温度应高5~7℃，冷凝温度应高于冷却水出水温度3~5℃。

（4）冷却水进出水温差宜为3~5℃。

（5）盐水去回路温差：积极冻结期宜为1~4℃。

5. 冻结站运转日志内容

冻结站运转应填写日志，主要内容包括：

（1）冻结机及其辅助设备中的温度、压力、流量、液位、电液、电压等的记录，运转日志，每次制冷剂充量及冻结润滑油加油量的记录。

（2）冷媒泵班运转日志，冷媒泵压力、流量、冷媒箱水位及温度的班记录。

（3）配集液管冷媒温度，冻结器头部冷媒温度，以及冻结器头部胶管结霜情况的班记录。

（4）补充水及循环水水泵班运转日志，补充水的流量及水温，冷凝器进、出水温度及流量的班记录。

冻结法施工的具体质量安全控制详见《城市轨道交通土建工程质量安全管理实务》中第四章盾构区间工程质量安全管理第五节相关内容。

第五节　矿山法

按照《城市轨道交通工程基本术语标准》GB/T50833—2012，传统的矿山法是指用钻眼爆破的方法修筑隧道的暗挖施工方法，又称钻爆法，现代矿山法还包括机械开挖法、新奥法等施工方法。钻爆法在城市轨道交通土建工程中多有应用，本节以此为重点论述。新奥法应用不多，仅作简单介绍。

工程爆破技术经过几十年的发展，已经渗透到经济建设的众多领域，作为一种科学技术，在石方开挖工程上的应用最为常见。同时，经过几十年的工程实践，人们已经清晰地认识到，实施工程爆破，必须在确保安全的前提下，有效保证爆破质量。

一、钻爆法

城市轨道交通土建施工涉及的土石方的工程量很大，在岩石地层中进行土石方开挖，如果完全由人工来做，是不可想象的。此法是一种辅助工法，实际地铁工程中，不限于暗挖工程中应用，明挖中也有所应用，除了用于土石方开挖工程，还可用于建筑物和构筑物的拆除等。

（一）原理和方法

1. 原理

爆破是利用炸药爆炸产生的巨大能量破坏某种物体的原结构，这种"破坏"效果不是其他方法能代替的，它虽然不是独立完成一个工程，但却是一个重要的工序，特别是石方开挖工程项目，缺少了这个工序将会为项目的实施带来巨大的困难。

根据《工程岩体分级标准》GB/T50218—2014，当岩体基本质量为Ⅰ~Ⅳ的围岩时，均可采用钻爆法，其原理是利用炸药在空气、水、土石介质或物体中爆炸所产生的压缩、松动、破坏、抛掷及杀伤作用，达到预期目的的一门技术。施工过程要求信息化程度高，光面爆破、初期支护和现场监测是该工法的三大支柱。

2. 基本方法

关于工程爆破的方法，有多种分类，如可按药包形式划分，为集中药包法、延长药包法、平面药包法、形状药包法；也可按装药方式与药室空间形状划分，为药室法、药壶法、炮眼法、裸露药包法等。本书仅介绍几种不同的爆破方法。

城市轨道交通土建工程矿山法施工在土石方开挖过程中，经常采用光面爆破进行隧道掘进和开挖。

（二）钻爆法在城市轨道交通工程中的应用

近年来，由北京建大京精大房工程管理有限公司监理的徐州地铁3号线区间暗挖、青岛地铁蓝色硅谷线明挖基坑、青岛地铁4号线明挖基坑、青岛地铁1号线区间暗挖，均采用了爆破开挖施工技术。下面，仅以青岛地铁1号线土建一标爆破施工为例，简要叙述爆破设计原则、爆破适用围岩类别、爆破监测安全管理要点等工作内容。

青岛地铁1号线土建一标A2工区石油大学站~太行山路站区间爆破开挖，由青岛联谊盛工程爆破有限公司负责设计与施工。隧道爆破采用光面控制爆破，二级楔形掏槽，周边眼少装药、多布孔，有效利用每一个炮孔，控制隧道成型质量，减少对地表及周边建筑物的振动，必要时增加中空眼，以便增加爆破时的临空面，使爆破达到最佳效果。爆破开始时，单段最大装药量以低指标进入，并设立直属爆破振速监测小组,对振动速度进行监测,直接反馈数据,根据实际情况,逐步优化爆破参数及方案,以达到快速高效施工。

根据不同断面的开挖方式、工法的不同,列出本次爆破范围内的开挖方式如表 2-5-1 所示。

开挖方式统计表　　　　　　　　　　　　　　表 2-5-1

施工部位	围岩类别	开挖方式	循环进尺	施工要求
石~太区间 A4b、车站两端	Ⅲ1(全断面)、Ⅴ、Ⅳ2 级围岩	台阶法施工	1.0m	整个断面分为 2 步开挖
石太剩余区间	Ⅱ、Ⅲ1、Ⅲ2 级围岩	全断面法施工	1.5m	1 次开挖成型

区间隧道Ⅱ、Ⅲ级围岩采用全断面法施工。采取多功能台架进行开挖,使用人工手持风钻打眼爆破,采用反铲扒渣,装载机配合自卸汽车出渣。

Ⅱ、Ⅲ级围岩爆破每循环进尺 1.5m,现以标准断面 5.8m×6.13m、爆破震速按 1.5cm/s 为代表,炮眼布置和掏槽图见图 2-5-1。

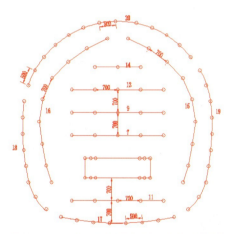

图 2-5-1　Ⅱ、Ⅲ级围岩爆破炮眼布置图

(三)爆破作业安全技术要求

为了安全,在工程实践中,往往有许多要求和标准需要我们努力去解决,比如严格控制爆破的振动效应、爆破冲击波、噪声、粉尘等影响,要预防电干扰等对爆破作业的威胁,还要关注水土保持、环境保护等问题。

随着我国现代化建设的发展,爆破作业环境越来越复杂,对爆破安全的要求也越来越高。尽管工程爆破技术已达到很高水平,但是,爆破作业仍然是一项危险性的工作。一次爆破事故,可能会造成人民生命和财产的损失,也可能导致环境受到破坏。爆破作业的安全问题一直是各方面所重视的问题,已形成了一种专业化的规范、制度和技术。

1. 重视爆破作业前的准备工作

爆破前，不仅要求认真调查爆破体的结构，分析受力状况，同时还要对采取技术措施（如预处理、嵌补、支撑等）的可靠和安全性进行分析，对可能出现的意外情况，应预先制定应急方案，努力避免安全事故和不必要的损失。

2. 要严格遵守安全规程

为了确保爆破作业安全，我国于1992年颁布了《爆破安全规程》GB 6722—2014，通过明确爆破分级管理、承担单位及人员资格审查、爆破技术人员培训与考核、爆破设计审查与安全评估等规定，有力地推动了爆破工程的安全管理，取得了显著的成效。

3. 从主动和被动两方面考虑爆破安全技术

爆破作业安全技术需要从主动和被动两个方面去考虑，一方面是炸药和起爆器材以及对其爆炸所造成的破坏作用进行限制的安全技术，这是主动的；另一个方面是对爆破所产生的危害采取的防护措施，这是被动的一个方面。

两者对阻止爆破带来的破坏性有同样的重要性，但在具体的爆破工程中，则常常会有变化不定的现象和后果。因此，必须对每一项工程破坏的具体情况作细致的分析研究，从而采取适当的对策。

4. 正确采取安全技术措施和防护措施

必须在操作过程中注意每个工序，按照安全规程认真作业。任何规模、任何种类的爆破是可以确保安全的。一些安全规定的条文是有经验教训和理论根据的，有的甚至是血的教训的总结，所以一定要克服麻痹思想，严格执行安全规定，决不能以没出过事故而轻率地"突破"规定的"条条框框"。

（四）工程爆破的精确度控制

工程爆破的精确度是爆破设计和施工追求的最大目标。为确保爆破效果和爆破质量，除了深孔爆破之外，还有更先进、精确的光面爆破技术、精细爆破技术等。如果用一般爆破方法不可能完成预期的爆破效果，则必须采用深孔、预裂和光面爆破技术。

1. 爆破施工必须精心设计和防护

城市轨道交通土建工程土石方开挖中采用的爆破施工，必须通过精心设计、精心施工和精心防护等技术措施，严格地控制炸药爆炸时能量的释放过程和介质的破碎过程，既要将破坏范围严格地控制在安全允许的范围内，又要达到预期的爆破效果。

2. 关键控制点

工程爆破的关键在于控制爆破范围、爆破危害和爆破效果。具体的说，就是根据被爆破体的形状、结构尺寸、结构特征、结构强度、环境的安全及爆破的具体要求，进行合理的布孔、钻孔、装药、联线、防护覆盖、警戒、起爆等控爆技术措施，同时根据情况采用合理的毫秒微差分段起爆技术，严格地控制单发起爆炸药量及起爆顺序等，以期达到既要控制爆破可能引起的几种危害，又能实现土石方开挖的预期质量要求。

几十年的工程爆破技术发展证明，只要严守安全规程、做好防护工作，任何规模、种类的爆破都可确保安全，达到预期的爆破效果和质量。

鉴于爆破施工在城市轨道交通土建工程土石方开挖过程中的以上特点和具体要求，本书从安全管理和质量管理方面，对爆破施工安全、质量进行以下重点论述。

（五）国内爆破行业存在的主要问题

近年来，爆破工程量的逐年增多、爆破技术应用领域的扩大和计算机技术的发展和推广，也促进了爆破技术的迅猛发展。但不容置疑，这一行业在发展过程中还存在诸多亟待解决的问题。

1. 设备陈旧、落后、不配套

目前，许多爆破公司仅靠简单的机械设备组织爆破施工，工作效率低，故障率高，无形增加了施工成本，降低了工效，也带来极大的安全隐患。加之爆破器材品种仍然比较单一，许多较新的爆破器材仍滞留在实验室阶段，这在一定程度上制约了爆破技术的发展，使很多爆破新手段和高精度不能实现。

2. 从业人员专业技术水平普遍偏低

目前，我国爆破从业人员仍存在素质普遍偏低的现象，据不完全统计，近年来爆破事故 90% 以上是因为炮工违章或意识不到所致，这不仅造成了无畏的伤害，而且损害了公司的信誉，造成了人们对爆破的怀疑，影响爆破技术的应用和推广。

3. 爆破理论的发展跟不上实际应用

目前，爆破技术的理论研究落后于爆破实践，各类爆破作业缺乏一套完整的理论指导。另外，爆破从业及研究人员相关的专业知识明显不足，这都将难以使爆破技术向着更高的方向发展。

4. 管理制度不完善

目前，我国的爆破管理制度不完善主要体现在三个方面：（1）许多中小爆破公司没有或缺少成文的规章制度，工作没有标准，往往造成了施工现场秩序紊；（2）爆破器材运输、存储及使用有章不循或缺少细则，极易造成爆破器材的遗失或酿成安全事故；（3）很多爆破作业人员为临时工，不按规定审核、登记和培训，盲目进行打眼、装药、放炮，存在着巨大的安全隐患。

5. 爆破测试及计算应用方面比较薄弱

国内爆破公司对爆破测试重视和投入不足，由于缺少较为实用的系统软件，计算机在爆破领域应用的也不多，这些，都使得爆破发展缺乏必要的基础和理论知识的支撑。

6. 缺少仲裁机构

由于没有一个专门的机构来对爆破结果进行评估，所以造成施工方和雇方的扯皮现象经常发生，因此，有必要组建一个由权威组织或部门（如爆协、公安或建筑等相关工程部门）组成的鉴定机构，以求公正、合理地对一些有必要的爆破结果进行有理有据的分析、评价或裁定，以减少雇佣双方的合同纠纷，促进爆破行业向着健康良好的方向发展。

（六）爆破行业发展趋势

随着高速公路、城市轨道交通、市政基础设施建设的发展，相似材料模拟爆破及计算机在爆破领域方面的应用，在我国乃至世界各国都将有突飞猛进的发展。具体发展趋势如下：

1. 综合机械化

采用爆破拆除、土石方采挖综合机械化可以大大减轻劳动强度，提高工作效率，降低了手工作业的比例，大大改善安全条件，并在一定程度上降低爆破成本。我国这一方面还大有发展的空间。

2. 单一"爆破"公司向一体化发展

因为有许多土石方工程需要爆破和机械挖掘相结合，爆破公司只靠单一爆破业务已无发展前景，应积极购进大型挖掘设备，逐步向着"爆—挖—运"一体化模式发展，方能取得更佳的经济效益。

3. 集团化

目前，我国各地爆破公司竞争激烈，才能适应形势的发展。

4. 规范化

由于各地爆破公司众多，竞争激烈，很多公司管理不科学、制度不健全的问题凸显，这不仅造成了公司运行机制的恶性循环，而且造成了公司内部人际关系的紧张，亟待进行规范化的管理。

5. 免爆化

近年来，爆破仍然是一个可控性、预见性较低的施工过程，爆破事故、火工品生产、运输中的安全事故在所难免，而且，爆破也极易造成空气、噪声等污染。爆破公司要想有更大的发展，就必须在免爆机械方面做加大投入，积极抢占土石方市场，才能在市场竞争中保持不败。

6. 谨慎化

城市轨道交通一般在城市复杂的环境中进行施工，要求严格控制爆破地震、飞石、空气冲击波、噪声，不能损伤爆破作业近距离建筑物及设备，不得干扰居民的正常生活。因此，必须综合利用各种爆破工艺，达到谨慎化施工。

7. 多样化

现代爆破技术已不再是单一的"打眼—装药—放炮"了，而是以爆破器材逐步多样化、高精度化和其他自然科学进步为基础，成为了一个科技含量较高的控制施工过程，呈现出了多样化的发展趋势。

二、新奥法

（一）基本原理

充分利用围岩的自承能力和开挖面的空间约束作用，根据岩石开挖状况，分别采用挂金属网片、喷射混凝土、打设锚杆、型钢拱架等主要支护手段，及时对围岩进行加固，约束围岩的松弛和变形，并通过对围岩和支护结构的监控量测，指导地下工程的设计与施工。

新奥法是在利用围岩本身所具有的承载效能的前提下，进行全断面开挖施工，并以形成复合式两次衬砌来修建隧道，即在洞身开挖之后必须立即以喷混凝土、锚杆、钢支撑等为外层支护形式，称为初次柔性支护。因为蕴藏在山体中的地应力由于开挖成洞而产生再分配，隧道空间靠空洞效应而得以保持稳定，即承载地应力的主要是围岩体本身，初次支护的作用，是使围岩体自身的承载能力得到最大限度的发挥，第二次衬砌主要是起安全储备和装饰美化作用。

（二）准备工作

新奥法的施工作业必须根据事前的调查决定下列四个问题：

1. 开挖方法；
2. 支护布置及进行支护的最适宜时机；
3. 是否设置仰拱及设置的时间和方法；
4. 是否采用辅助施工方法及其种类等。

用新奥法施工的绝大多数工程均采用各种台阶法进行开挖，其次是采用全断面法，采用毫秒爆破和光面爆破技术要求保证爆破的质量，避免凹凸不平而引起应力集中和减少超挖，从而节约为填平表面所需的大量混凝土。

（三）施工原则和方法

1. 施工原则地概括为"少扰动、早喷锚、快封闭、勤测量"

（1）充分保护围岩，减少对围岩的扰动。

（2）充分发挥围岩的自承能力。

（3）尽快使支护结构闭合。

（4）加强监测，根据监测数据指导施工。

2. 施工方法

因为隧洞的主要承载部分是围岩，支护结构起到发挥和保护围岩承载能力的作用。在静力学理论中，隧道的结构可视为岩体承载环和支护衬砌组成的圆筒结构，承载环的闭合起到了关键作用，因此围岩和衬砌的整体化应在初期衬砌中就及早完成，保证衬砌环的稳定与完整。从应力的重分布来考虑.全断面掘进是比较理想的开挖方式。因此，施工方式归根结底要把握一个出发点，那就是保护，调动和发挥围岩的自承能力，在此基础上根据工程实际条件灵活地选择施工及辅助手段。

（四）监控量测

新奥法施工过程的监控量测十分重要。在制定现场量测计划时，要根据隧道及地下工程的规模、地质资料、各量测项目的作用，并考虑工点所需解决的问题和量测计划的经济效益，选择合理的量测项目和方法。同时还必须考虑采用切实可靠的手段和仪表，保证量测工作准确安全，并尽可能不妨碍施工。

在应力应变、接触应力、位移等三大类量测项目中，应以位移量测为主。通常是用收敛计量测收敛变形，用伸长计量测围岩在不同半径处的变形和获得围岩动态的范围，用水平仪量测围岩表面垂直位移和地面沉陷。此外，还可用量测锚杆测得锚杆的轴向应力，用压力盒测定接触应力，用应变计测定支撑和衬砌应力等。

（五）展望

新奥法的发展与喷锚支护的材料、方法和机具等的发展密切相关。初期和长期强度都高、回弹少、粉尘低、生产率高如喷射混凝土系统，应研究材料高强度、污染低、缩短喷敷时间、又无公害的新喷敷方法。以及易于运输的喷射材料和新的施工工艺，如钢纤维加强喷射混凝土、SEC喷射混凝土、光面爆破和深孔爆破技术、液压凿岩台车（兼作安装锚杆用）、各种混凝土喷射机、液体速凝剂、粉尘防止剂等。

第六节　盾构法

根据《盾构法隧道施工及验收规范》GB50446—2017术语，盾构是指"在钢壳体保护下完成隧道掘进、出渣、管片拼装等作业，由主机和后配套设备组成的全断面推进式隧道施工机械设备。根据开挖面的稳定方式，分为土压平衡式盾构、泥水平衡式盾构、敞开式盾构和气压平衡式盾构"。

根据《城市轨道交通工程测量规范》GB/T50308—2017，盾构隧道法是"采用主机和后配套设备组成的全断面推进式隧道施工机械设备，在钢壳结构保护下，完成隧道掘进、出渣、管片拼装等作业的暗挖施工方法"。《城市轨道交通工程基本术语标准》GB/T50833—2012中规定，盾构隧道法是"使用圆形钢壳结构保护、开挖、推进、拼装、衬砌和注浆等作业的暗挖施工方法"。

以上各规范的术语略有差异，但核心内容一致，盾构法施工是依靠盾构机完成的，盾构机直观看见的就是一个与隧道横截面大致相同的钢筒或者框架外壳，里面安装了所需的破碎、排土等作业机械。盾构机除自身构造复杂外，还需配有后配套设施（依据场地的实际情况及工程要求选择配置），整体长度为80～130m不等，整体重量约400～2500t，可谓工程大型设备。盾构机工作及组成示意图见图2-6-1和图2-6-2。

产生的振动、噪声等环境危害较小。

盾构法隧道施工技术由英国工程师布鲁诺尔发明于1818年，并于1825年运用于工程实践。我国从1956年开始引进盾构施工技术，从20世纪80年代开始得到了快速发展，广泛用于跨越河江、贯穿山岭的铁路隧道及城市供水、供热、电力管道等基础设施。在城市轨道工程施工中除传统的明挖、暗挖工法外，盾构施工成为区间主流施工方法，可单洞单线、单洞双线或单洞多线等类型，隧道直径可达6～15m及以上。

· 第二章 城市轨道交通土建工程工法简介 ·

图 2-6-1 盾构机工作示意图

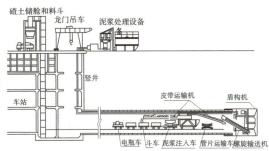

图 2-6-2 土压平衡盾构组成示意图

一、盾构机简介

（一）盾构机市场简况

一直以来，超大直径盾构机的国际市场被欧美及日本品牌垄断，2017 年 10 月 27 日完全由我国自行设计制造的直径达 15.03m 的泥水平衡盾构机，在河南郑州正式下线，一举打破了国外品牌多年来一统全球超大直径盾构的局面，将应用于 6.8km 长、双向六车道的汕头海湾隧道项目。2018 年，由我国自主研发的泥水气压平衡盾构机直径达 12.12m，出口孟加拉国，用于孟加拉国卡纳普里河底隧道工程，这是中孟印缅经济走廊的重要一环，是"一带一路"倡议中的重要组成部分，此后，正在研制的直径 13.19m 泥水平衡盾构机不久后又将应用到东南亚首条高速铁路——印尼雅万高铁 1 号隧道工程，这标志着中国超大直径盾构机的设计研发能力获得了国际市场的认可。

"中国制造 2025"规划中显示，发展的我国铁路、公路、水利、轨道交通、海底隧道、城市设施各类管廊等基础设施大规模建设，对盾构机的需求占到了全球六成以上，是重点发展的高端装备。

如今，我国已全面掌握盾构机的核心制造技术，彻底摆脱了盾构机关键技术被国外垄断的局面，已启动掘进机器人的研发，中国盾构机正朝着智能化方向迈进。

国家已发布了五项隧道掘进机国家标准，以规范隧道掘进机术语和商业规格、设计制造技术要求。这将有助于中国隧道掘进机等重大装备走出去，助推"一带一路"的有关基础设施的工程建设。作为地铁工程的建设者，掌握盾构法工法中质量和安全的控制要点，势在必行。

（二）盾构机的配置

各种盾构机必须具有盾构壳体，其外径和长度符合设计要求，盾壳表面平整，在盾构掘进液压缸活动范围内，盾尾内表面平整，无突出焊缝，盾尾椭圆度在允许范围内。除此，盾构机还有如下主要配置，配置应于盾构机的选型相适应，达到适用、可靠、先进、经济的目的。盾构机主机和后配套设备应满足导向系统的安装和通视要求，盾构掘进管理系统应与导向系统实现数据交互。

1. 刀盘及其主驱动

1）刀盘和刀具是盾构的关键部件，刀盘安装在盾构机的最前部，可以旋转，刀具为硬质合金材质，是切削隧道岩体的主要部件，按厂家设计，可通过焊接或高强螺栓连接固定在刀盘上，高强螺栓连接的刀具可以更换。其质量和性能直接影响土体开挖效率，以及施工质量和安全。刀盘和刀具等应满足地质条件和工程要求等。切刀和刮刀为切削类刀具，一般适用于砂、卵石、黏土等松散地层，滚刀用于岩石强度较大的地层。刀盘刀具见图 2-6-3。

2）刀盘主驱动是刀盘的动力系统，主要分为两种：一种是液压马达驱动，另一种是变频电机驱动，根据地质条件、环境和施工要求等确定。

图 2-6-3　盾构机刀盘安装、刀具焊接完成

2. 推进液压系统

推进系统是盾构机的关键系统，包括推进泵、控制阀组、推进缸和管路附件等。承担着盾构机的推进任务，实现盾构机的转弯、曲线行进、姿态控制、纠偏以及同步运动等功能。

3. 管片拼装机

应具有锁紧、升降、平移、回转、仰俯、横摇和偏转 7 种动作能力，除锁紧外，另 6 种动作与管片的 6 个自由度相对应，能满足拼装要求，且应动作准确可靠，操作安全方便。主要依靠拼装机的调整性能把管片精确定位，并形成压紧管片的足够接触压力。

4. 螺旋输送机

土压平衡盾构螺旋输送机的作用是排土和保压，按照螺旋轴的形式分为：有轴式和无轴式两种，根据地质条件、盾构直径和掘进速度选定。

5. 泥水循环系统

有直接控制和间接控制两种类型，根据地质和施工条件选用。

6. 铰接装置

铰接装置主要有被动和主动两类，根据工程需要选用，但均应满足隧道轴线曲率半径的要求，以确保小半径曲线隧道顺利施工。最大推力应大于前后壳体姿态变化引起的阻力，每组铰接液压缸应具备行程监测功能。

7. 渣土改良系统和注浆系统

根据地质条件配置，应具备物料注入速度和注入压力调节功能。

8. 人舱和保压系统

（1）人孔气压仓是人员出入土仓进行维修和检查的转换通道，出入土仓的工具和材料也由此通过。人员舱包括主舱和材料舱，由压力门隔开。选择时应满足人员开舱作业要求，宜采用并联双舱式人舱。

（2）保压系统

（三）盾构机的分类与适用条件

1. 从不同角度分类，详见表2-6-1。

盾构机的分类一览表　　　　　表2-6-1

挖掘方式分类	挡土方式分类	稳定掘削面的加压方式分类	适用土质分类
手掘式 半机械式 机械式	开放式、部分开放式、封闭式	压气式、泥水加压式、削土加压式、加水加压式、泥浆加压式、加泥加压式	软土盾构、硬土层、岩层盾构（TBM）、复合盾构
断面形状分类	尺寸大小分类	施工方法分类	推力方式分类
圆形：半圆形、单圆形、双圆搭接形、三圆搭接形、多圆形、非圆形：矩形、马蹄形、椭圆形	超小型盾构、小型盾构、中型盾构、大型盾构、特大型盾构、超特大型盾构	二次衬砌法盾构工法、一次衬砌法盾构工法（EC1工法）	网格式、压气式、插板式、土压式、水压式

2. 组合分类法，见图2-6-4。

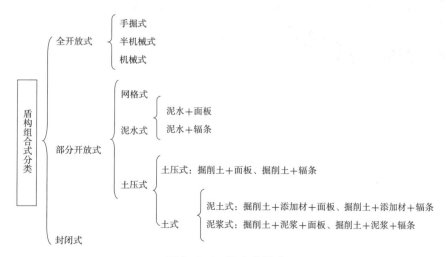

图2-6-4　组合分类表

（四）常用盾构机及其适用条件

常用盾构机按照地质条件，分为两类三种：一类是用于第四纪土层中，分两种：泥水平衡式盾构和土压平衡盾构；第二类（即第三种）是专用于岩石地层的隧道掘进机TBM（Tunnel Boring Machine），它们代表了不同的出土方式和不同工作面土体平衡方式的特点。

1. 泥水平衡式盾构机

（1）工作原理

泥水平衡盾构机的工作原理是在开挖面上用泥浆形成不透水的泥膜，通过该泥膜保持水压力，以对抗作用于开挖面的土压力和水压力。

开挖的渣土以泥浆形式输送到地面，通过处理设备离析为土粒和泥水，经过对泥浆配比的调整后，再输送到开挖面。

（2）主要构造

在盾构机的前部设置隔板，装备刀盘面板、输送泥浆的送排泥管和推进盾构机的盾构千斤顶，并在地面上配置泥浆处理设备以分离排出泥浆。其缺点是泥浆处理设备设在地面，需占用较大的施工场地，盾构机及其配套系统价格较高。见图2-6-5和图2-6-6。

（3）适用条件

泥水平衡盾构设置卵石破碎机，对弧石进行破碎处理，所以对高水压和砂，黏性，含弧石等地层都能适应，当地层的透水系数大于10m/s时，宜选用泥水平衡盾构。

图2-6-5　泥水平衡盾构机

图2-6-6　土压平衡盾构机

2. 土压平衡式盾构机

（1）工作原理

土压平衡式盾构机是密闭式盾构机的一种，又称为削土密闭式或泥土加压式盾构机，它是在局部气压盾构机和泥水加压盾构机的基础上发展起来的。前端有一个全断面切削刀盘，在盾构机中心或下部有长筒形螺旋运输机的进土口，其出口在密封舱外。施工中切削刀盘后面的密封腔内充满了开挖下来的土砂，并保持一定土压，以保持开挖面的稳定。适用于所有的软土地层，并能有效地保持开挖面的稳定和减少地面的沉降，施工的安全性及可操作性高,已广泛应用于地铁隧道的建设工程中。

(2) 主要构造

在盾构机的前部设置隔板,隔板与刀盘之间形成一个用于土压平衡、渣土搅拌、渣土排出的渣土仓。装配有各种刀具的刀盘不断旋转切削土体,切削下来的渣土通过刀盘进料槽进入渣土仓。渣土仓内和排土用的螺旋输送机内充满开挖渣土,依靠盾构机千斤顶的推力给土仓内的开挖土砂加压,使渣土仓的土压作用于刀盘开挖面以使其稳定。其优点是占用场地较小,价格较低,见图 2-6-6。

(3) 适用条件

适用于饱和含水软弱地层,一般不需要辅助技术措施,因此能适应多种环境和地层,如砂砾、砂、粉砂、黏土等压密程度低,软、硬相间的地层。近期在北京地铁 16 号线有两段隧道实施了盾构叠落施工,一段是苏州街站后停车线(不含)苏州桥站,另一段为苏州桥站至万寿寺站。

两段叠落区段全长 1680m,隧道管片最小净距 1.6m,叠落施工在北京为首次。施工顺序为先下方隧道,后上方隧道,上层施工时下线隧道内设置台车支撑保护,同时,隧道之间径向注浆加固以保证施工安全。

3. 岩石掘进机(TBM)

1) 工作原理

掘进时利用旋转刀盘上的滚刀挤压剪切破岩,通过旋转刀盘上的铲斗齿拾起石渣,落入主机皮带机上向后输送,再通过牵引矿渣车或隧洞连续皮带机运渣到洞外,连续掘进成洞。

2) 类型及适用条件

TBM 可为支撑(敞开)式、护盾式(双护盾、单护盾)、扩孔式等。见图 2-6-7 和图 2-6-8。

图 2-6-7 TBM 盾构机

图 2-6-8 扩孔式掘进机

(1) 支撑(敞开)式 TBM

支撑(敞开)式 TBM 主要适应于硬岩,能利用自身支撑机构撑紧洞壁以承受向前推进的反作用力及反扭矩的全断面岩石掘进机,其支撑形式可分为 T 形和 X 形两种,适用于围岩整体较完整,有较好的自稳能力,遇到局部围岩失稳,可以利用 TBM 所附带的初期支护设备加强支护或者实施超前加固。

掘进过程中具有相应的条件,必要时可以采用更为灵活的人工方式处理相应的不良地质条件。永久性衬砌待全线贯通后施作或者采用新兴的同步衬砌施工技术。

(2) 双护盾 TBM

可以边掘进边在尾盾内拼装管片,综合成洞进度快,对于局部围岩失稳,可以避免坍塌。尽管双护盾 TBM 不论何种围岩条件都以拼装管片作为最终衬砌结构,无需二次衬砌,但对围岩地质条件的适应性较差,特别是应对围岩收敛变形能力差、容易导致卡机以及管片损伤,不仅盾构机造价相对较高,隧洞施工综合成本也相对较高。

(3) 单护盾 TBM

单护盾 TBM 掘进和拼装管片只能顺次施工,无法边掘进边拼装管片,主要适用于复杂地质条件的隧道,人员及设备完全在护盾的保护下工作,安全性好,设备造价较双护盾低。当隧道以软弱围岩为主,抗压强度较低时,适宜用单护盾 TBM,当然,围岩完整性较好时也能创造出比围岩大范围失稳条件下更快的进度。盾体短,与双护盾相比能较快通过围岩收敛变形洞段,但仍然不及开敞式 TBM 应对围岩变形能力强。

(4) 扩孔式 TBM

扩孔 TBM 从技术和经济方面拓展了全断面据进机的应用领域,特别适合于需要通过探测导洞来确认特殊风险因素的地层条件。先打导洞,然后分级或一次扩孔掘进成洞。除了支撑外,需要在导洞和扩孔断面之间的结合处安装带有洞顶保护盾壳的稳固(支承)环,以防止岩屑掉进导洞内。导洞直径和扩孔直径的最大比率约为 1:2.5。

与全断面掘进机相比,在运输和组装方面有其优点,因为施工导洞的 TBM 重量较轻、尺寸较小,扩孔后的 TBM 更易于拆成基本部件、盘辐等。实际上机器后面的整个隧道断面都可以在后配套系统上进行即时支护。

(五)盾构机的选型

盾构机类型由设计单位确定,施工单位依据工程项目的地质条件、设计要求选定合理的盾构机机型(品牌或厂家)方案,机型应与本工程特性相适应,盾构的壳体结构应能保证在其所承受的正常施工荷载作用下,各结构件应处于安全可靠状态。选型方案经监理单位初步审核后,施工单位组织专家论证,按照专家评审意见修改后,确定盾构机型号及相应配置。

1. 第四纪土中盾构机选型因素

(1) 除应考虑勘察报告中对隧道工程地质和水文地质情况的情况描述,还应注意特定的岩土情况、障碍物及可燃、有害气体等。第四类土层盾构机适用的地质条件;见图 2-6-9。

第二章 城市轨道交通土建工程工法简介

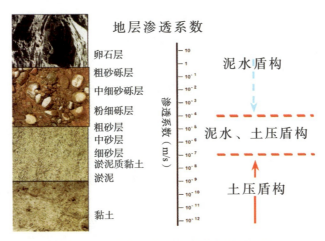

图 2-6-9 盾构机选型与地质条件的关系

（2）应对隧道线路及结构设计文件、工程周边的建（构）筑物状况、地下管线情况、道路交通状况、控制沉降要求、地面施工场地大小等因素，经过技术和经济比较；

（3）必须确保开挖空间的安全和支护稳定；

（4）满足施工环境及环保要求；

（5）满足工期要求，保证隧道土体开挖顺利，同时确保盾构机作业的可靠性和效率；

（6）除遵守上述要求外，还要依据实际情况对照分析需要配合使用的辅助工法，正确选择泥水平衡式盾构或土压平衡盾构。

相比土压平衡盾构机，泥水平衡盾构机可以有效控制风险源的沉降，可以有效克服突涌、坍塌的风险，保护风险源的安全；能够降低开仓检修刀具的风险；开挖渣土通过管路运输，可有效减小水平及垂直运输的安全风险；采用泥水分离设备可有效减少弃渣对环境污染的影响。

2. 第四纪土盾构机选型案例

中铁十四局隧道公司承建施工的盾构隧道北京地铁 8 号线三期工程王府井至前门区间（简称"王前区间"），单线长度 1650m，属标准的双洞双线隧道。

盾构区间依次下穿连接北京站和北京西站的地下直径线、既有地铁 2 号线 2 个特级风险源，升旗宾馆、铁道博物馆、规划展览馆、首都大酒店 B 座、天主教堂、法国使馆旧址、法国兵营旧址等 8 个一级风险源，及各种电力、电信、雨水、污水等 12 个二级风险源，工程难度极大。

王前区间原设计采用土压平衡盾构机施工。然而，这一段地处敏感地带且连续下穿各种风险源，沉降要求极高；盾构机自车站始发后，由深度 32m 持续下坡前行至埋深最大处 42m，为目前北京地铁埋深最大区间，且全部位于渗透系数大的砂卵石地层；地下水位最高达 14m，水压高，突涌风险极大；加之沿线风险源密布，地面不具备检修换刀条件，需带压进仓检修换刀，风险极大。

施工单位在施工过程中综合考虑这些风险因素，提出了调整盾构机类型的建议，得到了建设单位和设计单位的支持,经过多轮讨论及专家论证,最终将土压平衡盾构变更为泥水平衡盾构施工,确保了盾构工法顺利实施。

王前区间的顺利始发和掘进,将为今后北京地区深埋、高水压、卵石地层盾构施工和设计提供实际经验和理论依据,对指导今后北京地区深埋条件下地铁盾构施工具有重要意义。

3. 岩石中选用 TBM 盾构机还应考虑的因素

TBM 机选用包括技术和成本两个方面。从技术角度分析,考虑围岩的完整性、硬度、岩性、成分以及收敛变形等因素。成本方面,应考虑设备采购成本和施工成本。

(1) 合理确定盾构机主要技术参数。

(2) 安全性、可靠性、先进性、经济性相统一,及具有较高的性价比。

(3) 满足隧道外径、长度、埋深和地质条件、沿线地形以及洞口条件等环境条件。

(4) 后配套设备应与主机配套。

生产能力与主机掘进速度相匹配,工作状态相适应,且能耗小、效率高,同时应具有施工安全、结构简单、布置合理和易于维护保养。

(5) 参考国内外盾构施工经验与实例。

(六)盾构工法辅助设施及其管理

盾构工法的实施,还需多种辅助设施,包括:材料堆放场地和仓库,联络通信及通风设施、充电、给排水、压缩空气等设备,盾构始发、到达及掉头的设施设备,浆液搅拌站及相应管路和水平,重直运输设备,渣土临时存放场等。应根据盾构类型、掘进方法和施工工艺要求等配齐所需的辅助设施,以发挥最大的作用保证盾构掘进顺利进行。

1. 辅助设施应符合下列规定:

(1) 根据工程需要和环境保护,应配置符合盾尾同步注浆需要的浆液站,泥水平衡盾构应设置相应的泥水输送和处理装置;

(2) 应选择合理的水平和垂直运输设备,水平运输设施见图 2-6-10。

图 2-6-10 盾构机辅助设施之水平运输轨道

（3）供电设备应满足盾构施工要求。

2. 盾构始发和接收工作井内设施应符合下列要求

（1）始发工作井内盾构基座应具备盾构组装、调试和始发条件；

（2）接收工作井内盾构基座应能安全接收盾构，并应满足盾构检修、解体或整体位移的要求；

（3）工作井内应布置必要的排水或泥浆设施；

（4）洞门密封装置应满足盾构始发和接收密封要求。

3. 运输设施和设备

盾构机掘进中施工材料需要由配套的运输设备运至掘进工作面，同时将土方运出、提升到地面，隧道内运输设施及设备包括双向轨道、管片运输车、砂浆运输车、土方运输车及牵引机车等，如图 2-6-11 所示。选用要点详见下述。

图 2-6-11 盾构配套运输示意图

4. 各种运输方式准备工作

从盾构工法准备工作开始，直至全部完工，隧道内的运输方式包括：水平运输、垂直运输和管道运输。施工单位必须组织好准备工作，在施工过程中具体落实。

（1）运输设备性能应安全可靠，运输能力应满足施工要求。

（2）隧道内水平运输可采用有轨、无轨或连续皮带机等方式；垂直运输宜采用门式或悬臂式起重机等方式；泥水平衡盾构应采用泥浆泵和管道组成的管道运输系统。

（3）进行强度验算，根据最大起重量，应对提升设备能力和索具、挂钩和杆件的强度等进行检算，结果应满足要求。

（4）运输设备应有防溜车或防坠落措施，操作、维护和保养应符合操作规程要求，必须定期进行检查维修。

5. 水平运输过程管理

（1）施工运输应根据隧道设计尺寸、盾构类型和掘进速度，不同作业所需运输量和各种材料的运输要求，选择运输方式、运输设备及其配套设施。

（2）有轨运输的轨道应保持平稳、顺直、牢固，并应进行养护。当采用卡车、内燃机车牵引时，不应对环境空气造成影响。

（3）当长距离运输时宜在适当位置设置会车道。

（4）牵引设备的牵引能力应满足隧道最大纵坡和运输重量的要求。

（5）车辆配置应满足出渣进料及盾构掘进速度的要求。

（6）隧道内水平运输宜设置专用通道。

6.垂直运输过程管理

（1）垂直运输方式应根据工作井深度和盾构施工速度等因素确定。

（2）提升设备的提升能力应满足出渣和进料的要求。

7.管道运输

（1）当采用泥水平衡盾构时，管道运输系统应满足出渣和掘进速度的要求。

（2）当长距离运输时，应在适当距离设置管道运输接力设备。

（3）输送泵和管道应定期检查和维修。

二、盾构工法流程

盾构工法是用机头上最前端的刀盘切削土体、挖掘，同时在中部的机械中完成破碎、排土，在机尾将预制混凝土管片拼装成洞体结构。如此，盾构支撑着隧洞围岩，进行挖掘、排土、掘进、衬砌，直至隧道完成。工作流程见图2-6-12，掘进过程为激光自动导向，其流程见图2-6-13。其主要工序如下。

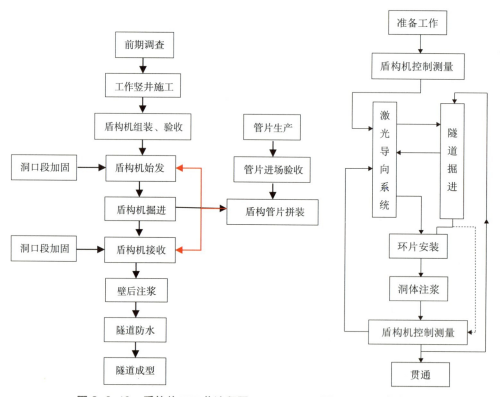

图2-6-12 盾构施工工艺流程图　　图2-6-13 激光导向系统盾构掘进流程图

（一）前期调查

盾构工法技术复杂，施工前必须做好充分的前期准备，除施工单位按照工法要求进行必要的准备外，监理单位还应督促施工单位作好下列各项前期准备工作。

1. 应对施工地段的工程地质和水文地质情况调查，必要时应补充地质勘查。

2. 对工程影响范围内的地面建（构）筑物，对需要加固或基础托换的建（构）筑物应进行详细调查和现场踏勘，必要时应进行鉴定，并应提前做好施工方案。

3. 对工程影响范围内的地下障碍物、构筑物及地下管线等应进行调查，必要时应进行探查。

4. 根据工程所在地的环境保护要求，进行调查并出具报告。

（二）修建工作井

工作井（盾构竖井）是指盾构组装、解体、调头、空推、吊运管片和输送渣土等作业使用的工作井，是施工垂直运输及作业人员的出入通道，包括盾构始发、接收工作井，多采用明挖法修建。在竖井内始发或接收时，要求竖井的尺寸比较大，因此需要施做围护结构和二衬结构，条件允许时，多以车站端头井兼做工作井，进行盾构始发和接收，最为经济和方便。在特殊情况下，如工期不允许，或区间太长，需要更换刀具或检修，需独立设置竖井，此时还需做暗挖区间，造价较高，但在工程竣工后可被用作车站的排水、通风等永久性设施，无利用价值的工作井多数被回填。具体控制详见《城市轨道交通土建工程质量安全管理实务》。

（三）组装盾构机

1. 盾构机的组装利用事先挖掘的工作井（竖井），将其部件吊装下去，拼成整机。

2. 组装前应完成下列准备工作：

（1）根据盾构部件情况和场地条件，制定组装方案；

（2）根据部件尺寸和重量选择组装设备；

（3）核实起吊位置的地基承载力。

3. 盾构组装应按作业安全操作规程和组装方案进行。

4. 现场应配备消防设备，明火、电焊作业时，必须有专人负责。

盾构机的吊装与组装见图 2-6-14 ~ 图 2-6-16。

图 2-6-14　盾构机刀盘吊装准备下井

图 2-6-15　盾构机吊装准备下井

图 2-6-16 盾构机在竖井内组装　　图 2-6-17 盾构始发

(四) 盾构机调试

1. 盾构现场组装完成后应对各系统进行调试。
2. 应先进行各系统的空载调试,然后应进行整机空载调试。

(五) 盾构现场验收

盾构机调试后应进行盾构现场验收,并签认现场验收报告,如使用新购盾构机,则在工厂内组装后整机空载调试,由设备采购方与制造商对设备技术性能指标进行联合检查以确认,完成出厂验收签署验收报告。按双方约定,在初次试掘进完成后,对设备负载运行状态及性能指标进行确认,组织试掘进性能考核验收,并签署验收报告。总监理工程师参与验收,盾构机应满足盾构设计的主要功能及工程使用要求。

1. 验收项目

盾构的现场验收除包括盾构机的组装调试外,还有一定的相关项目验收,具体验收人员组成、项目和应达到的验收要求详见《城市轨道交通土建工程质量安全管理实务》的相关内容。

盾构现场验收时,应记录运转状况和掘进情况,并应进行评估,满足技术要求后方可验收。

2. 掘进的条件

当盾构各系统验收合格并确认正常运转后,方可开始掘进施工。

(六) 盾构始发 (出洞), 见图 2-6-17

盾构始发即出洞,始发段是指盾构机从始发井开始掘进,至盾尾离开始发井内壁 40m 止。

(七) 盾构掘进

盾构掘进中又包含掉头、空推、过站、开仓作业等,这些都是掘进工程中的重要工序。根据《盾构规范》的术语,其含义如下。

1. 盾构空推

是指"盾构不需要土体开挖的推进过程",区间隧道盾构施工时,由于接收端车站已经封闭,无法在隧道贯通后进行吊出,盾构机只得整机顶推和滑移通过车站站台层(或在端头井内调头进入施工相邻盾构隧道），进入车站另一端的始发井，直接进行下条隧道的施工。

2. 盾构过站

是指"利用专用设备把盾构拖拉或顶推通过车站/工作井的过程"，由于接收端车站需提前封闭，不具备吊出和吊入的条件，盾构只能空推过站，主要分为盾构主机过站、后配套系统整体两部分过站完成后进行组装。

3. 盾构调头

是指"盾构施工完成一段隧道后调转方向的过程"。即接收端车站需提前封闭，又必须完成相邻隧道的施工，盾构只能在端头井内完成调头，主要分为盾构主机和后配套台车每节调头全部完成后再进行组装。

4. 开仓作业

是指专业施工人员进入盾构开挖仓进行刀具等设备检查、更换（如地层岩土强度较高时，需要更换滚刀），进行孤石处理或泥饼清理等。

以上各工序的施工质量控制详见《城市轨道交通土建工程质量安全管理实务》。

（八）盾构接收（进洞）

盾构接收即进洞，进洞段是指从盾构切口距进洞井外壁 5 倍盾构直径起到盾构入基座止。

盾构始发、接收段洞口地层需进行加固，详见《城市轨道交通土建工程质量安全管理实务》。

（九）盾构解体

盾构隧道竣工后，一般在接收井内解体，并将盾构机各部件吊装出井。

（十）施工监测

盾构施工监测范围应包括周边环境隧道结构和岩土体，施工监测的项目分为必测和选测两类，周边环境监测包括建（构）筑物、地表和地下管线，隧道结构监测包括竖向位移和水平位移，必要时增加净空收敛和应力，监测的部位为掘进面的前方和后方，具体监测项目及频率请遵照《盾构法隧道施工及验收规范》GB 50446—2017 的相关规定执行。

盾构工法按照前述施工工艺流程图实施，每个工序的具体做法及质量安全控制详见《城市轨道交通土建工程质量安全管理实务》一书的相关内容。

三、盾构工法特点

盾构施工方法以其独特的施工工艺特点和较高的技术经济优越性，在城市轨道交通工程中被广泛采用。

（一）利用自动导向系统测量保证隧道精度

自动导向系统是综合运用测绘技术、激光传感技术、计算机技术以及机械电子等技术指导盾构隧道施工的有机体系，可实时动态监测和调整盾构机的掘进状态，保持盾构机沿设计隧道轴线前进。利用激光导向系统的施工过程如图 2-6-13 所示。

1. 自动化程度高

（1）在一定的掘进模式下，自动调整或指导操作者调整盾构机掘进的姿态，使盾构机沿接近隧道设计轴线掘进。

（2）获取各环掘进姿态及最前端已装环片状态，指导环片安装。

（3）通过标准的隧道设计几何元素自动计算隧道的理论轴线坐标。

（4）和地面电脑相连，对盾构机的掘进姿态进行远程实时监控。

（5）激光导向系统工作的前置条件。

2. 在盾构机始发前，需要做如下辅助工作：

（1）采用人工测定方法，设置激光全站仪所使用的测量控制点。

（2）采用人工测量方法，精确测定盾构机初始状态，以便于输入激光导向系统中有关初始参数（如激光标靶上棱镜的坐标，内部的光栅初始位置及两竖角测量仪初值等）。

（二）盾构施工安全性高

开挖面在盾构外壳的保护下进行开挖和衬砌作业，隧道结构利用钢筋混凝土成品管片衬砌拼装，一次成型，可以最大限度的避免土体失稳或冒顶带来的人身伤亡事故。

（三）全断面机械开挖施工条件较好

盾构法施工具有地面作业少、地下施工不影响地面交通，对地面建筑物及地下管线的影响较小，在河底下施工不影响河道通航；施工操作不受气候条件的影响。

相比暗挖施工，施工条件有所改善，劳动强度低，但不容否认，更换刀具时人员入仓作业较为艰苦，且有一定的风险。适宜建造深埋隧道。

（四）对周围环境影响小利于环保和职业健康

盾构施工产生的振动噪声等环境危害小，破碎的砂石、粉尘等固体污染物在盾构机内被收纳，对隧道内的环境和操作人员的健康危害较小，有利于环保和职业健康。

第三章
城市轨道交通土建工程质量管理

城市轨道交通工程作为城市基础设施之一，近年来发展迅速，其建设项目所需资金数额巨大。随着改革开放，投资渠道和投资主体日益多元化，我国近年来发布了一系列关于城市轨道交通工程投资、建设和经营的相关文件，如《国务院办公厅关于进一步加强城市轨道交通规划建设管理的意见》（国办发 [2018]52 号），文件中明确了持续深化城市交通供给侧结构性改革的原则和具体实施办法，要求以城市财力和建设运营管理能力为实施条件，合理把握建设规模和节奏，切实提高城市轨道交通发展质量，确保与城市发展水平相适应，进一步推动城市轨道交通建设、运营模式创新，增强可持续发展能力。

本章将分三节，分别从宏观组织管理和现场具体管理角度，论述各责任主体在施工准备和施工过程中对不同工法的通用的质量管理和控制要点，以及验收阶段的管理要点。各工法具体的质量控制详见以后各相关章节。

第一节 质量管理综述

本节依据最新的法律法规和相关技术标准编写,从组织管理角度,宏观阐述城市轨道交通土建工程质量管理目标及其内涵、工程质量监管体系、参建单位及其主要负责人的质量责任,以及施工准备和施工过程中的质量管理的环节和切入点。为节约篇幅,法规条文并未全部原文引用,而是结合轨道交通土建工程的具体情况将文件中有关的管理和技术要求,作重点摘录,并标注条款序号,以方便读者核对。

在城市轨道交通工程项目的组织系统中出现了投资人和建设管理单位两个角色。按照《城市轨道交通建设项目管理规范》GB 50722—2011 术语解释,"业主"为"城市轨道交通项目的出资人,负责项目的申报立项工作,并在建设项目全过程中履行出资义务、行使出资人权利";"建设管理单位"为"城市轨道交通建设项目管理的具体承担单位,负责建设项目全过程的项目管理工作"。又从《建筑工程五方责任主体项目负责人质量终身责任追究暂行办法》(以下简称《质量终身责任追究暂行办法》)(建质[2014]124号)规范角度,五方主体均为参建单位,但其角色位置和责任、作用不同,在某些情况下也有将建设单位与其他四个参建单位分列的提法,请读者理解。

一、建设单位确定工程项目目标

(一)建设项目三大目标

任何工程项目的成功实施必须有科学合理的目标,即:根据国家现行的有关法律、法规、技术标准及设计文件,制定出建设项目的安全、适用、经济、环保、美观等特性的综合要求。国际上通行的项目目标包括质量目标、进度目标和投资目标,根据国情,我国的建设项目还增加两个目标,即:安全生产目标和绿色文明施工目标,关于此两个目标详见第三章叙述,此处仅论述前三个目标。

按照《城市轨道交通建设项目管理规范》GB 50722—2011,建设单位应负责制定项目质量、进度标和投资三大目标,此三大目标,即是各参建单位与建设单位签定的相应合同的标的,建设单位通过合同约束体系,有机整合勘察、设计、施工等各参建单位的项目管理和资源,形成协调一致的目标体系和组织体系。各参建方必须通力协作保证项目目标的实现。

1. 质量目标

质量目标是建设单位对工程项目质量所预期的标准和水平,按照国家标准《建筑工程质量验收统一标准》GB 50300—2013(以下简称《统一标准》)只有"合格"这唯一的标准，对任何一个工程项目，达到"合格"标准是必须要保证的，只有满足合格标准方能使用。

为贯彻国家《中华人民共和国建筑法》和《建设工程质量管理条例》，落实科学发展观，坚持"百年大计，质量第一"的方针，引导和激励企业，提高建筑和市政基础设施工程质量，争创优质工程，国家、地方设置了多种质量评优奖项，制定了相应的质量标准及评选办法。

国内其他地区也都设置了相应质量奖项及评审的地方标准，限于篇幅，此处从略。

国家及北京地区的建筑及基础设施工程的主要奖项，鲁班奖、詹天佑奖及北京市长城杯等奖项评定详见《地铁车站装饰装修工程质量管理实务》一书中表2-3-1。此处仅补充几项涉及城市轨道交通土建工程的质量奖项，见表3-1-1。

城市轨道交通土建工程相关质量奖项表　　　　　　表3-1-1

奖项	奖项名称	评定机构	评选范围	获奖单位	评审标准
行业工程奖	中国建筑工程钢结构金奖（国家优质工程）	中国建筑金属结构协会建筑钢结构委员会组织成立的评审委员会	全国各地行业协会或主管部门择优推荐的项目	主要承建单位、主要参建单位	根据"中国钢结构金奖"评选与管理办法（2017版）中的有关规定
北京市级	北京市市政基础设施结构长城杯金质奖、银质奖	北京市政工程行业协会	北京市基础设施结构工程	建设单位、施工单位、监理单位	《北京市优质工程评审管理办法》（京建质[2002]559号）《北京市市政基础设施长城杯工程评审管理办法》设金质、银质两档
北京市级	北京市市政基础设施竣工长城杯金质奖、银质奖	北京市政工程行业协会	北京市政工程	建设单位、施工单位、监理单位	

此外，关于大型施工企业制定的内部奖项如"集团优良"、"公司优良"等，请参见《地铁车站装饰装修工程质量管理实务》。

2. 进度目标

（1）进度总目标。建设工程的进度总目标是指工程项目实施所需要的工期，包括了勘察、设计、施工三大阶段，本书所讨论的进度目标是指施工阶段的进度目标，用计划开工日到竣工日的日历天数表示。

（2）进度目标分级。多分为三级，组成项目进度的目标系统。第一级是项目总控进度目标，也称里程碑目标，是指满足建设单位对工程项目从实施（设计、施工）到竣工验收（运行及缺陷责任期）的全过程工期；第二级是工程项目内各单位工程的施工工期目标；第三级是单位工程的进度分解目标，可分解到年、季、月，或分解到各分部、子分部直至分项工程的实施目标。进度目标是自下而上逐级保证实现的。

城市轨道交通土建工程，每一个单位工程项目，其工期较长，视工法的不同有所差别，除按时间和工程划分分解进度目标外，还可根据网络图上的关键线路分为A、B、

C三级节点工期进行控制,即A级——关键节点,在关键线路上的里程碑节点,对整个项目的进度其决定性作用,其进度目标必须给予保障;B级——有影响节点,在关键线路上,但对总进度影响较小,也应设法保证其进度目标;C级——无影响节点,因不在关键线路上,对项目的进度目标不产生影响,可调节的幅度较大。一般项目可按时段进行控制,也有的项目两种控制方法结合使用,称为双控法。

建设单位应根据轨道交通总体规划所确定的运营日期,各种资源共用条件,项目特点,综合确定在施项目的进度目标。

3. 投资目标

投资目标是建设单位对拟建工程项目所设定的投资总额,可按不同阶段分解,包括项目的前期费用和实施期的费用,实施期又细分为设计、施工和运营阶段等。本书所讨论的投资目标是指施工阶段的投资额,也称工程造价,建设单位与施工单位签定的施工合同的工程价款,占据了总投资额的绝大部分,其中的主要部分是建安工程费用。目前我国的轨道交通项目投资渠道多元化,除国有资金外,也吸收了部分社会资金和境外资金。通常按年度或工程的划分分解,每一个参建单位都应该对工程造价目标严加管控,通过逐层控制,实现造价总目标,达到预期的经济效益。

(二)三大目标之间的关系

全面认识各目标之间的关系,是目标管理的基础。

1. 组成辩证统一的目标系统

投资、质量、进度三大目标是辩证统一的关系,相互之间都互相依存、相辅相成,又互为因果。在项目施工期内,三个目标之间,矛盾与对立关系显而易见,如:要求质量目标高,势必投入较多资金和花费较长工期;若要求进度超前,不增加投入就要降低质量标准。从项目的全寿命周期看,统一是本质,如增加一定的投资,则可以提高建设速度,缩短工期,使项目早投产、早动用、早回收资金,可以提高项目全寿命的经济效益;适当提高建设标准和功能要求,虽然会使建设期投资增加、工期延长,但可为轨道交通线路运营提供保障,减少经营费、维修费和设备设施更新换代的投入。总之,任何一个目标的变化,不仅受到另外两个目标的制约,还会引起它们的变化。因此,制定目标时不能割裂,必须要综合考虑,即使在施工阶段管理过程中,也不可单独追求某一目标的实现,尤其当条件有变化时,必须兼顾三大目标。

2. 质量目标为核心

在这个目标系统中质量目标是核心,任何工程项目,没有质量就没有建设的意义,故建设单位在制定目标时应反复权衡三个目标之间的需求与效果关系,科学合理的制定质量目标,即质量目标要在进度、投资目标的条件内可行,不可能要求建设项目同时做到投资省、工期短、质量高。各参建单位在工程建设管理中必须以确保质量目标为前提,施工现场的一切组织活动都必须以实现质量目标为核心,既要坚持"百年大计,质量第一",又要避免只顾追求单一质量目标而冲击或干扰其他目标。

三大目标与其他相关目标的关系,详见第三章。

（三）项目目标管理内涵

根据前述的目标及其相互之间关系可知，项目管理的关键是质量目标的实现，而质量、进度、投资目标的实现取决于各参建方的工作质量。由于参与工程建设的每个成员以所具备的技术能力和综合条件，在各自的工作岗位（包括如管理、技术和后勤等工作）上所发挥的工作水平和各项工作的业绩，直接或间接的决定了工程目标实现的程度，故目标管理的内涵可以简捷的表述为：各参建方的全体参建者以优良的工作质量严格管理工程的质量，达到计划目标，进而实现项目的系统目标。

二、城市轨道交通土建工程质量管理法规依据

在贯彻依法治国的大政方针下，一切建设工程的质量管理必须依法进行。城市轨道交通土建工程作为重要的基础设施，国家及政府主管部门给予了极大关注，制定了相关法律、法规、规章及规范性文件等四个层级的文件。建设单位和所有参建单位及人员都必须认真贯彻执行。现将有关轨道交通土建工程质量管理的各层级主要文件名录列出，其他文件见后述各章内容。

（一）相关国家法律（含修订文件）

1.《中华人民共和国建筑法》（中华人民共和国主席令第二十九号，以下简称《建筑法》）。

全国人民代表大会常务委员会关于修改《中华人民共和国建筑法》的决定（根据2019年4月23日第十三届全国人民代表大会常务委员会第十次会议《关于修改〈中华人民共和国建筑法〉等八部法律的决定》第二次修正）。

2.《中华人民共和国标准化法》（中华人民共和国主席令第11号，1988年12月29日第七届全国人民代表大会常务委员会第五次会议通过，2017年11月4日第十二届全国人大常委会第三十次会议修订，自2018年1月1日起施行。）。

3.《中华人民共和国招标投标法》（主席令第21号，以下简称《招标投标法》）。

4.《中华人民共和国招标投标法实施条例》（中华人民共和国国务院令第698号），自2012年2月1日起施行。

（二）有关行政法规和地方性法规

1.《建设工程质量管理条例》（国务院令第279号，2017年10月7日修正版）。

2.《国务院办公厅关于进一步加强城市轨道交通规划建设管理的意见》（国办发[2018]52号）。

3.《北京市建设工程质量条例》（北京市人民代表大会常务委员会公告[十四届]第14号，自2016年1月1日起施行，以下简称《北京市质量条例》）。

各省、市、自治区人大颁布的地方性法规。

（三）部门规章和政府规章

包括国务院主管部门颁布的部门规章及各省、市、自治区政府颁布的有关政府规章。

1.《房屋建筑工程质量保修办法》（住房和城乡建设部令第 80 号）。
2.《房屋建筑和市政基础设施工程质量监督管理规定》（住房和城乡建设部令第 5 号）。
3.《实施工程质量强制性标准监督规定》（建设部 81 号部令）。
4.《建设领域推广应用新技术管理规定》（中华人民共和国建设部令第 109 号）。

（四）其他规范性文件

各级政府行政主管部门发布的规范性文件。

1.《关于培育和发展团体标准的指导意见》（国质检标联 [2016]109 号）。
2.《关于深化工程建设标准化工作改革的意见》（建标 [2016]166 号）。
3.《关于培育和发展工程建设团体标准的意见》（建办标 [2016]57 号），2016 年 11 月住房和城乡建设部发布。
4.《国务院办公厅关于促进建筑业持续健康发展的意见》（国办发 [2017]19 号，以下简称《建筑业持续健康发展意见》）。
5.《城市轨道交通工程安全质量管理暂行办法》（建质 [2010]5 号）。
6.《北京市全面规范本市建筑市场进一步强化建设工程质量安全管理工作的意见》（京政办发 [2011]46 号）。
7.《关于加强北京市建设工程质量施工现场管理工作的通知》京建发 [2010]111 号。
8.《关于加强建设工程材料和设备采购备案工作的通知》（京建法 [2011]19 号）。
9.《城市轨道交通工程安全质量管理暂行办法》（建质 [2010]5 号）。
10.《工程质量安全提升行动方案》（建质 [2017]57 号）。
11.《城市轨道交通建设工程验收管理暂行办法》（建质 [2014]42 号）。
12.《建筑工程五方责任主体项目负责人质量终身责任追究暂行办法》（以下简称《质量终身责任追究暂行办法》）（建质 [2014]124 号）。
13.《住房城乡建设部关于开展工程质量安全提升行动试点工作的通知》（建质 [2017]169 号）。

关于安全管理的相关法律法规将在第三章中论述。

三、城市轨道交通土建工程质量管理类标准

建筑工程质量管理除必须执行前述的行政法律法规外，还应严格执行国家和地方有关的质量管理标准。及企业的管理体系文件，包括：

（一）国家标准

1.《工程建设施工企业质量管理规范》GB/T50430—2017。
2.《城市轨道交通建设项目管理规范》GB50722—2011。
3.《建设工程监理规范》GB/T50319—2013。

（二）地方标准

1.《建设工程监理规程》DB11/T 382—2017。

2.《建设工程检测试验管理规程》DB11/T 386—2017。

有关资料管理的标准,详见第六章。

(三)企业的质量管理体系

在企业管理层面,1988年,我国将国际标准化组织(ISO)制定的国际标准ISO9000标准结合我国国情,制定了系列国家标准。在此基础上,建筑行业为加强施工企业的质量管理工作,规范其质量管理行为,促进提高质量管理水平,也制定了相应标准,包括质量方针、目标以及质量策划、质量控制、质量保证和质量改进等系列文件和程序。

目前从事轨道交通项目建设的设计、施工、监理及相关企业,都已按相关规范的要求,建立了质量管理体系,推行生产控制和合格控制的全过程质量控制,制定了企业的质量管理制度,并通过具有资质的相关质量认证机构认证,从而能有效的指导企业的质量管理工作。在项目层面,规范了施工现场的质量管理的具体操作,其内容在相应的国家和地方标准基础上更加细致和严格。不仅包括原材料控制、工艺流程控制、施工操作控制、每道工序质量检查、相关工序间的交接检验以及专业工种之间的界面质量管理和控制要求,还包括满足施工图设计和功能要求的抽样检验制度等。

四、城市轨道交通土建工程质量技术标准

(一)我国工程质量技术标准正处在改革阶段

我国建设工程质量技术标准经过60余年发展,国家、行业和地方标准已达7000余项,形成覆盖、工程建设各环节的标准体系,在保障工程质量安全、强化生态环境保护、提升国际竞争力等方面发挥了重要作用。但与技术更新变化和经济社会发展需求相比,仍存在诸多不足。

住房城乡建设部印发的《关于深化工程建设标准化工作改革的意见》(建标[2016]166号),进一步落实了《国务院关于印发深化标准化工作改革方案的通知》(国发[2015]13号)精神,为改革工程建设标准体制,健全标准体系,完善工作机制奠定了基础。修订后的《中华人民共和国标准化法》与88版比较,有了重大的变化,改革及前述文件的主要精神集中如下叙述。

1.确定了我国标准的体系

我国标准包括国家强制性标准、国家推荐性标准、行业标准、地方标准、团体标准、企业标准。行业、地方标准是推荐性标准。我国对家强制性标准和推荐性标准的基本要求如下。

(1)对保障人身健康和生命财产安全、国家安全、生态环境安全以及满足经济社会管理基本需要的技术要求,应当制定强制性国家标准。强制性标准必须执行。

(2)对满足基础通用、与强制性国家标准配套、对各有关行业起引领作用等需要的技术要求,可以制定推荐性国家标准。国家鼓励采用推荐性标准。

2. 加快制定全文强制性标准

逐步用全文强制性标准取代现行标准中分散的强制性条文，强制性标准项目名称统称为技术规范，分为两类。

（1）工程项目类规范，是以工程项目为对象，以总量规模、规划布局，以及项目功能、性能和关键技术措施为主要内容的强制性标准。

（2）通用技术类规范，是以技术专业为对象，以规划、勘察、测量、设计、施工等通用技术要求为主要内容的强制性标准。

（3）强制性标准具有强制约束力，是保障人民生命财产安全、人身健康、工程安全、生态环境安全、公众权益和公共利益，以及促进能源资源节约利用、满足社会经济管理等方面的控制性底线要求。

3. 优化完善推荐性标准体系

推荐性国家标准、行业标准、地方标准体系要形成有机整体，合理界定各领域、各层级推荐性标准的制定范围。要清理现行标准，缩减推荐性标准数量和规模，逐步向政府职责范围内的公益类标准过渡。

（1）推荐性国家标准重点制定基础性、通用性和重大影响的专用标准，突出公共服务的基本要求。

（2）对没有推荐性国家标准、需要在全国某个行业范围内统一的技术要求，可以制定行业标准。行业标准为推荐性，重点制定本行业的基础性、通用性和重要的专用标准，推动产业政策、战略规划贯彻实施。

（3）为满足地方自然条件、风俗习惯等特殊技术要求，可制定地方标准。地方标准为推荐性，重点制定具有地域特点的标准，突出资源禀赋和民俗习惯，促进特色经济发展、生态保护、文化和自然遗产传承。

4. 扩大标准供给，培育发展团体标准

改变标准由政府单一供给模式，对团体标准制定不设行政审批。鼓励具有社团法人资格和相应能力的协会、学会等社会组织，主动承接政府转移的标准，制定新技术和市场缺失的标准，供市场自愿选用。

国家鼓励学会、协会、商会、联合会、产业技术联盟等社会团体协调相关市场主体共同制定满足市场和创新需要的团体标准，由本团体成员约定采用或者按照本团体的规定供社会自愿采用。团体标准要与政府标准相配套和衔接，形成优势互补、良性互动、协同发展的工作模式。要符合法律、法规和强制性标准要求。要严格团体标准的制定程序，明确制定团体标准的相关责任。

团体标准经合同相关方协商选用后，可作为工程建设活动的技术依据。鼓励政府标准引用团体标准。

企业可以根据需要自行制定企业标准，或者与其他企业联合制定企业标准。

5. 推荐性标准的技术要求

推荐性国家标准、行业标准、地方标准、团体标准、企业标准的技术要求不得低于强制性国家标准的相关技术要求。国家鼓励社会团体、企业制定高于推荐性标准相关技术要求的团体标准、企业标准。

6. 国家实行团体标准、企业标准自我声明公开和监督制度

企业应当公开其执行的强制性标准、推荐性标准、团体标准或者企业标准的编号和名称；企业执行自行制定的企业标准的，还应当公开产品、服务的功能指标和产品的性能指标。国家鼓励团体标准、企业标准通过标准信息公共服务平台向社会公开。

7. 推进标准国际化

缩小中国标准与国外先进标准技术差距。标准的内容结构、要素指标和相关术语等，要适应国际通行做法，提高与国际标准或发达国家标准的一致性。

关于标准化的改革是一个过程，达到上述文件的要求还需时日，在目前过渡期内，还应执行现有的标准体系、层级和效力，工程建设各方要密切关注改革的进程，按届时的新规定执行。

（二）城市轨道交通工程质量管理标准

城市轨道交通土建工程是建设工程之一，同样有相应的各种质量控制技术标准，其涉及面广、数量庞大，包括：材料、试验、机械安装、各专业工种施工工艺等各方面的技术操作规程、规范和验收标准，由于这些标准都是在城市轨道交通土建工程施工过程或验收阶段，由主要参建单位（施工、监理）人员在不同的时段内作为控制的依据，故在以后各专业章节中列出。此外，其质量的控制都与许多专业密切相关，这些相关专业的验收规范也同样将在以后章节中明示，限于篇幅，此处从略。

施工单位和监理单位对建筑成品的质量验收，必须熟悉和掌握城市轨道交通工程现行的标准，目前只有少量国家标准和地方标准，如《地下铁道工程施工及验收规范》GB/T50299—2018、北京地区的地方标准《城市轨道交通工程质量验收标准第1部分：土建工程》DB11/T311.1—2005，北京市质量技术监督局，还没有行业的标准出台，各地的实际工程除按照国家及当地的地方标准进行工程质量验收规范以及相关的市政、房建工程等标准。

此外，还可参照执行企业标准，如北京地区基本执行北京市轨道交通建设管理有限公司组织编制的《轨道交通工程施工质量验收系列标准》（含《轨道交通土建工程施工质量验收统一标准（修订版）》QGD-005—2015及7个专业工程施工质量验收标准）。根据最新颁布的标准化法，国家提倡鼓励企业制定团体标准、企业标准，并将其公开，由于该套企业标准，较之相应的现行国家标准、地方标准更为严格、细致，已在北京地区普遍使用，取得较好的效果。当然，在实施的过程中也发现有不尽完善之处，待其改版，并与届时的国家和地方标准对接。基础标准名录详见表3-1-2。

由于近年来发展很快，工程内容的宽度和深度在不断增加和扩展，新的规范或标准会陆续出台，应注意及时执行各类标准的最新版本。

城市轨道交通土建工程质量验收基础标准　　　表 3-1-2

标准类别	规范名称	标准编号	发布单位
国家标准	《工程建设标准强制性条文》		中华人民共和国建设部
国家标准	《建筑工程施工质量验收统一标准》	GB50300—2013	中华人民共和国建设部 中华人民共和国国家质量监督检验检疫总局
	与《统一标准》配套的专业工程质量验收标准		
国家标准	《地下铁道工程施工质量验收标准》	GB/T50299—2018	国家市场监督管理总局 中华人民共和国住房和城乡建设部
国家标准	《盾构法隧道施工与验收规范》	GB50446—2017	中华人民共和国住房和城乡建设部中华人民共和国国家质量监督检验检疫总局
地方标准	《城市轨道交通工程质量验收标准第1部分：土建工程》	DB11/T311.1—2005	北京市质量技术监督局

（三）关于团体标准

在此需要说明的是国家质量监督检验检疫总局、中国国家标准化管理委员会于2016年2月9日颁布了《关于培育和发展团体标准的指导意见》（国质检标联[2016]109号）。文件指出以激发社会团体制定标准、运用标准的活力，规范团体标准化工作，增加标准有效供给，推动大众创业、万众创新，支撑经济社会可持续发展为指导思想；以市场主导、政府引导、创新驱动、统筹协调为原则，发展团体标准，以促进标准化工作的改革，充实和完善国家标准化体系。

国务院总理李克强2017年2月22日主持召开国务院常务会议。会议要求强化标准引领，在完善工业品标准的同时，着力开展服务标准制修订，推动经济结构调整升级，团体标准成为标准体系重要组成部分。根据会议精神，建设领域的团体标准的制定工作也将进一步开展。

1. 团体标准的制定主体

具有法人资格和相应专业技术能力的学会、协会、商会、联合会以及产业技术联盟等社会团体可在没有国家标准、行业标准和地方标准的情况下，协调相关市场主体自主制定发布团体标准。鼓励社会团体制定严于国家标准和行业标准的团体标准，引领产业和企业的发展，提升产品和服务的市场竞争力。

2. 团体标准制定要求

团体标准应符合法律法规和强制性标准要求，融入专利和科技成果，不得损害人身健康和生命财产安全、国家安全、生态环境安全。遵守WTO/TBT协定中关于制定、采用和实施标准的良好行为规范。鼓励转化为国家标准、行业标准或地方标准。

3. 团体标准编号

依次由团体标准代号（T/）、社会团体代号、团体标准顺序号和年代号组成。

为使城市轨道交通工程各专业质量验收标准更加完善，建设单位、施工单位、监理单位等建设者应该依靠行业协会等组织，研究制定有关团体标准，促进轨道交通行业技术的发展。

4. 中国城市轨道交通协会关于团体标准的报导

中国城市轨道交通协会第二届第四次理事会暨第三次常务理事会纪要（2019 年 3 月 30 日）公布了《城市轨道交通团体标准体系研究报告》，指出团体标准体系的构建，将对我国城市轨道交通行业发展及标准化管理起到积极的推动作用，体系定位是引领行业技术发展，进一步促进创新成果转化培育及优化产业链，形成核心竞争力，服务国家战略；促进行业建设与运营的高质量、全方位发展；协同各层次体系协调运作。并制定了具体工作计划。

五、工程质量监督、管理体系及职能

根据《建设工程质量管理条例》（国务院令第 279 号，2017 年 10 月 7 日修正版）国家实行建设工程质量监督管理制度。

（一）政府监督的体系和职能

1. 国务院质量监管体系和职能

1）国务院建设行政主管部门对全国的建设工程质量实施统一监督管理。国务院铁路、交通、水利等有关部门按照国务院规定的职责分工，负责对全国的有关专业建设工程质量的监督管理。各有关部门应当加强对有关建设工程质量的法律、法规和强制性标准执行情况的监督检查。

2）国务院发展计划部门按照国务院规定的职责，组织稽察特派员，对国家出资的重大建设项目实施监督检查。

3）县级以上地方人民政府建设行政主管部门对本行政区域内的建设工程质量实施监督管理。相应的交通、水利等有关部门在各自的职责范围内，负责对本行政区域内的专业建设工程质量的监督管理。各有关部门应当加强对有关建设工程质量的法律、法规和强制性标准执行情况的监督检查。履行监督检查职责时，有权采取下列措施。

（1）要求被检查的单位提供有关工程质量的文件和资料；

（2）进入被检查单位的施工现场进行检查；

（3）发现有影响工程质量的问题时，责令改正。

2. 建设工程质量监督管理和职能

1）住房和城乡建设部工程质量安全监管司负责拟订建筑工程质量、建筑安全生产和建筑工程竣工验收备案的政策、规章制度并监督执行；组织或参与工程重大质量、安全事故的调查处理；组织拟订建筑业、工程勘察设计咨询业技术政策并监督执行；组织工程建设标准设计的编制、审定和推广；组织编制城乡建设防灾减灾规划并监督实施；拟订各类房屋建筑及其附属设施和城市市政设施的建设工程抗震设计规范。

2）各地方的住房和城乡建设部工程质量安全主管部门执行住建部方针政策，负责本地区内的建设工程和质量安全。

3）建设工程质量监督可以由建设行政主管部门或者其他有关部门委托的专门机构具体实施。建设工程质量监督的机构必须按照国家有关规定经国务院建设行政主管部门或者省、自治区、直辖市人民政府建设行政主管部门考核，经考核合格后，方可实施质量监督，执行下列职责。

（1）建设工程有关单位执行法律法规和工程建设强制性标准的情况；

（2）抽查、抽测涉及工程结构安全和主要使用功能的工程实体质量；

（3）抽查、抽测主要建筑材料、建筑构配件和设备的质量；

（4）对工程竣工验收进行监督；

（5）组织或者参与工程质量事故的调查处理；

（6）依法对违法违规行为实施行政处罚。

（二）建筑市场监管体系和职能

建筑市场主体由建设、勘察、设计、施工及监理等单位构成，政府主管部门在不断完善建筑市场监管体制机制，对市场主体行为进行监督管理。

1. 监管体系

住房城乡建设部建筑市场监管司、各省市建筑市场监管部门及各级人民政府工商行政管理机关组成建筑市场的监督体系，由建设部建筑市场监管司和各省市监管部门组成全国建筑市场监管公共服务平台，实现了建筑市场监管与诚信信息基础数据库共享。

2. 职责

（1）住房城乡建设部建筑市场监管司负责拟订规范建筑市场各方主体行为、房屋和市政工程项目招标投标、施工许可等的规章制度并监督执行；拟订工程建设、建筑业、勘察设计的行业发展政策、规章制度并监督执行；拟订各类建筑施工企业、建设监理单位、勘察设计咨询单位资质标准并监督执行；认定从事各类工程建设项目招标代理业务的招标代理机构的资格。

（2）地方市场监管部门执行住建部市场监管司制定的方针政策。

市场监管体系对建筑市场的监管从源头上对工程质量起了保证作用。

（三）项目责任主体质量管理体系

各主体单位通过其质量管理体系对城市轨道交通土建工程质量进行控制，各单位应依据自身的管理模式按照相关的规定建立各项目的质量管理体系，并通过管理体系中的核心——各项目的组织机构来组织实施。

1. 建设单位质量管理体系

建设单位的项目建设管理全过程先后涉及政府各主管部门人员、建筑领域各专业的执业人员和技术管理人员，包括设计、咨询管理、监理单位的管理人员，各承包商项目经理、供应商、BIM顾问等。面对如此众多的专业精英，如何使之聚焦项目诉求，对建设项目管理负责人的知识储备和协调能力无疑是一种巨大的考验。项目管理的着力点是人的管理。如何在建设管理过程中始终把握好作为项目内在和外在要素的人的核心作用,是建设项目管理能否成功的关键。

《北京市质量条例》第五十九条规定:"建设单位应当设立工程质量管理部门负责工程质量管理工作,也可以聘请工程项目管理单位提供专业化质量管理服务"。

(1)管理模式及质量管理体系。轨道交通建设工程项目的建设单位,均已设立了质量管理体系及具体实施部门。如北京市轨道交通建设管理有限公司,作为轨道交通建设管理的专业公司,负责轨道交通新建线路的前期准备,勘察、设计、施工、车辆设备等多项招标活动及各阶段实施,包括勘察设计阶段的相关工作,施工阶段组织土建结构、建筑装修、设备安装工程及相应市政配套工程的施工;组织轨道交通新建线路的系统调试、开通、验收直至交付试运营全过程的建设管理。公司形成了自身的独特管理模式,机构设置分为两大部分,其一是职能部门,分工负责全公司的全部业务;其二是项目管理中心,每个中心负责一条或多条轨道交通线路及相关工程的建设管理,负责施工现场的相关管理工作,组织机构图详见图3-1-1。

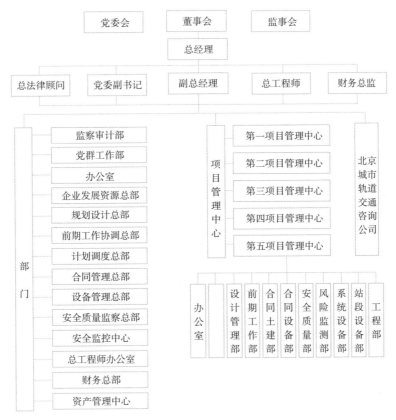

图 3-1-1 建设单位组织机构图

从图中可看出每个项目管理中心直接受公司职能部门领导,以项目管理中心为基础上延至职能部门中与施工质量管理直接相关规划计划总部、设备管理总部、安全质量监察总部,再向上层的分工主管副总经理,总工程师直至总经理,组成了公司的质量管理体系，对在施的城市轨道交通土建工程的质量负责。

（2）项目管理中心组织机构。每个项目管理中心相当于一个项目管理部，一般为二级直线式结构，其中最高层为领导层，设总经理一名，主管全面工作，对工程负总责。下设若干副总经理，分管各工程部和各职能部门。设总经济师一名，负责本项目中心的合同经济等工作。其下为职能部门，其设置基本与公司的工程管理的职能部门对应，负责具体工程标段（部位）的全部施工组织活动，与在施的工程质量直接有关的部门是设计管理部、计划调度部、安全质量部、风险监测部、系统设备部、站段设备部，以及按照工程规模、工法划分的每一个工程部。各部门中配备相应的技术管理人员，并确定岗位职责，负责现场各专业的施工质量。

2. 监理单位质量管理体系

《北京市质量条例》第三十六条规定："监理单位应当在施工现场设立项目监理机构，明确总监理工程师，按照国家和本市规定配备与工程项目规模、特点和技术难度相适应的专业监理工程师、监理员，采取巡视、平行检验、对关键部位和关键工序旁站等方式实施监理"。

以项目监理部（项目监理机构）为基础，向上延伸至公司的质量部直至总工程师、企业法人代表组成监理单位的质量管理体系，示意见图3-1-2。

由于轨道交通土建工程规模庞大，每合同工程内容多，一个监理合同设置一个项目监理机构，组织机构通常设置总监办（总监理工程师办公室）、驻地办（监理组）两级，直线型管理。"总监办"设总监理工程师、土建副总监理工程师、总监理工程师代表、各专业工程师，包括土建监理工程师（测量、桥梁、路基、地下工程、结构）、设备专业监理工程师（水、暖、电、通、机械等）以及合同管理人员（造价师、造价员）、试验和安全、文明施工监理人员、资料员等，根据合同要求及工程情况，在总监办下设若干施工标段或单位工程（车站/区间）的"驻地办"，配置专业监理员（以土建专业为主）、安全和监控人员，负责现场的巡视、监测、旁站等日常监理工作。总监办的人员，按总监安排和驻地办的需要，对驻地办的监理工作，进行检查，指导，给予技术支持。

为了保证监理工作的质量和有效性，在监理部增设专家顾问组，由从事过地铁设计、配合施工、工程监理的高级工程师组成。根据工程进展和需要由监理公司临时派往现场，协助总监开展工作，解决重大技术难点和施工过程中的疑难问题。

3. 施工单位质量管理体系

《北京市质量条例》第三十五条规定："施工单位应当建立工程质量管理体系，设立项目管理机构，明确项目负责人，配备与工程项目规模和技术难度相适应的施工现场管理人员和专业技术人员，落实质量责任"。

轨道交通土建工程的项目经理部（项目组织机构）一般按照项目规模大小、施工工法等因素设置，以直线型为多，因企业自身管理方式的差异而各不相同，可采取项目部、班组两级管理，也可以采取项目部、工区、班组三级管理。项目部设项目经理、分管副经理、总工程师及各职能部门，根据施工区域或施工工法设工区管理施工工班

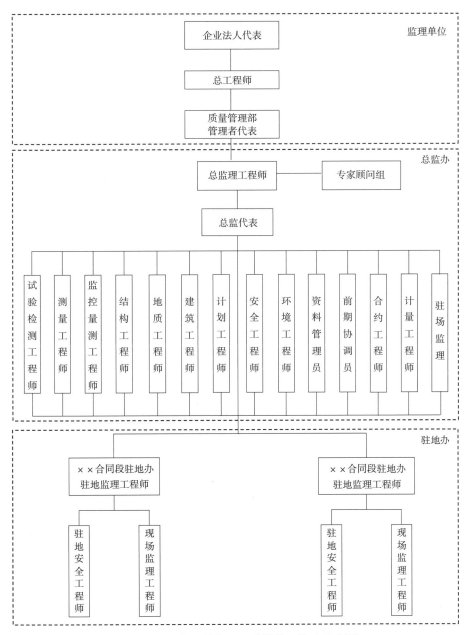

图 3-1-2 监理单位项目质量管理体系示意图

及分包单位。

现以北京某地铁线路一个标段为例,根据本标段的工程规模和技术特点,项目经理部设项目经理、总工程师、商务经理、生产经理、安全总监各一名,项目经理部下设五部(工程技术部、安全质量部、合约部、物资设备部、综合管理部)和两个工区(车站工区、盾构区间工区),工区下设各专项作业队。

以项目经理部(项目组构机构)为基础,向上延伸至公司的质量部直至总工程师、企业法人代表组成施工单位的质量管理体系,示意见图 3-1-3(仅供参考)。

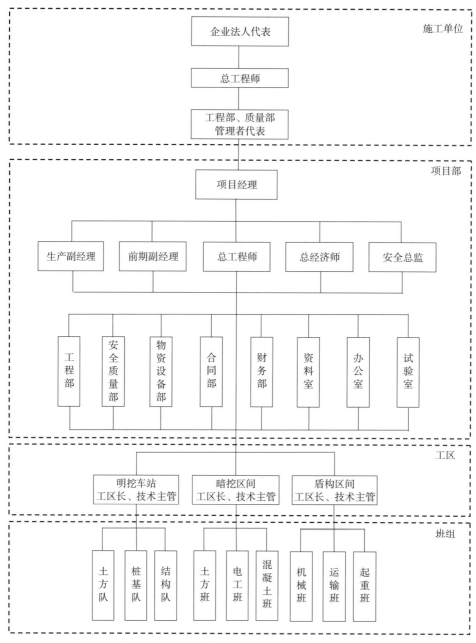

图 3-1-3 施工单位项目质量管理体系示意图

（四）社会力量监督

1. 行业协会

与城市轨道交通土建工程相关的各行业协会，如中国城市轨道交通协会、中国建设监理协会等，是从事建设工程业务的行业社会团体，其职能包含贯彻执行政府的有关工程质量方针政策，做了许多具体工作，为发展我国社会主义现代化建设事业和提高建设水平，是城市轨道交通土建工程质量监督的社会力量。

2. 利用保险机构

是指利用工程质量担保或保险体系,以社会上各类担保或保险机构为责任主体建立的质量保障机制,用以维护建设单位的利益,同时促进实现建设项目的质量目标不是本书的内容范围,参见后述"关于质量担保"第三节中,此处从略。

六、各方主体的质量责任

关于城市轨道交通土建工程建设各方主体的质量责任,《国务院办公厅关于促进建筑业持续健康发展的意见》(国办发[2017]19号)中明确:"严格落实工程质量责任,全面落实各方主体的工程质量责任,特别要强化建设单位的首要责任和勘察、设计、施工的主体责任。"在该文件中,并未将工程监理单位列入要强化责任的主体,但在前述的相关文件中已经明确监理单位与建议、勘察、设计施工单位一样,是建筑市场中五个主体按照国家的法律法规和自身的业务开展相应的工程项目管理活动,承担相应的质量责任;全面理解这些文件,监理单位作为工程项目质量安全的社会监督机构,在工程建设中履行社会监督义务,并按各级文件规定、现行规范和委托合同要求履行工程质量的监理责任。

前述的住房和城乡建设部及北京市的质量管理相关文件,都规定了建设工程各方主体及有关人员的质量责任和相关要求,各文件略有侧重和不同,但基本内容一致。工程项目的所有参建责任单位及其相关人员都必须严格执行所有相关文件的规定,履职尽责,确保工程质量。

(一)各责任主体及有关人员的质量责任

关于建设项目各责任主体及其法定代表人和项目负责人,以及其他相关人员的质量责任,国家和地方主管部门有相应的文件(见前述质量控制依据)规定,精神和条款基本一致,本书仅按照《北京市质量条例》的有关内容摘录如下,详见表3-1-3。各地区的工程应以国家和当地的政府相关文件规定为准。

建设工程有关单位及人员的质量责任　　　　　　表3-1-3

责任主体或责任人	质量责任	备注(原文条款序号)
建设、勘察、设计、施工、监理等单位法定代表人、项目负责人	应当签署授权委托书,明确各自建设工程项目负责人。在工程设计使用年限内对工程建设相应质量承担直接责任。同上,应当签署工程质量终身责任承诺书	综合五大责任主体相关责任人的责任(第十八条)
建设单位	依法对建设工程质量负责。应当落实法律法规规定的责任,建立工程质量责任制,对建设工程各阶段实施质量管理,督促建设工程有关单位和人员落实质量责任,处理建设过程和保修阶段建设工程质量缺陷和事故	(第八条)
项目负责人	负责组织协调建设工程各阶段的质量管理工作,督促有关单位落实质量责任,并对由其违法违规或不当行为造成的工程质量事故或者质量问题承担责任	(第十九条)

续表

责任主体或责任人	质量责任	备注（原文条款序号）
勘察单位	对建设工程勘察质量负责。应当按照法律法规和工程建设强制性标准开展勘察工作，勘探、测试、测量和试验原始记录应当真实、准确、完整，签署齐全	（第九条）
项目负责人	对因勘察导致的工程质量事故或者质量问题承担责任	（第十九条）
设计单位	对建设工程设计质量负责。应当按照法律法规和工程建设强制性标准开展设计工作，保证设计质量	（第十条）
项目负责人	对因设计导致的工程质量事故或者质量问题承担责任	（第十九条）
施工单位	对建设工程施工质量负责。应当按照工程建设标准、施工图设计文件施工，使用合格的建筑材料、建筑构配件和设备，不得偷工减料，加强施工安全管理，实行绿色施工	（第十一条）
项目负责人	对因施工导致的工程质量事故或者质量问题承担责任	（第十九条）
勘察、设计、施工总承包单位	依法实施分包的，应当对分包单位进行监督管理	（第十二条）
分包单位	应当具备相应资质、技术条件，并对承担的勘察、设计、施工质量负责	
从事工程建设活动的专业技术人员	应当具备相应专业技术资格或者注册执业资格，按照规定接受继续教育；应当在注册许可范围和聘用单位业务范围内从业，对签署技术文件的真实性和准确性负责，依法承担质量责任	包括各责任单位内的相关人员。（第二十条）（第二十一条）
关键岗位专业技术人员	应当按照相关行业职业标准和规定经培训考核合格	针对施工单位相关人员。（第二十一条）
工程质量检测单位、安全鉴定单位	应当按照法律法规、工程建设标准，在规定范围内开展检测、鉴定活动，并对检测、鉴定数据和检测、鉴定报告的真实性、准确性负责	（第十四条）
工程监测单位	应当按照法律法规、工程建设标准和施工图设计文件实施监测，并对监测数据的真实性、准确性和可靠性负责	（第十五条）
建筑材料、建筑构配件和设备的生产单位和供应单位	按照规定对产品质量负责。建筑材料、建筑构配件和设备进场时，供应单位应当按照规定提供真实、有效的质量证明文件。结构性材料、重要功能性材料和设备进场检验合格后，应当按照规定报送供应单位名称、材料技术指标、采购单位和采购数量等信息	（第十六条）
供应单位法定代表人	供应涉及建筑主体和承重结构材料的单位，其法定代表人还应当签署工程质量终身责任承诺书	
预拌混凝土生产单位	应当具备相应资质，对预拌混凝土的生产质量负责。应当对原材料质量进行检验，对配合比进行设计，按照配合比通知单生产，并按法律法规和标准对生产质量进行验收	（第十七条）
监理单位	对监理工作负责。应当按照法律法规、工程建设标准和施工图设计文件对施工质量实施监理	（第十三条）

（二）项目负责人质量终身责任的承诺与履行

《质量终身责任追究暂行办法》第七条规定"工程质量终身责任实行书面承诺和竣工后永久性标牌等制度"，各地方政府主管部门都会制定相应的实施细则。五方责任主体及责任人应树立质量责任意识和法律意识，要切记心中有责、尽职尽责，认真执行相关规定。

1. 承诺

工程质量终身责任的履行实行书面承诺制度。

建筑工程开工建设前，五方建设主体法定代表人应当签署授权书，明确本单位派往该项目的负责人。项目负责人应当在办理工程质量监督手续前签署工程质量终身责任承诺书（详见各地政府主管部门的格式文件），连同法定代表人授权书，报工程质量监督机构备案。项目负责人如有更换的，应当按规定程序办理变更，重新签署工程质量终身责任承诺书，连同法定代表人授权书，报工程质量监督机构备案。

2. 履行

工程质量终身责任的履行实行竣工后永久性标牌等制度。建筑工程竣工验收合格后，建设单位应当在建筑物明显部位设置永久性标牌，载明建设、勘察、设计、施工、监理单位名称和项目负责人姓名。工程竣工后镶嵌在车站出入口醒目之处。

为便于追溯，建设单位应当建立建筑工程各方主体项目负责人质量终身责任信息档案，工程竣工验收合格后移交城建档案管理部门。项目负责人质量终身责任信息档案包括下列内容。

（1）建设、勘察、设计、施工、监理单位项目负责人姓名，身份证号码，执业资格，所在单位，变更情况等。

（2）建设、勘察、设计、施工、监理单位项目负责人签署的工程质量终身责任承诺书。

（3）法定代表人授权书。

住房和城乡建设的主管部门应当及时公布项目负责人质量责任追究情况，将其违法违规等不良行为及处罚结果记入个人信用档案，给予信用惩戒。鼓励住房城乡建设主管部门向社会公开项目负责人终身质量责任承诺等质量责任信息。

七、质量管理的宏观措施

（一）多途径开展建筑工程全面质量管理

20 世纪 70 年代末，我国建筑业开始推行全面质量管理（TQC），它以管理质量为核心，要求企业全体人员对生产全过程中影响产品质量的诸因素进行全面管理，变事后检查为事前预防，通过计划（Plan）—实施（Do）—检查（Check）—处理（Action），即 PDCA 的循环，不断克服生产和工作中的各个薄弱环节，从而保证工程质量的不断提高。在城市轨道交通土建工程项目中，施工内容庞杂，参与人员众多，全面质量管理更为重要，必须从多途径强化建筑工程质量全面管理。

1. 全面质量管理

是指除建筑产品本身的质量以外，还应综合考察工程量、工期、成本、安全等因素，确保安全的前提下，兼顾多、快、好、省的全面质量管理概念。各参建单位应对每个参建人员灌输全面质量管理的观念。

2. 全过程的管理

即质量管理不能仅限于施工过程，而必须贯穿于从勘察设计直至使用维护的全过程，建设单位尤其要考虑此问题。对于施工阶段而言，则必须强调从准备到竣工验收的全过程的管理，动态控制，不留时间和空间的盲区和死角。

3. 全员管理

工程施工质量依赖于上至企业领导，职能部门、项目经理，下至一线员工的全体人员的共同努力，质量管理是项目全体员工的使命，人人关心，全员参与。

4. 全方位管理

工程项目质量达标不仅靠施工单位，也要靠社会各相关方面的配合，施工单位要通过自己的诚信行为和承担社会责任的良好形象，赢得理解支持。这个任务不仅由项目经理部完成，施工单位的有关职能部门应共同参与，实现项目全方位质量管理。

5. 抓住全面质量管理着力点

在ISO9000质量管理体系中制定了八项原则，提供企业管理层运用。建筑企业对工程的质量管理，必须结合建筑产品的特点，强化以下理念。

（1）强化以人为本，严格控制质量影响因素。影响建筑工程质量的五个主要因素有，包括人员（Man）、工程材料（Material）、机械设备（Machine）、方法（Method）和环境条件（Environment），简称为人、机、料、法、环，即4M1E因素，在这些控制因素中，是企业领导管理者必须强化以人为本的理念，要以人为核心，重点控制其素质和行为，以他们的工作质量保证工程质量。

（2）坚持"防患于未然"，主动与被动结合的动态控制。建筑工程各参建单位，作为质量责任主体均应强化质量预控的理念，对工程质量控制应该坚持"预防为主"；对影响质量的各种因素以事前控制为主、结合事中和事后控制；坚持主动和被动控制相结合的动态控制，在建设全过程中使工程质量处在受控状态下，尽量避免"亡羊补牢"。

（3）坚守科学、诚信、守法的职业道德。"以诚立人，以信立业"是我国传统文化中宝贵的立世、经商律条，各行业的建筑企业都应以此立足和发展。

在轨道交通土建工程质量管理中，各参建单位尤其是施工（总包、分包）单位、材料、设备供应商和监理单位的所有人员，从法人代表，中、高层管理者到一线工作的劳动者，都必须坚持科学、诚信、守法的职业道德和纪律，尊重科学，尊重事实，以数据资料为依据，客观、合理地处理质量问题。

（二）最大限度地发挥政府质量监管的威慑力

各参建单位应充分依靠政府监管部门，同时响应其各种规定，以使政府质量监管的威慑力得到最大程度的发挥。

质量监督部门改变了传统的质量管理工作方式，将以前侧重于事后检查（在竣工后检验施工质量），转变为事前、事中的检查、监督，设置质量检验测试中心，加强了质量监督管理，对各种违法违规行为具有很大的威慑力量。轨道交通土建工程的建设单位及参建单位应充分依靠在各级政府主管机构和企业之间的质量监督网，充分运用其联动机制和协调机制，确保轨道交通土建工程的质量、安全。

1. 质量监督网

为将政府质量监督和施工企业质量管理结合起来，北京地区地铁工程建设由北京市安全质量监督总站负责监督。监督总站下设五个地铁执法监督室，分别负责北京地区不同线路的地铁建设工程质量监督，另设网格室及综合管理室，负责各条线路的施工质量的检查和评定工作。

2. 监督平台和联动机制

进一步加强轨道交通工程施工现场安全质量，营造诚信守法的市场环境，地方政府还可以结合本地区情况具体的规定和采取可操作措施，如北京市住建委建立了"两场"、"两监"互动机制，"两场"是以安全质量为核心的工程交易市场和施工现场，市监督总站会同轨道公司于2013年5月联合制定了《北京城市轨道交通工程施工总承包企业市场行为信用评价试点方案》，真正实现了"两场"联动的工作机制，使施工现场安全质量状况直接作用于市场招投标工作，从根本上促进企业强化现场管理，提高安全质量管控水平，为提升施工现场安全质量提供了有力保障，深化了安全质量监督管理效能。"两监"是指政府监督机构与现场监理单位安全质量管理互动机制，要求监理单位对日常检查发现的安全质量问题，及时下发监理通知，并上传轨道交通安全质量状态评估信息平台，强化了监督机构与现场监理之间的信息沟通，监督机构督促并支持监理单位依法履行现场管理职责，及时制止不服从监理管理和不落实监理指令的现象。

3. 监督协调机制

《北京市质量条例》第七十一条规定："本市建立建设工程质量监督协调机制。市住房城乡建设行政主管部门负责本市建设工程质量综合协调工作，负有建设工程质量监督管理职责的部门应当加强质量监督的协作配合。"

"在质量监督职责出现交叉或者不明确时，综合协调部门应当及时协调；难以确定的，应当指定临时监管部门或者暂时履行，并及时会同市政府相关部门确定职责部门。"

4. 积极参加工程质量安全提升行动

为了贯彻中共中央国务院关于建设工程安全质量管理的相关文件精神，住建部于2017年开展"工程质量安全提升行动"（详见建质[2017]169号文），指导思想是围绕"落实主体责任"和"强化政府监管"两个重点，坚持企业管理与项目管理并重、企业责任与个人责任并重、质量安全行为与工程实体质量安全并重、深化建筑业改革与完善质量安全管理制度并重，严格监督管理，严格责任落实，严格责任追究，着力构建质量安全提升长效机制，全面提升工程质量安全水平。并在若干城市和地区先行八方面试点，包括：监理单位向政府报告质量监理情况、工程质量保险、建立工程质量评价体系、建筑施工安全生产监管信息化、建筑施工安全生产标准化考评、大型公共建筑工程后评估、勘察质量管理信息化及城市轨道交通工程双重预防机制等。试点地区的城市轨道交通工程的参建单位应按相应的试点内容和要求，做好各项工作。

（1）监理报告制度是市住房城乡建设系统贯彻落实国家及住房城乡建设部有关要求，充分发挥监理在工程质量安全管理工作中的作用，提高政府监管效能实施的一项重要创新举措。

北京市住房和城乡建设委员会按照建质[2017]169号文的要求，制定了北京市建设工程监理报告制度试点实施方案，确定了试点范围为轨道交通工程土建项目和冬奥会工程项目。其监理报告方式分为日常联络、例行报告、专项报告和紧急报告四种，具体报送方式可采用电话、邮件、微信等，同时，还规定了监理告知性信息响应、紧急报告的响应的相关事宜。

（2）根据建质[2017]169号文的有关规定，2017年3月开始在部分地区开展为期三年的工程质量安全提升行动试点，包括了工程质量保险试点，其主要内容和要求是培育工程质量保险市场，完善工程质量保证机制，逐步建立起符合我国国情的工程质量保险制度，有效落实工程质量责任，防范和化解工程质量风险，切实保证工程质量，保障工程所有权人权益。

（三）综合运用各项管理措施

城市轨道交通工程施工质量所采取的宏观管理措施，主要包括以下四项，在工程实践中，可分别或综合运用土建，综合应用可取得最佳效果。

1. 合同措施

这是质量管理中效率最高的措施，建设单位与施工单位、监理（项目管理）单位、供货商分别签订的施工、监理（项目管理）及供货等各种合同中，均会约定质量目标并予以细化，包括质量标准、创优奖项、主要设备和材料的执行标准、品牌，这些参建单位也会在投标文件中做出相应的承诺。各参建单位必须强化合同意识，严格履行相应合同，兑现承诺，如果有所违反，建设单位按合同约定处理。

对于总包所发包的分包工程，总包应按分包合同的约定对分包工程的质量进行管理，并对建设单位负连带责任。

2. 技术措施

这是质量管理落实到施工作业层面的具体措施，施工单位实施，监理单位监督。按照不同的施工部位、工序，通过对人、机、料、法、环五个影响质量因素的综合控制、动态控制达到质量目标。详见以后各章节的论述。

3. 组织措施

这是在项目组织系统中建设单位采取的行之有效的措施。如建设单位若发现总包单位项目部管理人员，不能严格履行合同、不与各方密切配合，违反各相关专业的技术规范，不按图纸严格组织施工，可以自行或委托监理部利用书面的方式，向其领导要求或建议撤换不称职的人员，总包单位也可以建议分包单位撤换不称职的人员，确保质量保证体系健康有效的运行。《北京市质量条例》第四十三条规定："发现施工单位项目管理机构及其岗位人员不符合配备标准、施工单位项目负责人未在施工现场履行职责或者分包单位不具备相应资质的，监理单位应当要求施工单位改正；施工单位拒不改正的，可以要求暂停施工。发现涉及结构安全的重大质量问题的，监理单位应当要求施工单位立即停工整改"。

监理单位应运用政策所赋予的权利履行相应的职责。

4. 经济措施

这是对各参建各单位有较大制约力的措施，也是在实践中通用的关键措施。建设单位应准确把握经济控制权力，充分利用合同约定的支付手段进行监控，如：承包单位不按设计文件和规范要求施工而产生质量问题，或质量未达到规范及合同规定的验收标准，监理单位有权拒绝开具支付证书和拒绝工程量计量。若监理单位未能全面履行监理责任造成工作失误，建设单位按合同约定扣除相应的监理费。

（四）各参建单位进取创新

1. 建设单位

作为工程质量的主要责任主体，有些建设单位，为有效进行轨道交通土建工程项目的安全质量监控，更深入的贯彻《北京市质量条例》精神，根据所具备的管理力量和项目具体情况，拟定了具体管理办法。

如北京市轨道交通工程建设管理有限公司，制定了一系列的管理制度和办法，包括：分部工程管理办法、工程质量首件验收制度、开工条件核查管理办法、轨道交通工程建设质量安全事故隐患排查治理办法等。

又如：长春市轨道交通集团有限公司制定了"轨道交通工程安全质量奖惩试行办法"和"城市轨道交通工程质量安全检查指南"，将控制要点细化到操作层面，并设置了量化计分标准（"建设单位质量安全检查评分表"和"现场检查存在问题处罚细目表"），督促各有关参建单位的相关人员认真履行职责，收到较好效果。

2. 施工单位

施工企业为全面落实质量条例的要求，强化全体管理人员和一线劳动者的、质量意识，调动全体员工开展多种形式的质量管理活动，特别是组织专题培训，内部研讨和交流，编制内部刊物等，经常宣讲方针政策，宣传报导企业、班组、个人对工程质量、安全控制情况，起到互相督促，互相借鉴的作用，形成了全员质量、安全管理的氛围。

一是实行质量例会制度，每月召开一次，会议的主要内容包括：方针政策宣讲、各项目质量情况汇报、先进经验交流和问题探讨以及专题培训。具体内容由宣传部门在内部报刊"住总地铁"中按时向各项目部发放。

二是建立试验交流 QQ 群、技术质量微信群、8 小时以外的检查群，在群中实时交流讨论工程中遇到的问题和经验，通报工作中的亮点和发现的问题等。

施工单位内部管理平台的工程项目综合管理信息系统中，新增加了试验和危险性较大工程模块。试验模块实现了与各试验室平台的联通，可以在线实时了解试验结果，第一时间发现试验中的问题，并按正确方法予以应对处理。危大模块是可以快速解决各项目部日常质量及安全问题的模块，分为蓝色、黄色、橙色和红色四级预警。日常检查中出现的问题可直接拍照上传至管理平台，平台中会保所有数据备查。危险性较大工程模块也可接入APP,模块上线后可督促各项目部提高质量意识和管控水平,同时有利于实现对工程质量管理工作的全程监督。

通过以上措施,做到了对施工质量随时、随地的监控,预控和动态跟踪控制,尽早发现问题,及时解决问题,使质量隐患消灭在萌芽中,从而确保质量管理工作的高效,达成优质工程之最终目标。

3. 监理单位

监理企业作为承担相应监理责任的主体,都在努力提高监理人员的政策、技术水平,强化监理操作技能和基本功,开展各专业培训、编辑内部刊物,继而研发信息化的控制手段等。北京地区许多监理公司已研发出现场控制的信息平台。

如北京建大京精大房工程管理有限公司,历时两年建立了公司内部信息平台系统,并在部分项目中投入使用,信息平台系统将日常监理工作与信息技术结合起来,打造了一个可进行资源存储、信息共享、及时沟通的监理工作平台,提高了对工程质量控制的效率,完善了监理服务的品质。同时开展了评估工作,详见第六章第二节。

第二节 施工阶段的质量控制

质量管理目的是实现最终产品的质量目标,而建设工程项目的最终产品是由多层次的中间产品—分项、分部、单位工程组成的,各层次质量决定了最终建设工程质量。其中分项工程质量是完成工程项目质量目标的基础。城市轨道交通土建工程的各种工法施工虽然各具特点,工程量和难易程度存有差异,但质量管理重点相同,都受人、机、料、法、环五种因素的影响,即施工单位项目管理人员、技术人员和劳动者的水平以及质量体系运行情况,施工机械设备、原材料构配件,施工组织设计(施工方案),现场环境条件等。它们或独立或相互影响发生作用,故本节综合这五个因素,兼顾其他一些具体细节,从施工准备、施工过程及分项分部工程验收三个环节入手,从现场操作角度,详细论述施工单位及监理单位施工质量控制和管理的要点和操作具体要求。

一、施工准备阶段的管理

施工单位进入施工现场后,必须严格按照合同文件要求做好现场各项开工准备工作,如准备不完善,监理单位应督促施工单位整改直至具备开工条件。

(一)施工单位、人员资质及质量管理体系

1. 施工单位的职责

(1)施工单位应建立健全质量管理体系,体系文件已按照本项目的性质和特点进行了整合和调整,制定了能对本工程质量起到管控作用。

(2)为本工程配备所需要的各建筑工种作业人员,数量足够,持证情况符合国家最新的相关规定。

2. 监理单位审查职责

(1)《北京市质量条例》第四十三条规定:"监理单位应当按照规定审查施工单位现场质量保证制度,并监督执行"。据此,监理单位应履行审查职责,确保上述内容符合要求。

(2)审查施工单位资质、项目经理部的技术管理人员,应与投标书一致,资质证书齐全。

(3)审查各特种作业人员的岗位证书齐全有效,确认具备完成并确保工程安全质量的技术能力。

(二)施工机械设备的配备与管理

关于大型机械现场的安装和使用安全问题,详见第三章第一节。此处仅论述相关配备与管理。

1. 施工单位编制机械配备计划与管理制度

(1)配备计划应考虑施工机械的技术性能、数量、可靠性和维修难易、能源消耗,以及安全、灵活等方面满足施工质量与进度需求;对需要租赁或购置的大型机械设备应制定清单,具体控制详见后述。

(2)管理制度中应对施工机械的验收、安装调试、使用维护等作出规定,明确主管领导、项目经理、各管理层次、各岗位人员的具体职责,建立必要的施工机具档案。

(3)机械配备计划与管理制度,应按企业规定的权限和程序审批。

2. 监理单位审查

(1)上述各项主要内容合理完善,满足施工的技术和进度要求。

(2)进场的机械设备的数量、种类、型号与批准的计划一致,足够保证施工质量和进度所需,施工机械设备处于完好。

(三)工程材料、构配件质量

轨道交通土建工程使用的材料、构配件和设备种类繁多,数量庞大,统称为物资,这些物资的质量可靠,符合合同要求,是工程实体质量达标的基础,对其控制需从采购环节入手。采购有两种方式:总包采购和建设单位采购,但需统一纳入总包的采购管理中。在采购环节中,施工及监理单位应分别作好以下工作。

1. 建设单位、施工单位对约定的采购物资的质量负责

《北京市质量条例》第三十九条规定:"建设单位、施工单位可以采取合同方式约定各自采购的建筑材料、建筑构配件和设备,并对各自采购的建筑材料、建筑构配件和设备质量负责,按照规定报送采购信息。建设单位采购混凝土预制构件、钢筋和钢结构构件的,应当组织到货检验,并向施工单位出具检验合格证明"。

施工单位应按照工程配备计划清单制定各类租赁和采购计划,计划未经批准不得采购。

2. 考察、评价和优选供应商

按照计划，对需要租赁或采购的设备，建设单位、施工单位组织分包、项目监理机构的相关人员共同实地考察供货商，同时收集可以溯源的证明资料，以方便甄选，包括：

（1）企业资质证明、产品生产经营许可证明、产品鉴定证明和质量证明，必须在有效期限内。

（2）质量管理体系情况。

（3）产品生产、供货能力、储运能力等。

（4）履约信誉、交货期的准确性等。

（5）风险承担能力、售后服务。

3. 优选供货商并签订合同

在经过考察筛选了合格供应商后，物资的采购主体应，选择恰当的招标方式（招投标，竞争性谈判等），优选供货商，并及时签订租赁或采购合同。签订合同时最好能有监理人员的参与，如能对合同初稿给予审核将更为有利。对于大宗材料和重要的物资尤其是大型设备，应有应急预案以防不测。

4. 管理供货合同，追踪加工供货过程

建设、施工单位对供货合同的管理必须抓住履行全过程，对于供货的每个履行环节应该给予关注，特别要追踪加工供货过程，尤其对大批量或非标（异形）的产品加工质量、周期进行跟踪和控制，及时或阶段性的与合同相应条款对照，发现偏差及时处理，必须要满足施工质量和进度的需要。

合同履行中一旦发生变故，应启动应急预案，以防止影响工程项目目标的实现。

5. 严格执行进场物资材料报验制度

《北京市质量条例》第四十条规定："施工单位应当按照规定对建筑材料、建筑配件和设备、预拌混凝土、混凝土预制构件及有关专业工程材料进行进场检验；实施监理的建设工程，应当报监理单位审查；未经审查或者经审查不合格的，不得使用。监理单位应当监督施工单位将进场检验不合格的建筑材料、建筑构配件和设备、预拌混凝土、混凝土预制构件或者有关专业工程材料退出施工现场，并进行见证和记录"。

根据上述规定，施工单位及监理单位分别做好各项工作。

（1）施工单位应提前将工程所使用主要材料、构配件、设备及样品的生产厂家资质证明、产品合格证和出厂检验报告提交监理单位，并根据设计要求及有关规定进行材料的复试，监理单位严格按规范及设计文件要求复核进场材料、构配件设备的质量证明文件，及材料的复试结果，并按规定进行见证取样送检，合格后方可批准用于工程，从源头控制工程质量。

（2）对大型施工机械验收人员应根据合同及"装箱清单"或"设备附件明细表"等目录进行清点，包括设备、备件、工具、说明书、合格证等文件，这些文件应作为施工机具档案按照相关制度的规定归档管理。

（3）对于租赁的设备应按照合同的规定验证其施工机械型号、随行操作人员的资格证明等，并保存验收记录。

（四）控制施工方法—施工组织设计文件的编制与审核

施工方法主要指施工工艺、操作过程、检测方法等，一般在施工组织设计文件中论述。施工单位认真编制、监理单位严格审核各级施工组织设计文件，是控制施工方法的主要内容。

《建筑施工组织设计规范》GB/T 50502—2009中规定，施工组织设计文件按工程的层级分为三级，即工程项目的施工组织总设计（一般由建设单位或组织项目的施工总承包单位编制）、单位（子单位）工程施工组织设计、分部（子分部）工程及分项工程的施工方案。

对于轨道交通土建工程项目，施工标段一般按单位（子单位）工程划分，按照《建筑施工组织设计规范》GB/T 50502—2009的规定，施工单位需要分别制定单位工程的施工组织设计和分部（子分部）、分项工程的施工方案，并应编制工程中所含有的安全和专项施工方案。各级施组文件的相关内容必须根据具体工程，对应规范中的要求详细阐述，并履行所规定的审批程序。主要内容及审核要求，见表3-2-1。

施工组织设计文件编制及审核要点表 表3-2-1

施组设计文件名称	施工单位编制技术要点	监理单位审核要求
	编制时间、审批程序	审核人、审核时间
单位工程施工组织设计	1. 工程概况 描述全面，特别是结构设计基础与上部结构物件的类型，主要技术参数齐全，工程特点及施工重点难点分析透彻 已按相关标准划分了单位分部、分项工程，并制定了相应的施组文件的编制计划。 2. 项目目标及质管体系 充分考虑相关法律法规要求、承包合同约定，突出"质量第一、安全第一"的原则，各项目标明确。质量技术管理体系健全，项目管理组织机构符合各相关规定。 3. 施工条件 描述细致，包括建筑用地范围、地形、地貌、气象、地上地下建（构）筑物，现场周围道路、交通状况；市政基础设施状况等内容。 4. 施工部署 各专业施工组织安排相互协调，与项目各目标吻合。创优项目已制定了相应部署和措施。 5. 施工进度计划 已绘制施工进度网络图和横道图，确定里程碑节点。 6. 资源配置计划 人力、物力等资源配置和投放数量、时间满足工程进度需要。 7. 施工现场平面布置 全面、合理，按不同施工阶段绘制平面图。 8. 现场准备 施工的准备条件充分，供水、供电、供热等能力充足，安全、环保、消防和文明施工的各项安排符合规定。施工场地及交通运输情况以及周边相关环境安排妥当	1. 在满足合同和法规要求的前提下，要尊重施工单位的自主决策和自主管理权。 2. 内容基本满足施组规范相应各条要求，根据投标时的施工组织设计，并结合现场实际进行了补充完善。 3. 符合国家的技术政策，采用的技术方案和措施先进、适用、成熟。 4. 施工组织设计具有宏观指导性，并与前置的和后续的单位工程能顺畅衔接。 5. 分部分项工程划分正确 6. 提出监理意见施工单位整改完善，批准后监督其执行。 7. 审核施工单位已履行内部审批手续

续表

施组设计 文件名称	施工单位编制技术要点 编制时间、审批程序	监理单位审核要求 审核人、审核时间
单位工程 施工组织 设计	施工前编制完成 施工单位技术负责人（总工程师）或其授权的技术人员审批，签署完整	总监理工程师组织，各专业监理工程师参加，监理部核准实施，报建设单位备案
分部、分项工程施工方案	1. 施工方法 对每个分项工程的特点和施工难点分析透彻，并制定了施工方案，已按《统一标准》划分了检验批。 2. 施工准备、施工安排 施工现场的各项准备到位，施工顺序及流水段的划分符合逻辑关系，制定了样板段计划。 3. 计算主要工程量。 4. 质量要求 质量目标逐一分解到每个分部分项工程中，并落实验收标准，制定了成品保护方案 5. 施工进度计划 已制定了各分项工程的月进度计划并绘制了横道图。 6. 已经拟定试验计划，明确各专业的相关试验（含见证取样）检测项目、依据的标准。 7. 已制定"四新"（新技术、新工艺、新材料和新设备）的应用管理计划，使用技术要求及管理要点明确	1. 分项工程中的检验批划分正确。 2. 各分部工程施工安排合理，各项准备到位，各专业之间界面处理考虑周全。 3. 各分项工程的衔接合理 4. 各项控制措施有较强的针对性、可操作性
	在各分项工程施工前，已编制完成。 由项目技术负责人审批。 由专业公司承担的分包工程施工方案，应由专业公司技术负责人或其授权的技术人员审批，尚应由总包单位项目技术负责人核准备案	相关专业的监理工程师审批不超过7天
重点难点分部分项工程和专项工程施工方案	1. 需要编制专项施工方案的工程 1）生产安全事故应急预案； 2）技术复杂或采用"四新"的分项、分部工程； 3）冬、雨期季节性施工； 4）地上、地下管线保护措施方案； 5）危险性较大的分部分项专项工程方案，详见第三章第一节。 2. 编制要点基本同施工方案。 应突出针对性的控制措施	重点难点分部分项工程和专项工程划分合理、无遗漏。 应急预案可行，措施针对性强。 已经施工单位技术部门审核，施工单位技术负责人批准

（五）做好图纸会审和设计交底

图纸会审和设计交底是施工准备阶段中很重要的两个环节，对施工和监理单位而言，即是深入学习和理解设计图纸的平台，也是展示自身技术水平的机会，必须做好这两项工作。对建设单位而言，是考查设计、施工和监理单位经验、水平和工作态度的机会，必须认真组织好。通过图纸会审和设计交底，认清施工技术要点与难点，为正式施工做好最基础的技术准备。

1. 做好图纸会审

设计交底前，施工单位与监理单位应分别组织各专业技术人员进行图纸会审，充分消化本专业图纸，土建专业尤其要掌握建筑图、结构图与施工细部图，明确在施工建工程的类型、组成部分，仔细研读结构平面、空间布局及各种设备接口关系、各分项工程的做法要求等。

审图的重点是对图纸的规范性、安全性、适用性及各专业协调一致性仔细审查，审图若发现以上内容有不妥之处或相互矛盾、各专业之间有交叉等都应详细记录，以便在设计交底会上汇报并可提出设计修改和优化意见，由设计人员解答或待研究后答复。

2. 组织好设计交底

1）建设单位组织设计单位进行设计交底，施工、监理单位的项目技术负责人及各专业工程师、工长及有关人员参加。

2）设计交底主要内容包括：

（1）城市轨道交通土建工程特点、设计意图、相关的工程技术和质量要求；

（2）对图纸会审中的问题进行答疑。

3）编制交底纪要。会后须由设计单位编制设计交底纪要，参建各方签字确认。

3. 建立设计变更及工程洽商制度

建设单位制定设计变更及工程洽商的程序，由于设计变更及工程洽商，将引起图纸的修改，为保证施工时能准确使用最新版本的图纸，施工企业应建立相应管理办法，对各版本的设计文件的接收、审核的程序、方法加以规定，并有相关记录。

4. 准备各相关管理文件

根据设计文件（施工图和设计说明书）及设计交底会的要求，施工单位与监理单位及时准备好相关技术标准、规范、规程、图册等系列文件。

（六）严格控制开工应具备的条件

此处工程项目的开工，是指城市轨道交通土建工程项目破土动工前，必须履行开工条件的核查工作，合格后方可开工。

二、施工过程质量控制

施工过程的质量控制是指在自下而上逐层作业过程中，对每个工序实际投入的生产要素质量及作业技术活动的实施状态和结果的控制，可从两个渠道实现，一是作业者发挥技术能力过程的自控，自控是主要的，二是建设单位、监理单位、质量监督站的监控，起辅助和把关的作用。

质量控制的重点是：在施工全过程中，全方位的实行动态控制，施工及监理单位各自履行与建设单位签订的合同，对人、机、料、法、环五个因素在现场的具体情况和综合体现，持续跟踪检查控制，及时纠偏调整，使工程安全质量处于可控状态，不偏离质量计划目标。

（一）监控施工单位投入的人力资源状况

在上述五个影响要素中，人的因素为主导，控制人的因素将对城市轨道交通土建工程的安全和质量起着基础保障作用，一方面是施工的组织、调度、检查，即质量管理体系的运行必须强而有力,一方面是操作人员的技艺水平及发挥程度必须满足各工种作业的要求。

1. 施工单位的质量管理体系运行

施工单位的质量管理体系必须健全,包括现场项目部组织和岗位设置,各岗位人员配备符合相关规定,岗位责任制完善,各类管理人员资格与国家规定的岗位要求相符,按合同约定到岗到位。

监理单位应监督项目部的管理真正按企业的质量管理体系文件执行,管理体系的运行能发挥良好作用,有所不足和存在问题时能及时按要求改正,如果体系文件达不到计划目标的要求,应督促其对该体系进行持续改进和调整。

2. 现场劳动组织及特种作业人员上岗资格

城市轨道交通土建工程的施工,使用大型机械设备和各种机具,特种作业多,投入的劳动力数量庞大、时段集中,而工作面狭小,通风采光条件不足,因此更需要做好现场的劳动力组织和岗位资质的控制。

(1)施工单位各类管理人员应按合同文件要求到岗到位,中途撤换与调离应征得建设单位同意。

(2)劳务人员工种、数量、进场计划与施工合同相符,特殊工种均做到持证上岗,按期培训,必要时建设单位可要求施工单位组织对关键工种(如焊工)的附加考试,委托监理单位参与监督,对于不符合要求者,可要求施工单位予以调换。

3. 劳动者工作状态

城市轨道交通土建工程的施工阶段是整个项目工期最长、条件最艰苦、对项目质量有关键影响的阶段,建设单位及监理单位应引导并监督施工单位坚持"以人为本",关注现场作业人员的工作状态、精神状态(情绪、心理等)和劳动强度的控制,避免过劳,做好防护,使其在身心健康的状态下工作。一旦发现有异常现象,必须采取积极应对处理措施。

4. 分包资质

关于分包管理,《北京市质量条例》有如下规定。

第三十四条:"禁止施工单位允许其他单位或者个人通过挂靠方式,以本单位的名义承揽工程。禁止施工单位通过挂靠方式,以其他施工单位的名义承揽工程"。

第二十八条:"深基坑、地基处理等岩土工程的设计应当由具备相应资质的单位承担,岩土工程设计单位对设计质量负责。设计文件应当按规定经审查后方可使用,具体规定由市规划行政主管部门会同有关部门另行制定"。

城市轨道交通土建工程中会有些专业工程由分包承担,如深基坑开挖及支护。根据规定,监理单位应监督施工单位不得转包或者违法分包工程,施工单位必须按国家规定采取招标方式选择具有相应资质的分包单位,分包进场时核验资质应与中标合同一致。并在施工过程中,对其进行合同管理。在竣工时,应该参与验收并接收工程施工资料。

（二）施工机械

施工单位、监理单位应分别按各自的职责作好如下管理的控制。详细的内容参见第三章第一节相关部分。

1. 严格执行管理制度

经常检查所使用的施工机械符合各种管理制度的情况，如定机、定人、定岗、持证上岗、交接、维护保养等均应按规定执行。

2. 大型机械的运行、保养

在轨道交通土建工程中使用一定的大型机械如：盾构机、旋挖钻机、长杆螺旋钻机、塔式起重机、龙门吊、履带吊、挖掘机等，注意控制这些设备、机械的正常运行和精度，维护保养以保证连续工作状态正常，能稳定运转。

3. 安装拆卸方案

施工单位应根据规定编制必要的大型施工机械安装或拆卸方案，该方案应经监理部批准后实施。安装后的施工机具经试运行并验收合格后方可使用，安装试运行出现问题或验收不合格，应按照合同的约定予以处理。

4. 小型机具

轨道交通土建工程中离不开各种小型机具的使用，如：振捣器、木工工具（电刨、电锯等）、电工工具等，必须及时检查，保证其安装牢固、使用灵活。

（三）计量设备的质量控制

1. 施工单位应做的工作

（1）应备齐施工所需计量工具，包括计量仪器、检测设备、称重衡器等，对所有计量工具进行定期校验，超过校验期的工具不得使用。

（2）操作计量设备的人员必须经过培训，掌握一定的专业知识，操作方法得当，会处理和整理数据。

2. 监理单位复核

计量工具的校验结果正确和操作人员技术水平合格，是保证计量精准的基础条件，监理单位必须对此认真复核，确认达到要求方可开展工作，并在过程中经常对计量作业结果进行评价和确认。

（四）施工材料施工试验检测控制

由于材料控制的内容较多，在质量控制中也十分重要，故将此部分内容单列第五章详细论述。

（五）施工方法的控制

1. 动态控制施工过程

首先，要动态控制施工方案，监理单位应监督施工单位必须结合现场实际发生及各种条件和环境的变化，对各分部分项施工方法进行必要的补充和修改，以起到实际指导施工的作用。

其次，要控制施工方案实施每个工序施工，施工单位都要动态控制人、机、料、法、环五个因素,确保劳动力资源供应充足,施工机械设备、材料数量足够、状况良好,施工方法及工艺或操作处于可控状态,符合安全质量相关规范的要求;监理单位应加强巡视和平行检查,若发现上述各项工作之不足应及时指出,施工单位必须予以纠正。

2. 跟踪监控关键质量点

施工单位项目部技术管理人员应结合工程特点确定各分项工程(工序)的关键质量控制点(详见以下各章),必须向操作层人员做好施工交底,并加以跟踪,控制作业过程。

监理单位审查确认关键质量点,若有遗漏与施工单位协商补充,采取旁站、巡视及平行检验的方式对质量控制点、重要的工序和部位进行监督与控制,确保工程安全与质量可控。

1)旁站。项目监理机构应按照旁站方案安排监理人员对需旁站的部位和工序实施旁站,旁站中发现问题应要求施工单位及时整改,旁站人员应及时填写并签署《旁站记录》。

项目监理机构的旁站不代替施工单位的质量控制,不减少施工单位对其施工质量的管理责任。

2)平行检验。项目监理机构应根据有关规定和建设工程监理合同约定对工程质量进行平行检验。平行检验宜符合下列要求:

(1)承重结构的钢筋机械连接,应对螺纹接头拧紧力矩进行抽样检验,每楼层每种规格的钢筋至少检验5个接头,应均匀分布。填写《钢筋螺纹接头平行检验记录》;

(2)承重结构的钢筋焊接连接,应对焊缝的尺寸外观质量等项目进行抽样检验,每楼层至少检验5处,填写《钢筋焊接接头平行检验记录》;

(3)平行检验的结论仅作为监理人员判断工程质量是否符合要求的参考,在项目监理机构内部保存,不作为对工程质量判定的依据,不向外部或其他单位提供,不出具检验报告;

(4)项目监理机构负责的平行检验工作,必要时可委托具有资质的检测机构代为实施。

3. 防治质量通病

施工单位针对在施的分项、分部工程易产生质量通病的环节给予特别关注,防止发生质量通病。对质量出现的偏差进行纠正可提出多种技术方案,并进行技术经济分析,选定优化方案,达到技术可行、经济合理的效果。一旦发现质量通病及其隐患必须采取防范措施。

4. 新工法、新工艺的使用

城市轨道交通土建施工,尤其是暗挖工法传统的施工方式目前仍占较大比例,人为因素影响大,作业环境恶劣,质量和安全事故隐患随时存在。

为改善施工作业环境,降低暗挖施工对劳动力的依赖程度,提高施工效率,节约建设资源,提升轨道交通建设水平,国家提倡建筑工程中使用新技术、新工艺,必须根据《建设领域推广应用新技术管理规定》(中华人民共和国建设部令第109号)进行管理,其中第三条明确了使用新技术必须经过鉴定、评估的先进、成熟、适用的技术、材料、工艺、产品。

北京市建委、市监督总站大力推进轨道交通暗挖施工机械化,旨在提升人工暗挖施工效率,降低施工成本,控制施工安全风险。北京城市快轨公司开展暗挖施工技术革新,现已研发出大断面数控台车、多功能暗挖台车、洞内大直径钻孔桩与钢管柱一体化施工、暗挖施工一体机和电动三轮车5类新型设备及施工工艺,并已在北京地铁16号线部分标段得以应用。后续还将进行暗挖顶升、模筑混凝土浇筑、轻质管片预拼装等有关暗挖初衬施工技术的研究,为轨道交通工程建设的长远发展创造条件。

其中暗挖施工一体机多用于软土层和砂卵石底层的暗挖施工,该机械具备在有限地下空间代替人工进行超前支护、挖土、开槽、出渣、支护、湿喷作业的功能。目前研制成功两种型号,twz180型号适合于暗挖车站小导洞开挖。twz260型号适合标准断面开挖,已在北京地铁16号线部分标段得以应用,并取得了实践性成功。

地铁16号线01合同段,包括一站两区间3个单位工程(北安河站、起点—北安河站区间、北安河站—温阳路站区间),其中起点—北安河站区间率先采用"twz260型号暗挖施工一体机",完成了545m长的隧道机械化开挖,从而更有效的节省工作时间与劳动成本,为今后在隧道工程领域的发展奠定了坚实的基础。这种机械化开挖隧道的新工艺,取代传统的人工开挖隧道,试用过程中,监理单位与施工单位都给予了积极配合。

5. 及时办理变更及洽商手续

《北京市质量条例》第三十二条规定:"设计变更或者工程洽商改变施工图设计文件内容的,设计技术人员应当按照规定签字签章。改变的内容作为施工图设计文件的组成部分"。

设计变更与工程洽商有所区别,前者多来自建设单位、设计单位,后者主要来自施工单位。由于前期勘察的原因,勘察报告中的地下障碍物、管线、文物可能与实际不符,或建设单位要求改变建筑标准等,涉及设计变更,进而引起工程变更,涉及材料、尺做法的改变,包括两种,一是经济洽商,变更会引发的造价增减;二是"技术洽商",指工程较小变动,并不涉及造价的改变。

设计变更和工程洽商导致设计图纸的澄清、修改,具有不同的工作程序。监理单位应督促施工单位按规定的程序及时办理相应的手续,签批后方可照图施工,并据实审批工程洽商的工程量增减,作为施工结算的依据。未办理设计变更和工程洽商手续不得擅自更改设计图纸。

(六)环境因素的控制

环境因素是指对工程质量特性起重要作用的环境因素,包括:工程技术环境、工程作业环境、工程管理环境、周边环境等。

1. 作业环境

在各种工法施工中,应注意自然条件,并根据各工序的特点,在满足其对温度、湿度的要求下组织施工。在暗挖和盾构施工中特别应注意围岩的稳定情况，必要时事先给予加固。

2. 环境条件

往往对工程质量产生特定的影响，尤其是城市轨道交通土建工程，在各种开挖工法中，对周围环境和周边建筑物引起的地基沉降和变形，必须给以严格控制。

（七）中间产品的质量验收

验收是指：工程施工质量在施工单位自行检查的基础上，参与建设活动的有关单位共同对检验批、分项、分部、单位工程的质量按有关规定进行检验，根据相关标准以书面形式对工程质量达到合格与否做出确认，参加工程施工质量验收的各方人员应具备规定的资格。

所谓中间产品是指：单位工程所含的每一个层次即分项、子分部、分部工程，其各层次工程的验收即为中间产品验收。为便于控制分项工程的验收，将其分为若干个批次，即检验批进行验收，如此自下而上用各层次的工程达到质量目标来保证单位工程，最终至工程项目质量目标的实现。

施工单位与监理单位必须从检验批开始，逐层做好质量验收工作。

1. 施工单位必须先行自检合格

《北京市质量条例》第四十四条规定："施工单位应当按照规定对隐蔽工程、检验批、分项和分部工程进行自检。实施监理的建设工程，施工单位自检合格后应当报监理单位进行验收。经验收不合格的，监理单位应当要求施工单位整改并重新报验；未经监理单位验收或者经验收不合格，施工单位将隐蔽部位隐蔽的，监理单位应当要求施工单位停工整改，采取返工、检测等措施，并重新报验"。

2. 按规定组织首件验收

关于首件验收，目前国家尚无相关规定。一些建设单位为强化工程质量责任，使工程一次通过验收，并达到创优目标要求而自行推行的一种制度，如北京城市快轨建设管理有限公司制定的工程质量"首件验收、样板引路"制度，即在分项工程每一个检验批中的首件样本必须先通过验收，继而以其为标准验收各检验批。首件验收制度是对工程质量管理程序的进一步完善和加强，从而带动工程整体质量水平的提高。在此仅做介绍以供参考。

（1）需要进行首件验收的项目，见表3-2-2。

（2）首件验收的程序。首件验收需经参建四方人员组成验收组，必要时可聘请专家。

验收人员组成：施工单位：技术负责人、专业技术负责人、项目部质量负责人、质检员；

监理单位：专业监理工程师；

设计单位：专业负责人；

建设单位代表。

首件验收合格后，验收人员应填报首件验收记录，见表3-2-3。

轨道交通土建工程首件验收项目表

表 3-2-2

单位工程	子单位工程	分部工程	子分部工程	验收项目
	明挖车站主体结构	基坑围护结构		1. 钻（挖）孔桩钢筋笼加工制作。 2. 第一段桩顶冠梁钢筋绑扎。 3. 钢格构柱加工、拼装。 4. 钢管支撑制作、安装。 5. 第一施工段基底验槽和接地装置
		防水结构		第一施工段的防水施工
		混凝土结构		1. 模板及支架制作、拼装。 2. 主体结构第一施工段的梁、板、柱、墙钢筋安装和绑扎
	暗挖车站主体主体结构	竖井及连通道	竖井	竖井井壁钢格栅制作、拼装
			连通道	连通道钢格栅制作、拼装
		开挖支护	开挖支护	小导洞钢格栅加工拼装（小导洞有4种型号①上层导洞②下层中导洞③下层边导洞④横导洞，各自独立首件验收）。 洞桩法施工洞内桩钢筋的加工拼装。 洞内钢管柱的加工安制。 第一段洞内边桩顶梁和下基梁钢筋绑扎。 主体结构钢拱格栅制拼
	暗挖车站主体主体结构	开挖支护	混凝土结构	模板和拱（支）架制作拼装。 主体结构钢管柱顶、底纵梁第一施工段钢筋安装与预埋件预埋。 二次衬砌拱、墙、板第一施工段钢筋制作、绑扎
		防水工程	防水层	第一施工段防水层施工
	车站附属工程	风井风道	基坑围护	钻孔桩钢筋笼加工制作。 第一段桩顶冠梁钢筋绑扎。 钢管支撑制作、安装
			风井	1. 风井初支井壁钢格栅架制作拼装。 2. 风井内型钢支撑。 3. 风道钢格栅架制作拼装。 4. 风井、风道第一段防水层施工。 5. 二次衬砌模板支架制作拼装
		出入口	暗挖出入口	验收项目同风井、风道
	区间暗挖隧道	竖井及连通道	竖井	1. 竖井井壁钢格栅制作、拼装。 2. 竖井内型钢支撑拼制
			连通道	连通道钢格栅制作、拼装
		防水结构	防水层	第一施工段防水层
		主体结构	开挖支护	正线钢格栅架制作拼装
			二次衬砌	1. 模板及支架制作拼装或模板台车组拼。 2. 第一施工段二次衬砌钢筋绑扎、安装
	盾构隧道	始支和接收井及连通道	竖井	竖井壁钢格栅制作、拼装
			连通道	连通道钢格栅制作、拼装
		盾构主体	管片预制	管片预制试拼

续表

单位工程	子单位工程	分部工程	子分部工程	验收项目
	盾构隧道	盾构主体	掘进和安装管片	第一环盾构掘进管片安装
	高架桥	基础	桩基	钢筋笼制作及安装、桩浇注
			扩大基础	钢筋绑扎、模板拼装、混凝土外观
		下部结构	墩（柱）	钢筋绑扎、模板拼装、混凝土外观
			盖梁	盖梁钢筋绑扎、模板拼装、混凝土外观
		上部结构	梁	钢筋绑扎、预应力工艺流程、第一片预制梁架设

轨道交通土建工程首件验收记录表　　　　表 3-2-3

工程名称		设计单位名称		
施工单位名称		监理单位名称		
首件名称	验收项目	验收情况		备注
	参照轨道交通土建工程首件验收项目表所列项目	按项目逐条验收		

验收结论：

时间： 年 月 日

施工单位		监理单位	
设计单位		甲方代表	
其他单位			

注：此表由监理单位填写，施工单位、甲方代表各存一份

3. 隐蔽工程验收

隐蔽工程是指将被下一道工序掩盖的工程，如钢筋、防水等工程。在隐蔽前应由施工单位通知监理单位进行验收，并应形成验收文件。

4. 检验批验收

1）检验批的质量验收应包括实物和资料检查两大类内容，按下列方式进行检查。

（1）对原材料、构配件和设备等的检验，应按进场的批次和产品的抽样检验方案执行；

（2）对混凝土强度等，应按国家现行有关标准和本标准规定的抽样检验方案执行；

（3）对本标准中采用计数检验的项目，应按抽查总点数的合格点率进行检查；

（4）资料检查，包括原材料、构配件和设备等的质量证明文件（质量合格证、规格、型号及性能检测报告等）和检验报告、施工过程中重要工序的自检和交接检验记录、平行检验报告、见证取样检测报告，隐蔽工程验收记录等。

2）检验批合格质量应符合下列规定。

（1）主控项目的质量经抽样检验全部合格；

（2）一般项目的质量经抽样检验合格，有允许偏差的抽查点，除有专门要求外，合格点率应达到80%及以上，且不合格点的最大偏差不得大于规定的允许偏差1.5倍；

（3）根据《盾构法隧道施工及验收规范》GB 50446—2017中第3.0.9条的规定，一般项目的质量达到95%及以上时应为合格；

（4）具有完整的施工操作依据、质量检查记录；

（5）若该分项工程需进行首件验收，则第一个检验批合格标准必须达到相应的首件标准，其余检验批也应达到同样标准。

5. 分项工程验收

1）每一个分项工程中所含的全部检验批经监理验收合格后，由专业监理工程师组织施工单位项目专业技术负责人等进行验收，合格后按规定填写验收记录。

2）涉及结构安全的试块、试件和现场检验项目，监理单位应按规定进行平行检验或见证取样检测（见证检测）。

3）验收合格应符合下列规定：

（1）分项工程所含的检验批均应符合合格质量的规定；

（2）分项工程所含的检验批的质量验收记录应完整。

6. 分部（子分部）工程验收

1）每一个分部（子分部）工程中所含的全部分项工程经监理验收合格后，总监理工程师应组织专业监理工程师、施工单位项目负责人和质量、技术负责人等对各分部（子分部）工程进行验收，业主代表参加。勘察、设计单位项目负责人应参加地基与基础分部工程的验收；设计单位项目负责人应参加主体结构、节能分部工程的验收。

2）验收合格应符合下列规定：

（1）分部（子分部）工程所含分项工程的质量均应验收合格；

（2）质量控制资料应完整；

（3）地基与基础、主体结构等分部工程中涉及结构安全及功能的检验和抽样检测结果应符合有关规定；

（4）观感质量验收应符合要求。

7. 成品保护

城市轨道交通土建工程中的成品是指各分项、分部（子分部）、单位（子单位）工程的面层或实体，如：已经过地基处理的地表、基坑开挖至设计标高后的地基面层，各种构件混凝土浇筑后、初凝前的面层，某一部位混凝土构件初凝后未达龄期前的实体、砌体结构未达到设计强度前的实体等，由于工程施工进度不同，已完工的成品或半成品难免被后续工程损坏，为防止这类事件的发生，尤其是防止已通过验收的检验批或分项分部工程被损坏，应格外注意成品保护。

（1）施工单位应制定成品保护管理办法，针对已完工程的具体情况，确定保护期限、值班人员及其职责。一旦发现被损坏，应及时补救至成品合格。

(2)监理单位监督施工单位认真执行成品保护管理办法。

(八)正确处理质量隐患、缺陷和事故

1. 工程质量缺陷

根据《城市轨道交通工程质量验收标准第1部分：土建工程》DB11/T 311.1—2005的术语，缺陷是指"建筑工程施工质量中不符合规定要求的检验项或检验点，按其程度可分为严重缺陷和一般缺陷"。

(1)严重缺陷：对结构构件的受力性能或安装使用性能有决定性影响的缺陷。

(2)一般缺陷：对结构构件的受力性能或安装使用性能无决定性影响的缺陷。

2. 质量安全隐患

实际工程中，质量和安全隐患因素或同时存在，或相互作用导致发生事故，故行政法规多将质量、安全事故一并讨论。

关于隐患，目前现有的行政文件和技术标准中没有明确的界定，各有表述，不甚统一。业界普遍认为，隐患是可能发生问题的潜在缺陷。

根据《城市轨道交通工程建设质量安全控制应知应会》（中国城市轨道交通协会组织编写）一书的阐述，质量安全事故隐患是指城市轨道交通建设过程中存在的可能导致工程质量和生产安全事故发生的物的危险状态、人的不安全行为、质量和管理上的缺陷。可按其危害程度分为两类。

(1)一般隐患：在工程施工及使用过程中，存在一定危害、可能导致人员伤亡或造成较轻经济损失的隐患。根据隐患程度，一般事故隐患可以分为三级。

(2)重大隐患：在工程施工及使用过程中，存在的危害程度较大、可能导致群死群伤或造成重大经济损失的隐患。

3. 处理质量安全隐患

施工过程中的质量隐患可能导致质量事故，施工单位、监理单位应按照在施工程的具体情况，分析存在的隐患、类别和等级，不得抱有侥幸心理或按经验判断忽视隐患分析工作，树立防患于未然的意识，作好预控，尽量消除隐患，对已查明的隐患和缺陷及时处理，预防其发展成为事故，可采取如下措施。

1) 下令停工整改。《北京市质量条例》第四十五条规定："监理单位按照本条例规定要求施工单位停工整改的，应当同时报告建设单位；施工单位拒不停工整改的，监理单位应当报告住房城乡建设或者其他专业工程行政主管部门。监理单位在施工单位停工整改完成前不予签认工程款支付申请"。

第四十六条规定："建设工程发生涉及结构安全的重大工程质量问题的，建设、施工、监理单位应当自发现之日起3日内报告住房城乡建设或者其他专业工程行政主管部门"。

监理工程师发现质量问题或质量异常情况，或发现不合格产品时，都必须正确、及时处理。发现下述情况之一者，下达停工指令；要求施工单位停工并分析原因，采取措施整改，若拒不整政，按规定上报。

（1）隐蔽作业未经检验而擅自封闭；

（2）未经同意擅自修改设计或图纸；

（3）使用不合格的原材料、构配件等。

2）跟踪检查，直到合格下达复工令。施工单位整改之后经监理单位复查通过，下达复工指令。

4. 关于质量事故及其处理

根据《建设工程质量管理条例》（国务院令第279号，2017年10月7日修正版）第五十二条规定："建设工程发生质量事故，有关单位应当在24小时内向当地建设行政主管部门和其他有关部门报告。对重大质量事故，事故发生地的建设行政主管部门和其他有关部门应当按照事故类别和等级向当地人民政府和上级建设行政主管部门和其他有关部门报告。特别重大质量事故的调查程序按照国务院有关规定办理。"

目前关于质量事故等级的划分，没有单独的规定，与安全事故的划分标准相同，仍按事故造成的经济损失数额和人员伤亡数量划分等级。

一旦发生质量事故，建设单位与各参建单位必须端正态度，不得隐瞒，严格按照国家有关文件上报。

第三节 验收阶段的质量管理

关于城市轨道交通建设项目验收的组织，《北京市质量条例》和《城市轨道交通建设工程验收》（建质[2014]42号）均有明确规定，涵盖单位工程验收、项目工程验收和工程竣工验收三个阶段，建设单位应当制定各阶段验收方案，施工及监理单位按规定做好各项工作。

验收内容包含实体工程和资料两大部分。前述的质量管理与控制及以后各专业章节的中间产品（即分项分部工程）验收是本节所述三个阶段实体验收的基础。有关资料的验收内容详见第六章。

一、单位工程验收的管理

单位工程验收是指在单位工程完工后，检查工程设计文件和合同约定内容的执行情况，评价单位工程符合有关法律法规和工程技术标准，符合设计文件及合同要求，对各参建单位的质量管理进行评价的验收。

（一）单位工程验收应具备的条件

1. 完成工程设计和合同约定的各项内容，对不影响运营安全及使用功能的缓建项目已经相关部门同意。

2. 质量控制资料应完整。

3. 所含各分部（子分部）工程的质量均已完成并验收合格。

4. 有关安全和功能的检测、测试和必要的认证资料应完整；主要功能项目的检验检测结果应符合相关专业质量验收规范的规定；设备、系统安装工程需通过各专业要求的检测、测试或认证。

5. 有勘察、设计、施工、工程监理等单位签署的质量合格文件或质量评价意见。

6. 观感质量符合验收要求。

7. 住房城乡建设主管部门及其委托的工程质量监督机构等有关部门责令整改的问题已经整改完毕。

（二）验收的程序

1. 施工单位对单位工程质量自验合格

单位工程的验收必以施工单位自检合格为基础，单位工程中若有分包工程，完工后分包单位应对所承包的工程进行自检至合格，并按规范规定的程序进行验收，总包单位应派人参加。分包工程的质量控制资料应完整有序，移交给总包单位。

2. 组织单位工程预验收

由总监理工程师组织各参建单位相关人员参加，对施工单位报送的验收资料进行审查，对单位工程进行预验收，预验收程序可参照单位工程验收程序。

3. 提交验收申请

单位工程预验合格、遗留问题整改完毕后，施工单位向建设单位提交单位工程验收申请报告，验收报告须经总监理工程师签署意见。

4. 建设单位组织单位工程验收。

（三）建设单位组织验收

1. 建设单位组织验收小组

由建设单位组织，勘察、设计、施工、监理等各参建单位的项目负责人，组成验收组，验收小组主要成员资格应满足要求。

2. 建设单位制定验收方案

内容应包括验收小组人员组成、验收方法等，明确对工程质量进行抽样检查的内容、部位等详细内容，抽样检查应具有随机性和可操作性。

3. 上报监督机构

建设单位应当在单位工程验收 7 个工作日前，将验收的时间、地点及验收方案书面报送工程质量监督机构。

4. 组织验收

按照各相关规范规定，各方负责人参与建设单位组织的单位工程验收，包括工程实体和资料。

二、项目工程验收的管理

《北京市质量条例》第四十九条规定:"轨道交通工程的单位工程验收合格且相关专项验收合格后,方可组织项目工程验收"。

项目工程验收是指各项单位工程验收后、试运行之前,确认建设项目工程达到设计文件及标准要求,满足城市轨道交通试运行要求的验收。它是地铁工程特有的验收项目,因为地铁工程一般以每条线路作为一个整体工程,其中土建工程又划分为多个标段,每个标段又包含若干个单位工程,各专业系统又单独划分为若干个单位工程,彼此之间相互交叉,因此在空载试运行之前需要进行一次验收,以确定线路所包含的全部单位工程已完成验收,影响安全和运营的已完成专项验收,以确保空载试运行的安全。

（一）项目工程验收应具备的条件

1. 项目所含单位工程均已完成,并通过了验收。对不影响运营安全及使用功能的缓建、缓验项目已经相关部门同意。

2. 单位工程质量验收提出的遗留问题、住房城乡建设行政主管部门或其委托的工程质量监督机构责令整改的问题已全部整改完毕。

3. 设备系统经联合调试符合运营整体功能要求,并已由相关单位出具认可文件。

4. 已通过对试运行有影响的相关专项验收。

（二）项目工程验收的组织

1. 组成验收组

建设单位组织各参建单位项目负责人以及运营单位、负责专项验收的城市政府有关部门代表参加。

2. 制定验收方案

内容应包括验收组人员组成、核查验收组主要成员资格、验收方法等。

3. 上报监督机构

在项目工程验收 7 个工作日前,将验收的时间、地点及验收方案书面报送工程质量监督机构。

（三）验收的内容和程序

1. 建设单位代表向验收组汇报

汇报内容包括:工程合同履约情况和在工程建设各个环节执行法律、法规和工程建设强制性标准的情况。

2. 各验收小组实地查验工程质量（含资料）

复查单位工程验收遗留问题的整改情况;审阅建设、勘察、设计、监理、施工单位的工程档案和各项功能性检测、监测资料。

3. 验收组评价

对工程勘察、设计、施工、监理、设备安装质量等方面进行评价,审查对试运行有影响的相关专项验收情况;审查系统设备联合调试情况,签署项目工程验收意见。

4. 工程质量监督机构出具验收监督意见。

(四)试运行

城市轨道交通建设工程自项目工程验收合格之日起投入不载客试运行,试运行时间不应少于三个月。

(五)设置标识

《北京市质量条例》第五十三条规定:"工程竣工验收前,建设单位应当设置永久性标识,载明工程名称和建设、勘察、设计、施工、监理等单位名称以及项目负责人姓名等内容"。

三、工程竣工验收的管理

工程竣工验收是在空载试运行完成后,载客试运营前对工程质量进行的全面验收。

(一)竣工验收应具备的条件

《北京市质量条例》第四十九条规定:"项目工程验收合格且按照规定完成不载客试运行后,方可组织工程竣工验收"。

工程竣工验收应具备如下条件:

1. 项目工程验收的遗留问题全部整改完毕。
2. 有完整的技术档案和施工管理资料。
3. 试运行过程中发现的问题已整改完毕,有试运行总结报告。
4. 已通过规划部门对建设工程是否符合规划条件的核实和全部专项验收,并取得相关验收或认可文件;暂时甩项的,应经相关部门同意。

(二)竣工验收的组织

1. 组成验收委员会

建设单位组织各参建单位项目负责人以及运营单位、负责规划条件核实和专项验收的城市政府有关部门代表参加。

2. 制定验收方案

验收方案的内容应包括验收委员会人员组成、验收内容及方法等,并对验收组主要成员资格进行核查。

3. 上报监督机构

在竣工验收 7 个工作日前,将验收的时间、地点及验收方案书面报送工程质量监督机构。

(三)竣工验收的内容和程序

1. 建设、勘察、设计、监理、施工等单位代表简要汇报工程概况、合同履约情况和在工程建设各个环节执行法律、法规和工程建设强制性标准的情况。

2. 建设单位汇报试运行情况。

3. 相关部门代表进行专项验收工作总结。

目前，北京市住建委、规划委、消防局等部门实施的八项专项验收已整合为"北京市建设工程竣工联合验收"，各地区工程请按当地的规定执行。

4. 验收委员会审阅工程档案资料、运行总结报告及检查项目工程验收遗留问题和试运行中发现问题的整改情况。

5. 验收委员会质询相关单位，讨论并形成验收意见。

6. 验收委员会签署工程竣工验收报告，并对遗留问题做出处理决定。

7. 工程质量监督机构出具验收监督意见。

（四）相关专业工程竣工验收

《北京市质量条例》对相关专业工程的验收作出详细如下规定，建设施工、监理单位必须遵照执行。

1. 第四十九条规定"轨道交通工程竣工验收合格，且消防、人民防空、运营设备和设施、环境保护设施、防雷装置、特种设备、卫生、供电、档案等按照规定验收后，方可交付试运营"。

2. 第五十条规定"工程竣工验收合格，且消防、人民防空、环境卫生设施、防雷装置等应当按照规定验收合格后，建设工程方可交付使用"。

3. "通信工程、有线广播电视传输覆盖网、环境保护设施、特种设备等交付使用前应当按照规定验收"。

4. "建设工程未经竣工验收或者竣工验收不合格，交付使用或者投入试运营，出现问题的，由建设单位承担责任"。

（五）验收工作的监督

省、自治区住房城乡建设主管部门应当加强对本行政区域内城市轨道交通建设工程竣工验收的监督。

验收将竣工验收报告和相关文件，报城市建设主管部门备案。

（六）验收备案

根据《建设工程质量管理条例》（国务院令第279号，2017年10月7日修正版）第四十九条规定："建设单位应当自建设工程竣工验收合格之日起15日内，将建设工程竣工验收报告和规划、公安消防、环保等部门出具的认可文件或者准许使用文件报建设行政主管部门或者其他有关部门备案。

建设行政主管部门或者其他有关部门发现建设单位在竣工验收过程中有违反国家有关建设工程质量管理规定行为的，责令停止使用，重新组织竣工验收。"

（七）竣工资料验收与归档

详见第六章相关内容。

四、竣工验收后相关问题的处理

（一）使用后的质量责任

竣工验收交付使用后的质量责任是引起多方关注的问题，现已有明文规定。

《北京市质量条例》第五十六条规定"建设工程交付使用后，所有权人对建设工程使用安全负责。所有权人应当按照设计功能和使用说明使用建设工程，并按照规定负责组织对建设工程进行检查维护、安全评估、安全鉴定、抗震鉴定和安全问题治理等活动"。

（二）质量保修制度

竣工后，进入保修期，关于质量保修，《建筑法》第六十二条及《建筑工程质量管理条例》第三十九条均有明确规定：建筑工程实行质量保修制度，其相关规定如下。

1. 保修范围

建筑工程的保修范围应当包括地基基础工程、主体结构工程、屋面防水工程和其他土建工程，以及电气管线、上下水管线的安装工程，供热、供冷系统工程等项目；保修的期限应当按照保证建筑物合理寿命年限内正常使用，维护使用者合法权益的原则确定。具体的保修范围和最低保修期限由国务院规定。

建设工程承包单位在向建设单位提交工程竣工验收报告时，应当向建设单位出具质量保修书。质量保修书中应当明确建设工程的保修范围、保修期限和保修责任等。

2. 保修期的计算

建设工程的保修期，自竣工验收合格之日起计算。

《北京市质量条例》第五十条规定"轨道交通工程质量保修期限自交付试运营之日起计算。"《建筑工程质量管理条例》第四十条规定：在正常使用条件下，建设工程的最低保修期限为：

（1）基础设施工程、房屋建筑的地基基础工程和主体结构工程，为设计文件规定的该工程的合理使用年限。

（2）屋面防水工程、有防水要求的卫生间、房间和外墙面的防渗漏，为5年。

（3）供热与供冷系统，为2个采暖期、供冷期。

（4）电气管线、给排水管道、设备安装和装修工程，为2年。

（5）其他项目的保修期限由发包方与承包方约定。

3. 保修期内的质量管理

《建设工程质量管理条例》第四十一条规定："建设工程在保修范围和保修期限内发生质量问题的，施工单位应当履行保修义务，并对造成的损失承担赔偿责任"。

施工单位应在竣工验收合格后，签订工程质量保修书，自保修期开始之日履行质保义务。按合同约定在质量责任期内出现质量问题时，施工单位和监理单位应分别履行约定的职责，对工程的质量缺陷和问题进行维修更换或返工，直到符合质量验收标准，建设单位满意，对所造成的损失按上述规定处理。

4. 保修金的计算

国家建设部、国家工商行政管理局于1999年12月联合发布的《建筑工程施工合同（示范文本）》的附件3《工程质量保修书》中规定：工程质量保修金一般不超过施工合同价款的3%，一直延续至今。在各地的施工合同中也有相应的格式条款。

5. 关于质量担保

尽管工程质量监督和保修的制度已较为完善，但在市场经济发达的今天仍然存在一些问题，如：一旦施工单位已不存在或无能力赔偿时，建设单位或使用者的权益将无法得到保证，或者工程出现严重的质量问题，工程维修费用可能超过保修金，这些风险会给建设单位带来损失和不便。为规避风险，将担保制度引入建筑领域。

《北京市质量条例》第六十三条对此做了明确规定："本市推行建设单位工程质量保修担保制度。"第六十四条"本市推行建设工程施工总承包单位施工质量保修担保制度。施工总承包单位与建设单位可以按照本市有关规定，在施工总承包合同中约定施工质量保修担保方式。建设单位应当按照合同约定出具撤销保函申请书或者返还施工质量保证金"。

工程质量保证担保是运用信用保证方法，来实现工程建设主体之间的联系并形成连带责任链，行为主体在自身利益引导下，对工程质量进行有效的监督以避免责任不到位或到位不够的现象发生，担保制度是建设单位规避风险的有效的选择方式之一。

最后需要说明的是，在施工全过程中，无论施工准备、施工过程、竣工验收都贯穿有测量作业，施工单位和监理单位对其控制都不得缺位。测量工程的安全质量控制作为单独一章内容，故此处不再论述。

下面将分章介绍轨道交通土建工程中的主要单位工程的安全质量管理。按前述宏观控制内容结合各章节的分部、子分部和分项工程的具体特点，在微观上逐一落实前述的各项质量管理要求，做好工程全方位质量控制工作。同时，在论述中，除特别有区别之处，一般可不再细分施工单位和监理单位工作，只提出管理控制要点，是要求两个单位各司其职共同完成控制工作，达到质量目标。

第四章
城市轨道交通土建工程安全与环境管理

城市轨道交通工程作为城市基础设施之一，其土建工程施工周期长、投资大且技术要求高，具有较多的安全隐患与风险因素，极易发生安全事故，一旦发生则后果严重，不仅对国家、相关行业和企业产生巨大的经济损失，还将对人民生活和社会安定产生较大的负面影响。同时，施工产生的各种污染不仅危害作业人员的身体健康，也对城市的生态环境有所破坏，这有悖于国家可持续发展战略。中华人民共和国成立以来，党和政府制定和完善了一系列安全生产、环境保护和建设生态宜居城市的发展方针，城市轨道交通土建工程各参建单位都必须认真执行相关法律和政策，将施工现场的安全生产、职业健康和环境保护监督、管理放在首位，打造平安工程、精品工程，推进建设项目的标准化管理。

建筑行业以前习惯将文明施工作为安全管理中的独立的一部分，但在各有关的建设工程项目管理标准和《城市轨道交通建设项目管理规范》GB50722—2011中，关于文明施工和环境管理的划分不尽相同，为对城市轨道交通土建工程安全管理的全面阐述，紧密结合施工企业的管理体系，紧跟国家提出的标准化管理的形势，本章将文明施工划入环境管理部分，其中包含了节能、环保的相关内容。

本章共分三节，第一、二节分别为：城市轨道交通土建工程的安全管理和风险管理，第三节为职业健康和环境管理。施工现场的标准化管理是既行之有效，又体现现代文明的措施，可获得良好的感观及视觉效果，本书将其与安全生产、职业健康统一列入第三节一并叙述。

第一节 城市轨道交通土建工程安全管理

我国于2014年发布了新的《中华人民共和国安全生产法》，将一直贯彻"安全第一、预防为主"的安全生产方针，完善为"安全第一、预防为主、综合治理"，进一步明确了安全生产的重要地位、主体任务和实现安全生产的根本途径。新法提出要建立生产经营单位负责、职工参与、政府监管、行业自律、社会监督的工作机制，进一步明确了各方安全职责。按照《关于推进安全生产领域改革发展的意见》（中发[2016]32号文）要求：各参建单位必须健全落实安全生产责任制，完善安全生产责任体系，明确部门监管责任，严格落实企业主体责任，健全责任考核机制，严格责任追究制度，有效地预防工程事故发生，保障人身生命安全和财产安全。因此，任何工程项目建设都必须严格执行国家的相关法律法规和规章制度，强化安全管理。

本节参考相关法律、法规，阐述城市轨道交通土建工程的安全管理目标、安全监督管理体系、各参建单位的安全责任和职责，以及施工准备阶段，施工阶段安全管理要点和生产安全事故应急救援和调查处理的相关事宜。

一、安全管理依据

结合目前轨道交通工程土建施工中所涉及的安全管理事宜，归类整理相关主要依据如下。

（一）相关法律法规和地方政府规章

1.《中华人民共和国安全生产法》（中华人民共和国主席令第13号，2014年，以下简称《安全生产法》）。

2.《中华人民共和国消防法》（中华人民共和国主席令第6号，2008年，以下简称《消防法》）。

3.《建设工程安全生产管理条例》（中华人民共和国国务院令第393号，2003年，以下简称《安全生产条例》）。

4.《特种设备安全监察条例》（中华人民共和国国务院令第549号，2009年）。

5.《生产安全事故报告和调查处理条例》（国务院令第493号）。

6.《地方党政领导干部安全生产责任制规定》（中共中央办公厅、国务院办公厅印发，2018年4月8日实行）。

7.《生产安全事故应急预案管理办法》（国家安全生产监督管理总局令第88号，2016年）。

8.《房城乡建设部关于印发工程质量安全手册（试行）的通知》。

9.建办质[2018]31号文《住房和城乡建设部办公厅关于实施〈危险性较大的分部分项工程安全管理规定〉有关问题的通知》。

10.《北京市城市轨道交通建设工程关键节点施工前条件核查管理办法》（京建法[2018]1号文）。

11.《关于落实建设工程安全生产监理责任的若干意见》（建市[2006]248号）。

12.《建筑施工企业安全生产管理机构设置及专职安全生产管理人员配备办法》（建质[2008]91号）。

13.《城市轨道交通工程质量安全检查指南》（建质[2016]173号）。

14.《关于做好房屋建筑和市政基础设施工程质量事故报告和调查处理工作的通知》（建质[2010]111号）。

15.《城市轨道交通工程质量安全事故应急预案管理办法》（建质[2014]34号）。

16.《城市轨道交通工程安全质量管理暂行办法》（建质[2010]5号,以下简称《5号文》）。

17.《工程质量安全提升行动方案》（建质[2017]57号中的附件）。

18.《关于开展工程质量安全提升行动试点工作的通知》（建质[2017]169号）。

19.《北京市建设工程施工现场管理办法》（市政府令第247号，自2013年7月1日起施行）。

20.《北京市轨道工程施工突发事件应急预案》（2012年修订，由北京市建筑工程事故应急指挥部办公室编制）。

（二）技术标准（按国家、行业、地方、协会、企业层级排列）

1.《地铁工程施工安全评价标准》GB 50715—2011。

2.《建筑施工安全技术统一规范》GB 50870—2013。

3.《城市轨道交通工程安全控制技术规范》GB/T50839—2013。

4.《建筑施工脚手架安全技术统一标准》GB 51210—2016。

5.《建设工程施工现场消防安全技术规范》GB 50720—2011。

6.《塔式起重机安全规程》GB 5144—2006。

7.《建设施工高处作业安全技术规范》JGJ80—2016。

8.《建筑机械使用安全技术规程》JGJ33—2012。

9.《施工现场临时用电安全技术规范》JGJ46—2005。

10.《建筑施工安全检查标准》JGJ59—2011。

11.《建筑施工碗扣式钢管脚手架安全技术规范》JGJ166—2016。

12.《建筑施工承插型盘扣式钢管支架安全技术规程》JGJ231—2010。

13.《建筑施工扣件式钢管脚手架安全技术规范》JGJ130—2011。

14.《施工现场塔式起重机检验规则》DB11/611—2008。

（三）相关管理规范

1.《城市轨道交通建设项目管理规范》GB50722—2011。

2.《建设工程监理规范》GB/T50319—2013。
3.《建设工程监理规程》DB11/T382—2017。
4.《职业健康安全管理体系要求》GB/T28001—2011。

二、安全管理目标

目前，基于我国的基本国情，将工程安全管理与质量管理并提，作为项目管理的重要目标之一。从根本看，安全目标是实现质量、进度、投资三大目标的根基，任何工程项目的建设必须在安全生产的前提下才能实现三大目标，因此，城市轨道交通土建工程的各参建单位必须切实制定本单位的安全管理目标。

（一）建设单位

建设单位是城市轨道交通工程建设安全管理的组织者，应根据城市轨道交通建设项目的总体目标，确定土建工程的安全管理目标，并指导和检查各参建单位安全管理工作，协调解决安全工作存在的问题，使安全工作稳步健康发展。

1.树立广义本质安全理念，设定项目安全管理目标

建设单位首先应竖立广义的本质安全理念，对城市轨道交通土建工程项目而言，包括施工现场所有参建单位的人、物、系统的安全可靠性及管理规范和持续改进，通过优化资源配置和提高其完整性，控制制度标准及管理行为等方面的安全可靠性和环境安全风险因素，实现对项目施工全过程的安全管理。

2.确定各阶段安全管理目标

建设单位通常将项目的安全目标分为三个阶段，即前期准备安全目标、实施阶段（含设计及施工）安全目标和工程交付运营期间安全目标。此处以施工阶段的安全目标为主。

（二）勘察、设计单位

勘察、设计单位的安全目标应根据建设单位提出的安全目标及各自专业工作、安全管理体系要求，按照项目特点制定施工阶段的安全管理目标，在此不予介绍。

（三）施工单位

施工单位作为现场安全施工的主体和安全责任方，应根据建设单位安全管理目标和国家相关规定的要求，制定安全目标，通常以安全达标合格率、施工现场安全监督检查合格率、年工伤事故频率等相关指标来表达，涵盖了为达到这些标准而应做的工作及其程度，杜绝各种事故的发生，减少伤亡和经济损失。施工单位应将安全计划目标分解到各分包、各作业单位，定期检查其安全目标落实情况，及时解决安全工作存在的问题，确保安全目标实现。

（四）监理单位

依据安全管理生产相关法规及条例等要求，结合建设单位的设定项目安全管理目标，设定相应的安全管理目标，并监督施工单位落实安全管理措施，实现安全目标。

三、国家及建设领域安全生产监督管理体制

目前我国安全生产监督管理的体制是：综合监管与行业监管相结合、国家监察与地方监管相结合、政府监督与其他监督相结合的格局。

（一）国家综合监管体系和职责

1. 国务院安全生产委员会

为了加强国家对整个安全生产工作的领导，加强综合监管和行业监管之间的协调配合，设立国务院安全生产委员会，具体职责之一就是研究提出安全生产重大方针政策和重要措施的建议，监督检查、指导协调国务院有关部门和各省、自治区、直辖市人民政府的安全生产工作。各省、自治区、直辖市和部分市、县人民政府也建立了相应的安全生产委员会，大大加强了安全生产的监督管理工作。

2. 应急管理部

2018年3月，根据国务院机构改革方案，决定组建应急管理部，由其接替原国家安全生产监督管理总局的职责，是国务院主管安全生产综合监督管理的直属机构，依法对全国安全生产实施综合监督管理。各地区也将与国务院应急管理部对应建立本地区的应急管理机构，北京市于11月16日组建市应急管理局，将市安全生产监督管理局、原公安局的消防管理等多个部门的职责整合在一起，作为市政府组成部门。

按照分级负责的原则，一般性灾害由地方各级政府负责，应急管理部代表中央统一响应支援；发生特别重大灾害时，应急管理部作为指挥部，协助中央指定的负责同志组织应急处置工作，保证政令畅通、指挥有效。应急管理部要处理好防灾和救灾的关系，明确与相关部门和地方各自职责分工，建立协调配合机制，各地方应急管理机构按中央有关部署实施。

（二）行业监管体系

国务院各有关各部门分别对其所管辖的行业和领域的安全生产工作进行监督管理，负责指导、协调等相关工作。此外，还组织起草安全生产方面的综合性行政法规和规章，研究拟订安全生产方针政策等。如住房城乡建设部制定的一系列法规政策（详见前述依据），又于2018年9月21日发布了《住房和城乡建设部关于印发工程质量安全手册（试行）的通知》（建质[2018]95号）。手册内容涵盖所有房屋建筑和市政基础设施工程，从行为准则、工程实体质量控制、安全生产现场控制、质量管理资料、安全管理资料方面进行了要求。

（三）地方监管体系

各级地方设置有与应急管理部相对应的安全生产监管部门，在各自的职责范围内，对本地区安全生产工作依法实施监督管理。特别是在当前机构部委改革、政企脱钩、企业重组并购的新形势下，地方安全生产的监督管理社会功能将发挥重要的作用。

（四）国家监察机制

为了加强安全生产监督管理工作，针对某些危险性较高的特殊领域，专门建立了国家监察机制，各省市设有相应的专项监管部门，实行国家监察与地方监管相结合的方式，如公安部消防局负责消防安全，公安部交通管理局负责机动车辆监管，质量技术监督局负责特种设备的安全监管等。特种设备的监察实行省以下垂直管理的监督体制。

（五）社会力量监督

利用社会力量对工程建设安全进行监督，包括安全中介机构、工会、新闻媒体、社会公众等组织和群众的监督。

（六）国家监督管理的基本特征和原则

1. 权威性

国家对安全生产监督管理的权威性源于法律的授权，以国家机关为主体实施。

2. 强制性

各级人民政府安全生产监督管理部门和其他有关部门依法行使监督管理权，它以国家强制力作为后盾。

3. 普遍约束性

在中华人民共和国领域内从事生产经营的单位，都必须接受统一的监督管理，实际上就是法律的普遍约束力在安全生产工作中的具体体现。

4. 监督管理的基本原则

（1）"有法必依、执法必严、违法必究"；
（2）以事实为依据，以法律为准绳；
（3）预防为主；
（4）行为监察与技术监察相结合；
（5）监察与服务相结合；
（6）教育与惩罚相结合。

四、工程建设领域的安全生产监督管理

工程建设项目是安全事故易发领域，国家格外关注建设领域安全生产管理监督体系的建立和完善。工程建设安全生产监督管理方式是以国家立法指导，行业部委法规牵头，地方政府执法贯彻，项目建设单位领导负责及项目承包人责任落实，形成完整的安全生产监督管理体系。

《安全认证标准》规则指出：用人单位的最高管理者应承担职业安全健康的最终责任，并在职业健康安全管理活动中起领导作用。这就表明，各企业的安全管理状态取决于最高管理者对本企业安全生产管理现状的评估和对全体员工建立和运作"体系"，关键在于最高管理者应具有"与时俱进"的"理念"和"创新"向上的精神；把企业管理层和职能部门建立安全管理组织体系与作业现场安全管理有机融合起来。

（一）管理体系

1. 住房和城乡建设部工程质量安全监管司

负责全国各地的建设工程项目安全生产监督工作。

2. 各省、市、区、县住建委安全质量监督执法机构

贯彻执行住建委有关质量、安全、文明施工等规章、制度和标准，依法履行安全生产监督管理职责，建立健全安全生产工作协调机制，及时解决辖区内各类建设工程项目安全生产监督管理中存在的重大问题。

3. 各参建单位安全管理体系

城市轨道交通土建工程各参建单位（包括勘察、设计、施工总承包以及专业及劳务分包单位、监理单位、机械设备和材料供应商等）按照高层领导—中层管理—基层执行—班组落实的架构逻辑，均应建立以项目部为基础的安全管理组织体系，以工程现场为核心展开安全管理工作，并按照认证体系中的《职业健康安全管理体系规范》GB/T28001建立和运行各自的安全管理体系。详见下述：

（1）建设单位的安全管理体系。城市轨道交通土建施工现场的安全管理活动，是以建设单位为主导，应负责工程项目安全管理体系、工作制度的建立和现场的检查、监督、考核工作，应对项目的安全管理作全面部署，对各参建单位安全管理起主导作用，是其他参建方的安全管理活动的保障和支持。

建设单位应建立项目安全管理体系，可根据轨道交通土建工程的规模、性质、工法类型等，确定体系的层次，必须以企业最高领导人、高层技术负责人作为体系的高层人员，并将企业主要部门纳入。组织形式可参考图4-1-1。

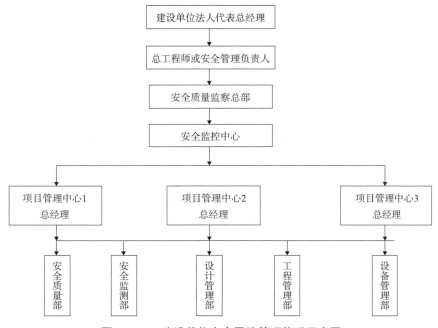

图 4-1-1　建设单位安全风险管理体系示意图

（2）施工单位安全管理体系。施工单位应在企业主要负责人的领导下，开展本企业的安全管理工作，建立安全生产保证体系。一般由施工单位法人代表、公司安全管理负责人或总工程师及各项目安全管理小组组成。项目安全生产管理小组由项目经理、生产经理、项目总工程师、安全风险主管及相关部门负责人和各专业施工队队长、安全员组成，对项目安全生产事项进行全面管理。项目经理为现场安全第一责任人，现场经理为直接责任人，总工程师为技术责任人，各专业工程师为第一直接责任人。可参考示意图 4-1-2。

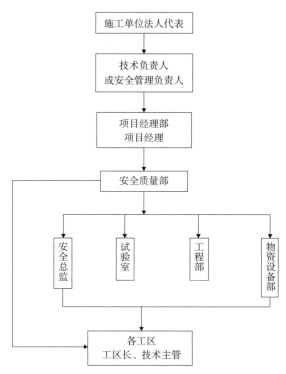

图 4-1-2　施工单位安全风险管理体系示意图

（3）监理单位的安全管理体系。监理单位应建立安全管理体系，由监理单位领导层、安全管理职能部门、项目监理机构（其中包括安全和风险管理的人员）组成安全管理体系。城市轨道交通土建工程的施工，与地质环境紧密相关，故项目监理机构中应配备岩土（地质）专业工程师。见图 4-1-3。

（二）项目责任主体安全管理职责

1. 建设单位

全面负责轨道交通土建工程项目施工的安全管理，制定各领导、各部门、各岗位职责，并与设计、监理、施工单位在合同中明确各方的工程建设安全管理责任，签订安全生产管理协议。

1）日常工作

（1）负责定期（开工前一次，每季度至少一次）召开会议，协调解决工程建设过

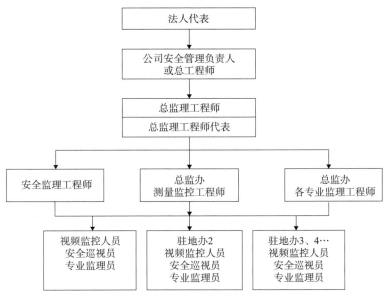

图 4-1-3 监理单位安全风险管理体系图

程中的安全施工问题；

（2）依法管理工程项目，坚持合理工期、合理造价，为安全施工创造条件；

（3）指派专人负责安全施工监督管理工作，定期组织安全施工检查及安全性评价，监督指导安全施工标准化在施工全过程的有效落实；

（4）制定并实施安全施工考核奖惩制度；

（5）负责检查落实安全施工措施费用的支付使用情况。

2）核查设计安全性和周边环境

（1）结合施工现场周边环境、地质水文变化，调整施工工法，并对设计文件安全性组织专业核查，当经核查的环境明显影响工程及周边环境的安全时，应按程序进行设计变更；

（2）组织施工单位进行周边环境核查，调查与建设工程有关的真实、准确、齐全的原始资料，督促施工单位开展周边环境核查并建立台账，对施工活动可能影响的周边建筑物和构筑物进行安全鉴定。

3）提供资料、备案

（1）申请领取施工许可证，提供相关安全施工措施的资料。按规定将其报送建设工程所在地的县级以上地方人民政府建设行政主管部门或者其他有关部门备案；

（2）开工前，向施工单位提供现场及毗邻区域内供水、排水、供电、供气、供热、通信、广播电视等地下管线资料，气象和水文观测资料，相邻建筑物和构筑物、地下工程的有关资料，并保证资料的真实、准确、完整。

4）检查参建方安全管理工作

（1）向各参建方提出安全管理总目标和安全管理体系的具体要求；

（2）组织并检查参建单位项目管理机构安全管理体系建立和运行，安全管理人员履约情况，以及管理人员和特殊工种人员持证上岗和履责情况；

（3）与各方协商建立安全管理信息沟通平台，设定统一标准的管理检查体系和安全风险管理评估标准。

5）支付安全施工措施费用

编制工程概算时，应确定建设工程安全作业环境及安全施工措施所需费用并及时足额按施工合同支付。

2. 施工单位

建立健全施工项目的安全管理体系，配备安全管理人员，落实岗位职责。企业负责人依法对本单位的安全生产工作全面负责，建立分级管控制度，制定落实安全操作规程，建立健全隐患排查治理制度。

1）配置安全生产管理人员

（1）安全生产管理体系中各部门应配齐各岗位的人员；

（2）按规定和现场实际需要配备专职安全管理人员；

（3）施工作业班组可以设置兼职安全巡查员，对本班组的作业场所进行安全监督检查。

2）制定并执行安全生产责任制度

（1）工程实行施工总包的，由施工单位对施工现场的安全生产负总责，应当建立健全安全生产责任制度，制定安全生产规章制度和操作规程，对所承担的标段工程进行定期和专项安全检查，并做好安全检查记录；

（2）项目负责人应当对项目的安全施工负责，落实安全生产责任制度、安全规章和操作规程，并根据工程的特点制定安全施工措施，消除安全事故隐患，及时、如实报告生产安全事故；

（3）施工（总承包）单位依法将建设工程分包给其他单位的，分包合同中应当明确各自的安全生产方面的权利、义务。双方签订安全管理协议，安全工作由总包单位统一协调管理；施工（总承包）单位和分包单位对分包工程的安全生产承担连带责任。分包单位应当服从总承包单位的安全生产管理。

3）健全安全管理及其宣传教育体系

（1）各级党政干部应将施工现场的安全宣传和教育纳入自身的管理职责，推进项目部的安全文化建设，加强警示教育；

（2）项目部落实企业的安全教育培训制度。

4）安全生产管理费用专用

确保安全生产费用的有效使用，保证安全生产所需资金的投入，不得挪作他用。由监理部监督安全费用使用情况。

5）积极参与保险

城市轨道交通土建工程的施工（总承包）单位应投保安全生产责任保险，以转移施工中的安全风险、规避企业风险，施工企业应根据《关于在高危行业推进安全生产责任保险的指导意见》（安监总政法[2009]137号）和《安全生产责任保险实施办法》（安监总办[2017]140号，2018年1月1日施行）的要求，投保安全生产责任保险。

3.监理单位

（1）履行建设工程安全生产管理的监理职责，对施工单位安全生产管理的监督检查，不替代施工单位的安全生产管理工作。

（2）建立项目监理机构，安排专职或兼职监理人员，负责安全监理工作。

4.勘察单位

（1）提供真实、准确的勘察文件。在勘察文件中说明地质条件可能造成的工程风险。

（2）在勘察作业时，严格执行操作规程，采取措施保证各类管线、设施和周边建筑物、构筑物的安全。

5.设计单位

（1）按照法律、法规和工程建设强制性标准进行设计，防止因设计不合理导致生产安全事故的发生。

（2）考虑施工安全操作和防护的需要，对涉及施工安全的重点部位和环节在设计文件中注明，并对防范生产安全事故提出指导意见。

（3）采用新技术、新材料、新工艺的建设工程和特殊结构的建设工程，在设计文件中提出保障施工作业人员安全和预防生产安全事故的措施建议。

6.机械设备配件供应单位

（1）按照安全施工的要求配备齐全有效的保险、限位等安全设施和装置。

（2）出租的机械设备和施工机具及配件，应当具有生产（制造）许可证、产品合格证。

（3）出租单位应对出租的机械设备和施工机具及配件的安全性能进行检测，在签订租赁协议时，出具检测合格证明。

（4）禁止出租检测不合格的机械设备和施工机具及配件。

7.施工机械设施安装单位

（1）安装、拆卸施工机械和设施，应当编制专项方案、制订安全施工措施，并由专业技术人员现场监督安、拆工作。安装完毕，安装单位应当自检，出具自检合格证明，并向施工单位进行安全使用说明，办理验收手续并签字。

（2）施工机械和设施的使用达到国家规定的检验检测期限的，必须经具有专业资质的检验检测机构检测。检验检测机构应当出具安全合格证明文件，并对检测结果负责。经检测不合格的，不得继续使用。

（三）项目现场主要安全管理人员职责

1.施工单位

1）项目经理

（1）对项目的安全、风险、绿色及文明施工的管理全面负责，满足合同的各项要求；

（2）确定项目经理部安全管理小组的构成并配备人员，制定安全管理的规章制度，明确岗位职责。督促项目安全管理小组各成员，按规定程序履行各自日常管理职责；

（3）全面组织本标段施工及环境监测、科研等项目的开展和协调工作，以及与临近标段的界面接口的安全管理；

（4）组织开展危险点辨识及预控活动，编制有针对性的安全技术措施，并确保措施的有效实施；

（5）组织对施工管理人员和施工作业人员按规定进行安全教育培训；

（6）主动积极处理好与项目部所在地政府部门的关系，取得支持；

（7）领导并组织工程施工现场定期的安全生产检查，督促现场相关责任人按时完成安全隐患的整改；

（8）发生事故，要做好现场保护与抢救人员工作，及时上报，积极配合事故调查，认真落实制定的防范措施，吸取事故教训。

2）总工程师（项目技术负责人）

（1）主持或组织编制项目施工组织设计及安全专项施工方案和危险性较大的专项施工方案，报公司技术负责人审批。必要时组织专家论证，提交监理审核批准，并经建设单位同意后组织实施；

（2）主持本工程项目安全措施和方案的技术交底，并对其实施情况进行监督、检查，及时解决执行中出现的问题，分析原因，制定整改和防范措施；

（3）负责处理项目安全管理、生产或安全事故处理中有关的技术问题。

3）专、兼职安全员职责

（1）经项目经理授权，对工程施工现场的安全、文明施工和环境管理负直接管理责任；

（2）配合项目经理做好项目人员的安全教育、培训工作；

（3）参与工程项目的安全、文明施工和环境管理制度、技术措施和方案的制定和技术交底，并对其实施情况进行监督、检查；每周主持召开相关议题的会议；

（4）对项目部工程施工机具、设备及职业健康安全防护和环境保护设施、设备实施直接管理；

（5）做好日常监督和安全检验工作，发现隐患立即指出，并监督纠正，重大隐患要书面报告公司；

（6）有权制止施工违章行为，有权下令先行停止作业，同时报告项目经理，并有权越级上报；

（7）对工程施工现场的不合格/不符合进行控制，并进行复检、复验；

（8）对项目部的特殊工种人员实施直接管理；

4）项目部专业施工员安全管理职责

（1）在项目经理领导下，对本专业施工的安全作业、环境保护进行全面管理；

（2）制定本专业安全、文明施工和环境管理控制措施；

（3）针对工程施工内容，向施工人员进行职业健康安全、文明施工和环境保护等方面的交底；

（4）做好工程施工现场各工种、各专业之间的协调工作，做到不违章指挥；

（5）组织本专业施工的自检、自查，对发现的问题立即进行纠正、整改，并随时排除隐患；

（6）负责本专业施工现场应急事件的临场处置，并及时报告项目经理。

5）项目部材料员安全管理职责

（1）做好材料设备的检验、报验，并满足职业健康安全、环境管理的要求；

（2）负责项目部施工设备、机具的管理、检查工作；

（3）对材料、设备分类存放。电气类应防潮、防尘；金属类应防锈；易燃易爆类应单独储存；

（4）配合项目部专职安全员做好库房及料场的安全防护及职业健康安全防护和环境保护设施、设备的保管工作，并配置灭火器材；

（5）建立安全相关材料、防护用品收、发账目，定期盘点，做到账物相符，收、发、退手续齐备等。

6）项目部资料员安全管理职责

严格执行《建设工程施工现场安全资料管理规程》DB11/382—2017，负责项目部安全文明有关文件和记录的管理。

2. 监理单位

1）总监理工程师的安全监理职责

（1）对所监理工程的安全监理工作全面负责；

（2）确定项目监理机构的安全监理人员，明确其工作职责；

（3）主持编写监理规划中的安全监理工作部分，审批监理实施细则；

（4）审核并签发有关安全的监理通知单；

（5）审批施工组织设计和专项施工方案，组织审查和批准施工单位提出的安全技术措施及工程项目生产安全事故应急预案；

（6）审批《施工现场起重机械拆装报审表》和《施工现场起重机械验收核查表》；

（7）签署安全防护、文明施工措施费用支付证书；

（8）签发涉及安全监理工作的《工程暂停令》和《监理报告》；

（9）检查安全监理工作落实情况。

2）总监理工程师代表安全监理职责

应根据总监理工程师的授权，行使总监理工程师的部分职责和权力，并应履行相应的安全监理职责。总监理工程师不得将下列工作委托总监理工程师代表：

（1）主持编写监理规划中的安全生产管理的监理工作部分，审批监实施细则；

（2）签署《安全防护、文明施工措施费用支付证书》；

（3）签发《工程暂停令》和《监理报告》。

3）专、兼职安全监理人员职责

（1）编写监理规划中的安全监理工作内容及安全监理实施细则；

（2）审查施工单位报送的营业执照、企业资质和安全生产许可证；

（3）审查施工单位安全生产管理的组织机构，查验安全生产管理人员的安全生产考核合格证书和特种作业人员岗位资格证书；

（4）审查施工组织设计中的安全技术措施和专项施工方案；

（5）检查施工单位安全培训教育记录和安全技术措施的交底情况；

（6）检查施工单位制定的安全生产责任制度、安全检查制度和事故报告制度的执行情况；

（7）审查施工起重机械拆卸、安装和验收手续，签署相应表格；检查定期检测情况；

（8）进行施工现场安全巡视检查，填写监理日志；发现问题及时向专业监理工程师通报，并向总监理工程师报告；

（9）主持召开安全生产管理专题监理会议；

（10）起草并经总监理工程师授权签发有关安全生产管理的《监理通知单》；

（11）编写监理月报中的安全监理工作内容。

4）岩土专业监理工程师安全监理职责

（1）查阅地质勘察报告，了解施工场地的地层结构、土质分布、软质地层以及岩土的物理力学性质等；

（2）对影响工程稳定的不良地质现象，如古河道、暗塘、人工洞穴、地下设施、各种管道。详细巡视和监控；

（3）查明地下水的类型，埋藏情况，渗透性，水位季节性变化幅度，地下水对基坑开挖的影响等。在施工中观察地下水的变化情况，防止流砂、管涌、喷浆等情况的发生；

（4）在施工中观察记录围岩的土质情况，分析基坑周边土质的稳定情况，提出防治围岩崩坍、滑落的措施；

（5）在施工中，检查人工降水情况，定期检测地下水位。防止流砂、管涌、喷浆等情况的发生。在施工全过程中的安全管理必定是相互配合一体化的，通过安全方案引路、全员安全培训、全程安全管理检查、文件记录跟踪、每周安全例会讲评等方式，实现相互对口闭环管理运行。

5）其他专业监理工程师安全监理职责

（1）参与编写安全生产管理的监理实施细则；

（2）审查施工组织设计或施工方案中本专业的安全技术措施；

（3）审查本专业的危险性较大的分部分项工程的专项施工方案；

（4）检查本专业施工安全状况，发现问题向负责安全生产管理的监理人员通报或向总监理工程师报告；

（5）参加本专业安全防护设施检查、验收并在相应表格上签署意见。

（四）项目安全管理人员资格

1. 施工单位的安全管理人员

依据《关于贯彻执行〈建筑施工单位主要负责人、项目负责人和专职安全生产管理人员安全生产考核管理暂行规定〉的通知》（京建科教 2004-199 号），这三类安全生产管理人员资格要求如下：

（1）应当具备相应文化程度、专业技术职称和一定安全生产工作经历；

（2）与企业确立劳动关系；

（3）必须经建设行政主管部门安全生产考核合格，取得建设行政主管部门颁发的《安全生产考核合格证书》（分别为 A、B、C 本），方可担任相应的职务；

（4）证书有效期 3 年，到期后应再行考核，合格后延期 3 年。

2. 监理单位的安全管理人员

（1）国家注册安全工程师，其执业资格及有效期、继续教育等均应按相关规定执行，可在项目部担任安全总监。如国家注册安全工程师数量不足，可由总监理工程师授权给具有工程类注册执业资格或具有中级及以上专业技术职称、2 年及以上工程实际经验并经监理业务培训的人员担任安全总监。

（2）安全监理员，任职资格符合相关规定，经考核合格取得"安全监理员考试合规证书"后，可从事现场安全管理的具体工作。

五、危险性较大的分部分项工程的监管

《危险性较大的分部分项工程安全管理规定》（住建部 2018 第 37 号令）指出，房屋建筑和市政基础设施工程中危险性较大的分部分项工程（以下简称"危大工程"）是在施工过程中，容易导致人员群死群伤或者造成重大经济损失的分部分项工程，其中有分出了超过一定规模的危大工程（以下简称"超危大工程"），其范围由国务院住房城乡建设主管部门制定，省级住房城乡建设主管部门可以结合本地区实际情况，补充本地区危大工程范围。城市轨道交通土建工程中各种工法施工的区间、车站及车辆段中都有涉及，主要包括：基坑支护、降水；土方开挖；模板工程及支撑体系；起重吊装及安装拆卸；脚手架；拆除、爆破；其他危大工程（如临时用电、消防工程、冬雨期施工等）。

（一）国家行政主管部门的监管

1. 国务院住房城乡建设主管部门负责全国危大工程安全管理的指导监督。

2. 县级以上地方人民政府住房城乡建设主管部门负责本行政区域内危大工程的安全监督管理。

（1）应当根据监督工作计划对危大工程进行抽查。

（2）可以通过政府购买技术服务方式，聘请具有专业技术能力的单位和人员对危大工程进行检查，所需费用向本级财政申请予以保障。

（3）在监督抽查中发现危大工程存在安全隐患的，应当责令施工单位整改；重大安全事故隐患排除前或者排除过程中无法保证安全的，责令从危险区域内撤出作业人员或者暂时停止施工；对依法应当给予行政处罚的行为，应当依法作出行政处罚决定。

（4）应当将单位和个人的处罚信息纳入建筑施工安全生产不良信用记录。

3. 县级以上地方人民政府住房城乡建设主管部门或者所属施工安全监督机构的，工作人员未依法履行危大工程安全监督管理职责的，依照有关规定给予处分。

（二）建设单位的管控

1. 应当依法提供真实、准确、完整的工程地质、水文地质和工程周边环境等资料。

2. 应当组织勘察、设计等单位在施工招标文件中列出危大工程清单，要求施工单位在投标时补充完善危大工程清单并明确相应的安全管理措施。

3. 应当按照施工合同约定及时支付危大工程施工技术措施费以及相应的安全防护文明施工措施费，保障危大工程施工安全。

4. 在申请办理安全监督手续时，应当提交危大工程清单及其安全管理措施等资料。

5. 危大工程发生事故后，建设、勘察、设计、监理等单位应当配合施工单位开展应急抢险工作。应急抢险结束后，建设单位应当组织勘察、设计、施工、监理等单位制定工程恢复方案，并对应急抢险工作进行后评估。

（三）勘察单位的管控

应当根据工程实际及工程周边环境资料，在勘察文件中说明地质条件可能造成的工程风险。

（四）设计单位的管控

应当在设计文件中注明涉及危大工程的重点部位和环节，提出保障工程周边环境安全和工程施工安全的意见，必要时进行专项设计。

（五）施工单位的管控

1. 安全专项施工方案编制

由施工单位项目经理部技术人员编制，若为专业分包工程，则由分包单位技术人员编制，主要内容应包括：

（1）工程概况；

（2）编制依据；

（3）工程地质水文地质条件；

（4）工程重、难点；

（5）风险因素分析；

（6）施工方案和主要施工工艺；

（7）安全技术保证措施，包括以下内容：监测实施方案、监控量测控制指标和标准（含阶段性控制值）、组织管理措施、工程环境保护措施等；

（8）应急预案；

（9）计算书及相关图纸。

2. 专项施工方案的审核与交底

1）专项施工方案、危大工程专项方案应由施工单位技术、安全、质量等部门的专业技术人员进行审核，合格后，由施工单位技术负责人签字，加盖单位公章。实行分包的，由总承包单位技术负责人及分包单位技术负责人共同审核签字并加盖单位公章。然后报监理单位审核，满足要求总监理工程师签字批准，加盖执业印章后方可实施。

2）对于超过一定规模的危大工程专项方案，施工单位和总监理工程师审核后，需由施工总承包单位组织召开专家论证会。

（1）设区的市级以上地方人民政府住房城乡建设主管部门应当建立专家库，制定专家库管理制度，建立专家诚信档案，并向社会公布，接受社会监督。专家应从专家库中选取，符合专业要求且人数不得少于5名。与本工程有利害关系的人员不得以专家身份参加专家论证会。

（2）专家论证会后，应当形成论证报告，对专项施工方案提出通过、修改后通过或者不通过的一致意见。专家对论证报告负责并签字确认。

（3）专项施工方案经论证需修改后通过的，施工单位应当根据论证报告修改完善后，重新履行相关程序。论证不通过，施工单位修改后应重新组织专家论证。

（4）应在施工现场显著位置公告危大工程名称、施工时间和具体责任人员，并在危险区域设置安全警示标志。

3）专项施工方案实施前，编制人员或者项目技术负责人应当向施工现场管理人员进行方案交底。随之，后者向作业人员进行安全技术交底，并由双方和项目专职安全生产管理人员共同签字确认。

3. 应当严格按照专项施工方案组织施工，不得擅自修改专项施工方案。

（1）因规划调整、设计变更等原因确需调整的，修改后的专项施工方案应当按照本规定重新审核和论证。涉及资金或者工期调整的，建设单位应当按照约定予以调整。

（2）应当对危大工程施工作业人员进行登记，项目负责人应当在施工现场履职。

（3）专职安全生产管理人员应现场监督方案实施，对未按照方案施工的，要求立即整改，并报告项目负责人及时组织限期整改。

（4）按照规定对危大工程进行施工监测和安全巡视，发现危及人身安全的紧急情况，应当立即组织作业人员撤离危险区域。

4. 危大工程验收合格后，应在施工现场明显位置设置验收标识牌，公示验收时间及责任人员。

5. 危大工程发生险情或者事故时，应立即采取应急处置措施，并报告工程所在地住房城乡建设主管部门。

（六）监理单位的管控

1. 编制监理实施细则

施工前应按照监理规划编制危大工程的监理实施细则，细则中应明确危险性较大分部分项工程安全生产管理的监理工作责任人、检查项目、检查重点、检查方法和检查频率以及风险点，施工中按照细则进行安全检查详细记录。

2. 审查危大工程专项施工方案，审查内容主要包括：

（1）编制、审核程序应符合相关规定；

（2）内容符合工程建设强制性标准；

（3）总监理工程师应参加专家论证会，对论证后需做修改的方案，应督促施工单位按照论证报告要求修改完善方案，重新组织专家论证。

3. 参加验收

对于按规定需要验收的危大工程，应参加施工单位组织的验收。验收合格经施工单位项目技术负责人及项目总监理工程师签字后，方可进入下一道工序。

4. 督促施工单位严格按照专项方案施工

不得擅自修改、调整方案，如因设计变更、施工条件变化等确需修改的，应要求施工单位重新组织审批或论证。

5. 对违规的处理

对施工单位不按专项施工方案实施、存在安全隐患的，应当要求整改，情况严重的，应要求施工单位暂停施工，并及时报告建设单位；拒不整改的或者不停止施工的，应及时向建设单位书面报告，并征得同意后，及时向主管部门提交《监理报告》。

6. 超危大工程监理工作内容

（1）对于基坑工程，应通过原材料进场检验、隐蔽工程验收、混凝土工程旁站等手段实施监理，并应督促施工单位和第三方监测单位按照监测方案落实监测工作。

（2）对于模板工程及支撑体系，应在安装前对所用原材料进行抽查，不符合相关标准的不得使用；安装过程中定期巡视，检查确实按专项施工方案施工，安装完成后参加验收，对发现的问题督促施工单位整改。

（3）应检查设备的定期检测报告，检查相关单位确实按照专项施工方案作业，现场各项安全措施已落实。

（4）对于脚手架工程，应检查专项施工方案的落实情况，检查作业人员上岗资格，参加脚手架工程的验收，签署监理意见。

（5）对于拆除、爆破工程，应检查施工单位企业质、作业人员上岗资格以及专项施工方案落实情况。

（6）对于其他超过一定规模的危险性较大分部分项工程，应按照有关规定开展监理工作。

（七）监测单位的管控

对于按照规定需要进行第三方监测的危大工程，建设单位应当委托具有相应资质的单位进行监测。监测单位的工作详见第六章相关内容。

（八）项目各参建单位的法律责任

项目各参建单位包括建设、勘察、设计、施工、监理、监测等单位及直接负责的主管人员和其他直接责任人员，均应按规定履行相应的职责，如工作违法、违规和失职将承担相应的法律责任，具体责任，详见《危险性较大的分部分项工程安全管理规定》。

六、关键节点施工前条件核查

近年来，城市轨道交通土建工程施工安全事故大多与各分项工程关键节点施工前风险预控不到位有关。为强化城市轨道交通工程关键节点（以下简称关键节点）施工前风险预控措施，提升关键节点风险管控水平，有效防范和遏制事故发生，住房和城乡建设部办公厅公布《关于加强城市轨道交通工程关键节点风险管控的通知》建办质[2017]68号（2017年11月1日发布并执行），参建单位应严格执行该通知的各项规定。

（一）确定关键节点

1. 关键节点

根据建办质[2017]68号文，关键节点是指轨道交通工程开（复）工或施工过程中风险较大、风险集中或工序转换时容易发生事故和险情的关键工序和重要部位。各种工法中的关键节点详见本节附表"关键节点分类清单"。

2. 关键节点核查程序

在关键节点施工前进行条件核查，由建设、监理、施工、勘察、设计、第三方监测等单位相关负责人参加，按以下程序进行。

（1）施工单位应对照清单确定在施工程的关键节点，并编制在施项目《关键节点识别清单》，报监理单位审批。

（2）监理单位对关键节点施工前条件进行预核查，通过后报建设单位。

（3）建设单位（或委托监理单位）依据相关制度规定和标准规范组织开展关键节点施工前条件核查。

（4）通过核查的，方可进行关键节点施工；未通过核查的，相关单位按照核查意见进行整改，整改完成后建设单位重新组织核查。

（二）关键节点风险管控内容

要按照城市轨道交通工程自身风险和周边环境特点及危险程度确定关键节点风险管控的具体内容。主要包括：

（1）勘察和设计交底的完成情况；

（2）专项施工方案编制、审批和专家论证情况；

（3）监测方案编制审批及落实情况；

（4）施工安全技术交底情况；

（5）安全技术措施落实情况；

（6）周边环境核查和保护措施落实情况；

（7）应急预案编制审批和救援物资储备情况；

（8）相关工程质量检测资料、法规、标准及合同约定的其他情况。

（三）项目条件核查实施

在贯彻上述文件的基础上，工程项目对每个关键节点的施工前核查，具体实施可参考如下方法。

1. 核查

（1）应由施工单位、监理单位和建设单位相关人员组成验收组，通过后方可施工。核查可按现场和内业资料两部分进行。

（2）核查可采用检查表法。将应检查的各项内容要点逐一列表，与现场实际进行对照，对不符合检查表要求的情况进行记录。

2. 下达开工令

条件核查通过后由施工单位填报开工报审表及相关资料，由总监理工程师签署审核意见，报送建设单位批准后签发工程开工令。

七、危险作业区域的安全管理

危险作业区域主要指施工现场的高空、临边、洞口、悬空作业区域等，在城市轨道交通工程中各工法中均涉及上述危险作业区域。施工单位应在施工组织设计或施工方案中制定安全技术措施，将危险、有害因素控制在安全范围内，监理单位监督施工单位认真落实。

（一）危险作业区范围

在土建工程中主要危险作业区包括以下几方面：

1. 高空作业

是指坠落高度基准面 2m 以上有可能坠落的高处进行的作业。

2. 临边作业

在工作面边沿无围护或围护设施高度低于 800mm 的高处作业，包括楼板边、楼梯段边、屋面边、阳台边、各类坑、沟、槽等边沿的高处作业。

3. 洞口作业

在地面、楼面、屋面和墙面等有可能使人和物料坠落，其坠落高度 ≥ 2m 的洞口处的高处作业。

4. 攀登作业

借助登高用具或登高设施进行的高处作业。

5. 悬空作业

在周边无任何防护设施或防护设施不能满足防护要求的临空状态下进行的高处作业。

6. 操作平台

由钢管、型钢及其他等效性能材料等组装搭设制作的供施工现场高处作业和载物的平台，包括移动式、落地式、悬挑式等平台。

7. 交叉作业

垂直空间贯通状态下，可能造成人员或物体坠落，并处于坠落半径范围内、上下左右不同层面的立体作业。

（二）安全防护设施

以上各种危险作业，可以单独或同时存在，因此施工单位应按《建设施工高处作业安全技术规范》JGJ80—2016等相关规范的要求，针对以上各种危险作业落实相应的防护措施。作业人员应充分认识自身作业区所存在的多种危险，认真做好自身防护。

1. 操作人员应按要求做好"三宝"、"四口"的相关佩戴及防护工作。

2. 坠落半径内应设置安全防护棚或安全防护网等安全隔离措施，且在周边应设置警戒隔离区，人员严禁进入隔离区。

3. 交叉作业中，下层作业位置应处于上层作业的坠落半径之外。

4. 高空作业坠落半径应按规范确定。安全防护棚和警戒隔离区范围的设置应视上层作业高度确定，并应大于坠落半径。不得在同一垂直方向上同时操作下侧作业的位置，必须出于依上层高度确定的可能坠落范围半径之外，否则中间必须设置防护层。

5. 在安全防护设施搭设完成后施工前，应按照当地相关标准及建设单位规定进行"几方验收"，并签字留存验收资料。

八、现场消防及临时用电安全管理

施工现场安全隐患项众多，火灾无疑位居前位，现场消防管理至关重要，动火和临时用电管理是消防管理中的重要部分，无论电器火花、明火火源都必须纳入动火安全管理中。

施工单位应按规定加强施工现场消防及动火安全管理，完善各项设施和制度，监理单位应监督施工单位按相关规定和要求落实现场消防设施，并对设施维修保养情况进行检查，确保满足应急启动要求。

（一）消防安全管理

1. 遵守消防安全管理规定

（1）施工现场应按照国家及当地主管部门的规定，确定施工现场消防管理机构并配备专（兼）职管理人员，制定消防管理制度，对施工人员进行消防知识教育，对现场进行检查、防控，做好消防安全工作。

（2）施工方案中应根据使用的机具、材料以及气候和现场环境状况，分析消防隐患与可能出现的火灾事故（事件），制定相应的防火措施及应急预案。

（3）施工现场应实行区域管理，作业区与办公区、生活区分开设置，并按规定配置相应的消防器材。

（4）施工现场使用的电气设备必须符合防火要求。

（5）现场一旦发生火灾事故，必须及时扑救，并保护现场，配合公安消防部门开展火灾原因调查。

2. 施工现场消防设施必须满足设置规定

（1）消防通道、临建、材料库、消防水管及标识的设置应符合《建设工程施工现场消防安全技术规范》GB50720—2011中的规定。

（2）选择灭火器应符合现行《建筑灭火器配置设计规范》GB 50140—2005的规定。

（二）现场动火安全管理

从动火前、动火中及动火后多方面进行管理，最大限度地减小及杜绝火灾事故的发生。

1．必须建立动火管理制度和消防措施。

任何工序施工动火前须申请，作业人员领取动火证后，方可在指定地点、时间内作业。

2．材料库房、易燃材料堆放场、油库区必须设禁止烟火标志，严禁烟火。

3．现场焊接（切割）作业应遵守下列规定：

（1）焊工必须实行持证上岗制度，取得资质证书。

（2）施焊前，必须办理动火审批手续，方可操作。

（3）装过易燃液体或气体的管道、容器，未经彻底清除，严禁动焊接（切割）。

（4）焊（割）作业现场周围10m内的易燃、易爆物必须清除或采取隔离措施。

（5）作业现场应配备足够的消防器材。

（6）施焊（割）时，现场应设专人对消防、电气等安全状况进行监护。

（7）焊（割）作业完毕，必须检查现场，确认无遗留火种后，方可离开。

（三）临时用电安全管理

各工法的施工用电均为临时用电，使用时间长，范围广泛（地上、地下、隧道内等），环境条件差（潮湿、场地局促、照明不足等），安全风险较大，安全隐患较多，施工单位必须按照相关规定和标准，作好各项相应的安全管理。

1．对进入现场材料质量证明文件进行检查，严禁不合格材料进场。

2．编制专项施工方案和审核

（1）施工单位必须严格按照《施工现场临时用电安全技术规范》JGJ46—2005等规定，编制临时用电工程专项施工方案，内容应满足该规程要求，由技术负责人审核批准后报监理机构。

（2）方案经专业监理工程师审核后报总监理工程师审核，最后批准后实施。

3．施工过程中的管理

1）严格执行临时用电安全技术要求

（1）临时用电工程电工必须持证上岗工作。

（2）施工单位技术部门应在开工前编制专项临电方案，并对临时用电工程作业人员进行安全技术交底，资料应齐全、有效。

（3）配电系统采用三级配电、二级保护，漏电保护器参数符合要求。

（4）施工现场所有用电设备，按规定设置漏电保护装置，禁止擅自拉线或拆装用电设备。

（5）现场内各用电设备安装使用符合规范要求，维修保管专人负责。

2）加强对分包单位的管理

施工单位应与分包单位签订临时用电工程安全管理协议，明确安全责任，要求分包单位配备专职电气工程师组织专职电工维护临时供电系统。

4. 临时用电工程的验收管理

临时用电工程验收必须由施工单位组织，监理单位和使用单位共同参与，合格后方可投入使用。变更临电专项施工方案应及时补充有关图纸资料，并重新组织验收。必须建立安全技术档案，符合验收规定。

九、起重设备及大型机械、设施安全管理

城市轨道交通土建工程使用多种起重设备和大型机械，使用量巨大，使用时间长，其中部分属于危大工程和超过一定规模的危大工程，施工风险也相应增加。施工、监理单位必须严把安全管理关，确保起重设备及大型机械、设施使用安全。

（一）条件核查

按照建办质68号文的规定，起重吊装属于风险控制关键节点，龙门吊、塔吊等起重机械安装/拆卸（含起重量300kN及以上的其他起重设备），采用非常规起重设备、方法且单件起吊重量在100kN及以上的起重吊装施工（含多台起重设备协同等吊装作业），起吊前应进行条件核查，满足条件后，方可吊装。

（二）起重设备及大型机械、设施进场验收

1. 履行进场验收程序

对进入现场的起重设备及大型机械、设施，施工、监理单位按程序进行进场验收，管理要点同前。

2. 对承租机械的管理

承租的机械设备和施工机具及配件的，分包单位、出租单位和安装单位共同参与验收。验收合格的方可进场。其中塔式起重机、物料提升机等有特殊要求的设备应自验收合格之日起30日内，向建设行政主管部门或者其他有关部门登记，登记标志应当置于或者附着于该设备的显著位置。

3. 检测机构验收

施工单位在使用施工起重机械和整体提升脚手架、模板等自升式架设设施前，应当委托具有相应资质的检验检测机构进行验收。北京地区规定，塔式起重机应通过北京市特种设备检测中心由2名（或以上）具有起重机械检验员资格的人员，依据《施工现场塔式起重机检验规则》DB11/611—2008的规定进行检验，合格后出具检验报告，方可使用。其他地区依据当地规定。

（三）起重机械的安全管理

1. 编制、审核机械安装、拆卸专项方案

（1）施工前安装，工程完成后拆卸，施工单位必须编制机械设备安装、拆卸专项方案。

（2）起重机械安装和拆卸前，项目监理机构应对施工单位报送的《施工现场起重机械拆装报审表》及所附资料进行程序性核查，符合要求后方可安装、拆卸。

2. 安装和拆卸过程的管理

施工单位必须严格按照经批准的专项施工方案进行安装和拆除，若有情况变化，应补充方案，并履行审批手续。

3. 报审验收

（1）安装、拆卸前，项目监理机构应对施工单位报送的安装、拆卸报审表及所附资料进行程序性核查，符合要求后方可安装、拆卸。

（2）根据《特种设备安全监察条例》（中华人民共和国国务院令第549号，2009年）规定，施工起重机械，在验收前应当经有相应资质的检验检测机构监督检验合格。

（3）安装完成后，总监理工程师组织监理人员对其验收程序进行核查，检查起重机械必须安装在特定的基础上（龙门吊需安装龙门架），其安装基础必须稳固，确认其能保证正常运行后，在施工单位报送的《施工现场起重机械验收核查表》上签署意见。

（4）项目监理机构应对施工单位报送的除起重机械以外的其他施工机械也应履行报审手续。

4. 起重机械使用管理

（1）施工现场起重机械拆装前，监理人员应核查拆装单位的企业资质、租赁合同、设备的定期检测报告，合格后在相应的表格上签字。

（2）塔吊司机、指挥和操作必须持证上岗，监理单位应检查其具备特种作业人员上岗证。

（3）施工现场新安装或者停工6个月以上又重新使用的塔式起重机、龙门架（井字架）、整体提升脚手架等，在使用前必须组织由本企业的安全、施工等技术管理人员参加的检验，经检验合格后方可使用。不能自行检验的，可以委托当地建筑安全监督管理机构进行检验。

（4）严格执行各种设备的操作规程，坚持"十不吊"原则。在构件起重过程中，禁止作业人员停留在构件上。

（5）塔吊和吊车起重区域，不得有人停留或通过，应在设置警示标识。

（6）吊装机旋转半径内不准站人。操作时，机械臂距架空线要符合安全规定。

5. 群塔作业的技术管理

群塔作业是指施工作业区内有2台（含）以上塔吊，且塔臂转动区可相互交叉的作业，城市轨道交通土建工程施工中，若需要使用两台或以上的塔吊，应按群塔作业进行安全管理，其群塔运行原则、各项组织和技术措施详见第十四章第六节案例。

十、有限空间作业安全管理控制

有限空间是指封闭或部分封闭，进出口较为狭窄有限，未被设计为固定工作场所，自然通风不良，易造成有毒有害、易燃易爆物质积聚或氧含量不足的空间，一般分为密闭设备、地下有限空间、地上有限空间三类，各类中又分别含有具体的部位划分。

城市轨道交通土建施工中的有限空间作业包括地下有限空间，如暗挖法施工、地下管道、人工挖（扩）孔桩、暗沟、涵洞、地坑、废井、地窖、污水池（井）等，盾构工法中的仓内作业则属于密闭设备。在这些空间内的实施作业活动即是有限空间作业。有限空间作业安全管控要点如下：

（一）编制和审批安全专项施工方案

施工单位从事地下有限空间作业前应编制安全专项施工方案，并按规定进行内部签字审批和专家论证。经监理单位审批后，方可进行作业。

（二）作好资源准备

1.实行作业审批和资格上岗制度

（1）凡进入有限空间作业的，施工单位应实行作业审批制度，填写《建设工程有限空间危险作业审批表》，报项目负责人审批。未经审批的，任何人不得进入有限空间作业。

（2）从事有限空间作业的特种作业人员和监护人员应持有相应的资格证书，方可上岗作业。

2.配备必要的设备和防护用品

（1）施工单位在有限空间作业，应配备符合国家标准的通风、检测、照明及通信设备和个人防护用品以及应急救援设备。防护装备应妥善保管，并严格按照规定进行检验、维护，以保证安全有效。

（2）呼吸防护用品的选用应符合《呼吸防护用品的选择、使用与维护》GB/T 18664—2002 的要求。缺氧条件下作业，应符合《缺氧危险作业安全规程》GB 8958—2006 要求。

（三）规范有限空间作业

1.严格遵守"先检测，后作业"的原则

作业前根据实际情况，对有限空间内部可能存在的危害因素进行检测。在作业环境条件可能发生变化时，应对作业场所中危害因素进行持续或定时检测。

2.分析空间内的危害因素

（1）对随时可能产生有害气体或进行内防腐处理的有限空间作业时，施工单位应每隔30min必须进行分析，如有一项不合格以及出现其他情况异常，应立即停止作业并撤离作业人员；现场经处理并经检测符合要求后，重新进行审批，方可继续作业。

（2）实施检测时，检测人员应处于安全环境，未经检测或检测不合格的，严禁作业人员进入有限空间作业。

（3）检测指标应当包括氧浓度、易燃易爆物质浓度值、有毒有害气体浓度值等。检测工作应符合《工作场所空气中有害物质监测的采样规范》GBZ 159—2004。

（4）由施工单位自行检测，作业环境复杂、临时作业或施工单位缺乏必备检测条件时，应委托具有相应检测能力的专业检测机构检测。检测人应认真填写相关记录，由检测单位负责人审核并签字。

（5）根据检测结果，现场技术负责人组织评估，制定预防、消除和控制危害的措施，确保作业环境处于安全受控状态。危害评估依据为《缺氧危险作业安全规程》GB 8958—2006、《工作场所有害因素职业接触限值 第1部分：化学有害因素》GBZ 2.1—2007和《有毒作业分级》GB 12331—1990。

3.保护进入密闭空间作业人员

进入密闭空间作业时，应当至少有两人同行和工作。若空间只能容纳一人作业时，监护人应随时与正在作业的人取得联系，作预防性防护。

4.设置警示标志

应在有限空间入口处设置醒目的警示标志，告知存在的危害因素和防控措施。

5.采取通风措施

作业前和作业过程中，可采取强制性持续通风措施降低危险，保持空气流通。严禁用纯氧进行通风换气。

6.对可燃性气体或爆炸性粉尘采取措施

当作业可能存在可燃性气体或爆炸性粉尘时，应严格按上述要求进行"检测"和"通风"，并制定预防、消除和控制危害的措施。同时所用设备应符合防爆要求，作业人员应使用防爆工具，配备可燃气体报警仪器等。

十一、脚手架（模架）的安全管理

根据《建筑施工脚手架安全技术统一标准》GB51210—2016（以下简称《脚手架统一标准》）术语，脚手架是"由杆件或结构单元、配件通过可靠连接而组成，能承受相应荷载，具有安全防护功能，为建筑施工提供作业条件的结构架体，包括作业脚手架和支撑脚手架。"在城市轨道交通土建工程施工中，脚手架的运用十分广泛，类型众多，无论哪种类型的架体，保证其搭设及使用的安全是首位，对其安全质量的管理贯穿施工全过程。脚手架既是工程施工过程中必不可少的临时设施，又是高空、临边作业，由于脚手架、模架支撑体系方案有缺陷，或因操作工人不按规程作业，未执行安全技术交底要求，未正确使用防护用品等，都可能造成架体的坍塌、导致安全事故，其搭设与拆除的质量、使用、维护至关重要。因此严格做好现场相应的防护措施，作业人员应严格按规程操作，做好个人防护，以维护自身的健康和安全。

（一）脚手架的类型简介

脚手架从不同角度可以划分为多种类型，在此主要介绍以下三种划分类型：

1.按架体功能划分

（1）作业脚手架，简称作业架。在城市轨道交通土建工程中，支承于地面、建筑物上或附着于工程结构上,为建筑施工提供作业平台和安全防护;包括以各类不同杆件(构件)和节点形式构成的落地作业、悬挑、附着式升降等脚手架,多为封闭式,即采用密目安全网或钢丝网等材料将外侧立面全部遮挡封闭的作业脚手架。

(2)支撑脚手架,简称支撑架。高架区间(桥)、暗挖竖井、盖挖车站顶板、车辆基地内的大跨度建筑物的现浇钢筋混凝土工程,需要搭设支撑脚手架,在作业脚手架基础上,增加了承受结构荷载,为建筑施工提供支撑的作用。

2. 按架体结构划分

上述两类脚手架按架体与工程结构间的荷载传递方式又可分类,见表4-1-1。

脚手架按架体结构分类表　　　　　　　　　　　　　　表4-1-1

种类			结构特点
作业脚手架	落地式	单排	以连墙件或支座与建筑主体结构相连接
		双排	
		搭设在建筑物内外侧	
	附着式		通过支座将荷载传递给建筑结构
	悬挑式		通过悬挑支撑结构将荷载传递给建筑结构
支撑脚手架			多排多列立杆组成,无侧向支撑,或虽有侧向支撑(连墙件、缆风绳、侧向支撑杆),但侧向支撑起辅助侧向稳定作用

3. 按节点连接形式划分

各种脚手架按节点连接形式又分为多种,其构成、特点及适用范围,见表4-1-2。

脚手架类型和适用条件　　　　　　　　　　　　　　表4-1-2

分类		组成及基本构件	优缺点	适用范围
门式		标准型框架构成脚手架基本单元;门式框架、剪刀撑、水平梁架等; 梯型框架,用于承受重载,剪刀撑稳定脚手架纵向立面,水平梁架连接两框架顶端	优点:几何尺寸标准化;结构合理,受力性能好,承载能力高;施工中装拆容易、架设效率高,省工省时,经济适用。 缺点:构架尺寸无任何灵活性;交叉支撑易在中铰点处折断;定型脚手板较重	搭设高度一般限制在45m以内,采取一定措施可搭设60~70m。 采用标准门型框架、剪刀撑及其相应部件,搭建外脚手架,搭建里脚手架时,一般不能使用剪刀撑,需使用脚手架钢管作为横管、斜管进行加固; 采用梯型框架,可用作模板支架、活动平台,具有较多的功能。还可以搭设满堂红脚手架、临时看台和观礼台等
塔式	方塔式	由标准架、交叉斜撑、连接棒、可调底座、顶托等组成	优点:部件少,结构紧凑,装拆方便和承载力大,具有多种用途。 缺点:构件为定型杆件,构件组装受到限制	特别适合用于桥梁、水利水电工程受力大的模板支架,两种塔式脚手架均可搭设内、外脚手架。采用组塔方式,多塔组合可搭设操作平台、满堂红脚手架
	三角框塔式	由三角框架、端头连接杆、水平对角拉杆、可调底座、可调顶托等组成		

续表

分类	组成及基本构件	优缺点	适用范围
碗扣式	节点采用碗扣方式连接的钢管脚手架，根据其用途主要可分为双排脚手架和模板支撑架两类。构件:横杆、立杆、斜杆、底座、碗扣接头等	优点：承载力大，碗扣节点结构合理；组架形式灵活；各构件尺寸统一；装拆功效高，减轻劳动强度；安全可靠，维修少，运输方便。缺点：横杆未几种尺寸的定型杆，使构件组装受到限制；价格较贵；U形连接销易丢失	
扣件式	为建筑施工而搭设的、承受荷载的由扣件和钢管等构成的脚手架与支撑架。主要构件：立杆、大小横杆、斜杆、扣件、连墙杆、底座等。扣件有三种形式：直角（十字扣）：连接两根垂直交叉钢管；旋转（旋转扣）：连接两根任意角度交叉钢管；对接（一字扣）：对接两根钢管	优点：承载力较大；装拆方便，搭设灵活；比较经济。缺点：扣件易丢失；节点扣件偏心传递荷载；扣件节点的连接质量受扣件本身质量和人工操作的影响显著	工业与民用建筑施工；混凝土结构工程施工用模板支撑脚手架；高耸建筑物，如车辆段外架等结构施工用脚手架；上料平台及安装施工用满堂脚手架；栈桥、码头、公路高架桥施工用脚手架；其他临时建筑物的骨架等
安德固（ADG）脚手架	由北京安德固脚手架工程有限公司从法国引进，依据中国市场需求开发制造的插接自锁式钢管支架系列产品	优点：多功能组合、轻巧简便、搭拆方便、构造合理、施工占地小；承载力大、稳定性好，安全可靠；经抗腐蚀处理；产品系列标准化；使用低碳合金结构钢材料，强度高。缺点：横杆为几种尺寸的定型杆，使构件组装受限制；价格较贵；插销自锁性差	已成功应用于多项国家重点建设工程。如在北京国家游泳中心、机场新航站楼等工程。在地铁工程中有所应用。如北京地铁10号线五路停车场库房及上部开发库房模板支撑，北京地铁16号线北安河车辆段大型库房的顶板和梁的模板支架
承插型盘扣式钢管支架	立杆采用套管承插连接，水平杆和斜杆采用杆端扣接头卡入连接盘，用楔形插销连接，形成结构几何不变体系的钢管支架。立杆、水平杆、斜杆、可调底座、可调托座等	优点：搭拆速度快；杆件重量轻；承载能力大；整体稳定性好、安全可靠，比扣件式先进。缺点：连接横杆数量比碗扣接头多出1倍，价格较贵	根据用途可分为模板支架和脚手架两类，已在地铁工程中推广应用。如北京地铁16号线北安河车辆段的联检库、运用库的顶板和梁的模板支架

扣件式、碗扣式脚手架，见图4-1-4和图4-1-5。

图 4-1-4　扣件式脚手架

图 4-1-5　碗扣式脚手架

4. 关于承插型脚手架

门式、塔式、碗扣式、扣件式脚手架工程中较为常用，不再细述。近年来安德固脚手架和盘扣式脚手架由于其自身的优势也被逐渐采用，该两类脚手架均可划归为承插型，但以盘扣式脚手架最为典型，是模板架中的新型架体。技术起源于德国，为欧洲和美洲的主流产品。支撑架体系由带有圆盘的立杆，见图 4-1-6，横杆、斜杆及接头组成。圆盘上有八个孔，四个小孔为横杆专用，四个大孔为斜杆专用。横杆、斜杆先用插销与接头连接，接头特别依管的圆弧制造，保证与立杆钢管呈整面接触。接头与圆盘利用插销连接在一起，敲紧插销后，呈三点受力（接头上下二点及插销对圆盘一点），可以确保杆件与立杆牢固连结。增加支撑体系强度并传递水平力，横杆与其接头端部采用满焊固定，力量传递无误。而斜杆头为可转动接头，以铆钉将斜杆头与钢管身固定。立杆以四方管连接棒为主，连接棒固定在立杆上，不用另外的接头组件来组合，可省却材料遗失及整理的麻烦。

安德固（ADG）脚手架，见图 4-1-6 和图 4-1-7；盘扣式脚手架节点构造，见图 4-1-8 和图 4-1-9。

图 4-1-6　安德固（ADG）脚手架

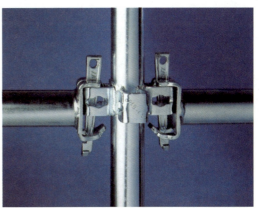

图 4-1-7　安德固（ADG）脚手架节点

图 4-1-8　带有圆盘的立杆

图 4-1-9　盘扣式脚手架节点构造

（二）作业脚手架（简称脚手架）工程管理

1. 资源准备

1）脚手架的搭设和拆除均应由专业分包单位实施，施工（总包）单位可通过招投标择优选定分包单位，并对其进行严格管理。分包单位应建立脚手架工程施工安全管理、检查、考核制度。

2）搭设人员必须经过培训，取得建筑施工脚手架特种作业操作资格证书后方可上岗。作业时，必须佩挂安全带。

3）对进场的机械设备和施工机具，要求供应商提供生产（制造）许可证、产品合格证。

4）搭设脚手架的材料和配件按程序组织进场验收，质量合格证明资料和检验报告必须齐全有效，工厂化生产的主要承力杆件、涉及结构安全的构件应具有功能测试检验报告、型式检验报告；实量实测外观质量必须合格，数量、规格符合脚手架设计文件的要求。

5）随机抽样检验样品外观，抽样比例应符合《建筑施工脚手架安全技术统一标准》GB51210—2016 的如下规定。

（1）按材料、构配件和设备的品种、规格应抽检 1%～3%；

（2）安全锁扣、防坠装置、支座等重要构配件应全数检验；

（3）周转使用的经过维修的材料、构配件和设备抽检比例不应少于 3%。

2. 现场条件准备

（1）脚手架的搭设场地应平整、坚实，场地排水应顺畅，不应有积水。

（2）在现场显著位置设置危大工程公告牌，并在危险区域设置安全警示标志。

3. 技术准备

1）正确选择脚手架类型。施工单位应根据不同工法、不同在施部位的需要，从安全及经济角度选择最适宜的脚手架种类。

2）确定脚手架工程危险类别

建办质 [2018]31 号文规定了属于危大及超危大工程脚手架的范围，见表 4-1-3。施工单位应按该规定确定在施部位脚手架的危险类别，按相应规定管理。

危大及超危大工程脚手架的范围　　　　　　　　表 4-1-3

脚手架类型	属于危大工程的范围	属于超危大工程的范围
落地式钢管脚手架（包括采光井、电梯井脚手架）	搭设高度 24m 及以上	搭设高度 50m 及以上
附着式升降脚手架	附着式升降脚手架	提升高度 150m 及以上的附着式升降脚手架工程或附着式升降操作平台
悬挑式脚手架	悬挑式脚手架	分段架体搭设高度 20m 及以上
高处作业吊篮	高处作业吊篮	
卸料平台、操作平台	卸料平台、操作平台	
异型脚手架	异型脚手架	

3）脚手架专项方案的编制与审批，实行分类管理。

分包单位应根据工程特点编制架搭设专项施工方案，并履行审批程序。

（1）一般脚手架专项方案，应履行施工单位内部审批程序，批准后报项目监理机构审批。

（2）属于危大工程的脚手架专项施工方案，实行施工总承包的，由施工总承包单位组织编制，由其技术负责人审核签字、加盖单位公章；实行分包的，可以由分包单位组织编制，由总承包单位技术负责人及分包单位技术负责人共同审核签字并加盖单位公章。两种情况均应由总监理工程师审查、批准签字、加盖执业印章后方可实施。

（3）对于超危大工程的脚手架专项方案，实行施工总承包的，通过施工单位审核和总监理工程师审查后，施工（总承包）单位组织召开专家论证会（专家人数及选取，按当地主管部门规定执行），并根据专家论证报告修改完善，经施工单位技术负责人、项目总监理工程师签字后，方可组织实施。

（4）脚手架专项方案主要内容应满足《建筑施工脚手架安全技术统一标准》GB51210—2016 的规定。

（三）作业脚手架搭设的质量管理

无论何种脚手架，必须做到两点，即：脚手架与建筑结构必须连接紧密使荷载得以传递，架体自身的节点连接必须牢固可靠。

1. 方案交底

搭设前，项目技术负责人应当向现场管理人员、操作班组、作业人员进行方案交底。

2. 搭设应符合规范要求

各类型脚手架应按专项施工方案搭设，搭设方法、构造要求等应相应符合《建筑施工扣件式钢管脚手架安全技术规范》JGJ130—2011、《建筑施工碗扣式钢管脚手架安全技术规范》JGJ166—2016 及《建筑施工承插型盘扣式钢管支架安全技术规程》JGJ231—2010 等相关规范要求。对不按专项方案实施的，应按规定程序报告。

3. 脚手架使用前验收

（1）在落地作业脚手架、悬挑脚手架、支撑脚手架达到设计高度后，附着式升降脚手架安装就位后，应对脚手架搭设施工质量进行完工验收。判定脚手架搭设质量应符合上述相关规范、规程的要求。

（2）由施工单位组织验收，施工单位和项目两级技术人员、安全、质量管理人员，及总监和专业监理工程师参加，验收合格，经施工单位项目技术负责人及总监理工程师签字后，方可进入后续工序的施工。

（3）斜杆、连墙件、十字撑等保证架体不变形的构配件应设置完善，基础严禁出现不均匀沉降。

（4）同时还应按照危大工程管理和各地方标准要求进行验收，验收人员应具备相应资格。

(四)脚手架使用中的安全管理

脚手架在使用过程中应分阶段进行检查、监护、维护、保养,特别应注意定期检查和特定条件的检查,发现问题及时解决以确保安全。

1. 定期检查项目

(1)主要受力杆件、剪刀撑等加固杆件、连墙件应无缺失、无松动,架体应无明显变形;

(2)场地应无积水,立杆底端应无松动、无悬空;

(3)安全防护设施应齐全、有效,应无损坏缺失;

(4)附着式升降脚手架支座应牢固,防倾、防坠装置应处于良好工作状态,架体升降应正常平稳;

(5)悬挑脚手架的悬挑支承结构应固定牢固。

2. 特定条件的检查

当脚手架遇有下列情况之一时,应进行检查,确认安全后方可继续使用:

(1)遇有6级及以上强风或大雨过后;

(2)冻结的地基土解冻后;

(3)停用超过1个月;

(4)架体部分拆除;

(5)其他特殊情况。

3. 按程序组织脚手架分项工程验收。

(五)脚手架拆除的管理

1. 编制专项方案

拆除前编制脚手架拆除专项方案,或与搭设方案一并编制并履行审批手续。向作业人员交底。

2. 划出安全作业区

划出安全作业区并树立标志,禁止行人进入。全面检查脚手架的连接、支撑体系等必须符合构造要求。

3. 按专项方案规定组织拆除,符合上述相应技术标准的规定。

4. 统一指挥,上下呼应,动作协调配合,以防坠落。

(六)支撑脚手架质量安全管理

支撑脚手架用于临空构筑物的混凝土浇筑,也称模板支架,其中架体的各种杆件构造要求同脚手架。它与各类模板组成模架支撑体系,在城市轨道交通土建工程中的车站主体结构、高架区间结构、车辆基地中大型库房的劲钢混凝土结构的现浇混凝土工程中广泛使用。

施工准备管理基本同作业脚手架,不再重复,只需注意危大及超危大模板支撑体系,如表4-1-4,此处仅叙述模板支撑体系搭设管理。

危大及超危大工程模架支撑体系的范围　　　　　　　　　　　　　　　　表 4-1-4

模板类型	属于危大工程的范围	属于超危大工程的范围
各类工具式模板工程	滑模、爬模、飞模、隧道模等工程	滑模、爬模、飞模、隧道模等工程
混凝土模板支撑工程	1. 搭设高度 5m 及以上，或搭设跨度 10m 及以上。 2. 施工总荷载（荷载效应基本组合的设计值，以下简称设计值）10kN/m² 及以上。 3. 集中线荷载（设计值）15kN/m 及以上。 4. 高度大于支撑水平投影宽度且相对独立无联系构件的混凝土模板支撑工程	1. 搭设高度 8m 及以上，或搭设跨度 18m 及以上。 2. 施工总荷载（设计值）15kN/m² 及以上。 3. 集中线荷载（设计值）20kN/m 及以上
承重支撑体系	用于钢结构安装等满堂支撑体系	用于钢结构安装等满堂支撑体系，承受单点集中荷载 7kN 及以上

1. 模板及支撑体系专项方案的管理

应满足《建筑施工高处作业安全技术规范》JGJ80—2016 中关于模板及支撑体系的如下具体要求：

（1）绘制支撑系统的平面图和立面图，并注明间距及剪刀撑的位置。绘制模板设计图，包括细部构造大样图和节点大样图，注明所选材料的规格、尺寸和连接方法；

（2）根据施工条件确定荷载，并按所有可能产生的荷载中最不利组合验算模板整体结构和支撑系统的强度、刚度和稳定性，并有相应的计算书；

（3）制定模板的制作、安装和拆除等程序、方法和安全措施。

2. 地基处理

搭设前，应由项目技术负责人组织对需要处理或加固的地基、基础进行验收，并留存记录。

3. 支撑体系必须独立

模板支架系统应为独立的系统，必须牢固、稳定，支撑点应设置在可靠处，禁止与物料提升机、施工升降机、塔吊等起重设备钢结构架体机身及其附着设施相连接；禁止与施工脚手架、物料周转料平台等架体相连接。

4. 按专项施工方案支模

作业程序不得简化，按模板编号安装，模板未固定前不得进行下一道工序。

5. 搭设完成后进行验收，详见作业脚手架。

6. 荷载分析

当在多层楼板上连续搭设支撑脚手架时，应分析多层楼板间荷载传递对支撑脚手架、建筑结构的影响，上下层支撑脚手架的立杆宜对位设置。

7. 预压

需设置模架的墩、柱、梁、板等多为自重较大的混凝土构件，且临空浇筑，大部分属于危大工程，对其支撑架体的安全性、可靠性、稳定性要求较高，构件在浇筑前宜进行预压，经过逐次预加载完成，使荷载与变形关系趋于稳定，消除支架及地基的非弹性变形且得到支架的变形值,以作为施工预留拱度的依据,同时测出地基沉降,为同类型的施工提供经验数据。预压合格后才能进行浇筑,这是确保施工安全的必备前提。根据《钢管满堂支架预压技术规程》JGJ/T194—2009 中内容,预压控制要点如下。

1)预压条件及要求

(1)地基条件、基础、构造形式相同和高度相近的支架,可选择代表性浇筑段进行预压,首次浇筑段的支架必须进行预压;

(2)模架预压荷载应符合设计要求;当设计无具体要求时,不应小于模架所承受最大施工荷载的 110%;

(3)模架预压可按支架所承受最大施工荷载的 60%、100%、110% 三级进行,预压荷载分布与模架施工荷载分布基本一致,加载重量偏差应控制在 ±5% 以内;

(4)模架预压加载和卸载应按照对称、分层、分级的原则进行,严禁集中加载和卸载。

2)模板及支撑体系监测点布置要求

按相关要求应对模架预压前、预压中及结束后变化值进行记录和对比,要布置各类监测点,每种架体对于监测点布置的侧重点有所不同,在地铁工程中满堂红脚手架是模架中的重点,其监测点布置要求如下:

(1)监测断面应设置在预压区域的两端及间隔 1/4 长度位置;

(2)每个监测断面的基础及支架顶面应对称混凝土梁中心线各布置 5 个以上监测点。

3)模架预压监测频率要求

(1)模架加载前,应监测记录各监测点初始值;

(2)每级加载完成 1h 后进行支架的变形观测,以后间隔 6h 监测记录各监测点的位移量,当相邻两次监测位移平均值之差不大于 2mm 时,方可进行后续加载;

(3)全部预压荷载施加完成后,应间隔 6h 监测记录各监测点的位移量;当连续 12h 监测位移平均值不大于 2mm 时,方可卸除预压荷载;

(4)模架卸载 6h 后,应监测记录各监测点位移量。

8. 模板及支撑体系拆除管理

模板支撑脚手架的拆除基本要求同作业脚手架的拆除,只需注意的是,混凝土强度必须达到设计要求,并应履行申请、批准手续。

十二、安全事故及处置

城市轨道交通工程建设是一个复杂的系统工程,安全风险存在于系统的各个环节和过程,任何环节的施工及管理不当都可能造成安全质量事故,防患于未然,做好预控是最有效的措施。

业内专家对对 1995～2012 年近 18 年来国内外城市轨道交通工程建设过程中的安全质量事故进行了广泛的调研和统计分析,总结出事故的分类和特征。

（一）事故分类及其原因

为使城市轨道交通土建工程现场参建人员能够快速、准确地判断事故类型，并在此基础上制定相应的应对措施，统计资料中常见如下几种破坏形式。

所得结果见图4-1-10，在同一事故案例中，当多种表现形式并存时，按其主要破坏形式为依据进行分类。

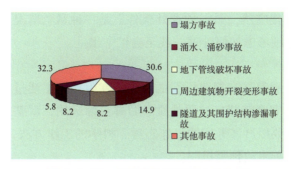

图4-1-10　各种事故形态所占的比例

1.塌方事故

所占比例最大，这是因为塌方事故的诱发因素众多，部分涌水、涌砂以及管线破坏事故外在的表现形式就是塌方。

2.涌水、涌砂事故

说明"水"在地下工程施工中的危害作用极大。

3.地下管线破坏事故、周边建筑物开裂变形事故、隧道及其围护结构渗漏事故。

4.其他事故

所占比例也较大，主要是因为诱发因素包括设计因素、不规范施工以及管理因素等，因此，加强设计、施工过程控制管理是避免安全质量事故的重要内容。

通过对施工过程中安全质量事故的案例分析可以看出，安全质量事故的发生并非偶然，而是具有明显的规律可循，偶然性中存在着必然。

只有在对事故机理、诱因分析的基础上，施工中采取切实可行的控制措施，才能有效地减少和避免安全质量事故的发生。

安全质量事故是生产经营单位在生产经营活动中（包括与生产经营有关的活动）突然发生的，伤害人身安全和健康，或者损坏设备设施，或者造成经济损失的，导致原生产经营活动（包括与生产经营活动有关的活动）暂时中止或永远终止的意外事件。

（二）事故的主要特征

事故会导致人员伤亡，财产损失，而且不同类型事故的表现形式千差万别，但大部分事故发生基本上具有以下主要特征：

1.关联性

事故的发生需要很多相互关联的因素共同作用，最常见的因素就是人与物的不安

2. 潜伏性

事故尚未发生或尚未造成后果的时候似乎一切都处于"正常"和"平静"状态，但是只要事故隐患没有消除，处于潜伏状态，事故就会存在发生的可能，事故发生的时间、地点、造成的伤害程度等很难预测。

3. 突发性

事故的发生往往很突然，是一种意外事件，是一种紧急情况，常常使人感到措手不及。几乎没时间仔细考虑如何处理，甚至会忙中出乱。

4. 可预防性

事故的发生、发展都是有规律可循的。人们在生产和生活过程中，积累和掌握了相当多的安全知识和安全技能，只要认真学习并灵活运用，就基本上能够确保生产活动的安全。参建各方要以严谨务实的工作态度、科学的工作方法，认真做好风险评估、现场监测、建立和完善事故预警机制。

此外，通过政府有关部门强力监管，并采取行政、法律、经济等手段，完全能够有效防止和减少各类事故的发生。

（三）生产安全事故等级的划分

《生产安全事故报告和调查处理条例》（国务院令第493号）第三条规定，根据生产安全事故（以下简称事故）造成的人员伤亡或者直接经济损失，事故一般分为4个等级，此规定适用于一般经营活动，而在城市轨道交通土建施工中，生产安全事故受地上地下地质条件的未知因素变化，往往以突发事故形态出现，且后果严重，甚至产生次生、衍生的破坏和事故，故其安全事故的等级，除了按照493号文件划分方法外，还增加了继发后果和社会影响的判定因素，以北京为例，《北京市轨道工程施工突发事故应急预案》（2012年修订）规定，依据轨道工程施工突发事故造成的人员及财产损失等情况，由高到低划分为特别重大（Ⅰ级）、重大（Ⅱ级）、较大（Ⅲ级）、一般（Ⅳ级）四个级别，详见表4-1-5。凡符合表中条件之一，即为该级事故。

生产安全事故划分表 表4-1-5

突发事故等级	人员伤亡	或直接经济损失	继发后果和社会影响
特别重大事故	30人以上死亡，或者100人以上重伤（包括急性中毒，下同）	或者1亿元以上	造成军队或中央单位的供电、供水、通信等线路运行中断或城区大范围停水、停电、通信中断等，后果特别严重的；造成地上及周边重要建筑物、构筑物、桥梁、铁路等毁坏或丧失使用功能并出现二次伤亡事故，社会影响特别巨大的
重大事故	10人以上30人以下死亡，或者50人以上100人以下重伤	或者5000万元以上1亿元以下	造成城区较大范围停水、停电、通信中断等，后果严重的；造成地上及周边基础设施、建筑物、构筑物结构破坏并可能出现二次伤亡事故，造成重大社会影响的

续表

突发事故等级	人员伤亡	或直接经济损失	继发后果和社会影响
较大事故	3人以上10人以下死亡。或者10人以上50人以下重伤	或者1000万元以上5000万元以下	造成市政管线破坏，后果较大的；造成地上及周边建筑物、构筑物出现局部破损，社会影响较大的
一般事故	3人以下死亡或者10人以下重伤	或者100万元以上1000万元以下	

注：1.本等级划分所称的"以上"包括本数，所称的"以下"不包括本数。
2.各地应对突发事故可参考国家和工程当地的相关文件精神执行。
3.在事故的预防和处理中，施工单位应与建设单位、监理单位紧密配合，履行各自正常的工作职责。

（四）预控为主

住房和城乡建设部2017年8月22日发布《工程质量安全提升行动试点工作的通知》建质[2017]169号文，规定了在部分地区开展城市轨道交通工程双重预防机制试点，试点地区的工程参建单位应构建城市轨道交通工程安全风险分级管控和事故隐患排查治理双重预防机制，完善相关制度体系和技术保障措施，遏制重特大事故和减少一般事故发生。

施工单位和分包单位是现场生产活动的主要组织者和参与者，对各专业、各工序的重点环节，以预防为主，应做好以下安全管理工作。

1. 建立健全安全管理组织机构，落实施工安全管理人员分工和岗位职责。

2. 各种专项施工方案中明确危险源的识别、对策，安全施工技术措施必须符合相关强制性条文。

3. 严格执行危险性较大的分部、分项工程专项施工方案的规定。

4. 安全应急救援预案必须切实可行，并按计划进行安全紧急预案演习。

5. 投保安全责任险，详见前述。

（五）突发事故应急处置

1. 现场应急处置机构及应急保障

现场应成立以建设单位为总指挥、各参建单位（含施工单位、监理单位、设计单位、监测单位等）参加的应急抢险指挥部。各施工单位建立相应的抢险小组，并配备相应的抢险应急物资和应急设备，监理单位负责检查落实。

为做好轨道交通建设施工突发事故的应急处理，应建立统一、规范、有序、高效的应急指挥体系和应急管理工作机制，应预先建立和准备轨道交通施工突发事故所需要的技术专家咨询、抢险队伍、设备物资等应急处理资源，并加强轨道交通建设施工各有关单位之间的协调联动，共同应对并妥善处置突发事故，最大限度减少人员和财产损失，维护社会稳定。

2. 启动突发事故应急预案

根据轨道交通工程建设中典型的明挖法、暗挖法及盾构法的地下工程土建施工中常见突发工程自身和周边环境事件影响分类，出现以下情况的应启动突发事故应急预案。

（1）造成道路坍塌的；引起人员伤亡的；致使社会和居民人员交通、安全无保障，社会影响特别严重，且事态还在进一步发展的。

（2）暗挖、盾构过河渗漏或进水引起人员伤亡的、造成隧道内大型设备损坏的。

（3）市政管线破坏或影响面较大的，具备以下条件之一的，应立即启动应急预案。

由于轨道工程施工，造成军队或中央单位的供电、供水、通信等线路运行中断或城区大范围停水、停电、通信中断等，后果特别严重的；造成市政管线破坏，后果较大的；造成城区较大范围停水、停电、通信中断等，后果严重的；造成市政管线破坏，后果较大的。

（4）周边建筑物、构筑物变形过大或破坏，应立即启动应急预案。

造成地上及周边建筑物、构筑物变形过大或局部破损、结构破坏、毁坏或丧失使用功能并出现二次伤亡事故，社会影响大的。

3. 突发事故应急处置（救援）程序

依据《中华人民共和国国务院令》（第493号《生产安全事故报告和调查处理条例》2007年3月28日国务院第172次常务会议通过，现予公布，自2007年6月1日起施行）。一旦发生事故，各参建单位都必须按照该条例进行处置。事故应急处置程序见图4-1-11。

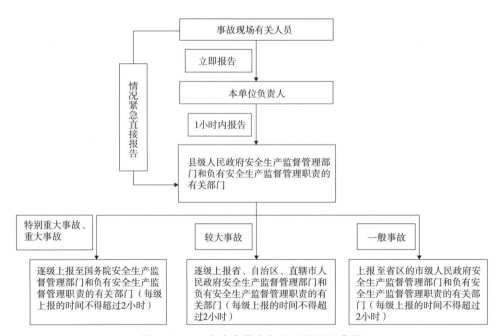

图 4-1-11　安全事故应急处理程序示意图

注：在城市轨道交通土建工程施工中，现场若出现安全事故，各参建方尤其是施工单位有关管理人员在立即上报本单位负责人的同时，也应上报所在标段的总监及建设单位标段负责人，本标段总监及建设单位标段负责人在收到事故报告后按照各自企业的规定程序逐级上报。

4. 事故报告制度

现场发生突然事故后，在事发现场的从业人员、管理人员和其他人员有义务采取任何方式以最快的速度立即向本单位负责人报告；单位负责人接到报告后，应当于1

小时内向事故发生地县级以上人民政府安全生产监督管理部门和负有安全生产监督管理职责的有关部门报告。

情况紧急时，事故现场有关人员可以直接向事故发生地县级以上人民政府安全生产监督管理部门和负有安全生产监督管理职责的有关部门报告。事故书面报告应当包括以下内容：

（1）事故发生单位概况；
（2）事故发生的时间、地点以及事故现场情况；
（3）事故的简要经过；
（4）事故已经造成或者可能造成的伤亡人数（包括下落不明的人数）和初步估计的直接经济损失；
（5）事故对工程安全、工程周边建筑物及地下管线、社会公众的影响、损失；
（6）事故发生原因的初步判断；
（7）已经采取的措施及事故控制情况；
（8）其他应当报告的情况。

5. 监理单位突发事故应对

监理单位作为建设单位委托的项目现场施工管理者，依据相关法规对城市轨道交通土建工程施工安全履行监理责任，一旦发生前述的四类突发事故，应协助建设单位、政府安全监督执法部门进行积极应对。

1）项目监理部成立事故应急处置（救援）小组

组长：总监理工程师；副组长：总监代表、安全工程师；组员：现场监理人员。

2）应急处置（救援）职责

（1）监理工程师在处置施工现场的突发事件时，必须积极、慎重、冷静、规范，在任何情况下相关人员必须坚守岗位，配合建设单位、督促施工总包单位启动紧急状态下各项针对性的应急救援措施，努力把事故造成的危害、损失、影响等降低到最低程度。

（2）监理单位主管领导根据事故的性质和状态向项目监理部做出指示，并立即赶赴事故现场协助事故处理；监督事故预防措施的实施。

3）报告救援

现场发生突然事故后，监理人员应立即向总监或总监代表口头报告，由总监同时向监理单位、建设单位报告。当事故状态可控时，监理部人员在确保自身安全的前提下参与救援，注意防止二次伤害。当事故状态不可控时，应通知施工单位联系专业救援队伍救援。

4）调查与取证

事故发生后，协助建设单位对事故进行调查，提供与事故相关的证据，包括：影视、声像、文字语言、实物证据等，以利对事故的调查、取证和索赔。当事故与监理单位有关系，监理人员有责任时，接收调查组对事故的处理决定。

5）善后处理

突发事故处理结束后，督促施工单位，做好伤亡职工抚恤及其家属的安抚工作。疏导现场员工的心理纠结，恢复情绪保持正常精神状态投入复工生产。

附表：关键节点分类清单（参考），见表4-1-6。摘自建办质[2017]68号《住房和城乡建设部办公厅关于加强城市轨道交通工程关键节点风险管控的通知》。

关键节点分类清单（参考） 表4-1-6

类别	关键节点名称	备注
明挖	深基坑开挖（车站、附属工程、风井）	降水、围护结构、地基处理等开挖准备
暗挖	竖井开挖	
	马头门开挖	开口宽度小于6m的首次；开口宽度大于6m的全部
	多导洞施工扣拱开挖	首次
	大断面临时支护拆除	首段
	扩大段开挖	首循环
	仰挖、俯挖	首循环
	钻爆法开挖	首次
	穿越重大风险或复杂环境	穿越既有铁路、地铁隧道、高速公路、江河湖海、密集建筑群、重要建筑物、文物、重要管线（中压及以上的燃气管道、高压输油管及大体量雨水箱涵、大直径污水管等）、有毒有害气体地层、高架桥等
	围岩等级突变处开挖	降低2个（含）等级
	区间联络通道开口施工	
盾构	深基坑开挖（始发井、接收井）	降水、围护结构、地基处理等开挖准备
	盾构始发	
	盾构到达	
	盾构开仓	
	盾构机吊装	
	空推段	
	穿越重大风险或复杂环境	穿越既有铁路、地铁隧道、高速公路、江河湖海、密集建筑群、重要建筑物、文物、重要管线（中压及以上的燃气管道、高压输油管及大体量雨水箱涵、大直径污水管等）、有毒有害气体地层、高架桥等
	工程自身重大风险	叠落隧道上洞施工、覆土厚度不大于盾构直径的浅覆土层地段、平行盾构隧道净间距小于盾构直径70%的小净距地段、大坡度（大于3%）等特殊地段施工

续表

类别	关键节点名称	备注
盾构	区间联络通道开口施工	
高架	跨越铁路或道路的预制梁架设施工	
	跨越铁路或道路的挂篮悬臂混凝土浇筑施工	
	架桥机安装、走行	首次
起重吊装	龙门吊、塔吊等起重机械安装/拆卸（含起重量300kN及以上的其他起重设备）	
	采用非常规起重设备、方法且单件起吊重量在100kN及以上的起重吊装施工（含多台起重设备协同等吊装作业）	
模板工程及支撑体系	超过一定规模的模板支撑系统混凝土浇筑	模架搭设高度8m及以上，或搭设跨度18m及以上，或施工总荷载15kN/㎡及以上，或集中线荷载20kN/m及以上的混凝土浇筑
设备安装	铺轨（调试）行车	首次
	变电所启动	首次
	行车类设备上线	首次
其他	顶管施工的始发/接收	
	人工挖孔桩施工	深度超过16m首桩
	桩基托换	首桩
	凿除既有运营车站主体结构	

第二节 安全生产及职业健康安全和环境管理

城市轨道交通土建施工需耗费大量资源和能源，并且会产生大量的污染物（包括液体、气体、噪声、振动和光污染等），工程中的地上建筑物及附属工程更与城市景观和当地的生态环境密切相关，若处理不当，不仅会对施工人员的身心有所伤害，而且，一旦延续至交付使用，很多污染不但对使用者的身体产生危害，甚至造成各种环境污染，影响人民群众的健康、生活品质和当地的生态环境。

我国的可持续发展、建设"环境友好型"和"资源节约型"社会的基本国策，是社会公众利益的体现。城市轨道交通土建工程的各参建单位都必须承担贯彻基本国策的责任，贯彻以人为本的精神，应依据法律、法规和相关技术标准，履行管理职责，做好环境保护和节约资源，以建设最佳生态宜居环境为出发点，尊重人民群众对环境质量和自身健康的权益。

本节将对职业健康安全与环境管理的控制工作进行详细阐述。

一、职业健康和环境管理依据

（一）法律法规和行政规章

1.《中华人民共和国环境保护法》（主席令第 9 号，2014 年 4 月 24 日修订通过，以下简称《环保法》）。

2.《中华人民共和国固体废物污染防治法》（主席令第 58 号，1995 年 10 月 30 日公布，以下简称《固体废物污染环境防治法》自 1996 年 4 月 1 日施行，历经三次修订，2016 年 11 月为终版）。

3.《中华人民共和国职业病防治法》（根据 2017 年 11 月 4 日第十二届全国人民代表大会常务委员会第三十次会议《关于修改〈中华人民共和国会计法〉等十一部法律的决定》第三次修正）。

4.《建设项目环境保护管理条例》（国务院第 253 号令，1998 年，以下简称《环保条例》）。

5.《关于修改〈建设项目环境保护管理条例〉的决定》（国务院第 682 号令，自 2017 年 10 月 1 日起施行）。

6.《民用建筑节能条例》（国务院令第 530 号）。

7.《民用建筑节能工程质量监督工作导则》（建质[2008]19 号）。

8.《关于印发国家职业病防治规划（2016-2020 年）的通知》（国办发[2016]100 号）。

9.《建设项目职业病防护设施"三同时"监督管理办法》（国家安全产生监督管理总局令第 90 号，2017 年 5 月 1 日起实行）。

10.《建筑工地施工扬尘专项治理工作方案》（建办督函[2017]169 号，2017 年 3 月 13 日）。

11.《北京市建设工程施工现场安全生产标准化管理图集》（京建发[2017]107 号）。

（二）技术标准（按国标、行标、地标顺序排列）

1.《城市轨道交通建设项目管理规范》GB 50722—2011。

2.《建设工程项目管理规范》GB/T 50326—2017。

3.《建设项目工程总承包管理规范》GB/T 50358—2017。

4.《建筑节能工程施工质量验收规范》GB 50411—2007。

5.《职业健康安全管理体系要求》GB/T 28001—2011。

6.《环境管理体系要求及使用指南》GB/T 24001—2016。

7.《建筑施工场界环境噪声排放标准》GB 12523—2011。

8.《施工现场安全防护、场容卫生及消防保卫标准》DB 11/945—2012。

9.《绿色施工管理规程》DB 11/T513—2018。

二、职业健康安全与环境管理的体系及职责

（一）管理体系

国家、各地区安全生产、环境保护、卫生计生委等监督管理部门承担职责范围内、行业领域内的职业健康安全及环境管理监管执法职责。负有监督管理职责的有关部门依法依规履行相关监管职责。企业对本单位安全生产和职业健康安全及环境管理工作负全面责任。

各参建单位均应建立在施项目的职业健康安全及环境管理体系，可以与安全风险管理体系一致，详见第一节。

（二）工程项目责任主体职责

各责任主体均应建立企业全过程职业健康安全及环境管理制度，做到责任、管理、投入、培训和应急救援"五到位"。应贯彻"以人为本"的方针，采取有利于施工人员、生产操作人员和管理人员的职业健康的设计方案，对影响项目参与人员身心健康的因素进行控制，减少职业病的发生、改进环境管理。

1. 建设单位

我国实行建设项目法人责任制。项目的安全、职业健康与环境保护是项目法人责任制的重要内容。

（1）全面综合规划、决策项目安全、职业健康管理与环境保护方针。

（2）编制环境影响报告，落实项目的环境保护及安全设施资金。

（3）向工程总承包企业提供相关资料。

2. 设计单位

（1）应按照法律法规和强制性标准的要求，进行环境保护设施和安全设施的设计，防止因设计考虑不周而导致生产安全事故的发生或对环境造成不良影响。

（2）应当考虑施工安全和防护需要，对涉及施工安全的重点部分和环节在设计文件中注明，并对防范生产安全事故提出指导意见。

（3）对于采用新结构、新材料、新工艺的建设工程和特殊结构的建设工程，设计单位应当在设计中提出保障施工作业人员安全和预防生产安全事故的措施建议。

（4）在工程总概算中，应明确工程安全环保设施费用、安全施工和环境保护措施费等。

3. 施工单位

（1）施工企业对总承包合同范围内的职业健康安全和环境保护负责，最高管理者、各部门和项目部都应为实施、控制和改进职业健康安全及环境管理计划提供必要的资源。

（2）项目经理负责现场职业健康安全及环境管理工作的总体策划和部署，制定相应的管理组织机构、岗位职责、管理制度和措施，组织培训，使各级人员明确责任。

（3）组织施工现场的全体人员学习各级相关政府部门颁布的职业健康安全和环境管理方针、政策、法律、法规，以及公司的职业健康安全和环境管理体系文件，按其

中的相关要求履责。

（4）项目部具体履行企业对项目安全、职业健康与环境保护管理目标及其绩效改进的承诺，贯彻企业的职业健康安全方针，制订项目职业健康安全和环境管理和保护计划，按规定程序经批准，并向项目部人员交底，进行全过程的管理。

（5）项目部应建立健全职业健康安全和环境管理组织网络，包括对分包方的指导与监督，传达到相关人员。

4. 监理单位

（1）对监理合同范围内的职业健康安全和环境保护负责，最高管理者、各部门和项目部都应为实施、控制和改进职业健康安全及环境管理计划提供必要的资源。

（2）建立项目的职业健康与环境管理制度和措施，组织培训，使监理人员明确岗位职责，并认真履职。

（3）监理单位的内部职业健康安全和环境管理，按企业的相关程序执行。

（4）总监理工程师负责协助建设单位对项目各参建单位的职业健康安全及环境管理工作进行监督检查。

三、职业健康安全管理

按《职业健康安全管理体系要求》GB/T28001—2011，职业健康安全是指：影响或可能影响工作场所内（包括施工现场和现场外的临时工作场所）的员工或其他工作人员（包括临时工和承包方员工）、访问者或其他人员的健康安全的条件和因素。

职业健康安全管理是指：对上述人员进行的免除不可接受的职业健康和损害风险状态的管理工作。

（一）职业健康风险因素分析——职业病防范

城市轨道交通土建工程项目中的职业健康风险，主要是危及作业人员身体健康的职业病，根据《中华人民共和国职业病防治法》（2017年11月4日修正版），建筑行业内主要危害及多发职业病如下所列。

1. 主要职业危害种类

（1）粉尘危害；

（2）噪声危害；

（3）高温危害；

（4）振动危害；

（5）密闭空间危害；

（6）化学毒物危害；

（7）其他因素危害。

2. 易发的职业病类型

（1）矽尘肺。例如：碎石设备作业、爆破作业；

（2）水泥尘肺。例如：水泥搬运、投料、拌合；

（3）电焊尘肺。例如：手工电弧焊、气焊作业；

（4）锰及其化合物中毒。例如：手工电弧焊作业；

（5）一氧化碳、氮氧化物中毒。例如：手工电弧焊、电渣焊、气割、气焊作业；

（6）苯中毒、苯致白血病。例如：油漆作业、防腐作业；

（7）甲苯、二甲苯中毒。例如：油漆作业、防水作业、防腐作业；

（8）中暑。例如：高温作业；

（9）手臂振动病。例如：操作混凝土振动棒、风镐作业；

（10）接触性皮炎。例如：混凝土搅拌机械作业、油漆作业、防腐作业；

（11）电光性皮炎、眼炎。例如：手工电弧焊、电渣焊、气割作业；

（12）噪声致聋。例如：木工圆锯、平刨操作、无齿锯切割作业、卷扬机操作、混凝土振捣作业。

（二）管理目标

城市轨道交通土建工程项目的职业健康安全管理，施工单位为主，各材料供应商、各分包单位均应按照各自单位的职业健康安全管理手册及程序文件的要求，制定本项目的职业健康安全管理目标。建设、设计及监理单位应制定职业健康安全管理目标，按照合同及相关规定参与职业健康的安全管理。

1. 管理目标应满足的要求

（1）体现项目部对职业健康安全管理的指导思想和承诺。

（2）包含对持续改进和应遵守现行职业健康法规的承诺。

（3）应经企业最高管理者批准，传达到项目部全体员工，并可为相关方获取。

（4）应定期评审，修改、补充和完善。

2. 职业健康安全管理目标的表述

（1）施工单位及分包单位项目现场职业健康安全管理目标一般可用下述工作的百分率表示。包括：劳动保护用品的发放及时率、现场员工意外伤害投保率、现场员工定期体检频率、员工职业病防范培训率、饮食卫生及宿舍卫生检查达标率等。

（2）各材料供应商应结合各自所承担的业务及企业的相应管理体系文件，制定生产环节、储运环节及安装环节等具体的职业健康安全管理目标。

（三）管理内容

1. 制订安全管理计划。

2. 职业健康安全管理计划按规定程序实施。

（四）管理措施

施工企业应做好施工现场及生产过程中的职业卫生防护与管理要求，确保劳动者享有的职业卫生保护权利，劳动者除应增强自身的维权意识，还应在施工过程中遵守相关的规章制度和操作规程，杜绝野蛮作业和违章操作。更好的保护自己的身心健康。

1. 要建立健全职业病防治管理措施

前述有害工种的职业病在轨道交通土建工程施工中均存在,对其应采取如下防范措施。

(1) 危害因素的强度或者浓度应符合国家职业卫生标准;

(2) 现场设有防护职业病危害的设施,如深井地下隧道、管道施工、地下室防腐、防水作业等不能保证良好自然通风的作业区,应配置强制通风,除尘设置;在粉尘作业场所,应采取喷淋等设施降低粉尘浓度等;

(3) 现场施工布局合理,有害与无害作业区分开设置;

(4) 现场应有配套的卫生应急救设备,配制保健药箱、一般常用药品及急救器材;

(5) 设备、工具、用具等设施符合保护劳动者生理、心理健康的要求;

(6) 符合法律、法规和国务院卫生行政主管部门关于保护劳动者健康的一切要求。为劳动者提供个人使用的职业病防护用具、用品且必须符合防治职业病的要求,如防尘口罩、护目镜及手套等。高温作业时,配备防暑降温用品,合理安排工作时间。

2. 作好施工前相关管理工作

(1) 应优先采用有利于防治职业病和保护劳动者健康的新技术、新工艺、新材料、新设备,不得使用国家明令禁止使用的可能产生职业病危害的设备或材料。

(2) 应对有职业病危害的工作场所或岗位,提前书面告知劳动者,并采取相应的职业病防护措施。

(3) 应对劳动者在上岗前和上岗期间定期进行职业卫生培训。

(4) 对从事接触职业病危害作业的劳动者,应当组织上岗前、在岗期间和离岗时的职业健康检查,未经检查者不得上岗作业。

(5) 不得安排有职业禁忌的劳动者从事其所禁忌的作业。

(6) 不得安排孕期、哺乳期的女职工从事对本人和胎儿、婴儿有危害的作业。

3. 保障劳动者享有下列职业卫生保护权利

(1) 获得职业卫生教育、培训的权利。

(2) 获得职业健康检查、职业病诊疗、康复等职业病防治服务的权利。

(3) 了解工作场所产生或者可能产生的职业病危害因素、危害后查和应当采取的职业病防护措施的权利。

(4) 要求用人单位提供符合防治职业病要求的职业病防护设施和个人使用的职业病防护用具、用品、改善工作条件的权利。

(5) 对违反职业病防治法律、法规以及危及生命健康的行为提出批评、检举和控告的权利。

(6) 拒绝违章指挥和拒绝强令进行没有职业病防护措施作业的权利。

(7) 参与用人单位职业卫生工作的民主管理,对职业病防治工作提出意见和建议的权利。

4. 应建立并保持职业健康安全管理计划执行状态的沟通程序

项目职业健康安全管理计划的实施,需要项目全员参与及内部、外部各个环节的成功协作，通过单位的程序保持项目内部与外部（政府、建设单位、监理、分包商、供应商等）的协商与沟通以了解、改进管理计划的执行。

四、环境管理

环境管理包括项目运行活动对于现场和外部环境存在影响的管理。各单位必须建立、实施、保持和持续改进环境管理体系，识别其活动、产品或服务中可能与环境发生相互作用的要素，并进行有效的管理。

在城市轨道交通土建工程的施工中，保护好作业现场及其周围的环境，减少对环境的污染和对市民的干扰，既是贯彻以人为本的生产理念的体现，也是施工生产顺利进行的基本条件，是体现社会总体文明的一项利国利民的重要工作。

（一）管理目标

确定环境管理目标应进行环境因素识别，确定重要环境因素。根据相关法律法规、技术标准和企业的要求设立目标和指标以实现环境方针的承诺。

1. 环境管理目标应满足的要求

（1）适合工程项目及项目部自身的特点。

（2）承诺持续改进和污染预防，并遵守有关法律和其他要求。

（3）目标应经过批准，形成文件并传达到项目人员。

（4）项目部应对项目的环境保护目标定期评审、修改、补充和完善，以适应不断变化的内外部条件和要求。

2. 环境管理目标的表述要求

（1）施工单位一般可用下述工作的百分率表示。包括：项目部办公用品人均年消耗降低率、现场能耗及资源节约率、固体废弃物处理合格率、噪声及液体污染物排放处理合格率、扬尘治理达标率、建筑材料进场环保指标检查合格率等；

（2）项目的供应商和分包单位应结合各自工作特点，制定供应环节、储运环节及分包工程施工环节等具体的环境管理目标，如所供现场设备及建筑材料环保指标合格率，施工过程的降噪、减排、节水、节材、节能达标率等。

（二）管理内容与实施

《建筑工程项目管理规范》GB/T 50326—2017，将文明施工划为环境管理的一部分，是组织科学、程序合理的一种施工活动。在规范中另行列出有关要求，创建优质、高效、低耗、安全、清洁的施工工地。其主要管理工作如下。

1. 制订环境管理计划

项目经理部应根据批准的建设项目环境影响报告，制订环境管理和保护计划，该计划要与环境的影响程度相适应，用以指导项目实施过程的项目环境保护。其主要内容应包括：

（1）项目环境保护的目标及主要指标。

(2)实施方案及所需的技术研发、技术攻关等工作。

(3)所需的人力、物力、财力和技术等资源的专项计划。

(4)落实防治环境污染和生态破坏的措施以及环境保护设施的投资估算。

2.检查项目环境管理计划执行

主要检查内容如下:

(1)项目控制重大环境因素的有关结果和成效。

(2)项目环境目标和指标的实现程度。

(3)定期评价有关环境保护的法律、法规和标准的遵守情况。

(4)监测和测量设备的定期校准和维护。

当发现现场环境管理过程、活动、产品发生变化时,应当对目标、指标和相关的方案进行必要的调整。

3.不符合情况处理和调查

项目部应更多采用预防措施,做到预防为主,防治结合,明确有关职责和权限,减少产生环境影响并防止问题的再次发生。一旦发生不符合状况,应按程序处理。

(1)分析不符合状况原因,针对原因采取相应的纠正措施,并跟踪验证其有效性。

(2)进一步分析和调查是否有类似的不符合项。

4.制定应急准备和响应措施

保证信息通畅,预防可能出现非预期的损害。在出现环境事件时,应消除污染,并应制定相应措施,防止环境二次污染。应保存有关环境管理的工作记录。

(三)现场环境污染防治

国家环境保护法和环境保护条例,以及各地政府环境保护主管部门对各类环境污染源管理都有详细的规定,施工单位应严格遵守,妥善做好施工现场污染源管理工作。城市轨道交通土建工程施工时,现场污染物涉及以下方面,以北京工程为例,论述其管理。

1.固体废弃物管理

根据《环境管理体系要求及使用指南》GB/T 24001—2016(2017年5月1日实施),固体废弃物分为三类:无毒无害可回收类;无毒无害不可回收类;有毒有害类。北京市制定了如下管理规定:

1)施工现场的渣土应当在1日内清运完毕;必须消纳到经市环境卫生管理局审核批准的渣土消纳场所或渣土管理部门指定的回填工地,严禁乱倒乱卸。

2)在城市市区范围内从事建筑工程施工,项目必须在工程开工15d以前向工程所在地县级以上地方人民政府环境保护管理部门申报登记。

3)施工现场生活垃圾必须密闭存放,及时集中分拣、回收、清运生活垃圾,严禁乱倒、乱卸。建筑垃圾和生活垃圾应与所在地垃圾消纳中心签署环保协议。

4)除有符合规定的装置外,熔融沥青或焚烧油毡、油漆以及其他产生有毒、有害烟尘和恶臭气体的物质。

5）施工现场内严禁焚烧各类废弃物。

6）有害废弃物的处理。

（1）经过无害化、减量化处理的废物残渣集中到填埋场进行处置。

（2）禁止将有毒有害废弃物现场填埋或作回填土方,应及时运送到专门的中心处理。

2. 液体等废弃物的处理

尽量使需处置废物与环境隔离,并注意废物的稳定性和长期安全性,化学用品、外加剂等要妥善保管。

3. 噪声污染源控制措施

施工单位严格遵守《建筑施工场界环境噪声排放标准》GB 12523—2011 的有关规定,建立健全控制噪声的管理制度和措施。

（1）施工作业严格限定在规定的时间内,夜间施工的,应办理夜间施工许可证明,公告附近社区居民,事先做好周围群众的工作,并报有关主管部门备案后方可施工。

（2）控制人为噪声

合理安排施工工序,对周围单位、居民产生影响的作业均安排在白天或规定时间进行,增强全体施工人员防噪声扰民的自觉意识,尽量减少人为噪声,如大声喧哗、汽车鸣笛等。

（3）对强噪声机械降噪

对产生强噪声与振动的施工机械,如空压机、发电机、打夯机等作业,要根据噪声传播的方向,合理布局位置,设置吸声设备,如：搅拌机、电锯、电刨、砂轮机等。要设置封闭的机械棚,以减少强噪声的扩散。

产生强噪声的成品、半成品加工、制作作业（如预制构件,木门窗制作等）,应尽量放在工厂、车间完成,减少现场加工制作产生的噪声。

尽量选用低噪声或备有消声降噪声设备的施工机械。加强机械设备的维修保养。

（4）加强施工现场的噪声监测

现场应长期进行监测,设有专人管理,根据测量结果填写噪声测量记录表,凡超过施工场界噪声限值标准的,要及时对超标的有关因素进行调整至达到要求、不扰民。

（5）通报居民

在居民和单位密集区域进行强噪声作业前,项目经理部除按规定报告申请批准外,还应将作业计划、影响范围、程度及有关措施等情况,向有关的居民和单位通报说明,取得协作和配合。

4. 大气污染控制措施

1）控制扬尘作业高度

（1）土石方作业区内扬尘目测高度应小于 1.5m。

（2）土建工程施工阶段目测扬尘高度应小于 0.5m,并不扩散到工作区域外。

2）对于施工现场易产生扬尘的设备、操作过程、施工对象等严格控制。

（1）现场的水泥和其他易飞扬的细颗粒建筑材料应密闭存放或采取覆盖等措

施，应采用专用车辆装卸、运输，混凝土搅拌场所应采取封闭、炮雾降尘措施。见图 4-2-1 ~ 图 4-2-3。

（2）对易产生粉尘、扬尘的作业面和过程，优化施工工艺，在旱季和大风天气保持湿度。对生产、生活区域裸露场地、运输道路，硬化或经常洒水养护。

图 4-2-1　施工场地覆盖防扬尘

图 4-2-2　现场垃圾站封闭

（3）设置监测设备对现场扬尘进行检测，控制扬尘高度在允许范围内。对废弃材料和垃圾站实行封闭管理，扬尘检测示意见图 4-2-4。

图 4-2-3　雾炮降尘

图 4-2-4　扬尘检测

（4）增加植被面积

在施工中对弃土场地进行平整、碾压，种植花草增加绿化面积减少尘土产生量。

（5）必须使用清洁燃料

施工现场使用的锅炉、茶炉、大灶符合环保要求，使用燃油、电热、液化石油气等清洁燃料，禁止使用燃煤炉具。

（6）控制车辆扬尘

在汽车出入口设置冲洗槽，对外出的汽车冲洗干净，保证行驶中不污染道路和环境，渣土车辆应苫盖严密，防止遗撒，见图 4-2-5 和图 4-2-6。

图 4-2-5　高效洗轮机　　　　　图 4-2-6　进出现场汽车清洗

（7）应注意控制施工中喷射混凝土产生的粉尘，损害施工人员的身体健康。

3）控制施工车辆及机械设备尾气排放。

（1）现场使用的车辆及机械尾气排放应符合国家规定的标准。

（2）加强车辆维修、保养，使车辆保持良好的技术状态；根据汽车报废标准规定，及时将使用年限到期、环保指标超标的汽车淘汰；在用车辆安装三元催化净化系统或电喷装置。

（3）施工现场使用的燃油发电机、空压机、柴油夯等机械，新购置的要购买低排放环保型机械，租赁的设备其排放量应达到环保部门的要求。

5. 控制光污染

（1）使用节电设施

施工单位应以安全生产为前提，使用节能节电的施工机械与照明设施，降低施工现场总体的照明污染。

（2）夜间室外照明灯应加设灯罩，使透光方向集中在施工范围。电焊作业采取遮挡措施，避免电焊弧光外泄。

（3）合理设置施工照明灯的悬挂高度和方向，减少或避免光污染。见图 4-2-7。

（4）晚间不进行露天电焊作业，不影响居民夜间休息。

6. 水污染控制与保护水环境措施

1）控制施工现场污水排放，施工单位要与所在地县级以上人民政府市政管理部门签署污水排放许可协议，申领《临时排水许可证》。泥浆、污水在排入市政污水管网前先沉淀过滤，未经处理不得直接排入城市排水设施和河流、湖泊、池塘。经沉淀处理后二次使用或排入市政污水管网。废泥浆和淤泥使用专门的车辆运输，防止遗洒，污染路面。

2）控制生活污水排放

（1）施工前作好驻地的临时排水设施，设置三级沉淀池，见图 4-2-8。生活污水、

图 4-2-7　夜间钢结构吊装作业的高空照明

图 4-2-8　三级沉淀池处理污水

废水经沉淀过滤达标排放，含油污水除油后排放，保证不污染水源、不堵塞既有排水设施。

（2）施工现场 100 人以上的临时食堂，污水排放时刻设置建议有效的隔油池，定期清理，防止污染；

（3）工地临时厕所、化粪池应采取防渗漏措施。

3）控制雨水排放

雨水排入市政雨水管网，应作好场地的排水设施，管理好施工材料，及时收集并运出建筑垃圾，保证其不被雨水冲走拥堵排水口。

4）保护水环境

（1）施工现场存放化学品等有毒材料、油料，必须对库房进行防渗漏处理，储存和使用都要采取措施，防止渗漏污染土壤水体。

（2）在施工中对弃土场地进行防护，保证弃土不堵塞、不污染既有排水设施。

（四）正确处理环境污染隐患和事件

1. 应急响应及处理

发生环境污染事件后，有关责任部门应立即采取应急准备及响应措施，根据紧急情况和潜在环境影响的程度，采取相适应的措施以预防或减轻紧急情况带来的后果。

2. 环境污染事件处理报告

环境污染事件处理结束后，督促责任单位提交环境污染事故、事件处理报告，经监理部审核、总监审签后报建设单位备案，报告内容应包括：

（1）工程项目名称、时间、地点；

（2）简要经过；

（3）原因初步分析；

（4）采取的应急措施；

（5）处理方案及工作计划；

（6）处理方案实施结果；

（7）事件报告单位。

3. 警示标识

施工现场应在已产生职业病危害的作业岗位和场所设置警示标识或宣传栏。

（五）施工节能管理

城市轨道交通土建工程施工消耗大量的能源，投入的"三材"钢材、木材、地材，用量极大，其中许多材料的生产要消耗大量不可再生的能源。最大限度的降低各种能源消耗，对城市轨道交通工程施工而言，其意义不仅是节约工程成本、提高企业经营效益，更是贯彻"节约资源、环境保护"基本国策的重要措施，施工单位必须高度重视。

1. 施工能源的节约管理

城市轨道交通土建工程施工中积极应用新技术、新材料，清洁能源，综合利用各种能源，施工组织设计中，应有节能管理的相关方案和措施。

（1）节水管理

节水方案、节水设施和工具的配置、排水管理和现场临时用水使用情况规划等内容。

（2）节电管理

通过采用智能控制系统，实现机械的合理配置，各种设备和设施保持良好工作状态，安全运行，合理稳定地消耗电能。强化临时用电管理，自控核查各种用电设施安全运行动态，实现区域性安全用电智能化管理。

2. 原材料节约管理

从材料采购到提高材料使用率（合理使用、重复使用、回收使用，降低材料消耗等），直至旧料、报废材料的回收入库都应建立相应的管理办法。可制定分类利用清单，最大程度地节约原材料。

3. 建筑节能管理

在城市轨道交通土建工程中，有些单位工程如车辆段与综合基地工程，有大量的房建工程涉及建筑节能，其设计、施工应按有关绿色建筑的政策和相关技术标准（如《绿色施工管理规程》DB11/513—2015）执行。详见第十五章"车辆段与综合基地"中的相关内容。

五、城市轨道交通土建施工标准化管理

《关于推进安全生产领域改革发展的意见》（中发[2016]32号文）明确提出："提高基础设施的安全配置标准；加强重点领域工程治理，大力推进企业安全生产标准化建设，实现安全管理、操作行为、设备设施和作业环境的标准化"。城市轨道交通工程施工企业各级领导应树立标准化和节约资源的新理念，执行工程所在地建设主管部门或建设单位的规定，对施工现场进行标准化管理，使施工达到便捷、快速、节能减耗的目的。

城市轨道交通土建工程建设区域，即一个大的地铁工程项目（一条线路、分期线路）所划定的建设区域，主要分为在施区域、待建区域、竣工区域。本节仅论述在施区域，包括临时设施区、施工作业区、材料堆放场区、仓库区和办公、生活区及安全培训体验区。

现以北京市城市轨道交通土建施工现场为例,简要介绍标准化管理的要点,施工及监理单位分别做好各自的工作。

(一)以施工总平面的管理为先导

施工单位按照下列现场标准化管理要素布置施工总平面,监理单位审核其满足相关要求。

1. 分阶段动态制定布置方案

施工总平面的标准化动态管理,应按基础、主体结构、装修三个施工阶段,分别制定现场平面布置方案,绘制施工总平面图,并根据现场发生的重要变化,动态修订方案、重新绘图,保持方案布置图与现场实际需求一致。

2. 确定场界及其围护方式

在施工总平面图中,首先应划定施工现场的范围边界,在周边设置与外界隔离的围挡,临街或在人口稠密区,宜砌围墙。

3. 合理规划各类区域——作业区域、办公区、生活区及安全体验区

轨道交通土建工程每一个标段的工程量都很庞大,含有多个单位(子单位)工程,地上地下有多个作业面,或很长或面积很大,施工人员和管理人员众多,需要划分出作业区,配置适当的办公区、生活区。施工平面总设计应按施工进度要求和工程量强度,均衡分配各区域位置和面积。

1)划分施工作业区

作业区是现场施工的核心区,在平面布置图中应优先划定,根据作业性质基本分为下列三种类型,对不同性质的作业,采取相应的标准化管理。

(1)单项作业和正常配合作业区,即以单项作业为主导、伴有其他辅助配合的作业。例如进行基础开挖、杆塔组立或结构、墙体施工时,以土方或结构的混凝土浇筑或砌筑为主,其他水、暖、电、卫敷管作业进行配合。

(2)交叉作业,即多种作业交叉和协调进行施工。交叉作业没有明显的居主导地位(其他作业都要服从和配合其施工要求)的单项作业,是多专业同时施作,如结构的二次砌筑与建筑装饰装修同时进行。

(3)特种作业和危险作业,即进行电气焊、爆破、预应力、高压、水下等特种作业以及有毒、有害、有危险的作业。

划分各种施工作业区或作业面,应首先满足现场作业的需求,兼顾场地面积的综合利用。

施工现场办公区、生活区与运输通道及作业区采用的围挡及防护栏,见图4-2-9。

2)划定办公区、生活区

办公和生活区应相对远离作业区,保持安全距离,但尽量相互靠近。

3)划分安全体验区

根据现场条件可设置在施工区周边或及办公、生活区内。

4)明确有安全环保问题或存在交叉部分的区域划界及责任划分

4. 合理确定大型起重设备（塔吊、龙门吊等）位置

各种起重设备的位置除满足自身运转要求外，还必须满足多台设备共同运转或交叉施工的安全要求。见图 4-2-10。

图 4-2-9　域外围护的临边定型防护栏

图 4-2-10　多台塔吊布置示意图

5. 划定现场设施部位

上述各区均备有一定的设施，可分为固定和可变二类。

（1）固定设施，主要包括大门、总配电箱、总消防水泵房、总给水阀门、洗车池、总市政排水接口、场内道路等，施工总平面图上应划定主要固定设施位置。

（2）可变设施，主要有防护通道、大型施工机具、材料加工区、用水点、电箱（二、三级）及消火栓等。平面图上应标注可变设施的标识。

（3）施工企业标志、工程标牌、安全标志等位置合理、醒目、数量充足。

（二）封闭管理规范场容，树立良好视觉形象

1. 施工场区大门的设置与管理

（1）设专人负责大门管理，做好清洁和维护，见图 4-2-11 和图 4-2-12。

图 4-2-11　设置企业名称标识的大门

图 4-2-12　洗车槽

（2）大门尽可能利用型钢、铁质材料预制，以便周转使用；

（3）临街大门应贴高强级反光警示标志，防止交通事故。

（4）大门内侧设置洗车槽、沉淀池，涂刷警示标志。定期清理保持整洁，经沉淀池处理后的水应再次利用。

2. 按工程所处位置分别设置围挡

（1）施工外界围挡必须全部闭合，以实现封闭式管理。

（2）钢围挡应进行专业设计，保证稳固、美观，有装饰作用。

（3）临街或有特别要求的工地围挡采用砌筑式围挡，高度不低于 2.5m；其他地段可采用钢质围挡板，高度不低于 1.8m。

（4）围挡封闭高度必须高出作业层 1.5m 以上，以防物体外坠。保持作业环境的整洁卫生。

（5）场外设备或围挡上所悬挂的"禁止攀跨、有电危险"等标牌，应按国标图形制作成反光、识别效果好、耐候时间长的标准化产品。

3. 现场做到三通一平

（1）工地供水和供电线路应满足施工现场生产及生活要求，架设通畅。

（2）道路通畅、路面硬化，标准应遵照工程所在地的规定执行，一般主干道应为混凝土路面。北京市轨道交通工程要求施工现场所有路面均采用混凝土路面硬化。

（3）施工场地平整、清除影响作业的障碍物，妥善处置有危险性的突出物，无坑洼、无积水。

4. 设置"七牌一图"

根据施工总平面布置，设置"七牌一图"，达到现场视觉形象统一、整洁、美观的整体效果。

1）"七牌一图"内容

（1）工程项目简介牌：工程项目、建设、设计、施工和监理单位的名称，工地四周范围、工程面积，结构和层数，开竣工日期和监督电话；

（2）工程项目责任人员铭牌，包括：工程项目责任人、工程师、安全员、质量员、卫生员、施工员、计划员、材料员；

（3）安全六大纪律牌；

（4）安全生产记数牌（天）；

（5）十项安全技术措施牌；

（6）防火须知牌；

（7）卫生须知牌；

（8）工地施工总平面布置图。

也有的施工企业工作更加细致，增加为十牌两图，即增加天气预报牌、环境质量检测牌、施工动态奖罚公告牌和消防紧急疏散图等，见图 4-2-13。

2）"七牌一图"应在场地大门两侧或醒目处安装牢固。

图 4-2-13　十牌两图

5. 设置各类标志牌

1）安装企业标志

在工地的进口、大门、旗杆处设置企业统一标识，标明集团、企业的正规名称，可根据条件升挂集团、企业的旗帜。

2）设置安全标志牌

安全标志是用以表达特定安全信息的标志，主要用于施工现场提示。

（1）安全标志分为禁止、警告、指令和提示四类，由安全色、图形符号、几何形状（边框）和文字构成。

（2）标志牌应设置在明亮醒目的位置；当多个标志牌设置在一起时，应按警告、禁止、指令、提示类型的顺序，先左后右、先上后下排列。

（3）标志牌的固定方式分附着式、悬挂式和柱式三种，柱式标志牌的下缘距地面的高度不宜小于 2m。

（4）对现场的安全标志牌要经常检查，如发现有破损、变形、褪色等不符合要求时应及时修整或更换。标志牌规格应符合相关要求

3）现场范围内的各类道路、停车场均应设置交通指示标志。

4）机具设备标志牌

现场各专业便用的机具设备均应设置标志牌，小型工机具和用电设施等设备的标志牌用灰色、银白色、橙色，大型机具标志牌本色刷新。见图 4-2-14。

5）物资材料标识牌

各种物资材料应按品种、规格、型号分别设置标识牌。

以上各类标识牌及其支架、雨棚等属于周转材料，日常使用需要注意保护，以利重复使用。

图 4-2-14 机械标识牌

6. 材料堆码管理

（1）材料、物品按平面布置图划定的地点分类堆放整齐、按规定设置支垫物；确保稳固和不超过规定高度；材料应离开场地围挡或临时建筑墙体至少 500mm，并将两头进口封堵，严禁紧贴围挡或临时建筑墙体堆料。各种材料标识清晰。物料、钢筋分类码放。见图 4-2-15。

图 4-2-15 钢筋分类码放

（2）易滚（滑）和重心较高的材料物品应用支架堆放，支架应稳定可靠，必要时应进行设计，严格按设计要求设置。

（3）油漆、稀释剂等易燃品和其他对职工健康有害的物品应分类存放在通风良好、严禁烟火并有消防用品的专用仓库内，沥青应放置在干燥通风、不受阳光直射的场所。

（4）钢筋不得露天存放及加工，应设置储存库及加工车间，见图4-2-16和图4-2-17。

图 4-2-16　钢筋加工棚外景

图 4-2-17　钢筋加工棚

（三）按作业区域进行标准化管理

1. 单项作业和正常配合作业区的管理

（1）城市轨道交通工程土建施工有大面积的地下开挖工程，如基础施工中的土石方作业，基坑临边及预留洞口四周应采取维护措施。将基坑四周采用插入式安全围栏（安全警戒绳、彩旗，配以红白相间色标的金属立杆）进行围护、隔离、封闭。

（2）基础开挖应特别注意对地下管线和文物的保护，施工前了解各种地下管线位置、埋深，采取必要的保护措施以避免开挖时损坏；场地内应张贴保护措施标识牌，见图4-2-18。

2. 交叉作业区的管理

要注意协调安排好各交叉进行的作业之间的进度和场地安排，以确保有条不紊和安全顺利地进行。同时注意做好成品保护。

各作业施工区域明确主要岗位负责人及应急联络方式，一般宜配置急救箱（包）。

（1）各专业（分包）单位的施工现场，能明显界定的，须与土建施工单位办理场地移交手续；未进行场地移交的，不得进入施工。不能明显界定的场地，应分阶段明确总负责单位。

（2）场地移交手续中应划定作业责任区域，包括位置、大小、范围等。责任区域应采用硬质围挡进行封闭。

（3）场地移交后，接收单位对责任区域内安全文明施工管理负全责。

（4）所有进入现场施工的各专业（分包）单位必须与土建施工单位签订安全协议书，划清责任区域，必须服从土建施工单位的统一协调管理。

施工前，由建设单位代表召开现场会，明确各方现场负责人及联系方式，建立对接机制。

（5）各专业（分包）单位应对进入现场的作业人员先进行安全教育，土建施工单位可对各专业（分包）单位作业人员进行核验抽查。

（6）进场的作业人员要穿戴印有本单位名称的安全帽、工作服或反光背心，并佩戴胸牌，否则不得进入施工现场。

（7）特种作业人员必须随身携带有效证件持证上岗。

（8）施工现场所有的人员进出口均要由责任区责任单位安装摄像头，并全面负责人员进出的检查工作。

（9）在公共区域内施工，各施工单位含专业（分包）单位负责本单位作业行为、安全设备设施及文明施工管理工作。

（10）施工单位宜在现场张贴安全标识牌及安全操作规程牌。项目部在现场设二维码扫描区，方便使用智能手机的工人随时扫码查询，见图4-2-19。

3. 特种作业和危险作业区段的管理

（1）对于不同类型的特种和危险作业施工场所，除遵守一般的安全文明施工作业要求外，还应注意满足各自的特殊要求。

（2）凡有可能发生块体或物品掉落、弹出、飞溅以及其他伤害物的区域均应设置安全防护措施，以保护现场人员的安全。高处作业时螺栓、垫片等应放在专用袋内。

图4-2-18 地下管线保护"六必须"

图4-2-19 安全操作规程二维码平台

（四）办公区的管理

1. 独立出入口管理

办公区应设置独立出入口，实名制刷卡进出。见图4-2-20。

2. 办公用房管理

（1）使用的装配式活动房屋应当具有产品合格证。

（2）办公室布置应坚持风格简洁、大方。

图 4-2-20　办公区出入口实名管理通道

3. 水、暖、电设施管理

（1）办公区内应设置上下水管线（包括：饮用水、中水、雨污水等），并与市政相应管线接驳。

（2）上下水、电器设施应采用节能型产品，制定节约用水、用电制度。尽量回收利用地下降水所排出水源及太阳能。

（3）洗衣房、洗浴设备（热水器、浴霸、水龙头），应配制温馨提示牌和使用说明。保持设备完好，损坏及时维修。

（4）办公室不得采用明火取暖，应采用清洁能源。北京市轨道交通工程中，要求采用空调取暖。

4. 消防设施合规、管理到位

按照相关规定，统一配置消防设施和器材，见图 4-2-21，并配合日常的消防管理检查。严禁非电工私自乱接热水器、电炉子等电器，严禁私设开关、插座。下班或室内无人时，应关闭办公和取暖等所有电器电源。

图 4-2-21　消防架

5.强化交通、治安管理

（1）做到人车分流、停车位配置合理。

（2）教育、管理现场人员遵守治安管理规定，做到锁好门窗后离开，防止治安事件的发生。

（3）细部设施设置，如隔离栏、防撞柱、危险警告指示标志，应使用反光膜。

（五）生活区管理

1.独立设置

生活区应独立设置，与施工区之间安装隔离护栏，高度不小于2.2m，设法与地面连接牢固。

2.职工食堂管理

（1）食堂区域应设置隔油池，尽量位于食堂的下风口，距离食堂15m以上，池内排水管通向市政雨水管。

（2）在食堂明显处张贴当地卫生部门颁发的《卫生许可证》、《卫生检验检疫合格证》、《消防合格证》。

（3）食堂内部悬挂食堂安全管理规章、卫生标准套图等。

（4）要求简单装修，整洁大方实用，食堂和操作间必须设排风扇。消毒设施按相关标准设置。

（5）建立操作人员体检和健康台账，专人负责维护食堂卫生。

3.职工宿舍管理

（1）职工宿舍应进行专门设计，风荷载及防火要求，应符合相关规范规定。

（2）电源直接由计量箱接入并锁好，宿舍内不设插座，严禁在宿舍私拉乱接电线。

（3）每一个宿舍设置管理人员铭牌，宿舍门外挂舍友牌，宿舍内挂制度牌、宿舍文明公约等，设置文明宿舍悬挂流动红旗。

（4）宿舍内严禁吸烟。

（5）为便于职工休闲生活，宿舍区可统一配备充电房，设置固定式休息区，见图4-2-22和图4-2-23，顶部采用蓝色防雨防晒措施，亭内设休息长凳、茶水桶、灭火器、垃圾桶，布设安全或健康知识宣传挂图。

图4-2-22 施工现场手机充电墙

图4-2-23 固定式休息区

4. 水、暖、电设施管理同办公区

（六）安全培训演示区管理

1. 工地现场应设置安全培训演示区

现场应配置培训会议室、事故模拟体验区，见图 4-2-24 ~ 图 4-2-27，安全设施样板示范区等，使参建人员全面了解和体验防止高坠、物体打击、触电、机械伤害、火灾、有限空间窒息、毒气等事故危害程度，掌握防范要点。

图 4-2-24　高空坠落及物体打击体验区

图 4-2-25　高空行走及攀爬体验区

图 4-2-26　安全体验区

图 4-2-27　墙体倾倒体验区

2. 管理

工地现场设置的安全培训演示区应由总包单位负责管理，周边应设置防护栏杆，避免闲杂人等进入，定期安排施工人员进行现场学习演示，并由总包方对其设备定期进行维护确保其有效性。

（七）加强施工现场文化建设

施工单位应通过现场文化建设，使现场成为企业对外宣传的窗口，主要工作包括：

1. 设立党建和宣传设施

（1）有条件的工地，可设置党建活动室，发挥基层组织和党员的先进表率作用，见图 4-2-28。

（2）工地内设置宣传栏、黑板报等宣传阵地，及时反映有关地铁项目建设的动态，表彰先进，传播正能量。在工地四周设置反映企业精神、时代风貌的醒目宣传标语。

图 4-2-28　党建活动室

图 4-2-29　民工夜校

2. 设立民工学校

开展文化专业培训提高班组素质，将安全标准化管理落实到每个职工，设立安全教育设施，使操作行为标准化。见图 4-2-29。

3. 完善文化、体育设施

施工企业应利用工地条件，充分完善文化、体育设施，为施工人员提供必要的文化健身活动场所（见图 4-2-30～图 4-2-33），助其身心健康，利于与亲友沟通，有归属感。提高班组素质，加强安全教育。

图 4-2-30　室内运动场

图 4-2-31　体育设施

4. 加强工地治安综合管理

施工企业对工地治安应做到目标管理、制度落实、责任到人，治安防范措施有力、重点要害部位防范设施到位，外（分）包队伍情况明、建立档卡，签定治安防火协议书，

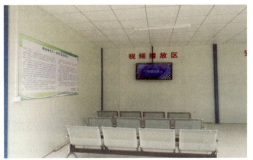

图 4-2-32　室外安全讲评台　　　　图 4-2-33　室内安全视频播放区

加强法制教育。

5. 做好社区服务

施工期间与地区合作，开展共建文明活动、为民着想，降低施工各种污染、努力做到不扰民，在可能的条件下做好便民公益活动，得到当地街道办事处单位、居民的理解和支持。

（八）相关资料

有关职业健康和环境管理和标准化管理的资料可根据国家、行业或工程所在地区相关主管部门的规定进行资料归档，各企业按自身的相关规定归档。

六、现场交通安全管理

施工场地的作业区以大型运输车辆为主，往来频繁，现场使用的机械设备，如装载机、挖掘机、汽车吊等进出场及移动，均需人员统一协调。办公区、生活区以小型车为主，还有大量的非机动车辆（如自行车、三轮车）及行人，交通流量大。

（一）制定现场交通安全管理制度和措施

1. 制定交通安全管理制度

（1）项目部设有专门机构，负责现场的交通安全管理。

（2）安排专职疏导人员，确保现场交通安全。

（3）按照交通规则在场内布设交通安全标识，并定期检查维护。

（4）对于专职疏导人员，应进行入职前专业培训，合格后方能上岗。

（5）按照规定，为疏导人员配备交通服、疏导员专业帽等成套交通设备。

2. 对现场人员进行交通安全教育

（1）要求现场人员认真学习交通法规，遵守交通法规。

（2）要求司驾人员严格按规定驾驶，严禁人货混装或超高、载、宽运输。

（3）使用的车辆要制动灵活，性能良好，听从指挥，过路口、遇障碍物时要低速行驶。

（4）运输车辆服从指挥，信号齐全，不超速，过岔口、遇障碍物时减速行驶，制动器齐全，功能良好。

（二）分别制定交通安全管理措施

按照作业、办公、生活区分别制定相应的交通安全管理措施，标准化管理详见下述。

（1）设置道路人车分流。

（2）设置各种交通标示灯、牌。

（3）设置作业、办公、生活区隔离设施。

（4）进出个区的通道口应设置专业的门禁系统。

（5）出场区门口应设置汽车轮胎清洗设备。

第五章
城市轨道交通土建工程风险管理

　　城市轨道交通土建工程建设风险按照项目建设阶段划分为规划阶段风险、可行性研究阶段风险、勘察与设计阶段风险、招标投标阶段风险、施工阶段风险等，本节仅论述施工阶段风险管理。

　　施工风险为施工过程中潜在发生的人员伤亡、环境破坏、经济损失、工期延误和社会影响等不利事件的概率与潜在损失的集合，其影响因素较多，涉及自然环境、场地条件等，工程内容含地下工程、道路、房屋、管线、桥梁和其他建（构）筑物的结构设计、土建施工与机电设备安装等，由于城市轨道交通土建工程本身所具有的地层条件及施工环境的复杂性、不确定性和特殊性，发生风险不但造成了大量的人员伤亡与经济损失，甚至造成严重的环境影响与社会影响，故其施工风险管理，是各参建单位安全管理中的重要部分。

　　本章分三节，前两节依次为风险管理概述、施工风险管理。包括对风险进行辨识、分级、分析与评价及控制等所开展的一系列工作。第三节为安全事故典型案例分析。

第一节 风险管理概述

一、风险管理依据

除第一节依据外补充下列依据。

（一）行政法规及文件

1.《关于加强城市轨道交通工程关键节点风险管控的通知》（建办质 [2017]68 号）。
2.《北京市生产安全事故报告和调查处理办法》（北京市人民政府令第 217 号）。
3.《城市轨道交通工程周边环境调查指南》（建质 [2012]56 号）。
4.《关于防范暗挖施工造成城区道路坍塌的实施意见》（京建发 [2013]288 号）。
5.《关于北京市轨道交通工程建设实施现场视频监控、门禁智能监控和量测监控的通知》（京建质 [2009]91 号）。
6.《关于轨道交通建设工程第三方监测工作有关要求的通知》（京建法 [2012]25 号）。
7.《关于在建设工程施工现场推广使用远程视频监控系统的通知》（京建法 [2013]17 号）。

（二）国家标准

1.《城市轨道交通地下工程建设风险管理规范》GB 50652—2011。
2.《建筑基坑工程监测技术规范》GB 50497—2009。
3.《城市轨道交通工程监测技术规范》GB 50911—2013。

（三）行业标准

《建筑工程施工现场视频监控技术规范》JGJ/T 292—2012。

（四）地方技术标准

1.《城市轨道交通工程建设安全风险技术管理规范》DB11/1316—2016。
2.《城市轨道交通土建工程设计安全风险评估规范》DB11/1067—2014。
3.《地铁工程监控量测技术规程》DB 11/490—2007。

（五）企业文件

《北京轨道交通建设工程安全风险技术管理体系》[2018 版]（北京市轨道交通建设管理有限公司）。

二、风险分类及风险管理的目标、原则

（一）风险的分类

城市轨道交通土建工程建设风险可按不同的分类方法进行分类，此处仅按影响施

工的主要因素划分。

1. 工程自身风险

是指因工程结构自身特点、地质条件复杂性、人为因素或工程施工等可能导致工程安全等受到影响或发生不利事件的风险。

2. 环境风险

是指因工程施工可能导致周边环境受到干扰而发生不利事件的风险。包括：

（1）施工对邻近既有各类建（构）筑物、道路、管线或其他设施等的破坏；

（2）工程建设活动对周边区域的土地与水资源的破坏、对动（植）物的伤害；

（3）施工发生的空气污染、光电磁辐射、光干扰、噪声及振动等；

（4）周边环境改变或第三方活动对本工程造成的破坏。

（二）风险管理目标

1. 广义目标

风险管理的基本目标是以最小的风险管理成本获得最大的安全保障，从而实现经营单位价值最大化。可按损失发生前后区分目标。

（1）损失前目标——通过风险管理消除和降低风险发生的可能性，为人员提供较安全的生产、办公、生活环境。

（2）损失后目标——通过风险管理在损失出现后及时采取措施，使受损企业的生产生活秩序得以迅速恢复。

2. 项目风险管理目标

根据风险管理目标内涵，城市轨道交通土建工程风险管理的总体目标是通过对工程建设风险实施管理，保障工程建设安全，降低或减少工程建设风险损失。在施工阶段，建设单位及参建各方都应针对工程的安全风险等级，制定适当的风险管理目标及防范预案。

3. 目标制定

（1）建设单位作为工程项目管理的主导单位，是各参建单位项目管理的集大成者，除应制定自身的风险管理目标和组织实施制度外，还应向各参建单位说明工程建设风险管理要求，均衡各方风险效益，协调各方的风险管理目标，发挥建设各方的管理积极性，共同做好工程建设风险管理。

（2）虽然各参建方的总体目标基本一致，但各方角色定位存有差异，承担的责任和目标也会各有侧重，风险管理对象、实施方案及风险可接受水平各不相同，在保障城市轨道交通土建工程建设安全、经济、可靠、适用的基本原则下，各方应考虑各自的职责及能力制定相应的风险管理目标，各方的风险控制目标要方向相同、相互制约和补充。

（三）风险管理原则

1. 履行合规义务

风险管理必须依法合规。合规义务包括必须遵守现行法律法规和行政规定，合同中约定的国家、行业或企业技术标准包括推荐性标准等其他要求。

（1）国家标准规定

城市轨道交通地下工程建设风险控制必须坚持"安全第一、保护环境、预防为主"的原则，采取经济、可行、主动的处置措施来减少或降低风险（《城市轨道交通地下工程建设风险管理规范》GB 50652—2011第351条）。

（2）地方标准规定

国内其他地区的工程应遵循当地的标准关于风险管理的原则。北京地区的轨道交通土建工程应遵循《城市轨道交通工程建设安全风险技术管理规范》DB11/1316—2016第1.0.4条：城市轨道交通工程建设安全风险技术管理应遵循"预防为主、安全可控、经济合理和环境保护"的原则。

2.宏观管理与微观控制相结合

通过全国很多地区的轨道交通土建工程的风险管理实践，总结出地铁土建工程风险管理的战略、战术原则。

（1）宏观管理的战略原则。预防为主，国标指导，地标执行，环保可控。

（2）微观控制的战术原则。全员防范，全空间、多维度分层控制，杜绝漏洞。

三、风险管理职责

根据《城市轨道交通地下工程建设风险管理规范》GB 50652—2011和北京市地标《城市轨道交通工程建设安全风险技术管理规范》DB11/1316—2016，建设单位与各参建方应承担的具体职责，简述如下。

（一）建设单位

1.建立健全项目安全风险管理体系和责任制度

建设单位应根据建设管理模式和建设规模，建立健全各自的安全风险管理体系和责任制，组织制定安全风险管理制度及标准，并根据风险等级及预警等级等，实行分层、分级管理。

安全风险管理体系主要岗位的设置已经在第二章的项目管理组织管理机构中有所表述，此处强调的是，还应纳入建设单位的中上层风险管理部门及其领导和企业法人代表，这是开展城市轨道交通工程风险管理的前置条件和组织保障，目前全国轨道交通建设单位均建立了安全风险管理体系及责任制度，形成了各具特色的风险管理模式。

2.组织各参建单位实施安全风险管理

建设单位应组织勘察、设计、监理、施工等单位实施城市轨道交通工程建设安全风险技术管理，可委托具有相应资质和经验的单位提供第三方监测、安全风险咨询等技术或管理服务。制定安全风险管理制度，如风险评估及分级管理、周边环境调查与保护、工程监测管理、现场巡视管理，并通过合同文件明确参建单位的安全风险管理内容、范围、目标、责任等，并据此进行履约管理。建立安全隐患处置信息平台，组织参建单位的施工风险监控信息报送、施工安全风险动态评价、工程预警、响应及消警管理等。

3. 评审勘察设计有关风险控制的文件

评审勘察和设计单位在勘察设计阶段同步开展工程安全风险辨识、风险分析和评价、风险分级和专项设计等工作，制定有效控制风险的技术措施。组织设计等单位对勘察成果文件和环境调查成果进行评审验收，组织对风险分级清单、专项设计、安全风险评估报告等设计成果文件进行审查或论证。

4. 组织风险设计交底

开工前，组织设计单位对施工、监理、第三方监测等单位进行施工图设计文件交底，应对工程风险进行重点说明，并对特级、一级风险工程进行专项交底。

5. 协调评价

对勘察、设计、施工、监理、监测等单位进行安全风险管理中相互间的协调工作，以及与其上级相关职能部门的协调工作；履约评价管理等。

6. 组织各参建方审定风险处置措施

组织工程建设各方审定工程风险分级、专家评估及风险等级调整等处置措施，其中重大风险的控制方案须经专家评审后方可实施。

7. 负责全线施工阶段风险工程综合预警、消警、建议及处理工作

（二）勘察单位风险管理职责

负责实施勘察工作，开展地质风险评价，对工程设计及施工风险控制所需勘察成果文件的可靠性、准确性负责。

1. 开展勘察调查

调查潜在的不良水文地质和工程条件，查明不良地质作用及地质灾害，采取措施，降低因勘察技术和勘察资料等原因引起的风险。开展对工程建设用地范围内的地质灾害危险性评估、地震安全性评价与环境影响评价。

2. 编制相应阶段的勘察调查报告

编制勘察报告，内容涵盖风险分析的专项评价，注重对数据的分析与处理，控制因勘察遗漏、失误或环境调查不准、室内试验方法及参数获取失误等引起的工程设计与施工风险。

3. 参与施工验槽

在验槽中查验实际地质情况，对照勘察成果修正和完善差异之处。

4. 参与相关方案论证

参与建设单位及设计单位、施工单位等参建单位组织的重大风险评估、风险处置方案，预警判定、事故处理方案的论证和评审，并提供合理建议。

5. 参加警情分析会议

现场出现预警、险情时，应及时赶赴现场参加警情分析会议，分析原因并提出处理措施建议。

6. 将勘察报告等资料上传至相应信息管理系统平台。

（三）设计单位风险管理职责

负责风险辨识与分级、专项设计，参与预警响应及处置措施制定等工作，对设计方案和工程措施的安全性、合理性和可实施性负责。

1. 编制风险设计文件

组织在施项目工程风险识别、分级、分析评价，编制不同阶段的风险设计文件、环境风险专项评估的纲要、汇总成果文件以及中间评审和技术论证。复查工程建设用地范围地质灾害危险性评估、地震安全性评价等专题研究报告评估的结论，若发现不合理之处，进行专题风险评估。

2. 风险评估

对所管辖标段的项目功能、线路敷设方式、配线、重难点车站和区间的施工方法、各系统专业的设计方案等进行风险评估，向勘察单位、检测评估单位提出风险管理的相关技术要求。

3. 风险专项处置

据工程类型、施工难易程度和邻近区域影响特征，针对重大风险开展专题实验研究和分析，编制专项施工方案、风险处置措施与应急技术处置方案。

4. 编制环境风险专项设计

风险专项设计是指由设计单位对特定高风险工程，即周边环境为特级或一级环境风险的工程，以及施工影响范围内存在既有运营线路、铁路、主干道路、桥梁、河湖、重要建（构）筑物、有水（有压）管线和在建其他工程，进行专项风险控制措施设计。根据周边影响环境设施的重要性和邻近影响距离关系，评估环境影响的风险等级，确定环境保护方案、措施，以确保施工期间的工程安全和周边环境的正常使用。

5. 编制工程建设风险清单

1）初步设计阶段全面识别全线工程自身风险和环境风险，进行风险分级，形成风险分级清单。

2）施工图设计阶段核查确认风险等级，形成风险分级核查清单。建立层状或树状结构风险评估表，对地下工程风险进行分级评估。

6. 提供监测控制指标

根据设计要求、工程经验、计算分析，制定各工况条件下监测项目控制指标及预警值，明确现场监控量测要求，并根据工程进展情况以及监测反馈信息对监测项目控制指标及时修正和再确认。

7. 进行施工安全设计交底

（1）开工前对施工、监理和第三方监测等单位进行设计交底，充分讲解设计意图，设计方案在技术上的合理性和可实施性。负责解答施工、监理单位提出的有关问题，为确保特级、一级风险工程的风险管理的连续性和关注度，应针对其进行专项交底。

（2）对工程重大风险控制指标、措施建议及相应的监控量测要求，向施工人员进行安全设计交底、重大风险源交底，并现场跟踪服务。

（3）对监理、施工单位的风险管理活动给予指导，审查施工单位风险管理方案、处置措施与预案。

8. 优化设计方案

负责施工过程中涉及方案变更，在分析监控数据、预警信息和专家意见的基础上，优化设计方案，并反馈施工单位及其相关部门。

9. 及时处理险情

现场出现预警、险情时，应及时赶赴现场参加警情分析会议，分析原因，根据现场核实后的数据对工程结构安全风险进行复核计算，提供处置措施和意见，并对所采取的措施做出后期发展的相应预测。

（四）施工单位安全风险管理职责

施工单位是施工阶段安全风险控制主体，对施工现场安全风险控制全面负责。

1. 编制相关技术文件

分析评估现场风险因素，编制安全风险管理办法、实施细则、应急预案等技术文件，制定风险控制方案，经技术负责人审批后还须组织专家论证。并组织和配合监理、建设单位及有关管理单位进行评审，批准后方可实施。

2. 加强监测、巡视和信息上传

（1）工作监测和现场巡视是施工风险控制的主要手段，包括利用现场监测技术，实施现场信息及时反馈施工。

（2）采集汇总监测数据、工况和巡视信息，确保监控数据、巡视信息的准确和真实有效，并及时上传至有关部门。向工程建设各方通告现场施工风险状况。

3. 风险分析与再评估

依监测巡视信息进行现场风险分析，编制监测报告报送相关管理部门，若工程设计、施工方案有重大变更，应根据变更情况对工程建设风险进行重新分析与再评估。

4. 接受指导，督促分包

全面接受建设单位、设计单位、监理单位及有关安全风险管理部门的指导、检查；督促分包单位进行安全风险管理、安全生产和巡视信息报送以及培训教育和考核。

5. 预警

对达到相应等级的安全风险，根据设计单位确定的预警监控指标及方案，编制事故应急处置预案；落实建设单位及相关单位反馈的预警信息、控制措施建议等。

6. 应急处置

当发现安全风险及预警状态时，立即报本企业负责人并逐级上报相关安全管理部门，且及时启动相关预案进行先期处理，并将实施方案、处理过程、事务记录及时上传相关部门。

7. 风险处置

落实以项目经理为第一责任人的现场安全风险处置和监控管理机制，按风险工程和预警状态的不同等级,由企业不同级别的负责人组织建设单位、相关参建单位不同层次的负责人参与风险事务处理。执行各级综合预警状态的风险事务处理,并及时将处理结果和变化情况上报监理和监测单位。

8. 专款专用

必须做到施工安全措施费用专款专用,因建设安全风险处置措施的实施而发生的费用增加或工期延长,需经建设单位批准后方可使用。

9. 风险管理细化

制定现场作业人员登记制度,对作业层技术人员进行施工风险交底,风险管理培训和演练,对各个阶段的风险点和注意事项进行宣传和教育,设立安全风险宣传牌等。

10. 重大安全风险事故处理

发生重大安全风险事故,应及时上报建设单位及相关单位、政府主管部门并记录,立即启动预案组织人员进行抢险,控制险情发生和再生灾害,处理过程参见第一节相关内容。

(五)第三方监测单位安全风险管理职责

第三方监测单位是建设单位委托具有相应资质的单位(第三方),对工程自身关键部位和周边环境对象,进行独立于施工监测的复核性监测,根据需要,委托相关咨询单位,对工程风险因素和控制提出建议和咨询意见。

第三方监咨询单位根据合同文件,开展现场巡视、预警、响应、处置跟踪信息系统平台运行维护等安全风险管理工作,对监测、咨询成果的真实性、准确性及报送的及时性负责。

1. 贯彻落实本单位风险管理办法,制定与其他单位协同实施监测的管理办法。

2. 施工监控管理

负责管辖标段的施工监控指导、信息汇总管理、风险评估和预警工作,并接受上级各主管部门的监督、检查和管理;对施工单位的监测数据进行核查、分析和汇总整理;定期编制相关监测分析或咨询报告。

3. 制定合理的监测方案

制定监测方案指导现场施工;及时纠正监测点布置不当、监测点损坏情况。

4. 提交施工风险预警、预报信息

协助建设单位对其及有关管理部门的安全风险信息平台录入基础信息,编制监控管理报告。初步判定综合预警状态,提供监控跟踪和安全风险控制的咨询意见,呈报上级并及时反馈监理、施工单位和设计单位,以有效指导施工。

5. 参与风险预警及事故处理

参与安全风险预警事件或事故的现场分析和专家论证,并落实建设单位的要求,复审施工单位提交的经有关方签认的消警建议。

6. 提供依据

对全线监控信息及预警信息的完整性、可追溯性负责,必要时刻提供作为有关机构评定和界定相关单位责任的依据。

（六）监理单位安全风险管理职责

负责现场施工安全风险控制的管理工作，进行巡视，参与预警、响应及处置，与第三方监测单位配合，协助建设单位对施工单位（及其分包）的风险监控、信息报送、反馈工作进行监管。

1. 做好现场风险管理，防患于未然

（1）全面掌握合同标段或工点的安全风险状态，做好安全风险监理交底。

（2）监督、检查施工单位风险管理体系的建立和落实，尤其要监督施工单位视频监控的组织和人员的资质及设备的有效性。

（3）审查安全风险专项施工方案、应急预案（含监控实施方案）和环境保护措施。

（4）加强现场巡视和监测，贯彻三级巡视制度，即：监理员每日巡视，监理部每周巡视，监理企业每月巡视。

（5）召开监理例会、安全风险专题会，定期编制相关的安全风险监理文件，呈报建设单位。

2. 利用安全隐患风险排查信息平台

做好日常隐患排查信息收集和上传工作，接受建设单位和及主管部门的监督、检查。

3. 防范重大风险

对重大风险分项施工，作业前检查施工单位风险预防措施，施工中进行旁站监理，做好监控现场记录。

4. 处理违规行为

发现施工中存在安全风险或发生违反管理规定的行为，向施工单位提出警示，不听劝阻或情节严重的，有权利予以暂停施工处置，并及时上报建设单位。

5. 预警处理

发现风险工程处于预警状态时，立即上报建设单位，向施工单位下达安全隐患报告书、整改通知书、停工令等处理措施，并督促相关方组织召开现场会议、专家论证，由施工单位先行处理，并将结果及时向建设方反馈。

第二节　施工风险管理

一、施工前期的风险管理

在施工前期，安全风险管理应开展以下工作。

（一）周边环境核查和地层空洞普查

勘察阶段的周边环境和地层空洞调查工作完成后，距离正式施工的时间较长，期间地下管线等周边环境实际状况可能发生变化，同时因其复杂性、场地条件和现有技术手段限制，一次调查难以全部查清，开工前有必要进行核查，以确保周边环境现状和地层空洞资料的真实性、可靠性。当发现新情况明显影响工程及周边环境的安全时，应按程序进行设计变更。建设单位及相关单位应分别做好相应工作。

1. 周边环境调查

周边环境是指工程建设影响范围内，位于地面或地下的既有或在建的建（构）筑物、管线、桥涵、地下工程设施、轨道交通线、铁路、高速公路、城市道路、地表水体、树木等的统称。对其调查是通过资料查询调阅、实地调查和必要的现场探测等手段，获取周边环境的实际状况和资料。

（1）建设单位

当施工核查的周边环境实际状况与环境调查成果资料出入较大时，应组织设计、施工等单位补充完善工程措施。

（2）施工单位

在环境调查成果、施工图设计文件等的基础上，对在施工程的周边环境进行全面核查，做到全面、完整、真实，形成施工核查记录，配以必要的影像资料，编制核查报告填报评估表，经单位技术负责人签认后，报监理单位。

（3）监理单位

审查施工单位的核查报告及评估表，必要时给以补充，并报送建设单位。

2. 地层空洞普查

（1）建设单位应委托具有相应资质和经验的单位进行地层空洞普查，将地层空洞普查结果书面提交给相关责任产权单位，以作为地层空洞处理的依据。施工、监理单位配合。

（2）相关责任产权单位对建设单位的书面提交及时回复，如存在空洞，施工前应委托检测机构进行加固处理和地层密实性探测，对地层空洞处理结果负责。

（二）深入风险辨识、调整分级

建设单位应组织各参建单位做好相关的工作。

1. 风险辨识

是指对工程建设中潜在的安全风险因素、类型、可能发生部位及原因等进行的调查识别工作。

（1）设计单位在勘察设计阶段完成风险辨识和分级，环境核查和空洞普查。

（2）施工单位施工前要做深入的辨识等工作，可采用调查分析、专家咨询、实验论证等方法，对项目风险按时间、目标、结构、环境、因素等要素进行分解和深入辨识，依据《城市轨道交通地下工程建设风险管理规范》GB50652—2011，地铁工程不同工法潜在主要风险因素，见表5-2-1。

不同施工方法潜在主要风险因素　　　　　　　表 5-2-1

单位工程	施工方法	分部工程	分项工程	主要风险因素或事故
车站基坑、附属工程（出入口、泵房、风井等）	明挖法盖挖法沉井法矿山法（包括钻爆法、浅埋暗挖法）	基坑围护	水泥土搅拌桩	坍塌、渗漏水、管涌、流沙、沉陷、开裂、周围建（构）筑物倾斜或开裂、内衬墙裂缝、不均匀沉降、地下结构上浮、突沉、土体滑坡等
			钢板桩	
			预制钢筋混凝土板桩	
			土钉墙	
			钻孔灌注桩（成孔、下钢筋笼、成桩）	
			型钢水泥土搅拌桩	
			地下连续墙（导墙、成槽、钢筋笼、成墙）	
			沉井制作、下沉和封底	
			工程防水	
		地基处理及降水、排水	注浆法	沉陷、开裂、周边建（构）筑物倾斜或开裂
			高压喷射注浆法	
			水泥土搅拌桩	
			人工地层冻结法	
			基坑明排水、轻型井点、喷射井点、电渗井点、疏干管井、减压管井	
		基坑开挖与回填	桩基工程（立柱桩、抗浮桩、逆作法桩）	渗漏、围护结构失稳破坏、坑底隆起、管涌、流砂、基坑内土体滑坡、机械倾覆等
			基坑开挖	
			支撑体系	
			倒滤层结构	
			土方回填	
		内部结构	模板	内衬墙裂缝、渗漏、不均匀沉降、地下结构上浮等
			钢筋	
			混凝土	
			防水混凝土	
			现浇结构	
			工程防水	
区间隧道及附属结构	矿山法	区间隧道	钻孔	塌方、失稳、流土、流砂、涌水、瓦斯、大变形、岩爆、渗漏水、开裂破坏、不均匀沉降、设备故障等
			爆破	
			土方开挖	
	暗挖法		支护	
	顶管法		工作井	坍塌、上浮冒顶，轴线控制不当、管片破损、渗漏水、开裂破坏、不均匀沉降、设备故障等
			管节制作	
			管节顶进	
			进出洞施工与洞口防护	

续表

单位工程	施工方法	分部工程	分项工程	主要风险因素或事故
区间隧道及附属结构	盾构法	区间隧道	进出洞和洞口加固	掌子面失稳、刀头及刀具磨损、盾尾密封失效、轴线控制不当、管片破损、渗漏水、开裂破坏、不均匀沉降、设备故障等
			盾构组装、解体	
			盾构推进及管片拼装	
			盾构刀具更换	
			管片制作	
			盾构掉头和过站等	
区间隧道及附属结构	沉管法	区间隧道	干坞	潮汐和暗流、陈放错位、水下连接失效、管节开裂破坏、不均匀沉降、设备故障
			基槽浚挖	
			管段制作	
			管段沉放	
			管段基底及接头处理	
	矿山法顶管法	联络通道	土体加固	土体加固失效、塌方（坍塌）、渗漏水
			土体开挖	

2. 工程风险等级的评定

是指在风险辨识的基础上，对工程安全风险进行的等级评定与风险排序工作。根据风险工程级别的不同，邀请相关人员参加评定。

（1）三级风险工程：邀请建设单位代表、设计代表参加。

（2）二级风险工程：邀请建设单位项目管理中心及相关部门、监控管理分中心、设计单位项目负责人参加。

（3）特、一级风险工程：邀请建设单位监控管理中心及其他相关部门、项目管理中心、监控管理分中心、设计单位技术负责人参加，其中对特级风险工程，必要时邀请建设单位技术委员会和外部资深专家参加。

（4）对产权单位有特别要求的环境风险工程，必要时邀请产权单位参加。

（5）对政府有特殊要求的环境风险工程，按政府要求组织审查。

3. 风险等级的调整、审批和备案

（1）根据前述的工作成果，以及相应的设计方案、工程措施变化，可能引起风险分级调整。

（2）主要风险因素辨识和分级工作完成后由建设、设计单位进行审核、确认，并在建设单位备案。

二、施工过程风险管理的相关规定

城市轨道交通土建工程的参建单位，在施工阶段的风险管理，都应满足下列基本内容和总体要求。

（一）必须贯彻执行强制性条文

1. 国家标准

《城市轨道交通地下工程建设风险管理规范》GB50652—2011 第 9.1.2 条为强制性条款，规定："城市轨道交通地下工程施工必须实施动态风险管理，利用现场监测数据和风险记录，实现施工风险动态跟踪与控制"。

2.《城市轨道交通建设项目管理规范》GB50722—2011 第 14.1.4 条为强制性条款，规定："城市轨道交通建设项目建设风险管理应实施风险动态管理，并应将风险动态管理与控制贯穿城市轨道交通建设项目建设管理的全过程"。

3. 北京市《城市轨道交通工程建设安全风险技术管理规范》DB11/1316—2016 第 5.1.2 条为强制性条款，明确要求，施工阶段安全风险管理应符合下列规定：

（1）应开展工程监测、现场巡视、视频监控等监控工作；

（2）应分析各类监控信息；

（3）应进行安全风险状态评价、预警、响应、处置、消警等安全风险控制工作；

（4）应形成相关风险管理记录。

（二）利用信息系统进行施工安全风险监控

对城市轨道交通土建工程而言，采用工程监测等进行信息反馈和预测分析来指导动态设计、信息化施工是进行施工风险控制的必要工作手段和可靠方法。

信息化管理符合国家和北京市的基本技术政策和发展趋势，符合城市轨道交通工程建设安全风险管理工作的实际需求。建设、施工等单位应采用现代化信息技术加强施工现场监控管理，提高风险防范能力。

（三）工程监测、视频监控和信息系统建设等准备工作

1. 第三方编制监测、安全风险咨询等方案

（1）在监测方案中，应针对不同类别和等级的风险，细化相应的监测、巡视方案或要点。

（2）安全风险咨询单位应针对性制定现场巡视、安全风险分析或管理咨询方案；落实设计阶段安全风险管理成果（如安全风险评估报告）制定的工程措施，针对施工安全风险制定细化应对措施或管理方案。

2. 监测点埋设和监测方案交底

施工单位和第三方监测单位应开展监测点埋设和监测方案交底等基础工作。

（1）监理单位应对工作基准点和监测点埋设进行验收。

（2）施工监测和第三方监测单位应组织向各自监测技术人员、作业人员进行监测方案交底，并形成交底记录。应将工程特点、监测技术要求、监测的关键部位、关键时间、关键工序等内容向操作人员交底，以达到监测的效果。

3. 编制监理实施细则

监理单位在安全监理细则中，应针对各类施工风险，细化各项措施。

4. 施工前应安装视频监控系统

监控系统应具有远程管理和视频录像调用等功能。远程视频有效的对施工现场的作业状况进行监控，使技术和管理人员更方便及时的了解现场情况，并对现场作业人员具有一定的约束作用。发生生产安全事故后，还可进行事件回溯，查找事故原因。

（1）施工单位负责安装视频系统，系统安装完毕后，监理单位应对视频系统进行验收，并可邀请建设单位、施工单位、第三方监测单位相关人员参加。合格后方可投入使用。

（2）视频监控系统的现场摄像机应清晰监控和连续追踪现场施工状态和开挖面作业状况，监理单位应对视频监控系统的建设和维护进行监督管理。

（3）建设、监理、施工等参建单位应建立健全视频监控管理制度，确保视频监控的有效开展。

5. 具备清晰、连续监控的条件

要求视频监控场地应具备良好的照明条件和空气清洁度，使视频监控图像清晰，包括提高视频摄像机质量（采用高清、红外摄像机等）、改善照明条件（采用照明度符合要求的灯泡、加装灯罩等）、改善作业空气环境（采用电瓶车等）；还应根据工程的进度，及时对监控开挖面的现场摄像机进行移位，确定现场摄像机的重点安装部位。确保连续、清晰监控现场作业面。主要工法的重点监控部位详见以后各相关章节。

6. 信息录入

根据工程进度和实际需要，应在分项分部工程开工前及时将施工安全风险管理所需的各类基础信息资料录入信息系统。包括工程概况、风险工程情况、参建单位信息，以及勘察、设计、施工、监测和环境等资料。录入格式等要求可编制具体的管理办法规定。

（四）施工风险预告

1. 风险预告

（1）施工单位应结合风险等级和现场管理实际要求，以可显见的方式进行风险预告，如在工程现场设置风险预告宣传牌，对施工风险进行提示。

（2）风险预告的内容（包括但不限于）:风险描述（风险工程名称、等级、风险因素、风险后果、事故征兆等）、监控方案、风险预防措施、应急预案、施工注意事项、责任人等。

（3）风险预告须经施工单位项目总工程师签认和监理单位审核；监理单位负责监督其执行情况，并报建设单位备案。

2. 安全技术交底

（1）二级及以下等级风险工程的安全设计交底与工程设计交底一并进行，设计交底程序按设计单位和建设单位的有关工程管理文件办理。

（2）督促施工单位仔细、全面地熟悉施工设计图纸，查对图纸与现场实际情况是否相符，核实工程结构与工程环境安全设计在技术上的合理性和可实施性，在设计交底时提出风险工程设计安全性的有关质疑，由设计单位负责解答。

3.施工风险交底

施工单位除组织项目部技术管理人员参加安全设计交底外，还应进行施工风险交底，内容应涵盖施工图设计的有关安全风险专项内容。

（五）各参建方编制风险管理工作总结

土建工程施工完成后，施工、监理、第三方监测、安全风险咨询等单位应根据自身所涉安全风险管理的工作内容、范围及合同约定等，及时进行施工安全风险管理的工作总结，一方面落实进行安全风险管理记录的需要，另一方面积累工程建设安全风险管理经验教训，为后续工程建设安全风险管理工作提供参考和借鉴。

风险管理记录主要包括：预警与消警管理记录、存在风险的工程施工管理记录、视频监控管理记录等，各类记录应根据施工进展、现场安全风险状态和变化等及时进行动态更新。

三、施工过程的风险管理核心

施工风险管理的核心是预警、报警和消警，在施工准备管理和安全风险状态评价的基础上，重点做好工程监测（详见第六章第二节）、现场巡视与视频互控、信息报送与施工风险台账管理等，以下分项细述。

（一）风险预警分类管理

城市轨道交通工程风险预警按类别应分为监测预警、巡视预警和综合预警三类，每一类按严重程度由小到大应分为黄色预警、橙色预警和红色预警。

1.监测预警

是客观实测数据接近或超过控制值的预警，是风险状态评价的有效参考条件。

2.巡视预警

通过具有经验的工程技术人员的现场巡视，能够有效发挥工程经验的作用，并减少监测数据滞后及不尽准确带来的局限性，二者互为补充，能够有效控制风险。

3.综合预警

是综合监测及巡视情况进行的风险状态评价后进行的预警，是前两种预警的有效补充，各参建方应加大对预警工点及部位的重视程度。

（二）安全状态风险评价

1.环境风险评价

对存在环境风险的工程，施工中应重点核查验证施工参数的合理性和环境保护措施的可靠性，严格控制施工工艺，根据设计文件和工程监测情况进行信息化施工。当环境对象达到红色监测预警时，应组织开展环境风险评价，判定环境对象安全状态，提出风险处置方案并落实。

土建工程竣工、环境风险源的变形基本稳定后，当环境对象无法正常使用或影响结构安全时，经监理、建设等单位进行审查确认后，可对环境对象的安全状态进行检测评估和判定，便于及时采取修复设计和施工处理措施。

2. 安全风险状态评价

进行施工安全风险状态评价是施工期安全风险管理的重要内容，是指施工过程中对工程自身或周边环境发生风险的可能性及危害程度进行分析评价，并与设定的标准对比，以衡量安全风险的大小和可控程度，决定是否需要采取相应措施的活动。

施工中应根据施工进度、工程监测数据、现场巡视信息、监测和巡视预警的等级、数量及分布范围等情况，通过现场核查、专家咨询和工程经验判定等方法，对在建工程定期开展施工安全风险状态评价。为信息化施工和风险动态控制提供依据。

应采取日常评价结合动态评价，当环境风险众多且复杂、施工进度较快、预警数量较多或预警较高时，应适当加大评价频次。

3. 安全风险状态等级

根据施工安全风险管控经验和风险评价，当环境对象监测值达到红色监测预警时，监理单位应立即召开四方会商或专家会，对环境风险状态及时预测判定，给出合理、可行的风险应对技术方案或管理措施，确保环境对象的安全和正常使用。

施工安全风险状态应根据工程对象存在的风险大小及可控程度分析确定，宜分为风险可控、存在风险、存在较高风险三级，见表5-2-2，这是北京对该现行国家标准中的安全风险分级的细化，具有很强的实操性，读者可参考选用。

施工安全风险状态等级划分表（摘自《城市轨道交通工程建设安全风险技术管理规范》DB11/1316—2016） 表5-2-2

施工安全风险状态等级	划分条件	
	基本条件	参考条件（满足以下条件之一时）
风险可控	基本不存在风险，可通过日常施工管理进行控制	工程没有发生任何预警；仅存在黄色监测预警
存在风险	存在风险，应通过加强施工管理措施进行控制	存在橙色监测预警 存在黄色巡视预警
存在较高风险	出现危险征兆，应通过加强施工管理措施或制定及实施风险处置措施进行风险控制	存在红色监测预警； 存在较多黄色、橙色巡视预警； 存在红色巡视预警

实质上，安全风险状态相当于施工风险等级判定，首先应根据现行国家标准《城市轨道交通地下工程建设风险管理规范》GB50652，重点考虑风险的大小（包括风险发生可能性和风险损失或后果的严重性）和可控性（接受准则），其次应将施工风险监控分析结果（包括监测预警、巡视预警的等级、数量、分布范围）等，作为重要的参考判断依据。此外，还应考虑施工单位、作业人员的管理和技术水平，进行综合评价。

（三）预警、报警及消警

1. 预警

是指工程监测项目数值虽未达到相关规范、设计文件中的控制值，但数值正在接近控制值,需要发出预警信号引起参建各方重视,积极采取有效措施防止风险进一步扩大。

2. 报警

报警是指监测项目数值达到或超过相关规范、设计文件中的控制值,需要发出报警信号引起参建各方重视,积极采取具体应对措施,确保工程本体及周边环境安全。

3. 消警

消警是指采取措施后,报警部位风险得到控制,主要监测指标数据稳定,对工程报警状态予以解除。

(四)现场巡视

现场巡视是指针对施工现场在施风险工程及其部位或工序、周边环境等进行的巡查活动。

1. 施工、监理、第三方监测和安全风险咨询等单位的现场巡视工作

(1)应依据设计文件、施工方案和规范标准等,重点对工程地质与水文地质、周边环境情况、工程自身与环境风险状况等进行现场巡视;主要检查现场是否严格按照设计文件及施工方案施工、是否遵从相关规范标要求,对不满足者要限期整改;场地工程地质及水文地质条件和周边环境条件发生变化,应核查清楚并及时组织设计等单位会商处理。

(2)及时填写现场巡视记录和编制巡视报告并及时上传信息系统。巡视记录表可参考表3-2-2。此表摘自《城市轨道交通工程建设安全风险技术管理规范》DB11/1316—2016(资料性附录)附录A,读者可参考使用,或使用相关的国家标准或工程所在地的地方标准所附表格。巡视报告应根据前述安全风险管理应形成记录文件的总体要求填写,供各方信息共享。

2. 周边环境现场巡视重点

周边环境对城市轨道交通土建工程中各种工法的实施都是重要风险源和风险监控重点,故在此集中论述。

1)施工中周边环境巡视的范围

(1)建构筑物、桥梁、河流湖泊巡视范围取基坑或隧道结构边缘两侧各1.5~2.0H(H为基坑或隧道底板埋深)范围;

(2)污水、雨水、上水、燃气等地下管线巡视范围取基坑或隧道结构边缘两侧各1.0H范围;

(3)道路(地面)巡视范围取基坑或隧道结构边缘两侧各1.0H范围;

(4)既有线(铁路)安全巡视范围根据评估影响及轨道防护范围确定。

2)重点巡视部位和现象。巡视周围建筑物、地面、附属建筑的开裂、变形、渗漏及其发展情况等。

(1)建(构)筑物包括桥梁墩台或梁体、既有运营线路、铁路的结构(道床结构)、检查井等附属设施及地面的开裂、变形、剥落情况,对以上各种部位的开裂应巡视裂缝宽度、深度、数量、走向、剥落体大小、发生位置、发展趋势等;

（2）地面沉陷、隆起，地面冒浆、泡沫、水面漩涡、气泡：包括各种现象的出现范围、沉陷深度、隆起高度、面积、位置、距墩台的距离、距基坑（或隧道）的距离，冒浆/泡沫量、种类、发生位置、发展趋势等；

（3）变形缝开合及错台：包括变形缝的扩展和闭合大小、变形缝处结构有无错开、位置、发展趋势等；

（4）结构、地下室渗漏渗水：包括渗漏水量、发生位置、发展趋势等；

（5）悬吊管线的变形、渗漏及保护情况；

（6）施工现场周边地下管线：巡视管体或接口破损、渗漏；包括位置、管线材质、尺寸、类型、破损程度、渗漏情况、发展趋势、进水量等；

（7）架空高压线的基础周边地面及施工影响范围内临时设施（周边河湖、堤坡）的开裂、沉陷、隆起等情况。

3. 各工法施工巡视部位

各种工法中经常出现的风险问题或需要特别关注的施工环节或部位的现场巡视要点。将在以后各章节中分述。

4. 工程监测、信息系统等方面的巡视重点

1）工程监测方案的执行情况

（1）严格按批准的施工方案进行规范和有序施工，是安全风险监控的重要前提，对各种工法的作业应进行重点巡视。对汛期施工存在雨水倒灌的风险，更应高度重视，及时、规范施作防水墙；

（2）工程监测中，监测点完好和监测连续正常、监测数据准确等，是工程监测及其预警的前提和关键，应重点巡视；

（3）对施工监测与第三方监测数据重点巡视，当二者的监测数据差异性较大时，监理单位应对比分析。

2）信息系统数据传输的稳定性、及时性等

信息系统（含视频监控系统）的监控信息是风险监控管理的主要手段和基础工作，也是巡视重点，监控信息或数据传输的及时性和稳定性，必须得到保障。

（五）视频监控及示例

远程网络视频监控是现场巡视的重要补充和工作基础。

视频监控系统是指利用图像采集、传输、显示等手段对安全风险较大的在建轨道交通工程施工现场进行监视、跟踪和信息记录的安全管理监控系统。视频监控系统具备施工现场回溯功能，可以重放，其存储系统一般录像数据保存30天即可满足风险管理回溯的需求。另外，风险工程已施工完毕或后阶段风险已消除，可停止视频监控，包括：明挖基坑结构封顶；矿山法工程标准断面初支结构贯通，大断面或暗挖车站二次衬砌施工完成；盾构隧道施工完成；施工竖井、通道、洞口等重点部位停止使用时等。

根据经验通过视频监控能够观测到对施工风险影响较大的因素，视频监控人员应格外关注，并形成监控记录。

现以北京地铁八号线前门车站为例,详细介绍视频监控的具体实施。

按照《关于北京市轨道交通建设实施现场视频监控、门禁智能监控和量测监控的通知》(京建质[2009]91号)文件精神,北京市轨道交通工程公司制定了相关管理办法,对在施工程进行有效的视频监控。

1. 管理模式

该系统实行公司层、项目管理层、现场实施层三级管理模式。公司层设安全监控中心,委托专业咨询单位对特级及重要一级风险工程的作业面实施视频监控。

项目管理层依托第三方监测单位对所辖线路的特级、一级风险工程进行24h视频监控管理。

现场实施层由施工单位负责所辖标段视频监控系统建设、维护及日常管理,监理单位负责所辖标段视频监控系统的监督、使用。

2. 视频监控系统建设

新线工程开工后,施工单位应根据现场情况制定本标段视频监控系统安装计划及视频监控方案,经监理单位审批后方可实施。

施工单位需委托具有系统集成资质的单位进行视频监控系统建设,所采购视频监控设备应满足土建施工合同中有关视频监控的技术要求。

现场监控室建设完成后,施工单位及时提请监理单位组织验收,监理单位组织施工单位、项目管理单位风险监测部及甲方代表、第三方监测单位参与验收。

3. 视频监控技术要求(见图5-2-1~图5-2-3)

图5-2-1 暗挖施工现场视频头

图5-2-2 办公区视频监控

1)视频监控前端摄像头重点安装部位

(1)施工竖井:暗挖施工竖井;
(2)主体结构明挖基坑对角线,特大型基坑根据实际情况增设前端摄像头;
(3)含有特、一级风险工程的附属结构明挖基坑工程;
(4)标准断面矿山法工程开挖面;

图 5-2-3　生活区视频监控

（5）PBA 工法各导洞及初支扣拱开挖面，区间大断面、其他工法暗挖车站拱部各导洞开挖面，开挖面有渗漏水、地层不稳定等处；

（6）穿越特技风险的矿山法工程开挖面。矿山法前端摄像头距掌子面距离不超过 20m，确保前端摄像头可以监控到作业情况；

（7）根据管理要求需要重点监控的部位。

2）前端摄像头需进行编号管理，编号包括线路、标段、工点、序号信息、部位说明。

3）前端摄像机需具有低照度、防尘、防水、屏幕菜单功能，采用低电压电源，可显示预置位标题、摄像机地址等。智能云台需有预置位。

4）网络硬盘录像机（DVR）需兼容以往设备，具有录像和控制功能，录像数据至少保留 30d。

5）拆除前端摄像头必须满足的要求。

（1）施工竖井停止使用后；

（2）明挖基坑结构封顶后；

（3）标准断面矿山法初支结构贯通后；

（4）矿山法大断面、暗挖车站二次衬砌施工完成后。

4. 视频监控内容

公司层、项目管理层、现场实施层对各种工法的监测内容，见表 5-2-3。

监控各种工法监测内容一览表　　表 5-2-3

工法	公司层	项目管理层	现场实施层	
矿山法	1）是否有坍塌情况。 2）当前施工工序是否规范	1）是否有渗水。 2）是否有坍塌情况。 3）当前施工工序是否规范	1）地层变化情况。 3）坍塌情况。 5）台阶留设是否规范。 7）锁脚锚管打设情况。 9）壁后注浆情况。 11）分层喷射混凝土情况	2）渗漏水情况。 4）上台阶核心土留设情况。 6）钢格栅安装情况。 8）网片铺设情况。 10）超前小导管打设情况。

续表

工法	公司层	项目管理层	现场实施层
明挖法	1）支撑架设及时性。 2）基坑周边堆载及作业车辆来往情况。 3）当前施工是否规范	1）支撑架设及时性。 2）基坑周边堆载及作业车辆来往情况。 3）当前施工是否规范	1）地层变化情况。 2）是否发现不明管线。 3）渗漏水情况。 4）支撑架设及时性。 5）横支撑是否施加预应力。 6）锚杆（索）施工。 7）桩间挂网及分层喷射混凝土情况。 8）注浆情况。 9）基坑周边堆载及作业车辆来往情况等
施工竖井	当前施工是否规范。	提升设备挂钩，吊装作业情况，井底作业情况等	提升设备挂钩，吊装作业情况，井底作业情况等。
其他	现场风险事件处置情况	现场风险事件处置情况	各作业面劳动力组织和专廉职安全员到位情况

5. 视频监控的运行

各施工现场应该由施工单位设置视频监控系统，在现场安排视频监控室，由监理单位派出安全风险或视频监控管理人员进行使用监督，施工单位和监理单位有现场记录和检查制度。视频监测工作状态见图 5-2-4 和图 5-2-5。

图 5-2-4 视频监测工作状态

图 5-2-5 监理人员记录视频内业

6. 视频监控系统录像数据保存时间应不少于 30d

（六）风险的预警

施工过程中应对现场进行监测，及时分析工程监测数据及其变化情况，监测预警方式及其等级根据监测的方法分为三种，各有相应的预警等级。

1. 监测预警及其等级

根据视频监控信息系统的数据，达到预警标准时自动发布预警，其等级判定标准应根据工程实测数据与监测控制值对比分析，并结合工程经验确定。

（1）双控预警，监测预警等级划分。见表 5-2-4。

监测预警等级划分（摘自《城市轨道交通工程建设
安全风险技术管理规范》DB11/T1316—2016）　　表 5-2-4

监测预警等级	划分条件（满足以下条件之一时）
黄色	1 "双控"实测值均达到相应监测对象及项目的控制值的70%（含）以上； 2 "双控"实测值之一达到控制值的85%（含）以上
橙色	1 "双控"实测值均达到相应监测对象及项目的控制值的85%（含）以上； 2 "双控"实测值之一达到控制值（含）以上
红色	1 "双控"实测值均达到监测对象及项目的控制值（含）以上； 2 "双控"实测值之一超过控制值（含），且实测数据持续未收敛

注："双控"实测值是指监测项目的累计实际变形量和实际变化速率值

（2）《城市轨道交通工程监测技术规范》GB50911—2013 第 9.3.3 条规定：地下管线监测项目控制值可采用沉降累计值、变化速率和差异沉降"三控"指标确定。

2. 巡视预警

（1）当巡视单位（监理、第三方监测及安全风险咨询等单位）发现存在安全风险时，应及时通过信息系统等发布巡视预警。明确工程部位、现场风险状况、初步原因分析、可能诱发的风险事件、风险处置建议等，并附相关的现场照片或佐证资料。

（2）巡视预警等级判定标准宜按《城市轨道交通工程建设安全风险技术管理规范》DB11/T 1316—2016 附录 B（见本节后附件）执行。

（3）一方发布预警后，在预警期内其他单位不得针对同一工程部位发布同类别、同等级的预警。

（4）当发生生产安全事故后，不应再发布预警，但若风险事件可能引发次生灾害、邻近部位风险状况恶化的除外。

3. 综合预警

根据现场巡视、监控数据分析，当施工安全风险状态评价为风险较高时，由第三方监测单位发布综合预警，应进行重点管控，并提出风险处置措施建议。综合预警等级判定见表 5-2-5。

综合预警等级划分表（摘自《城市轨道交通工程建设
安全风险技术管理规范》DB11/1316—2016）　　表 5-2-5

综合预警等级	划分条件
黄色	施工安全风险状态评价为风险较高，且严重程度或影响范围小
橙色	施工安全风险状态评价为风险较高，且严重程度或影响范围较大
红色	施工安全风险状态评价为风险较高，且严重程度或影响范围大

注：1. 预警色级由低到高分别为黄色、橙色和红色。
2. 对存在特级环境风险的工程或当预警数量较多且分布范围较广时可上调一级

（七）预警响应

1. 分层分级响应

预警发布后，各参建单位应根据工程的风险等级、预警类型，进行分层分级响应。通常情况下，特级风险工程的预警响应单位和人员层次要高于非特级风险工程。预警色级由高到低对应的预警响应单位和人员层次一般也逐渐降低。

2. 监理单位组织会商或现场分析会

会议应研究下列事宜：

（1）核实预警信息；

（2）分析预警原因，包含技术因素、环境因素、管理因素等；

（3）判断风险工程的施工安全风险状态；

（4）确定具体的工程处置方案。

3. 各参建单位反馈及建议

参建各方应对已发布预警的工程部位及工程周边环境加强监测和巡视，及时进行信息反馈，并提出处置建议。

4. 施工单位

应对预警部位及时采取必要措施，避免发生二次或次生风险事件。

（八）预警处置

预警发布后，施工单位根据风险处置方案及时对预警部位进行处置；相关参建单位应对预警工程部位或对象加强工程监测和现场巡视，跟踪预警处置效果并及时反馈。

1. 建设单位

参与预警事务的分析和论证，监督和检查各参建单位的预警、响应及处置工作。

2. 第三方监测、安全风险咨询单位

（1）第三方监测单位参与预警分析会及专家论证会，并依据监测数据和巡视信息提供咨询意见，跟踪处置效果。

（2）安全风险咨询单位协助建设单位参与特级、一级风险工程和预警级别较高工程的预警响应，并提供专业咨询意见或建议。

3. 勘察、设计单位

（1）勘察单位根据预警情况参与预警工程的分析与响应，提供工程地质水文地质条件及地质风险应对的技术支持。工程需要时，可邀请产权单位配合预警处置，并提供必要的协助与支持。

（2）设计单位依据预警情况参与预警分析会，并确定响应及处置方案，必要时修正设计。

4. 监理单位

参与预警分析会及专家论证会，监督施工单位落实风险处置方案。

5. 施工单位

对预警部位及时采取响应措施，避免风险事件的发生。参与预警分析会及专家论证会，积极落实针对性处置措施，消除风险隐患。

（九）消警

1. 消警条件

预警处置后，应将现场情况与预警等级判定条件进行对比分析，确认警情已消除或降低应及时消警或降低警级。

2. 消警方式及程序

消警方式分为两类：巡视、监测预警为人工消警；综合预警为人工与信息系统自动消警相结合，均应履行相应的消警审批程序，由预警发布单位在信息系统平台执行消警操作。

3. 消警后的相关工作

（1）预警消警后，发生预警的工程部位在后续施工中，施工单位及第三方监测单位仍应按监测方案进行监测和巡视，直至工程完工且沉降稳定。

（2）涉及产权单位的建（构）筑物、地下管线等在阶段预警消警后，各单位应继续关注监测数据的变化，确保安全。

（3）消警后，若后续施工过程中监测项目发生监测数据异常，应再次预警。

（十）信息报送

1. 基本要求

应通过信息系统，及时报送监测数据、巡视信息，以及预警、响应、处置、消警等信息和相关成果报告，信息报送的时限、频率及内容等应满足施工安全风险控制的实际需要。

2. 安全风险监控信息内容

包括一般监控信息、预警信息及定期报送成果等。

（1）一般监控信息包括监测信息、巡视信息；

（2）预警信息包括监测预警、巡视预警和综合预警及消警信息；

（3）定期报送成果包括监控日报、周报、月报、年报等。

3. 安全风险监控信息报送的管理

信息报送形式主要为通过信息管理平台系统报送、电话或短信通知和书面报送等。各参建单位应根据实际需要，安排专人进行信息报送管理。

目前北京市轨道交通建设管理有限公司的成熟做法，安全风险监控信息报送可实行三级管理，即由公司安全风险管理部门（可依托安全风险咨询单位）、项目管理中心（可依托第三方监测单位）及现场实施单位（施工单位、监理单位、第三方监测单位）等组成。

4. 安全风险监控信息分析及反馈

监控实施或管理主体除向上级监控或管理主体报送外，还应对其进行分析，并及时反馈至下级监控或管理主体，以有效指导施工。涉及特级环境风险的工程达到橙色级别预警、其他等级环境风险的工程达到红色级别综合预警时，可上报相关产权单位。

5. 施工风险台账管理

施工过程中，应形成工程安全风险管理记录和台账，并及时动态更新。建设单位和各参建单位均应有专人负责风险控制各种台账，按资料管理规程和档案管理的相关规范进行分类、组卷和归档。

四、工后阶段安全风险管理

土建工程施工完成且施工影响范围变形稳定后，当周边环境及建（构）筑物的正常使用功能遭受新建工程施工对工程环境的附加影响，为判定其现状安全状态，或认为有必要对其进行恢复处理时，应进行工后的风险管理工作。

（一）评估

首先委托具有相应资质和经验的检测评估单位开展工后评估工作，原则上可考虑由现状检测评估或施工附加影响分析的评估单位承担。

（二）工后修复处理

工后修复中建设单位和参建单位应履行各自的职责。

1. 建设单位

当工后评估认为存在环境安全风险或工程隐患，并影响轨道交通的正常运营时，应组织有资质和经验的设计单位进行恢复设计。

2. 设计单位

根据原设计、施工资料及工后评估报告等进行恢复设计，报建设单位组织专家论证并经修改、完善后，移交施工单位和监理单位实施。

3. 施工单位

施工单位（或其委托的专业分包单位）负责工后修复的施工处理，必要时实施第三方监测。

4. 监理单位

负责监督、检查修复施工处理的实施，并按有关程序组织验收。验收时邀请项目管理公司、设计单位和相关产权单位参加。

五、安全风险技术管理控制流程

见图 5-2-6。

各参建单位可结合各阶段管理目标和职责，参考本流程设定自身的具体工作。

《城市轨道交通工程建设安全风险技术管理规范》DB11/1316—2016 附录 B，见表 5-2-6。

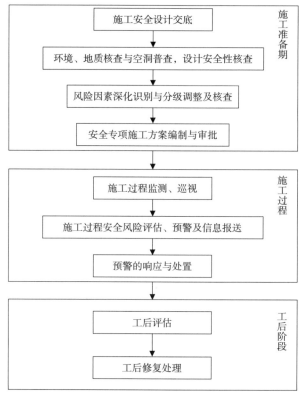

图 5-2-6 安全风险技术管理控制流程图

现场巡视预警等级划分表　　　　　　表 5-2-6

施工工法及周边环境类型	巡视内容或对象	巡视预警参考标准（满足以下条件之一）		
		黄色	橙色	红色
明（盖）挖法	围护结构	桩体出现断桩、夹泥；同一流水段内有两根桩体侵入主体结构并须切断主筋进行处置的	同一流水段内有两根（含）以上桩体出现断桩、夹泥；同一流水段内有三根（含）以上或连续两根桩体侵入主体结构并须切断主筋进行处置的	同一流水段内 50% 以上桩体出现断桩、夹泥；同一流水段内 50% 以上桩体侵入主体结构并须切断主筋进行处置的；基坑阳角、明暗挖结合段等部位出现下列情况：两根（含）以上桩体出现断桩、夹泥；三根（含）以上或连续两根桩体侵入主体结构并须切断主筋进行处置的
	土方开挖	未采取分层分段方式开挖；边坡坡度超过设计值，或一次性开挖超过一个流水段长度；侧壁喷护不及时	侧壁喷护不及时或边坡坡度超过设计值，且局部出现明显变形、开裂或存在坍塌趋势	基坑阳角、明暗挖结合段等部位出现侧壁喷护不及时或边坡坡度超过设计值，且局部出现明显变形、开裂或存在滑塌趋势

续表

施工工法及周边环境类型	巡视内容或对象	巡视预警参考标准（满足以下条件之一）		
		黄色	橙色	红色
明（盖）挖法	支护体系	同一道（水平方向）支撑连续三根架设滞后；基坑阳角、明暗挖结合等部位的支撑有一根架设滞后；围檩与围护结构间未密贴；支撑未按设计要求安装防坠落装置；钢围檩设置不连续或连接不牢固；一次支撑拆除数量超过一个流水段长度	同一道（水平方向）支撑连续超过三根架设滞后；基坑阳角、明暗挖结合等部位的支撑有两根架设滞后；同一开挖区段同一横剖面（竖向）内存在两道支撑架设滞后；阳角部位钢围檩设置不连续或连接不牢固；锚索未按设计要求拉拔锁定即进行下层土方开挖；抗剪蹬设置数量不符合要求；结构混凝土强度未达到设计要求即拆除支撑	基坑阳角、明暗挖结合段等部位出现下列情况：同一道（水平方向）支撑连续三根（含）架设滞后；同一开挖区段同一横剖面（竖向）内存在两道支撑架设滞后；锚索未按设计要求拉拔锁定即进行下层土开挖；结构混凝土强度未达到设计要求即拆除支撑；未设置抗剪蹬
	侧壁稳定与基坑渗漏水	侧壁土体塌落形成空洞；基坑渗水	侧壁土体塌落形成空洞且有发展；基坑流水、流砂	基坑涌水、涌砂（土）
	坑边堆载	基坑边长期有重型设备作业，且未采取加固措施；基坑强烈影响区单位荷载超出设计值	基坑阳角、明暗挖结合等部位的坑边荷载超过设计值	因坑边荷载引起基坑或地面产生可见过大变形或开裂，且有发展
矿山法	超前支护	注浆效果不明显；超前支护数量或长度较设计值减少10%	注浆效果不佳；超前支护数量或长度较设计值减少约10%~30%（含）	无注浆效果；超前支护数量或长度较设计值减少超过30%
	土方开挖	核心土留设、台阶长度、近距及多部开挖隧道开挖面间距未满足设计或施工方案要求；下台阶一次开挖2榀	塌方及超挖段未按规定回填处理；隧道贯通相距两倍洞跨或小于10m时相对开挖面同时开挖；开挖进尺超出设计值1.5倍（含）以内；下台阶一次开挖3榀	开挖面反坡；开挖进尺超出设计值1.5倍以上；下台阶一次开挖4榀（含）以上
	开挖面稳定性	开挖面停工未及时封闭；开挖面渗水	开挖面掉块、开裂；拱顶少量漏砂；开挖面小股涌水	开挖面坍塌；开挖面大股涌水且含砂
	初期支护	纵向连接筋、锁脚锚杆（数量、长度、范围等）未按设计参数施工	标准断面格栅连接及拱脚处理未按设计、规范或施工方案施工；未及时喷射混凝土	初期支护开裂；大断面、变断面斜坡段、平顶直墙段、转弯段格栅连接及拱脚处理未按设计或规范要求施工
	回填注浆	未及时进行回填注浆	回填注浆效果未达到要求，初支可见明流水	回填注浆未达到要求，初支可见涌水
	马头门施工	破除顺序不规范	马头门位置未按施工方案采取加固措施	对开马头门；未按设计要求及时封闭成环
	临时支护体系	临时支护体系架设、连接未满足设计要求	临时支护体系拆除未满足设计要求	平顶直墙段、斜坡段或大断面段等拆撑未满足设计要求

续表

施工工法及周边环境类型	巡视内容或对象	巡视预警参考标准（满足以下条件之一）		
		黄色	橙色	红色
盾构法	始发、接收	端头加固效果不佳，存在渗水现象；洞门止水装置安装质量差；反力架结构型式不合理或质量差；现场施工未按方案进行	盾构设备组装、调试后未进行验收；盾构位置及导向基点未进行测量验收；未安装洞门止水装置	端头加固效果差，存在流砂及涌水现象
	开舱检修及换刀	现场施工与方案不符或落实不到位	无有害气体检测设备	无通风设备
	盾构掘进参数控制	同步注浆量连续多环（^3环）小于方案设定值，或连续多环（23环）大于方案设定值且注浆压力为0；浆液质量连续多次（22次）不满足要求	土压力连续多环（23环）小于方案设定值；掘进过程中螺旋输送持续发生喷涌（超过5分钟）；铰接密封或盾尾密封持续发生（超过10分钟）涌水、涌砂	出土量连续多环（2环）大于方案设定值
	盾构姿态控制	线路半径$350m的盾构轴线平面偏差在±80~±90mm（含）；线路半径>350m或直线的盾构轴线平面偏差在±50~60mm（含）；盾构轴线高程偏差在±20~30mm（含）	线路半径$350m的盾构轴线平面偏差在±90~100mm（含）；线路半径>350m或直线的盾构轴线平面偏差在±60~70mm（含）；盾构轴线高程偏差在±30~40mm（含）	线路半径^350m的盾构轴线平面偏差超过±100mm；线路半径>350m或直线的盾构轴线平面偏差超过±70mm；盾构轴线高程偏差超过±40mm
	联络通道开口	地层加固效果差，存在渗水现象	相邻管片未采取变形控制措施	加固效果差，存在流砂及涌水现象
周边环境	建（构）筑物及地下室	建（构）筑物墙体出现开裂、剥落或可见变形，但不影响正常使用；地下室墙面或顶板	建（构）筑物墙体出现开裂、剥落或可见变形、地下室墙面或顶板较大面积渗水、滴水	建构筑物墙体、柱或梁出现开裂、剥落或可见显著变形，影响正常使用；地下室墙面或顶板涌水
	桥梁	墩台、梁板或桥面、锥体、引道挡墙出现新增裂缝或可见变形	墩台、梁板或桥面裂缝或可见变形有发展	墩台、梁板或桥面混凝土剥落、露筋或可见显著变形
	既有运营线和铁路	道床结构出现新增裂缝或可见变形	道床结构裂缝或可见变形有发展	变形缝混凝土剥落、主筋外露或可见显著变形
	地面、道路及临时设施	施工影响区内地面出现新增裂缝或可见明显变形	施工影响区内地面裂缝或可见变形有发展	可见显著地面沉陷或隆起
	河湖	施工影响范围内堤坡出现新增裂缝	施工影响范围内堤坡裂缝有发展	隧道上方河流湖泊水面出现水泡或漩涡

续表

施工工法及周边环境类型	巡视内容或对象	巡视预警参考标准（满足以下条件之一）		
		黄色	橙色	红色
周边环境	悬吊管线	未按方案采取保护措施	可见变形、渗漏	可见明显变形、渗漏且有发展
	架空高压线	基础与周边地面出现新增裂缝	基础与周边地面裂缝有发展	基础及周边地面沉陷
工程监测与信息系统	工程监测	监测点布设或监测频率未按方案执行；施工监测与第三方监测数据差异较大	少量监测点破坏且未及时恢复	较多监测点破坏且未及时恢复；基坑阳角、明暗挖结合等部位的监测点破坏且未及时恢复
	信息系统数据传输	视频监控图像不清晰；现场摄像机跟进不及时；视频监控或盾构数据远程实时传输偶有中断	现场摄像机未安装；视频监控或盾构数据远程实时传输长时间未实现或多次中断	基坑阳角、明暗挖结合等部位的视频监控系统未安装
其他	汛期施工	挡水墙未闭合或高度足，且无补充措施	挡水墙未施做	挡水墙未施做，且影响工程安全

注：1. 当同时满足两个以上预警参考条件时，可将预警等级提高一级；

2. 矿山法工程的斜坡段、变断面、平顶直墙段、转弯处，明暗挖结合段紧邻重要环境设施，以及处于特级、一级环境风险处等部位发生预警时，可将预警等级提高一级；

3. 预警数量增加、预警时间延长或预警未及时处置或处置不当使可能导致的风险程度有增大趋势时，可将预警等级提高一级；

4. 未有列入，但发生对影响工程自身和环境设施安全的其他情形时，可根据安全风险发生部位、范围等综合判定预警等级。

第三节 质量安全事故典型案例分析

一、明挖基坑事故案例分析

采用明挖（或盖挖法）施工时，基坑坍塌事故时有发生，应掌握坍塌形式及发生原因，做好预控。

（一）主要坍塌形式及其原因

1. 基坑或边坡土体滑移

基坑周边堆载过大，基坑底部土体因卸载而隆起。

2. 边坡失稳、基坑坍塌

（1）地表水及地下水渗流作用造成涌砂、涌水、涌泥等导致。

（2）支护结构的强度、刚度或入土深度不足，引起支护结构破坏。

（二）北京地铁10号线熊猫环岛车站塌方事故

1. 事故概况

该车站明挖基坑支护见图5-3-1，发现基坑南侧深度约8m处出现渗水，5min后，该处出现大量涌水，10min后，基坑南侧地面出现裂缝，现场值班人员发现此情况后，立即通知基坑内所有人员立即撤离，15min之后，基坑南侧中间部位突然坍塌，并迅速向两侧发展，造成斜向钢支撑体系脱落，并引起两侧围护桩体倒塌；

随后，西侧和东侧围护结构也相继倒塌，塌方导致基坑南侧的通信电缆和其他电缆裸露悬空，基坑东侧$\phi 600$自来水管断裂，自来水注入基坑内，同时造成一根$\phi 1600$上水管弯曲，基坑南侧一根$\phi 800$的污水管和一根$\phi 1600$的雨水管断裂，一根燃气管线外露，多根电信管线断开，见图5-3-2～图5-3-4。

图5-3-1 基坑坍塌前支护情况

图5-3-2 基坑坍塌现状（从南向北看）

图5-3-3 基坑坍塌现状（从北向南看）

图5-3-4 基坑坍塌后供水管线断裂情况

2. 原因分析

1）工程地质、水文地质条件复杂

该工程施工区域属粉土地层，地下水位较高，施工降水难度较大，不易疏干。

2）施工环境条件差

基坑南侧及东西两侧有多条大型管线，在基坑正南端中间部位设有污水井和雨水井各一个，根据前期地下管线调查情况及产权单位反映的情况显示，该区域内的污水管线渗漏严重，周围土体长期被水浸泡，造成土体强度降低；

在管线施工时，周边回填了大量松散土，在水的长期浸泡下产生一定的塑性流动趋势，使基坑围护结构受力增大；

3）围护结构喷射混凝土厚度仅为80mm，难以抵挡较大的水压力及流动性土体的侧压力，因此围护结构首先出现裂缝，地下水便从裂缝中渗出，并且很快发展到涌出，涌水夹带着大量泥沙向基坑内突涌，最后在围护桩体背后形成较大的空洞及松散区域，造成地面坍塌；

在东、西两侧土压力的共同作用下，基坑支护体系失稳，东、南、西三面围护桩相继倒塌。

4）施工工况不符合设计要求

（1）设计文件规定，基坑应严格按先撑后挖施工，而实际施工与设计要求的工况严重不符，该基坑采用挖掘机施工，基坑土方在开挖接近尾声时，第八施工段第三、四道钢支撑还没有完全架设，造成部分围护桩无支撑长度与设计工况相比，间距加大2倍以上。

（2）施工降水未能改变土体受水浸泡的不利因素，造成下层土体承载力大大降低，最终导致围护体系破坏，基坑坍塌。

（3）为节省成本，施工单位将准备用于明挖基坑回填土方约9000m^3堆在基坑东南角，且堆土坡脚距基坑边缘仅3m，这部分堆载使基坑围护体系所承受的土压力增大，导致围护结构受力状态与设计工况不符，基坑坍塌时，坑边堆载土方一部分滑入基坑，另一部分在事故发生后才紧急运出。

3. 处理措施

（1）立即疏散人群，设立安全警戒线，确定安全距离，并联系交管部门随时准备交通疏导。

（2）抢险人员迅速通知并配合各产权单位及时对已经断裂及弯曲的自来水管与污水管线进行切断阻水，对已经弯曲变形的燃气管线进行断气保护，先将基坑东、西两端的燃气管线进行封堵，然后将基坑内裸露的燃气管线切除，确定塌方所有涉及的管线改移位置，包括裸露的民用电信管线、军用光缆。

（3）基坑内架设临时立柱，对边缘危险桩打设地锚，用钢丝绳拉住危桩进行加固处理，及时施做第五、六段车站主体结构。

（4）组织施工人员及时对基坑周边的设备、材料进行清运，防止造成进一步的损失，排除ϕ1600上水管线内的积水，对基坑南侧渗漏的污水管线用混凝土进行封堵，防止外来水对基坑的进一步破坏。

（5）降低基坑南端塔吊高度，减小来自塔吊的倾覆风险。

（6）成立紧急监控量测小组，对基坑周边的沉降变形以及塔吊位移进行 24h 不间断监测，并标示出安全警戒线，防止次生事故的发生。

（7）卸除基坑周边堆载，用混凝土、砂石料对基坑坍塌部分进行回填，以恢复施工。

4. 处理过程

（1）事故发生后的当天下午 16：00 开始，首先对电信线缆采取临时架空措施，随后进行改移。

（2）晚上 23：00 点，对位于基坑东西两端的燃气管线进行了封堵，然后对基坑内部管线进行切除。

（3）次日凌晨 00：30，完成断裂的雨水管线封堵，为排水工作提供了条件。

（4）为防止已弯曲的 $\phi1600$ 自来水管继续下沉变形，消除管线下滑或断裂产生的风险，抢险人员迅速在自来水管下方施做土坝。

（5）次日上午 7：00 左右，折断的军用光缆、联通、移动的通信光缆已经全部修复接通。

（6）基坑东侧 $\phi1600$ 上水管线内的积水，在事故发生后两天时间内全部排完，抢险工作基本结束，施工逐渐开始恢复。

二、暗挖车站、区间塌方事故案例分析

暗挖法施工中不确定性因素较多，施工风险大，存在的安全隐患是多方面的，一旦处理不当，容易发生安全事故。风险因素主要体现在两方面：一是施工环境，含水地层结构防水施工困难，塌方、涌水或渗水、隧道变形、路面及周边建筑物开裂、地下管线破坏等；虽然拱顶有小导管或管棚等超前支护措施，但掌子面是开敞的，掌子面的稳定关系到隧道本身和地面的安全。二是支护主要由人工完成，施工质量受人为影响因素较多，如喷射混凝土质量离散性较大，二次衬砌施工缝、变形缝质量不易保证。

（一）北京地铁 10 号线一期苏州街暗挖车站塌方事故案例

1. 设计概况

该车站为双层暗挖（局部单层暗挖）单柱双跨侧式车站，车站总长 195.2m。其中，双层地段长 166.2m，单层地段长 29m，车站总建筑面积为 10756.2m^2。共设四个出入口，其中，在东南出入口人防段内侧设置紧急疏散通道，与站厅层东端设备区连通。

出入口分为明挖段与暗挖段两部分。明挖段通道断面形式为箱形或 U 形结构，暗挖段通道断面形式为拱形直墙带仰拱结构。

2. 事故概况

该地铁车站东南出入口暗挖施工中，隧道断面转换处作业面发生坍塌，塌方体积约 1m^3。检查发现，开口导洞西侧上部初期支护开裂，裂缝位于开口导洞的中间位置，宽约 10mm，长约 1.5m。

施工单位项目负责人指挥作业人员对开裂的拱顶部位进行加固,期间,拱顶部位再次发生塌方,塌方面积约为 20m²,直接导致地面塌陷,塌坑深度约 11m。塌方的土体将 6 名作业人员埋压,造成三级重大安全事故。事故还引起地面施工暂设的一层会议室坍塌,暂设内的部分办公设备掉进塌坑内。见图 5-3-5,车站顶面塌陷见图 5-3-6。

图 5-3-5　东南出入口塌方示意

图 5-3-6　车站顶面塌陷

3. 原因分析

(1) 该工程所处的地质条件非常复杂,原路面位置以前是水田,路基是在多沟壑、河道及池塘等软弱土层基础上填筑而成;此外,在事故地点东侧约 4m 左右,存在一个深约 3m,体积约 24m³ 的地下空洞。如果在空洞的正下方进行车站土体开挖作业,其后果更不堪设想。

(2) 该区域地下管线非常复杂;

(3) 周围环境差,距场地 3~4m 处就有一栋居民住宅楼,增大了地铁车站施工的难度。

(4) 违规施工,工程质量不达标,隧道初支所使用的钢格栅为钢筋焊接,按钢筋焊接有关规范要求,绑焊长度为 220mm,但是现场实际焊接长度只有 50mm,个别钢格栅钢筋焊接长度甚至还不足 20mm,根本没有达到规范的要求,其中在塌方范围内的钢格栅就有两根钢筋被撑断。

4. 处理措施

经过专家组认真研究,制定了如下抢险方案:

(1) 立即拆除塌坑上方的施工暂设,为抢险提供施工作业面,见图 5-3-7。

(2) 在塌坑南侧放宽约 3m 左右的斜坡坡道,用于清理塌坑内的土方,见图 5-3-8。

(3) 为保证塌坑周边土体稳定,及时进行挂网喷射混凝土加固塌坑坑壁,见图 5-3-9。

(4) 塌坑加固完毕后,立即组织搜救被埋人员。

图 5-3-7　拆除塌坑上方的施工暂设

图 5-3-8　清理塌坑内土方

图 5-3-9　塌坑壁挂网喷射混凝土加固

5. 抢险工作及后续方案

（1）按照专家组制定的方案进行。抢险队员轮流作业，争时间，抢速度。在拆除二栋约 300m² 施工暂设之后，开始清挖塌坑土方，并对边坡进行挂网喷射混凝土加固。当土方清挖推进到塌坑下部，发现土质疏松，含水量大，塌方土体不稳，存在二次塌方的危险。

（2）专家组根据实际情况，确定第二个抢险方案，决定在隧道内采用木排架小导坑的方式进入塌方土体内实施搜救，见图 5-3-10。同时，使用人体探测仪和警犬等手段辨认被埋人员的具体方位。

（3）事故发生后第二天上午，确定了一名被埋人员位置，下午 6 时 40 分，第 1 名被埋施工人员遗体被挖出。

第三天凌晨 1 时 30 分左右，陆续发现 2 名被埋人员遗体，下午 2 时 30 分左右，又发现了第 4 名被埋人员，均被垮塌的初支结构埋压，虽使用液压钳、千斤顶、58 吨气垫等抢险设备进行抢救，均未成功。

图 5-3-10　木排架小导坑支护

此时，基坑侧壁出现裂缝，小导洞内出现局部落土现象。

（4）为保证搜救安全，指挥部与专家组连夜进行了研究，再次调整并确定了第三个抢险方案，采取在基坑四壁用工字钢支撑，见图 5-3-11。在导洞上方插入小导管做支撑，然后从基坑挖出杂填土的方式进行施救。经过紧张搜救，于事发后第四天 6 时 05 分、7 时 45 分、12 时 20 分、19 时 50 分，分别挖出第 2～5 名被埋人员遗体。

图 5-3-11　基坑壁工字钢支撑

6. 转入基坑加固抢险

又经过一整夜的紧张搜救，又一次动用 7 条搜救犬和人体探测仪，但是，第 6 名被埋人员的准确位置仍不能确定。此时，基坑裂缝越来越大并有局部坍塌现象，随时可能发生新的大面积塌方，现场已完全不具备搜救的安全条件。次日上午，指挥部召开会议，专家组研究决定：

（1）紧急抢险搜救阶段工作结束，立即转入加固基坑抢险施工阶段。

（2）组建现场抢险施工指挥部，于事发后第五天 12 时现场开始工作，随时调度有关抢险施工力量。

（3）指挥部组织专家组、设计、施工单位立即制定抢险施工和寻找最后一名遇难人员的新方案，采用放坡加桩的明挖方式从地面一直挖到设计标高，并予以实施。

（4）对临近塌坑的居民住宅楼进行不间断监测，确保居民楼安全。

（5）事故发生一个多月后，在清理东南出入口结构底板部位土方时，发现了第6名遇难者。

（二）北京地铁10号线一期京广桥暗挖区间坍塌事故

1. 事故概况

该区间隧道采用CRD法施工，隧道宽9m、高9.578m，左线隧道开挖至距横通道中心线195m处时，①号导洞上半断面台阶底部左侧拱脚处突然发生涌水，30min后，洞内涌水已达到1m深，1.5h后，地面对应掌子面位置产生坍塌，导致隧道上方土体流失，附近地面一座立交桥引桥的挡土墙塌陷，地面形成长约18m、宽约14m、深约12m的塌坑，塌方后站内充满淤泥，见图5-3-12和图5-3-13。

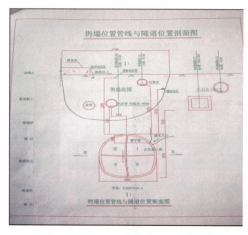

图5-3-12 隧道塌方位置示意图

图5-3-13 隧道塌方现场

2. 原因分析

（1）首先追溯事故过程，该区间涌水坍塌前，暗挖掌子面正在进行喷射混凝土作业，在开挖、安装格栅过程中并无明显渗漏水现象，在喷射混凝土作业过程中，左侧边墙处突然涌水造成掌子面拱部坍塌，地面坍塌现场反映出结构上方的一条$\phi 1750mm$的污水管线断裂并向洞内涌水，该污水管线与隧道结构平行，管底距离结构顶面5.57m，为路面道路污水主管道，平均水流满管率为85%，另一$\phi 1400mm$的自来水管线悬空。

（2）继而综合分析认为，此次事故是由于掌子面前方上部土体受污水管线长期渗漏影响而形成水囊或饱和水淤泥层，土体开挖之后，由于土、水的受力状况改变而造成水囊或淤泥层涌水而导致坍塌，土层的坍塌又造成$\phi 1750$污水管线断裂，从而引发地面大面积的塌陷。

3. 处理措施

（1）人员撤离、按事故应急抢险程序逐级上报、封锁交通、疏散行人和车辆。专家组制定了加固意见，需按下列步骤做好抢险工作。

（2）填坑，恢复通车。

施工单位首先向坍塌孔洞内充填级配砂石料，以此为基底，重新铺设了一条污水管线，以恢复污水排泄畅通。随着充填工作的进行，发现原污水管内水流量过大，填筑级配砂石料的承载力不能完全满足要求，因此，改用混凝土充填，对下方已经充填级配砂石的部位，通过在混凝土面层上打孔，再向下注浆。孔洞充填完毕之后，恢复区间隧道上方路面主干道通车。

（3）地面抢险。配合市政管线施工单位，通过地面钻孔对隧道内各掌子面进行注浆加固。

（4）洞内清淤。分洞内抽水、铺设栈道、通风清淤三个步骤进行。

（5）掌子面加固，除坍塌掌子面外，其余掌子面均采用挂网喷射100mm、厚C20混凝土的措施进行掌子面封闭，未封闭成环的上台阶格栅处加设临时支撑，清淤到坡脚后堆码砂袋对坡脚进行加固，并同时采用打设超前小导管注浆的措施加固处理。

（6）掌子面恢复施工：按专家组制定的对掌子面前方15m范围施做临时仰拱的措施，顺利完成加固段。

（7）坍塌处理。

沿车站方向采取分段注浆、标准断面全断面注浆、人防断面轮廓线边缘管棚注浆的方案进行加固，沿区间方向采取了止浆墙、低压填充注浆、护拱施工、原人防断面径向注浆的稳妥施工方案。

三、涌水、涌砂事故案例分析

（一）杭州地铁1号线湘湖站基坑涌水

1. 事故概况

2008年11月15日下午3时15分，正在施工的杭州地铁湘湖站北2基坑现场发生大面积坍塌事故，见图5-3-14和图5-3-15，造成21人死亡，24人受伤，直接经济损失4961万元。

2. 原因分析

事故发生后，浙江省政府迅速成立事故调查组，国家安全监管总局、住房和城乡建设部也成立了事故调查指导小组。

经过对施工现场反复勘察，查阅、分析大量有关技术资料，对相关人员调查取证，形成了《杭州地铁湘湖站"11·15"基坑坍塌事故技术分析报告》《岩土工程勘察调查分析》等9项专项调查分析报告，认定多方面因素综合作用最终导致了事故的发生，是一起重大责任事故，21名责任人受到处理。

图 5-3-14　地铁基坑坍塌涌水、涌砂事故现场

图 5-3-15　地铁基坑坍塌涌水、涌砂事故现场

图 5-3-16　暂停基坑底部清理工作，开始破除连续墙

图 5-3-17　坍塌基坑东侧楼房被拆除

（1）直接原因是施工单位违规施工、冒险作业、基坑严重超挖；支撑体系存在严重缺陷且钢管支撑架设不及时；垫层未及时浇筑。

（2）参与项目建设及管理的有关方面工作中存在严重缺陷和问题，没有得到应有重视和积极防范整改。

3. 处理措施

暂停基底清理工作，破除连续墙，拆除地面危楼。

见图 5-3-16 和图 5-3-17。按专家组审定的方案进行处理。

（二）上海 M4 线盾构区间隧道涌水、涌砂事故

1. 设计概况

某地铁区间隧道上行线长 2001m，下行线长 1987m，其中江中段 440m，区间隧道底部最大埋深 37.35m。

盾构从东向西推进，在穿越某江后经防汛墙、A 路、B 站、音像制品批发交易市场进入 C 路，在穿越 D 路后隧道上下行线逐渐由水平同向推进，转为垂直同向推进，联络通道（即图中标注的旁通道）采用冻结法进行施工（风井采用逆作法施工，已完成），该部位地质条件比较复杂，处在第 7 层承压水地层中。

2. 事故概况

事故的发生点位于隧道的联络通道处，见图 5-3-18 中深颜色表示的是本次事故的发生区域。

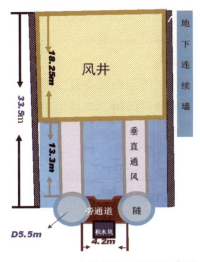

图 5-3-18 事故的发生区域示意图

（1）某日，区间隧道联络通道施工现场突然发现渗水，随后出现大量流沙涌入，引起地面大幅沉降、开裂。地面数栋建筑物遭到破坏，其中附近一栋八层楼房的裙房部分倒塌，见图 5-3-19 和图 5-3-20。

图 5-3-19 渗水引起地铁隧道附近地面塌陷开裂　　图 5-3-20 渗水引起地铁隧道附近房屋塌陷

（2）第二日上午，进水的联络通道已被基本封堵，解除了因险情造成的对整个轨道交通线路的威胁。另外，发生倾斜、倒塌的地面建筑正在被火速拆除。新的险情相继发生，防汛墙受地面沉降影响，发生沉陷和开裂。

3. 原因分析

事后经专家鉴定认为：《冻结法施工方案调整》存在缺陷，监理单位对此方案的审核未能发现问题，施工单位现场管理失控，监理单位现场监理人员失职，致使事故发生。

（1）施工中冻土结构局部区域存在薄弱环节；忽视了承压水对工程施工的危害，导致承压水突涌，是事故发生的直接原因。

（2）开挖过程中承压水冲破土层而发生流砂，流砂的产生带动土层扰动、移位，造成隧道结构破坏，引起地面土体沉陷，继而发生地面建筑物倾斜、部分倒塌，防汛墙沉陷、坍塌等险情。

（3）施工单位在用于冻结施工的制冷设备发生故障、险情征兆出现、已经停工的情况下，没有及时采取有效措施排除险情，现场施工管理人员违章指挥，直接导致了这起事故的发生。

4. 处理措施

（1）阻止险情发展，随着水泥封堵墙完成和钢筋混凝土封堵墙施工，从事故发生后的第二日晚开始，抢险人员及时向隧道内灌水，促使隧道内外的水土压力平衡，保护盾构隧道管片不受损坏，同时通过水压自动监控系统对水位、水压和流量实时监测。

（2）为防止隧道塌陷延伸，事故发生后的第4天，在塌陷范围西南侧区域内（上、下行）双线隧道顶部适当部位钻孔，并向隧道内灌注混凝土。

（3）防止江水和地表水进入，在事故区段以外抢筑防汛围堰。

（4）加盖封闭风井，同时紧急拆除码头平台和受损房屋，并及时加高防汛围堰。

（5）在A路上筑第二道堤坝，并在两道堤坝间回填土方及砂、石料等，对主堤内沉陷区域进行回填。

（6）采用旋喷桩对主堤渗水处紧急封堵，采用吹泥管袋、土工布和模袋混凝土等方法，全面加固防汛主堤。

采取各项紧急措施后，事故后第5天，险情得到控制，事态趋于平稳。

5. 修复方案

专家经分析、比选，在综合考虑工程难度、风险、造价、工期和社会影响等因素后，最终采取了在原位，以明挖为主的施工方法修复隧道，分五个部分实施。

（1）施做两个明挖深基坑。

（2）中部暗挖施工。

（3）两侧暗挖对接。

（4）对未损隧道的抽水清理。

（5）江中区段设置水上围堰和作业平台。

对修复工作中每个风险点产生的原因进行分析，研究规避风险的措施，并针对每一风险点制定了详细的施工风险预案，确保将各类风险得到有效控制。

在水平方向冻结法施工中，不但在设备上进行了综合考虑，还设计了钻孔防喷装置及暗挖施工自动安全防护门等。

6.经验教训

风险意识的缺乏、对风险估计不足以及施工准备工作不充分等，都是导致本次事故的主要原因。

（三）某区间隧道盾构出洞时涌水、涌砂

1.设计概况

该区间属于长江低漫滩地貌，地势较为平坦，场地内地层呈二元结构，上部主要以淤泥质粉质黏土为主，下部以粉土和粉细砂为主。黏土中的地下水类型为孔隙潜水，赋存于砂性土中的地下水具有一定的承压性，深部承压含水层中的地下水与长江及某河流有一定的水力联系。

采用 1 台土压平衡式盾构从 B 站区间右线始发，到达 A 站后吊出，转运至 B 站，再从 B 站左线始发，到 A 站后吊出、解体，完成区间盾构隧道施工。

到达端盾构所穿越地层主要为中密、局部稍密的粉土，上部局部为淤泥质粉质黏土，盾构井端头 6m 采用高压旋喷桩加固土体。

2.事故概况

（1）在盾构即将进洞到达 A 站时，盾构刀盘已经顶上地下连续墙外侧混凝土，操作人员转动刀盘，准备破除混凝土保护层，此时，盾构刀盘下部突然出现较大的漏水、漏砂点，并且迅速发展、扩大，瞬时涌水涌砂量约为 260m^3/h。

（2）10min 后盾尾急剧沉降，隧道内局部管片角部及连接螺栓部位产生裂缝，洞内作业人员迅速调集方木及木楔，对车架及管片紧邻部位进行加固，以控制管片进一步产生变形。不到 1h，到达端地表产生沉陷，随之继续陷坑。所幸无人员伤亡。

3.处理措施

（1）抢险小组利用紧急抽水泵排除积水，同时决定采取封闭两端洞门的方案。

在 A 站端头的外层钢筋侧放置竹胶板，采用编织袋装砂土及袋装水泥进行封堵，迅速调集吊车及注浆设备进场，采用钢板封堵洞门；在 B 站洞内积极抢险，利用方木及木楔对车架及管片紧邻部位进行支撑；在无法控制险情的情况下，安全撤出作业人员，在洞内进行袋装水泥挡墙施工，共用水泥 90t，码砌过程中局部有渗水，为确保挡墙稳固，决定在 B 站洞口进行封堵，之后决定拆除洞口钢轨。

（2）第二天，A 站端头继续洞门钢板封堵，并及时浇注混凝土，在钢板背面架设工字钢作为斜向支撑；根据地表沉降情况，进行地表注浆加固。在 B 站洞口施工袋装水泥挡墙，利用运送管片小车及龙门吊运到井下，人工码砌，并开始加工钢筋网及模板。

（3）第三天，A 站端头二根型钢支撑已全部加好，继续向已封堵好的钢环内浇注混凝土。但钢环下部又出现漏水、漏砂现象，现场立即组织人员用袋装水泥、棉被堵漏，并增加水泵抽水，晚上，安装2根钢支撑，井下立模浇筑右线盾构井2m高范围内混凝土。B站继续码放水泥袋挡墙。之后几天，B站挡土墙施工完毕，安装钢筋网及模板，纵向设置型钢支撑。

（4）A站端头井两侧继续钻孔注双液浆，准备直接利用地连墙钻孔到钢环下面，地表沉陷处土方回填，B站洞门封堵混凝土浇筑完后，在端头部位向洞内注水；A站端头部位采用聚氨酯封堵。事故发生10d后，险情得到有效控制。

4. 经验教训

（1）区间盾构隧道进、出洞加固工程及降水工程必须由具备相应资质的专业分包单位来承担，并应由总包单位组织实施，且宜在基坑开挖前实施。

（2）对分包单位编制的盾构进、出洞方案含地层加固方案应专项设计，要及时组织专家论证，监理严格审批把关。

（3）承压水条件下隧道洞口止水装置的拆除、隧道井接头部位施工应列为重大风险源加以控制，实施前要经过四方条件验收，合格后方可进行下道工序施工。

（4）进一步完善承压水条件下，洞口止水封堵专项方案或措施。承压水条件下的井接头施工要保证降水井完好，不能过早封堵，确保必要时能开启抽水。

（5）优化盾构进出洞地层加固止水设计方案，对承压水条件下的盾构进、出洞，从设计开始，就应明确可供选择的、安全度较高的施工工艺或工法。

（6）制定应急抢险预案，加大抢险设备投入，提高抢险工作效率。

四、地下管线破坏事故案例分析

（一）北京地铁10号线二期12标段盾构接收井土体加固旋喷桩作业打断通信电缆事故

1. 事故概况

地铁某区间工地进行高架桥桩基施工，在7轴7—2号基础桩施工时，造成某公司30孔电信电缆管块被打断，其中包括A单位30芯光缆1条、B单位中继线2条、C单位电缆1条、D单位通信光缆2条、E单位光缆3条、F单位光缆1条，以及G单位电缆1条。

2. 原因分析

1）施工单位未按施工方案采用人工开挖至原状土，而是直接采用钻机开挖。

2）管线调查不细致，未能发现被土覆盖的检查井，作出错误判断。

3）施工管理不到位，地下管线保护措施未落实。

3. 事故处理

事故发生后，施工单位立即封闭施工现场，上报上级管理单位，全线立即停工，核查所有地下管线，落实保护措施，并与相关部门取得联系，现场积极组织人员配合各电缆产权单位进行抢修。

4.经验教训

（1）总包单位应加大对各专业分包施工单位的管理力度，做好对专业分包单位的安全技术交底工作，提高对管线安全风险的认识，确保地下管线安全。

（2）施工前，必须认真做好地下管线、建构筑物的调查，详细了解状况，制定有针对性的专项保护措施。

（3）严格按照施工组织设计和专项施工方案组织施工，切实落实地下管线各项保护措施。

（二）某工程十字路口钻探造成煤气管线泄漏

1.事故概况

施工单位在某工程十字路口处进行钻探时，不小心将地下煤气管钻破，造成煤气泄漏，泄露的煤气很快达到爆炸极限。

2.原因分析

施工单位在地质勘探前，没有对地下管线进行详细的调查，盲目作业，造成事故发生。

3.处理措施

（1）事故发生后，该施工单位立即拨打110和119，同时通知煤气公司进行抢修，稍后公安和消防部门相继赶到并封锁现场，疏散人群。

（2）经过现场仪器测量，发现空气中的煤气浓度已达到爆炸极限，因此，所有人员的对讲机和手机均被关闭，并用喷雾水枪稀释空气中煤气的浓度。煤气公司施工人员赶到后，首先关掉煤气管阀门，切断气源，然后进行维修。

（三）某地铁站水管爆裂

1.事故概况

某地铁站附近地下一根直径为600mm的主供水管发生爆裂，车站所在的整个广场顷刻间成为一片汪洋，地铁站售票处台阶被强大的水压冲得翘了起来，长度达20m左右，离台阶4m、5m处的地铁线高架桥桥墩甚至出现了5mm宽的裂缝。经抢修人员一个多小时的紧急抢修，大水终于被控制住。

2.原因分析

据分析是由于地铁桩基施工引起水管应力发生变化，长时间作用下应力释放，导致水管爆裂，继而引发后续的高架桥墩裂缝事故。

五、其他事故案例

（一）北京地铁15号线钢支撑脱落事故

1.事故概况

2010年7月14日下午4:30分，北京地铁15号线顺义站明挖车站在施做底板垫层混凝土时，6根钢管支撑突然脱落，见图5-3-21，导致8名工人被砸受伤，2名工人被埋死亡。

图 5-3-21　北京地铁 15 号线钢支撑脱落事故

2. 原因分析

（1）降雨影响，事故发生前几天，北京连降大雨，雨水对基坑壁的渗透作用，导致土体强度降低，承载能力下降。

（2）重型机械（长臂挖掘机）近坑壁挖土施工，挖掘机自重及施工产生的动荷载导致基坑周边土体发生沉降，实际沉降值已达 300mm，导致围护结构向基坑外侧发生位移。基坑内钢管支撑轴力消失，缺少防坠落措施，在自重作用下，脱落伤人。

（3）挖掘机占位施工，破坏了基坑周边布设的监测点，监控人员缺乏经验，没有及时补设测点，使监控量测工作不能连续有效的进行。

（4）施工单位对基坑变形过大没有引起足够的认识，巡视预警、监测预警流于形式。

（5）建设、监理单位存在侥幸心理，对出现的上述问题反应迟缓，安全管理混乱，虽然事故发生前 2 天，也召开了 2 次专题会议，但未下令停工并要求其采取及时有效的应对措施，只是要求加强监测，尽快把底板混凝土施工完成，不能解决根本问题。

3. 处理措施

（1）停止施工，撤出人员。

（2）恢复已破坏的监测点，加大监测频率，分析监测数据。

（3）立即组织专家论证会，根据专家意见，征得设计单位同意，采取切实可行的加固措施，调整后的施工方案由监理审批，业主签字后实施。

第六章
城市轨道交通土建工程合同及信息化管理

第一节 合同管理

合同是平等主体的自然人、法人、其他组织之间设立、变更、终止民事权利义务关系的协议。合同是平等主体所实施的一种民事法律行为，以设立、变更或终止民事权利义务关系为目的，是当事人在平等自愿的基础上意思表示一致的产物。合同是当事人之间的"法锁"，基于合同所形成的合同法律关系包括主体、内容、客体三个要素。其中，合同法律关系的主体又称为合同的当事人，是指在合同关系中享有权利和承担义务的人；合同法律关系的内容是指债权人的权利和债务人的义务，即合同债权与合同债务；合同关系的客体是指合同关系中债权与债务所共同指向的对象。

《中华人民共和国合同法》规定有买卖合同，公用电、水、气、热力合同，赠予合同，借款合同，租赁合同，融资租赁合同，承揽合同，建设工程合同，运输合同，技术合同，保管合同，仓储合同，委托合同，行纪合同，居间合同 15 类有名合同。建设工程合同是其中非常重要的一种，是指建设工程的发包方为完成工程建设任务，与承包方签订的关于承包方按照发包方的要求完成工作，交付建设工程，并由发包方支付价款的合同，包括工程勘察、设计、施工合同。建设工程合实际上是承揽合同的一种，我国合同法第 287 条规定："本章没有规定的，适用承揽合同的有关规定"。但同一般的承揽合同相比，建设工程合同具有权利义务关系复杂、具体合同种类多、标的额大、履行期限长、国家管理性突出、社会关注度高等特点，因此，为合同法以专门的章节作了规定。这也同时昭示出对建设工程合同进行管理的必要性。

城市轨道交通土建工程合同属于建设工程合同中非常具体、常见的一种合同类型。它因与城市轨道建设相关联，是对城市轨道建设项目的法律制度层面的规范、调整和保障，因此具有非常重要的现实意义。由于合同本身技术含量高，所涉及的参与元素众多，而且标准高、周期长、条款具体细致，又需根据时代发展不断自我完善，所以对其管理也提出愈来愈高的要求。

合同管理是工程建设管理中最基本的工作，是建设项目管理的核心。合同管理是对合同的订立、履行、变更、解除、转让、终止等环节所进行的力所能及的有意识参与、引导和调控，借以最大限度地避免合同风险，确保合同的权利、义务得以顺利履行，最终实现合同目的。合同管理包括管理主体、管理内容、管理目标、管理原则、管理方法、管理效果等具体要素，就现实合同的管理来说，主要是如何围绕项目进程所带来的合同类型及合同法律关系的变化进行有界式管理，主要涉及"谁来管、管什么、怎么管"三个问题。或者以制度予以明确规定，或者因临时任务而灵活调用，或者是制度与非正式制度的结合；无论采用什么样的管理模式，最终的目的还是能够使参与项目的各方在合同实施过程中能自觉地、认真严格地遵守和达到所签订的合同的各项规定和要求，按照各自的职责，行使各自的权利，履行各自的义务，发扬协作精神，处理好"伙伴关系"，做好各种分管工作，完整实现项目目标。城市轨道交通土建工程合同所包含的具体合同众多，本节主要探讨城市轨道交通土建工程在施工阶段所涉及的合同管理。

一、合同体系定位

（一）建设工程合同体系

现实中的建设工程合同是由众多合同组成的"体系"。工程项目从前期策划到交付使用、开始运营，各阶段都有相应的合同。这些合同出现于不同阶段、分布于不同层次、作用于不同环节，数量多、类型广、周期长，共同构成了一个"合同群"而不是一个单一合同。在不同的具体合同中则体现着不同法律关系，因此也受到相应的法律条文的针对性调整。一般而言，建设工程合同体系主要由如下表格中的合同类型组成。

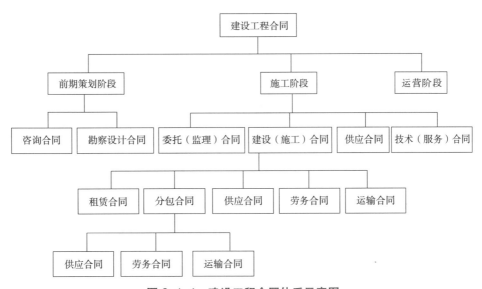

图 6-1-1　建设工程合同体系示意图

其中，施工阶段合同最为重要。因为所有合同事实的存在、合同制度的设计都是为了一个目的，即合同能够全面正确实际履行。只有合同得到实际履行，合同目的得以实现，才能见到客观存在的建筑成品、建成成果和建筑成效。施工可以保障质量、数量、工期，施工可以带来立竿见影的社会效果和卓尔不凡的使用价值，因此，在对工程项目所涉及的诸合同的管理中，施工合同的管理最为关键。

（二）城市轨道交通土建工程合同体系特点

城市轨道交通土建工程合同属于建设合同，其中也贯穿着建设工程合同体系。城市轨道交通土建工程合同具有自身的特点。

1. 工程量庞大，合同需划分。

城市轨道交通土建工程项目所涉及范围十分广泛，投资大、工期长。一条线路往往分期建设，往往需要对合同体系进行非常科学的设计。城市轨道交通工程通常按车站及区间划分若干施工标段，每个施工标段为一个单位工程（子单位工程），车辆段及综合基地为单独的子单位工程，例如在施的北京地铁12号线就按一站、一站一区间、一站两区间、车辆段、停车场等界面划分了22个施工标段；而监理标段一般又按若干个施工标段界面划分，如北京地铁12号线划分为7个监理标段，除车辆段单独设监理标段外，每个监理标段管辖2~5个施工标段。

2. 合同管理意义重大

由于项目工程质量和安全水平直接关系着国计民生，国家十分重视其实施状况，相关主管部门更是不断加强项目合同的监管力度，各参建单位需要做好城市轨道交通土建工程项目合同管理工作，以确保项目安全顺利地建成。然而需要注意的是，城市轨道交通土建工程合同与其他和合同类型一样，也是处于不断发展变化和逐步完善之中；它不断地为工程建设实践所推动、为法律及司法解释所确认、为追求卓越的主观世界的美好愿望所期冀。但是，这并不是说此类合同管理已经非常完善再无可圈可点之处，恰恰相反，其中还存在着一些不足，而正是这些不足的存在，才会不断督促相关主体在建筑领域发挥主观能动性而超越之，这必然会在更大程度上促进社会物质文明进步和人类命运共同体幸福指数的提升。

（三）城市轨道交通土建工程合同管理的不足

城市轨道交通土建工程项目各种相关报审手续繁杂，工序多，参建单位众多，一系列复杂的生产活动及技术服务活动需要通过合同管理来确保参建各方的权利和义务。但在现实中，由于合同管理中存在一定问题，往往引起分歧，纠纷，甚至影响项目的进展，应从管理角度消除这些常见问题。

1. 合同签订不规范

各类合同签订过程中，一般不会存在明显违法、违规处，但小的不足和缺陷时有发生，如合同内容用词错误、矛盾，造成当事人对合同理解有歧义，履约率较低，合同中的一些违约责任不够明确，或罚则与国家行政法规有出入，难以执行，给城市轨道工程项目埋下了较大的风险和隐患。

2. 合同履行中的问题

有些当事人不能严格履行合同约定的责权利，或发生违规、违约行为，因而引起合同纠纷，此时不按照合同条款解决问题，而是采取非法手段（行为）或依靠人际关系来解决纠纷，造成工程建设领域腐败频发的社会现象。

3. 合同管理混乱

合同管理章法不严，未做到分类管理，没有做好合同的发放记录，合同文件存档不及时，甚至出现一批无效文件，未能及时处理，至发生纠纷时不能为合同管理提供依据。

4. 合同管理专业人才缺乏

城市轨道交通土建工程合同管理是一项技术要求高、专业性强的工作，而目前许多企业合同管理人员并不具备这些基本素质，不了解合同规定的具体内容、履行过程及质量安全要求等，在工作中遇到问题无从应付，从而影响到项目的整体质量和安全。

二、合同管理原则

截止到2019年1月中国现行的251部法律和464个条例中，涉及建设工程方面的法律法规有很多，如《中华人民共和国建筑法》、《中华人民共和国招标投标法》、《中华人民共和国劳动法》等。其中作为合同管理依据的法律，最主要的是《中华人民共和国合同法》。城市轨道交通土建工程合同管理不仅需要城市轨道交通土建专业知识，更需要对合同法的规定有深入了解。只有对合同法的相关内容进行全面深入把握，才能预见到合同履行中可能存在的问题，从而掌握城市轨道交通土建工程合同管理的原则和内容。

（一）应熟悉合同基本原则

合同基本原则是贯彻在合同立法、执法和司法中的指导思想和根本准则。它存在于合同法总则的规定之中，适用于所有的平等主体之间签订的民事流转合同。城市轨道交通土建工程合同当然也适用合同基本原则。合同法所确定的合同基本原则是对合同事实诞生时的价值把握，所反应的是整个社会对合同行为的认可范围、认可标准和认可方法。如果不符合合同基本原则，那么就会导致对合同事实的否定性后果。或者合同根本不能成立，或者成立后被宣告无效，或者成为可撤销、可变更的合同，最终影响合同目的实现。

（二）合同基本原则

根据合同法规定，合同基本原则包括五项。

1. 平等原则。"合同当事人的法律地位平等，一方不得将自己的意志强加给另一方"。

2. 合同自由原则。"当事人依法享有自愿订立合同的权利，任何单位和个人不得非法干预"。

3. 公平原则。"当事人应当遵循公平原则确定各方的权利和义务"。

4. 遵纪守法原则。"当事人订立、履行合同，应当遵守法律、行政法规，尊重社会公德，不得扰乱社会经济秩序，损害社会公共利益。"

5. 依合同履行义务原则。依法成立的合同，对当事人具有法律约束力。当事人应当按照约定履行自己的义务，不得擅自变更或者解除合同。依法成立的合同，受法律保护。

合同基本原则貌似抽象，但它代表了价值取向和价值要求，成为判断合同效力的重要根据。同时，在合同的具体条款规定欠缺或不明确时，这些原则也能作为补充协议和补缺规则的存在基础。在合同债权债务移转、合同变更、合同解除、合同纠纷处理过程中也同样发挥指导作用，特别是其中的"诚实信用原则"，在合同法理论上被称为"帝王规则"。不但认为其贯穿于合同行为始终，而且认为其贯彻到对合同各种义务履行的全部，从先合同义务、后合同义务、合同义务，到合同义务中的给付义务、附随义务、"不真正义务"，更深入到给付义务中的主给付义务、从给付义务，都能看到诚实信用原则的影子。而合同管理所要达到的法律氛围也应当以此为主要主导思想，即将合作各方的行为都统一到"诚实信用"的平台上来，从而降低沟通成本、缓解施工压力、解决合同难题。

（三）合同内容应尽量制定完备

合同的订立包括要约和承诺两个环节。

1. 要约

要约是希望和他人订立合同的意思表示，该意思表示应当符合下列规定：内容具体确定；表明经受要约人承诺，要约人即受该意思表示约束。

2. 承诺

承诺是受要约人同意要约的意思表示。承诺应当以通知的方式作出，但根据交易习惯或者要约表明可以通过行为作出承诺的除外。承诺应当在要约确定的期限内到达要约人。要约没有确定承诺期限的，承诺应当依照下列规定到达：要约以对话方式作出的，应当即时作出承诺，但当事人另有约定的除外；要约以非对话方式作出的，承诺应当在合理期限内到达。在合同订立过程中，务必依照法律规定的程序严格进行，关于要约的期限、要约撤回和撤销、承诺到达地点、承诺期限等要有具体规定。

特别要注意的是，要区分好什么是要约，什么是要约邀请，应当根据是否具有订约意图、内容是否具体确定、法律是否有明文规定来区分两者。严格订约可以有效避免缔约责任，避免不必要的信赖利益的损失，不至于使订立合同的目的落空。

3. 合同的条款应当充分、精确和细致

根据合同法第十二条的规定，合同的内容由当事人约定，一般包括以下条款。

（1）当事人的名称或者姓名和住所；

（2）标的；

（3）数量；

（4）质量；

（5）价款或者报酬；

（6）履行期限、地点和方式；

（7）违约责任；

（8）解决争议的方法。

当事人可以参照施工合同的示范文本订立合同。这些条款只是一般的概括性规定，在实际合同签订的过程中，由于城市轨道交通土建工程合同的专业性、复杂性和长期性，需要根据以往的或其他主体的订立合同的经验对合同具体内容进行力所能及的、有预见性的确定。《合同法》第二百七十五条规定："施工合同的内容包括工程范围、建设工期、中间交工工程的开工和竣工时间、工程质量、工程造价、技术资料交付时间、材料和设备供应责任、拨款和结算、竣工验收、质量保修范围和质量保证期、双方相互协作等条款"。合同条款需要双方或多方主体严密合作、充分协商。另外，在内容确定方面还要注意是否存在格式条款的问题，如果存在格式条款，则需要遵照合同法第39、40、41条的规定。如果包括免责条款，则应当注意合同中的下列免责条款无效：一是造成对方人身伤害的；二是因故意或者重大过失造成对方财产损失的。如果合同内容在订立时没有订立完备，则需要突出诚意，及时协商补充，以便合同履行。

4. 合同应当具备法律所要求的形式

根据合同是否应采取一定的形式，合同分为要式合同与非要式合同。而要式合同中又分为一般书面形式与特殊书面形式两种。包括城市轨道交通土建工程合同在内的建设工程合同属于特殊书面形式或特殊的要式合同，形式要求严格，应当采用书面形式。

5. 发包与承包规定

发包人可以与总承包人订立建设工程合同，也可以分别与勘察人、设计人、施工人订立勘察、设计、施工承包合同。发包人不得将应当由一个承包人完成的建设工程肢解成若干部分发包给几个承包人。总承包人或者勘察、设计、施工承包人经发包人同意，可以将自己承包的部分工作交由第三人完成。第三人就其完成的工作成果与总承包人或者勘察、设计、施工承包人向发包人承担连带责任。承包人不得将其承包的全部建设工程转包给第三人或者将其承包的全部建设工程肢解以后以分包的名义分别转包给第三人。国家重大建设工程合同，应当按照国家规定的程序和国家批准的投资计划、可行性研究报告等文件订立。完备的合同形式会给合同履行带来很大便捷。

建设工程的招标投标活动，应当依照有关法律的规定公开、公平、公正进行。

（四）应努力履行所订合同

1. 合同履行原则和规则

一个成功合同的订立并非易事，履行各自的权利、义务乃是合同属性本身的要求。法律上所规定的订立制度、效力制度、担保制度、违约责任制度等，其核心目的是希望合同得到履行。合同履行制度确定了实际履行原则、全面履行原则、诚信履行原则，并规定有详细的履行规则。合同法第61条到第65条，均是对合同履行规则的呈现。它们的主题分别是合同约定不明的补救、合同约定不明时的履行、交付期限与价格执行、向第三人履行合同、第三人不履行合同的责任承担。其中最为重要的就是第62条对"合同约定不明时的履行"规则的确定。从原则要求到规则规定，无非是给合同主体提出了一个希望，那就是希望合同主体各方真正能够重视所签订的合同并将其顺利履行到底。如果没有这种坚定履行合同的决心，任何合同都难以达到预期目的。因为合同作为"合意"，其本质在于以订立时的意志来规范未来合同履行时的意志，是指向未来的一种制度性安排，但未来会面临很多情况，出现很多客观和主观方面的新变化，所以坚持当初订立的合同并将其全面履行，真正是一件需要做出很大努力的事情。正因为如此，在合同履行过程中，"不忘初心"就显得特别必要。

2. 履行抗辩权

在合同履行环节，合同法还规定了三个"履行抗辩权"，借以保护合同主体之间彼此的相互利益。先履行抗辩权，是指当事人互负债务，有先后履行顺序的，先履行一方未履行之前，后履行一方有权拒绝其履行请求，先履行一方履行债务不符合约定的，后履行一方有权拒绝其相应的履行请求；同时履行抗辩权是指，当事人互负债务，没有先后履行顺序的，应当同时履行。一方在对方履行之前有权拒绝其履行要求。一方在对方履行债务不符合约定时，有权拒绝其相应的履行要求；不安抗辩权是指，在约定了先后履行顺序的双务合同中，应当先履行债务的当事人，有确切证据证明对方财产状况恶化有给付之虞时，可以中止履行并要求对方提供担保甚至解除合同的权利。合同履行抗辩权制度的目的，在于通过合同当事人相互的督促，确保合同履行过程中各方的权利得到有效保障，而不是仅仅定位于抗辩自身。抗辩权的行使是为了更好地履行合同。

3. 代位权和撤销权

债权人的代位权和撤销权也是合同履行中的法律制度。按照债权人的代位权的含义，因债务人怠于行使其到期债权，对债权人造成损害的，债权人可以向人民法院请求以自己的名义代位行使债务人的债权，但该债权专属于债务人自身的除外。代位权的行使范围以债权人的债权为限。债权人行使代位权的必要费用，由债务人负担。

按照债权人撤销权的含义，因债务人放弃到期债权或者无偿转让财产，对债权人造成损害的，债权人可以请求人民法院撤销债务人的行为。债务人以明显不合理的低价转让财产，对债权人造成损害，并且受让人知道该情形的，债权人也可以请求人民法院撤销债务人的行为。撤销权的行使范围以债权人的债权为限。债权人行使撤销权的必要费用，由债务人负担。撤销权自债权人知道或者应当知道撤销事由之日起一年内行使。自债务人的行为发生之日起五年内没有行使撤销权的，该撤销权消灭。这种合同履行中的保全制度，由于实践中取得相关证据不是很容易，所以其主要作用在于督促合同履行。只要主体不任意行使变更权、转让权、解除权，按照诚信原则实际去履行，那么合同法所有制度的立法宗旨就会得到实现，而经济领域的合同秩序也必然更为合理稳定。

三、合同管理重点和措施

在城市轨道交通土建工程项目施工阶段合同体系中，最主要的上层合同含"施工合同、技术服务合同、供应合同"，主体为建设单位，即甲方，建设单位的合同管理最为重要，其中主要管理内容也适用于合同的另一主体——乙方。建设单位及参建单位都必须建立以合同管理为核心的项目管理体系，坚持以强化合同管理为抓手。这需要率先坚持合同管理三个理念。

（一）坚持"合同管理三理念"

1. 贯彻项目全过程合同管理

合同管理是为实现项目目标从项目启动直至实施完成交付使用的全部活动中进行的全过程管理过程。全过程就是从对合同客体的了解、选择、合同谈判、合同评审、合同订立、合同执行与纠偏到合同终止的全部管理过程。任何一个建设项目的实施都是通过一系列的合同条款的制订和履行实现的。如：通过施工合同从订立到履行的全过程管理，约束施工单位在合同条款下规范和调控项目的运行状态；通过对相关咨询、监理合同管理，可以规范项目咨询监理单位技术服务的活动，严格根据合同条款开展项目咨询、监督管理工作。同时，也规范项目建设单位本身的内部管理。贯彻全过程合同管理理念，强调事前、事中、事后管理，协调项目各相关方的关系，达到有效实现项目的安全、质量、进度、投资等目标。

2. 强化全方位的合同管理

全方位涵盖了两方面，以施工合同为例，一是全员参与管理，凡是涉及合同条款内容的相关职能部门都要参与管理和控制；二是施工作业面要全面覆盖，首先对工程项目建设全过程中可能涉及到的程序性和实质性内容全面梳理，直至将合同条款分解落实在各工序、各时段的作业面，确认无遗漏。

进行全过程、全方位的合同条款界定，同时要求对项目建设中的各环节、各流程的主要控制点实施过程监控，对工程进度、投资和质量实施过程管理。

3. 坚持动态性管理

合同管理中要注重项目执行过程中的变化，包括客观条件的变化和合同履行的结果与条款约定的差异，针对具体情况及时补充修订条款，进行管理和纠偏，尤其是出现对工程不利的因素时，及时采取控制措施，减少风险，防止合同执行过程中造成的重大损失。

（二）加强合同风险管理

合同风险对各种建设合同均存在，城市轨道交通土建工程项目施工阶段合同也不例外。施工合同风险主要表现为合同条款遗漏、表达有误、索赔管理不力、合同纠纷、项目成员在合同中的责权利界定不清、可能被起诉或承担相关法律、经济责任的风险等方面。合同中的风险多种多样，合同实施过程中技术、环境、组织、管理等情况发生变化也会导致建设单位或参建单位可能的损失，我们主要从合同本身角度讨论风险管理。

1. 合同条款潜在风险管理

认真分析研究合同实施过程中的各种风险因素，在签订合同时规范合同行文的准确性。要从根本上确保合同行为与《合同法》相关规定相符，确保各个条款的用词准确、语句严禁无歧义，充分明确要遵守的相关准则，确保其有法可依，尽量规避或转移可能承担的风险。

2. 合同履行过程中的风险管理

在履行合同的过程中采取有效的防范措施，可以有效地防范工程实施中风险的发生。这可以从风险预防、风险降低、风险转移和风险自留四个方面入手。

（1）风险预防，是指建设单位在工程项目立项决策时，认真分析风险，对于风险发生频率高、可能造成严重损失的项目不予批准，或采用其他替代方案。对已发现的风险苗头采取及时的控制措施。

（2）风险降低，是指可以通过修改原设计方案，或是增加合作伙伴和投资人来降低风险。

（3）风险转移，是指对于不易控制的风险，建设单位一般可采用通过签订合同或协议书将风险转移给设计单位、施工单位、供货商；或是通过工程保险，投保可能遇见的风险。

（4）风险自留，是指即使对风险进行了大量的分析和研究，但总是有一部分风险是不可预见的，因而建设单位方对这种自留风险要考虑一部分预备费，以应付不测事件。

城市轨道交通工程合同双方均应严格按照合同约定，行使权利和履行义务。各建设主体合同管理重点应当明确。

（三）建设单位合同管理的重点

1. 确定合同体系及划定界面

建设单位作为工程项目的发包单位，必须按照图 6-1-1 确定施工阶段的合同体系，包括委托（监理）合同、施工合同、供应合同及技术咨询服务合同。其中以施工合同最为重要，应按照《合同法》的规定确定直接发包的工程内容，详见前述。应强调的是，施工承包人必须自行完成主体结构的施工，建设单位应将各个层级的合同界面划分清楚。

2. 组织招投标活动

项目合同作为指导项目管理的核心总则，对签订项目合同的双方资质具有一定的要求，建设单位应按照招投标法组织招标活动，优选乙方，确认合同主体的合法性，其资质等级符合工程要求。各参建单位严格遵守招投标法进行投标，按法定程序选定中标单位并签订合同。

3. 选择恰当的施工合同形式、履行自身义务

建设单位在签定施工（总包）合同时，应根据工程特点、规模、工期、施工难易程度确定合同形式。一般施工工期短（一年左右时间）的简单项目适宜固定总价合同（也称闭口合同）。而城市轨道交通土建工程施工工期长，技术复杂，适宜单价合同（也称开口合同）。对需要直接分包的项目应严格按照投标法组织招标活动，不可肢解工程。

建设单位应严格按照施工合同规定的时间和有关要求履行应尽的义务，才能有权要求承包方履行合同。施工合同内规定应由建设单位负责的工作，是最终实现合同的基础，如提供施工场地、"三通一平"、水准点与坐标控制点、施工图纸等。

在执行合同过程中，建设单位应注意以身作则严格履行合同条款规定的权利及义务，按程序办事。全权委托监理单位负责现场。

4. 注重选择监理单位并依靠其管理现场质量

建设单位应注重选择监理单位的侧重点，应主要审核其资质等级、经营范围及同

类型工程的监理实践，满足自身工程的要求。以总监理工程师及总监代表的资格和经历最为重要，各专业监理人员的配备、年龄结构和职称结构合理，即拟投入监理团队的水平为首要因素，监理费报价不宜作为选择监理单位的主要因素。

在施工合同履行管理中，建设单位主要行使质量验收权。为实现这一目的，建设单位应充分依靠监理单位，按监理合同的约定，要求监理工程师对工程使用材料、设备、半成品及构件的质量进行验收；按合同规定的规范、规程，监督检验各分部分项工程施工质量，执行第三方质量检测检验活动，包括按合同规定程序，验收隐蔽工程和需要中间验收的工程质量，并组织工程竣工验收。

（四）施工单位合同管理的重点

1. 二级分包合同体系及界面划分

依据国家、北京市相关规定或合同约定，承包人可就其所承包工程中的部分内容进行分包，形式可以为自行分包或承发包方共同分包，内容为专业工程分包或劳务作业分包。城市轨道交通工程项目常见的专业分包界面划分与房建项目类似，专业分包由发包人授权承包人办理相关分包手续，其分包方式应与施工承包方式一致。按照工法不同可以有多个劳务分包，应由承包人办理相关分包手续。

专业分包通常有地基与基础中的土方开挖、护坡及降水工程，和防水、钢结构、机电安装、装饰装修等专业工程，另外还含有材料分包——预拌混凝土分包及视频监控专业分包等。

根据《房屋建筑和市政基础设施工程施工分包管理办法》规章规定，分包工程发包人应当设立项目管理机构，组织管理所承包工程的施工活动。项目管理机构应当具有与承包工程的规模、技术复杂程度相适应的技术、经济管理人员，其中，项目负责人、技术负责人、项目核算负责人、质量管理人员、安全管理人员必须是本单位的人员。本单位人员的认定标准是指与本单位有合法的人事或劳动合同、工资以及社会保险关系。分包工程发包人并应当在施工现场设立项目管理机构、派驻相应管理人员对工程的施工活动进行组织管理，否则，违反上述规定则认定为"视同转包"行为。

总包单位应将专业及劳务分包单位资质、分包范围报监理单位审批，其中专业工程分包还需经建设单位同意后实施。

2. 完善施工合同文件

施工合同文件主要包括合同协议书，投标书、中标书评标以及谈判期间产生的附件等，最后，工程量清单、合同通用条款、图纸以及专用条款等用于对相关规章制度和法律法规的应用进行说明。

3. 约定风险处理方案

在实施期间，因为项目工程的进行容易受到客观条件或地质条件的不确定性因素的影响而产生变化，这是在投标时难以预测的风险，所以无法对其进行有效预防。因为风险的不可预估和不可控性，务必需要双方一起承担，在合同条款当中对可能存在的风险以及双方所需承担的责任进行充分明确，以备一旦风险发生，可得以及时解决。

4. 抓好合同变更的管理

城市轨道交通工程项目工期长、投资大，易受地质条件（勘察所限）、天气等外界因素的影响，导致工程变更现象的发生，且频率高、变更量大，工程变更涉及施工、设计、监理、供货等各种合同，可能影响到项目的质量验收标准的改变，工期的增长或延长及造价的增加，合同管理部门对此现象应充分关注，与工程管理部门做好相应的沟通工作，对和施工总包合同有出入的情况进行及时记录和备案，共同做好变更合同的管理。

5. 抓好对分包合同的管理

施工单位应切实做好分包合同动态化管理，建立健全各项管理制度，以制度约束分包方的行为，做到有法可依，有章可循。

（1）选择分包单位时，严把分包方资质审核关。施工单位应根据工程量、结构形式、质量标准、工期、安全、文明施工要求等因素，选择数家分包单位参加投标，重点把好资质审核关，坚持分包单位资质不符合要求的不用，资质未经年检的不用，资质借用、挂靠的不用，保证分包单位资质符合要求。

（2）施工单位与分包单位应当依法签订分包合同，并确保合同的效力。施工与分包单位由双方企业法定代表人或授权委托人签字并加盖企业公章，不得使用分公司、项目经理部印章。施工单位的合同管理人员需建立分包合同档案，对分包范围和部位进行动态跟踪管理，要切实把握好合同范围的界定，对可能会发生的变动事项事先约定解决办法及责任追究措施，监督双方认真履行合同义务，强化合同的执行力。

（3）施工单位应加强对分包单位施工过程的跟踪检查、监督；加强施工现场动态管理，每天检查掌握分包单位人员进场情况、施工进度、流程安排、质量控制、安全防护措施的落实均符合合同约定，发现问题及时督促整改。

综上所述，分包合同是加强外部分包管理的有效手段和途径。只有真正搞好分包合同管理工作，实现对分包队伍的全方位管理，才能实现项目施工管理目标，施工单位才能获得良好的经济效益和可持续发展。

（五）监理单位合同管理的重点

1. 履行约定义务

城市轨道交通土建工程监理合同通用条款中明确规定了监理工程范围及监理工作内容，即：监理合同范围内土建施工承包人实施的全部工作，一般包括自准备期至竣工验收前的质量控制、进度控制、费用控制、合同管理、信息管理、工作协调、安全管理和环境管理；对缺陷责任期内施工承包人实施的本项目的未完成工作、缺陷修补与缺陷调查工作，提供监理服务。

监理服务目标一般包括工程目标及工作目标，工程目标是严格督促施工承包人履行施工承包合同，工程各项目标满足要求；工作目标是全面优质地履行监理合同，监理工作达到本合同的各项要求，这是监理单位合同履约的核心内容，具体实施又分解为组织机构及人员履约要求和各目标控制履约要求。每个监理人员都应该严于律己、公平、公正认真履职。

组织组织机构和人员履约要求包括总监办、驻地办等组织机构建立健全；各级监理机构所配备的人员资历不得低于合同要求，现场监理人员不必在整个监理服务阶段满员配备，但应专业齐全，符合每阶段的工作需要，全部监理人员到岗和撤场都应事先征得招标人的同意。

在各种监理目标履约中，本书仅论述质量及安全目标控制履约要求，质量控制履约要求主要包括测量控制、材料质量控制、开工条件核查控制、工序质量验收控制、见证试验检测控制、监理资料管理控制等；安全履约要求主要包括安全监理制度建设、安全方案审查、安全监理记录、安全风险监控管理等。

2. 做好技术咨询工作

监理工作是建设单位项目管理工作的延伸，除了履行合同规定的基本义务以外，监理单位还应该借助自身技术资源优势及监理工作经验，向建设单位提出合理化建议，协助施工单位规范自身建设行为，为提高参见各方对项目管理各项风险的预见性作出积极努力，从而实现各方共赢、优势互补的良好建设格局。

（六）采取适当的合同管理举措

1. 建立健全合同管理组织机构

在城市轨道交通土建施工阶段需要签订各种各样的不同用途、不同性质的合同。所涉及专业和单位较多，合同类型多，条款多，建设周期较长且实施过程复杂，双方容易出现分歧、争执甚至纠纷。因此，必须设置专门部门负责合同管理，在设置过程中需要和公司行政、财务、工程以及经营销售等机构沟通，实行合同归口管理，做好合同评审、签订、授权、履行的监督管理。

2. 建立和完善相关合同管理制度

为了保证合同的有效执行，建设单位必须健全和完善各种合同管理制度，施工管理、质量管理、HSE 管理等制度和细则，作为合同的附件，规范建设各方行为。如：为规范监理单位行为，要求监理工程师督促施工单位按合同办事，要求监理人员做到"旁站监理，跟踪检查"，及时发现和纠正施工中发生的问题。

3. 积极推行合同管理目标责任制

结合在工程项目各相关合同订立和履行过程中所进行的计划、组织、监督和协调等动态管理过程，制订质量、安全考核指标，推行合同管理目标责任制。促使项目进展的各环节互相衔接、密切配合，以提高工程项目管理水平，使项目管理活动达到预期结果和最终目的。

4. 加强企业全员法制知识宣传

在企业范围内普及宣传相关的法律知识，让所有员工充分认识签订合同的重要性并自觉遵守，同时还要让企业的质量技术、财务、法律以及工程管理等部门都对合同条款签订提出建议和修正。

5. 提升合同文本标准化程度

合同文本尽量做到标准化，应选用国家制定的规范文本。为了加强监督检查，提高合同的履约率,应注意专用条款的拟定,语言表达必须严谨细化,结合具体要求对当事人各方的权利、义务和责任做出全面、准确的规定和约定,使合同可操作性强,利于合同的正常履行,有效地防止合同纠纷的发生。

6. 充分利用信息化手段

随着信息技术高速发展,合同管理要更迅速、便捷地适应项目管理的需要,各个合同主体必须将现代先进的计算机网络技术应用到合同管理中,以提高日常工作的效率,建立方便实用的合同管理信息系统,使项目组织系统中的各单位能资源共享,及时做出相关处理,有效地提高项目的经营管理水平。工程确实需要变更之处,一定要履行变更程序,有文字记录,涉及到工程质量标准及其他实质性变更,一定要经设计院同意。任何变更,都应及时签认。

第二节 项目信息化管理

信息化最初是从生产力发展的角度来描述社会形态演变的综合性概念,信息化和工业化一样,是人类社会生产力发展的新标志。信息化指的是信息资源的开发和利用,以及信息技术的开发和应用。建设工程管理信息化指的是建设工程项目信息资源以及信息技术在项目管理中的开发和应用。它属于领域信息化的范畴。

应用信息技术提高建筑业生产效率,以及应用信息技术提升建筑业行业管理和项目管理的水平和能力,是21世纪建筑业发展的重要课题。中国建筑业的信息化程度远低于发达国家的先进水平,也低于国内其他行业,应看到,我国在建设工程项目管理中当前最薄弱的工作领域是信息化管理,对接国际标准信息化管理任重而道远。

本节的重点是了解与建设项目有关的信息管理领域的最基本知识及其在地铁建设项目管理中的应用。

地铁建设项目作为大型基础设施工程建设项目,具有多环节、多类别、多系统、全时空、全方位、全过程、一次性、唯一性、高风险等典型的综合项目特征,因此,在地铁建设项目开展信息化管理十分必要。

一、建设项目管理信息化及其作用

(一)项目信息化管理基本概念

1. 信息

信息指的是用口头的方式、书面的方式或电子的方式传输(传达、传递)的知识、新闻,或可靠的或不可靠的情报。声音、文字、数字和图像等都是信息表达的形式。

建设工程项目的实施需要人力资源和物质资源，建设中产生的各种信息种类繁多、渠道不同，信息也是项目实施的重要资源之一。

2. 建设工程项目的信息资源

建设工程项目的信息包括在项目决策过程、实施过程（设计准备、设计、施工和物资采购过程等）和运行过程中产生的信息，以及其他与项目建设有关的信息，它包括：项目的组织类信息、管理类信息、经济类信息、技术类信息和法规类信息，具有沟通、指令、记录、资料、档案、共享和分级保密等特性。

3. 信息管理技术

信息管理技术（Information Management）是人们系统地选取各种方法或措施，以便对信息流进行控制，以提高信息利用效率、最大限度地实现信息效用价值为目的的一种活动。

4. 项目的信息管理

项目的信息管理是通过对各个参建单位系统、各项施工活动和各种数据的管理，使项目的信息能方便和有效地获取、存储、存档、处理和交流。项目的信息管理的目的旨在通过有效的项目信息传输的组织和控制为项目建设的增值服务。

（二）建设项目管理信息化

1. 我国实施国家信息化的总体思路

（1）以信息技术应用为导向；

（2）以信息资源开发和利用为中心；

（3）以制度创新和技术创新为动力；

（4）以信息化带动工业化；

（5）加快经济结构的战略性调整；

（6）全面推动领域信息化、区域信息化、企业信息化和社会信息化进程。

信息技术在建设项目全过程管理中的开发和应用，总的发展趋势是基于网络的建设项目管理平台的开发和应用，以及基于建设项目各个管理单元的资源管理软件的开发和应用。

2. 工程管理信息化的意义

建设项目信息化不仅意味着利用信息设备替代手工方式的信息处理作业，更重要的是提高建设项目的经济效益和社会效益，以达到工程项目建设增值的目的。

（1）加快项目信息交流的速度。利用网络作为项目信息交流的载体，可以大大加快项目信息交流的速度，减轻项目参建各方管理人员日常管理工作的负担，使人们能够及时查询工程进展情况，发现问题，并作出决策。同时，能够为项目参建各方提供完整、准确的历史信息，方便浏览并支持其编辑和利用，减少重复抄录，极大地提高项目管理的效率。

（2）实现项目信息及时采集、共享和协同工作。建设工程项目管理信息化能够适应项目管理对信息量急剧增长的需要，允许实时采集现场各种项目管理活动信息，并可以实现对各管理环节进行及时便利的督促与检查，从而促进项目管理工作质量的提高。

利用公共的信息管理平台，既有利于项目参建各方的信息共享和协同工作，又有利于项目各参建方组织内部各部门、各层级之间的信息沟通和协调。在信息共享环境下通过自动完成的信息发布，减少参与人之间的信息交流次数，并能保证信息传递的快捷、及时和通畅。

（3）存储和分析项目全部信息。实现建设项目管理信息化，可以将项目的全部信息以系统化、结构化的方式存储起来，以便于今后对已积累的既往项目信息进行高效的分析，从而为项目管理的科学决策提供定量的分析数据。

（4）促进项目风险管理水平的提高。由于建设项目的规模、技术含量越来越大，以及现代市场经济竞争激烈等特点，使得工程项目的建设风险越来越大。项目风险管理需要大量的信息，而且需要迅速获得并处理这些信息。现代信息技术给项目风险管理提供了很好的方法、手段和工具，建设项目管理信息化能够大大提高项目风险管理的能力和水平。

（5）有利于提高工程项目的经济效益和社会效益并增值。工程管理信息资源（包括组织、管理、经济、技术和法规等信息）的开发和充分利用，可吸取类似项目的正反两方面的经验和教训，将有助于项目决策期多种可能方案的选择，有利于项目实施期的目标控制，也有利于项目建成后的运行。

二、建设工程项目信息管理的任务

（一）工程项目管理信息系统与工业企业管理系统的区别

1.工程项目管理信息系统

工程项目管理信息系统是基于计算机的项目管理的信息系统，主要用于工程项目的目标控制，用计算机、移动设备等进行项目管理有关数据的收集、记录、存储、过滤和把数据处理的结果提供给项目管理班子的成员。它是项目进展的跟踪和控制系统，也是信息流的跟踪系统，可以在局域网上或基于互联网的信息平台上运行。

2.工业企业管理信息系统

主要用于企业的人、财、物、产、供、销的管理，与工程项目管理信息系统服务的对象和功能是不同的。

（二）工程项目管理信息系统的功能和意义

1.工程项目管理信息系统功能

包括：投资控制（业主方）或成本控制（施工方）、质量和安全控制、进度控制、合同管理及一些办公自动化的功能。已被广泛地用于业主方和以施工方为主的参建各方的项目管理。

2.应用工程项目管理信息系统的主要意义

（1）实现项目管理数据的集中存储；

（2）有利于项目管理数据的检索和查询；

（3）提高项目管理数据处理的效率；

（4）确保项目管理数据处理的准确性；

（5）可方便地形成各种项目管理需要的报表。

（三）工程项目信息管理的任务设定

1. 组建信息管理部门

业主方和项目参与各方都有各自的信息管理任务，为充分利用和发挥信息资源的价值，提高信息管理的效率以及实现有序的和科学的信息管理，应组建各自的信息管理部门（或称为信息中心），负责项目的信息化管理，并与其他工作部门和参建单位协同组织收集信息、处理信息和形成各种反映项目进展和项目目标控制报表和报告，负责协调和组织项目管理班子中各个工作部门的信息处理工作。

在许多大型国际工程项目的建设管理过程中，为确保信息管理工作的顺利进行，也有一些项目管理单位专门委托咨询公司从事项目信息动态跟踪和分析，以信息流指导物质流，从宏观上对项目的实施进行控制。信息管理部门应完成下列主要工作任务。

2. 编制信息管理手册

主要内容为：

信息管理部门负责编制信息管理手册，在项目实施过程中进行必要修改和补充，以规范信息管理工作，检查和督促其执行；主要内容为：

（1）信息管理的任务（信息管理任务目录）及其分工表和管理职能分工表；

（2）信息的分类、编码体系和编码；

（3）信息输入输出模型；

（4）各项信息及管理工作流程图；

（5）信息处理的工作平台及其使用规定；

（6）确定各种报表和报告的格式，以及报告周期；

（7）编制项目进展的月度、季度、年度报告和工程总报告；

（8）制定信息管理的保密制度和工程档案管理制度。

3. 拟定信息工作流程

拟定各项信息管理任务的工作流程，如：

（1）信息管理手册编制和修订的工作流程；

（2）为形成各类报表和报告，收集信息、录入信息、审核信息、加工信息、信息传输和发布的工作流程；

（3）工程档案管理的工作流程等。

4. 建立基于互联网的信息处理平台

由于建设工程项目大量数据处理的需要，在工程项目各方应重视利用信息技术的手段进行信息管理，其核心手段是建立基于互联网的信息处理平台，并负责运行维护。

三、建设工程项目信息的分类、编码和处理方法

（一）项目信息的分类

建设工程项目有各种信息，业主方和项目参建各方可根据各自项目管理的需求确定信息的分类，但为了信息交流的方便和实现部分信息共享，应尽可能作一些统一分类的规定，可以从不同的角度对建设工程项目的信息进行分类，如：

1. 按项目管理工作的对象，即按项目的分解结构，如子项目1、子项目2等进行信息分类；

2. 按项目实施的工作过程，如设计准备、设计、招标投标和施工过程等进行信息分类；

3. 按项目管理工作的任务，如投资控制、进度控制、质量控制等进行信息分类；

4. 按信息的内容属性，如组织类、管理类、经济类、技术类、法规类等信息。

为满足项目管理工作的技术分析要求，往往需要对建设工程项目信息资源进行综合分类和信息交互，即按上述分类的多维组合进行分析，因此，建立项目信息矩阵是提高信息化管理效率的有效途径。

（二）项目信息编码的方法

1. 编码的内涵

编码由一系列符号（如文字）和数字组成，编码是信息处理的一项重要的基础工作。有部分编码为专门工作，但是有些编码并不是针对某一项具体管理工作而编制的。

2. 信息编码

一个建设工程项目有不同类型和不同用途的信息，为了有组织地存储信息、方便信息的检索和信息的加工整理，必须对项目的信息进行编码。以服务于各种用途，主要包括：

1）项目的结构编码，依据项目结构图对项目结构的每一层的每一个组成部分进行编码。

2）项目管理组织结构编码，依据项目管理的组织结构图，对每一个工作部门进行编码。

3）项目的政府主管部门和各参建单位编码（组织编码），包括：

（1）政府主管部门；

（2）业主方的上级单位或部门；

（3）金融机构；

（4）工程咨询管理（监理）单位；

（5）设计单位；

（6）施工单位；

（7）物资供应单位；

（8）物业管理单位等。

4）项目实施的工作项编码（项目实施的工作过程的编码）应覆盖项目实施的工作任务目录的全部内容。其中施工阶段涉及到的工作项编码包括：

（1）项目的投资项编码（业主方）/成本项编码（施工方），它并不是概预算定额确定的分部分项工程的编码，它应综合考虑概算、预算、标底、合同价和工程款的支付等因素，建立统一的编码，以服务于项目投资目标的动态控制。

（2）项目的进度项（进度计划的工作项）编码，应综合考虑不同层次、不同深度和不同用途的进度计划工作项的需要，建立统一的编码，服务于项目进度目标的动态控制。

（3）项目质量安全项编码，应包括项目管理过程中形成的各种有关质量、安全情况的报告和报表的编码。

5）合同编码，参考项目的合同结构和合同的分类，应反映合同的类型、相应的项目结构及合同签订的时间等特征。

6）函件编码，应反映发函者、收函者、函件内容所涉及的分类和时间等，以便函件的查询和整理。

7）工程档案编码，应根据有关工程档案的规定、项目的特点和项目实施单位的需求等来建立。

特别应注意，工作项编码因不同的用途而编制，分别服务于各种目标控制工作，但都要使用项目的结构编码，因此就需要进行编码的组合。

（三）项目信息处理的方法

在当今的时代，信息处理已向电子化和数字化的方向发展，但建设工程项目信息处理基本上还沿用传统的方法和模式。为了充分发挥信息资源的价值，以及信息对项目目标控制的作用，应使信息处理由传统的方式向基于网络的信息处理平台方向发展，信息处理平台由一系列硬件和软件构成，包括：

1. 数据处理设备（包括计算机、移动设备、打印机、扫描仪、绘图仪等）；
2. 数据通信网络（包括形成网络的有关硬件设备和相应的软件）；
3. 软件系统（包括操作系统和服务于信息处理的应用软件）等。

（四）项目信息档案的存储形式

基于现代科技发展水平，档案存储形式也有新的变化。由传统的纸介存档逐步转向纸介与电子存档并存，有些项目甚至提出了全过程档案电子化的要求。存档内容也逐步由文字及影印图像文件向电子多媒体文件发展。

四、项目信息门户

项目信息门户是基于互联网技术为建设工程增值的重要管理工具，是项目各参与方信息交流、共同工作、共同使用和互动的管理工具。是当前在建设工程管理领域中信息化的重要标志。但是在工程界，对信息系统、项目管理信息系统、一般的网页和项目信息门户(—PIP)的内涵认识尚不一致。应指出,项目管理信息系统是基于数据处理设备的，为项目管理服务的信息系统，主要用于企业的人、财、物、产、供、销的管理，用于项目的目标控制。由于业主方和承包方项目管理的角色位置和利益不同，因此有各自的项目管理信息系统。项目信息门户既不同于项目管理信息系统,也不同于管理信息系统。

(一)项目信息门户的概念

众多文献对项目信息门户的定义有不同的表述,综合有关研究成果,兹对项目信息门户作如下的解释:项目信息门户是在对项目全寿命过程中项目参与各方产生的信息和知识(包括以数字、文字、图像和语音表达的组织、管理、经济、技术及法律和法规类等信息)进行集中管理的基础上,为项目参与各方在互联网平台上提供一个获取个性化项目信息的单一入口,指的是经过用户名和密码认定后而提供的入口。从而为项目参与各方提供一个高效率信息交流和共同工作的环境。

可用于各类工业与民用建设工程及基础设施的管理,土木工程建设工程(铁路、公路、桥梁、水坝等)等门户是一个网站,或称为互联网门户站,任何人都可以访问它,以获取所需要的信息,这只是一般意义上的门户,有些是为了专门的技术领域、专门的用户群或对象而建立的"垂直门户",也称为垂直社区。

(二)项目信息门户的类型和用户

1. 类型

项目信息门户按其运行模式分类,有如下两种类型。

PSWS 模式:为一个项目的信息处理服务而专门建立的项目专用门户网站,也即专用门户。采用该模式,项目的主持单位应购买商品门户的使用许可证,或自行开发门户,并需购置供门户运行的服务器及有关硬件设施和申请门户的网址。

ASP 模式:由 ASP 服务商提供的为众多单位和众多项目服务的公用网站,也可称为公用门户。ASP 服务商有庞大的服务器群,一个大的 ASP 服务商可为数以万计的客户群提供门户的信息处理服务。

采用该模式,项目的主持单位和各参与方成为 ASP 服务商的客户,不需要购买商品门户产品,也不需要购置供门户运行的服务器及有关硬件设施和申请门户的网址。

国际上项目信息门户应用的主流是 ASP 模式。

项目信息门户可以为一个建设工程的各参与方的信息交流和共同工作服务,也可以为一个建设工程群体的管理服务。前者侧重于一个建设工程各参与方内部的共同工作,而后者则侧重于对一个建设工程群体(Program)的总体和宏观的管理。可以把一个单体建筑物、一条地铁线路、一个机场视作一个建设工程,因为它们都有明确的项目目标。另外,北京奥运工程项目、上海世博会工程项目、一个城市的全部重点工程项目、一个地铁集团公司的全部新建工程项目以及国家发展和改革委员会主管的一定投资规模以上的全部建设工程都可视为一个建设工程群体。由于这两种类型的项目信息门户建立的目的不同,具体的信息处理也有些差别。以下将重点讨论为一个建设工程服务的项目信息门户。

2. 用户

正如上述,项目参与各方包括政府主管部门和项目法人及其上级部门、金融机构(银行和保险机构以及融资咨询机构等)、施工方、工程管理和工程技术咨询方、设计方、供货方、设施管理方（其中包括物业管理方，严格而言，是各方使用项目信息门户的个人）是项目信息门户的用户。每个用户有供门户登录用的用户名和密码。系统管理员将对每一个用户使用权限进行设置。考虑到系统管理员岗位的重要性，重大项目对其系统管理员岗位应不定期采取多重安全备份措施。

（三）项目信息门户实施的条件

项目信息门户的实施是一个系统工程，既应重视技术问题，更应重视与实施有关的组织和管理问题。应认识到，项目信息门户不仅是一种技术工具和手段，它的实施将会引起建设工程实践在信息时代进程中的重大组织变革。组织变革包括政府对建设工程管理的组织的变化、项目参与方的组织结构和管理职能分工的变化，以及项目各阶段工作流程的重组等。

项目信息门户实施的条件包括：

1. 组织件；
2. 教育件；
3. 软件；
4. 硬件。

组织件起着支撑和确保项目信息门户正常运行的作用，因此，组织件的创建和在项目实施过程中动态地完善组织件是项目信息门户实施最重要的条件。

（四）项目信息门户管理对建设工程的价值和意义

传统的工程管理模式存在以下弊端：文档管理效率低、沟通不畅、查阅不便、资料丢失等，据有关国际资料的统计：

1. 传统建设工程中三分之二的问题都与信息交流有关；
2. 建设工程中 10% ~ 33% 的成本增加都与信息交流存在的问题有关；
3. 在大型建设工程中，信息交流问题导致的工程变更和错误约占工程总投资的 3% ~ 5%；
4. 据美国 Rebuz I 网站预测，PIP 服务的应用将会在未来 5 年节约 10% ~ 20% 的建设总投资，这是一个相当可观的数字。

显然，传统的管理模式已不适应行业的发展需求，因此，只有与互联网思维充分结合，运用云技术管理手段建立起新的管理模式，实现：互联网＋监理，才能更好地确保行业的生存发展。

（五）项目信息门户在工程建设全过程项目管理中的应用

项目信息门户不仅是项目决策期和实施期建设工程管理的有效手段和工具，也同样可为项目运营期的设施管理服务。

1. 在项目决策期建设工程管理中的应用

项目决策期建设工程管理的主要任务是

（1）建设环境和条件的调查与分析；

（2）项目建设目标论证（投资、进度和质量目标）与确定项目定义；

（3）项目结构分析；

（4）与项目决策有关的组织、管理和经济方面的论证与策划；

（5）与项目决策有关的技术方面的论证与策划；

（6）项目决策的风险分析等。

为完成以上任务，可能会有许多政府有关部门和国内外单位参与项目决策期的工作，如投资咨询、科研、规划、设计和施工单位等。各参与单位和个人往往处于不同的工作地点，在工作过程中有大量信息交流、文档管理和共同工作的任务，采用 ASP 项目信息门户模式，通过同步统筹参建各方的有效信息，必将为项目决策期的建设工程管理增值提供渠道保障。

2. 在项目实施期建设工程管理中的应用

正如前述，项目实施期包括设计准备阶段、设计阶段、施工阶段、动用前准备阶段和保修期，在项目实施期往往有比决策期更多的政府有关部门参与工作，有更多的信息交流、文档管理和共同工作的任务，项目信息门户的应用为实施期的建设工程管理增值体现在以下方面：

（1）项目密级设定与管理团队的协同；

（2）风险评估与行为空间全覆盖的协同；

（3）管理类别与范围边界协同；

（4）设计方案与行政报批的协同；

（5）技术设计与自然资源协同；

（6）设计成果与建设过程的协同；

（7）招标采购与合同管理的协同；

（8）人材机资源与进度计划协同；

（9）质量安全检查与管理跟踪的协同；

（10）造价管理与资料信息交互协同等。

3. 在项目运营期管理中的应用

项目运营期的管理在国际上称为设施管理，它比我国现行的物业管理的工作范围深广得多，要利用大量项目实施期形成和积累的信息。设施管理单位需要和项目实施期的参与单位进行信息交流和共同工作，设施管理过程中形成大量工程文档。信息门户对运营期的管理也不可或缺。因其不在本书范围内，故从略。

（六）项目信息门户的特征

1. 项目信息门户的领域属性

电子商务有两个分支：

（1）电子商业/贸易，如电子采购，供应链管理；这已逐步得到应用和推广。

（2）电子共同工作，如项目信息门户，在线项目管理。

电子共同工作，也称为项目信息协同，即在互联网平台上的共同工作。在建设项目中，信息协同是建设项目管理的实现工具及方法，包括计划、组织、控制、协调等，它们通过各种会议、沟通、信息交互等形式实现交流，取得共识，达成一致。在现代项目管理手段中，项目信息门户（项目信息协同平台）是工程建设信息的技术管理范畴，是较先进的协同工作模式。

在项目管理过程中，由于项目目标的细节是在信息交互中不断变化和完善的。在目标总定位相对固定的前提下，需要业主方在选择过程中决策时，充分利用便捷可行的、及时可靠的沟通交流工具，通过建立全系统点对点信息交互平台，使各参建方的相关者在同一目标和时空状态下，明确表达自己的价值取向和诉求，使之最大程度地符合项目最终价值定位。因此，项目建设信息的采集和处理应考虑充分利用远程数据通信的方式和远程数据通信的组织，采用现代信息沟通手段实现同步交流，这是电子共同工作的核心，也是建立信息协同平台的核心目的。

随着信息技术的不断进步，地铁建设项目不同的参建方在项目建设的不同阶段采用项目协同的工具也不一样。比如在项目前期建设单位的可研编制信息平台、工程设计信息平台、造价管理信息平台，建设实施阶段的施工和监理单位可分别参与BIM信息平台、计划管理信息平台、办公协同信息平台、质量安全检查信息平台、试验检测信息平台、资料管理信息平台等。上述各类项目协同工具的主张及应用管理均应在建设单位或其直接委托的专业咨询管理顾问的主持和控制下开展，并建立有效的分阶段同步共享监督评估机制。

2. 项目信息的门户属性

项目信息门户的用户群就是所有与某项目有关的管理部门和某项目的参与方。

3. 项目信息门户运行的组织理论基础

项目信息门户的建立和运行的理论基础是远程合作理论，远程学是一门新兴的组织学科，一个核心问题是远程合作，其主要任务是研究和处理分散的各系统和网络服务的组织关系。它已运用在很多领域，如远程通信、银行／网上银行、商业／贸易、医疗教学等。

4. 项目信息门户运行的周期

项目信息门户应是为建设工程全寿命过程服务的门户，其运行的周期是建设工程的全寿命期。在项目信息门户上运行的信息包括项目决策期、实施期和运营期的全部信息。不应把项目信息门户的运行周期仅理解为项目的实施期。

建设工程全寿命管理是集成化管理的思想和方法在建设工程管理中的应用。项目信息门户的建立和运行应与建设工程全寿命管理的组织、方法和手段相适应。

5. 项目信息门户的核心功能

国际上有许多不同的项目信息门户产品（品牌），其功能不尽一致，但其主要的核心功能是类似的，即：

（1）项目各参与方的信息交流；

（2）项目文档管理；

（3）项目各参与方的共同工作。

6.项目信息门户的主持者

对一个建设工程项目而言,业主方往往是建设工程的总组织者和总集成者,一般而言,他自然就是项目信息门户的主持者,当然,他也可以委托代表其利益的工程顾问公司作为主持者。其他参与方往往只参加一个建设工程的一个阶段,或一个方面的工作,并且建设工程的参与方和业主,以及项目参建方之间的利益不尽一致,甚至有冲突,因此,他们一般不宜作为项目信息门户的主持者。应注意到,不但业主方和各参与方可以利用项目信息门户进行高效的项目信息化管理和共同工作,政府的建设工程主管部门也可以利用项目信息门户实现众多项目的宏观管理,金融机构也可以利用项目信息门户对贷款客户进行相关的管理。因此,对不同性质、不同用途的项目信息门户而言,其门户的主持者是不相同的。

7.项目信息门户的组织保证

不论采用何种运行模式,门户的主持者必须建立和动态地调整与完善有关项目信息门户运行必要的组织件,它包括:

(1)编制远程工作环境下共同工作的工作制度和信息管理制度;

(2)项目参与各方的分类和权限定义;

(3)项目用户组的建立;

(4)项目决策期、实施期和运营期的文档分类和编码;

(5)系统管理员的工作任务和职责;

(6)各用户方的组织结构、任务分工和管理职能分工;

(7)项目决策期、实施期和运营期建设工程管理的主要工作流程组织等。

8.项目信息门户的安全保证

数据安全有多个层次,如制度、技术、运算、存储、传输、产品和服务安全等。这些不同层次的安全问题主要涉及:

(1)硬件安全,如硬件的质量、使用、管理和环境等;

(2)软件安全,如操作系统安全、应用软件安全、病毒和后门等;

(3)网络安全,如黑客、保密和授权等;

(4)数据资料安全,如误操作(如误删除、不当格式化)、恶意操作和泄密等。

项目信息门户的数据处理属远程数据处理,它的主要特点是:

(1)用户量大,且其涉及的数据量大且需长期保存等;

(2)数据每天需要更新,更新量很大,但旧数据必须保留,不可丢失,因此对项目信息门户的数据安全保证必须予以足够的重视。

五、轨道交通建设信息化管理现状

随着互联网、移动通信的高速发展,政府主管部门及轨道交通工程项目的参建各方在轨道交通建设中都迈开了信息化管理的步伐,现以北京地铁工程为例作简要介绍。

（一）政府监管部门

建立了属地区域性指挥调度中心和多媒体综合监控平台、危大工程管理平台、安全管理双控平台（风险评估和隐患排查）、试验检测监督管理平台、商品混凝土质量监管平台、建设工程造价信息平台、项目现场影像实时监控平台、专业劳务分包市场行为监控平台、现场监理风险事故报告平台及各类专业承发包交易市场信息发布平台等。

（二）建设单位

各轨道建设管理公司都建立了自身的各类工程信息管理平台，并制定了管理办法。

如北京市轨道交通建设管理有限公司自2013年起陆续制定了工程变更系统用户操作手册。

建立了安全风险监控信息平台管理办法、安全质量隐患排查与治理、管理信息系统、管理平台办法、投资管理平台、变更洽商管理平台、进度管理平台、工序管理平台等，基本涵盖了施工全过程和质量、安全、进度、投资四大目标，在实践中取得明显效益。

（三）工程管理（监理）单位信息管理平台的运用

基于各自的工程管理经历和项目类别不同，开展工程咨询和监理服务的工程管理单位在信息管理平台建设方面各有不同的侧重。质量验收的APP软件，用于公司内控资源审批的办公自动化管理系统，用于现场安全检查和监理旁站、质量检查验收；见证取样的APP软件，用于指导项目造价管理的广联达软件及业主造价审计内控系统软件，用于公司与项目协同交流的监理云平台等。这些对提升工程管理、咨询服务企业的社会声誉，提高工程管理水平和管理效率，以及信息平台起到了良好的推动作用。

例如北京建大京精大房工程管理有限公司从以下两方面开展了工程管理信息系统的应用。

1. 监理工作APP

监理工作APP就是项目监理人员在现场应用移动端采集数据所使用的APP，旨在使监理资料收集得更加全面、准确，为日常监理工作提供有效的依据，将项目所需的规范规程中涉及的相关条文、工作要求、需要填写的各项数据表格分类整合至其中，监理人员可通过移动设备（如：Pad、智能手机）随时随地使用。即可将日常工作中所得到的各项数据及检查结果及时记录留存，可随时查询，并可将工作记录上传至信息云平台。目前信息管理平台中可应用的内容有：见证取样、旁站监理、质量验收，安全检查等，见图6-2-1～图6-2-3。

图6-2-1　监理工作APP示意图

图 6-2-2　见证取样 APP 界面

图 6-2-3　旁站监理 APP 界面

2. 信息云平台

信息云平台的作用是接收存储项目监理部人员通过监理工作 APP 采集上报的各类日常监理工作信息数据,并进行统计分析,公司各级人员可根据自身需求及权限随时查询了解所需的信息,实时了解项目动态,进行有效沟通,为管理及决策提供必要的数据支持。见图 6-2-4 和图 6-2-5。

图 6-2-4　云平台中的监理资料查询

图 6-2-5　云平台中的监理工作记录查询

（四）第三方咨询评估的应用

利用质量安全专业检查 APP 软件及后台数据库开发的城市轨道交通工程施工现场安全质量管理快速评价系统，通过聘请专业工程管理咨询单位或监理单位的专业人员对其在全国各地的城市轨道交通项目集群开展第三方质量管理评估检查。这也是监理咨询企业面对的建设市场新机遇，以信息化建设为基础，积极创新思路，为开展和完善全过程工程咨询服务的模式探索了一条新路。

北京建大京精大房工程管理有限公司于 2016 年受河北省石家庄市住建局委托，承接了石家庄市轨道交通工程及重大市政基础设施工程安全质量评估任务，项目部筹划了操作系统的主要任务功能，委托专业软件公司开发了平台信息化管理操作系统，通过实际调试、运用，顺利地完成了该项任务，并得到了政府部门的认可和好评，也拓宽了项目管理业务范围，升级了管理手段。现将该项评估操作系统作简要介绍。

1. 系统组成

石家庄市轨道交通工程安全质量状态评估操作系统分为两部分。

（1）手机上安装的 APP

按照轨道安全质量状态评估工作需要设置了 17 个模块，见表 6-2-1。

按照轨道安全质量状态评估工作需要设置的模块　　　　表 6-2-1

操作单位	模块名称	检查项目	检查条款	备注
监理模块（1 个）	质量安全检查评价表	8 项	58 条	各模块中检查项目的条款内容即为相关的分部、分项工程质量安全管理的要点，均为常规内容，故不再摘录。评估模块制作完成后通过后台数据库录入 APP。模块分类及具体检查条款设置均是依据国家法律法规、各种标准及文件制定，可根据实际工作需要及规范规定的更新变化及时调整。
施工模块（15 个）	安全组织管理检查评价表	8 项	26 条	
	消防管理检查评价表	8 项	27 条	
	模架工程安全检查评价表	9 项	44 条	
	施工用电安全检查评价表	8 项	43 条	
	安全防护检查评价表	9 项	30 条	
	起重机械安全检查评价表	8 项	51 条	
	基坑支护安全检查评价表	10 项	57 条	
	盾构法隧道施工安全检查评价表	9 项	51 条	
	矿山法隧道施工安全检查评价表	9 项	57 条	
	安全监控预警管理检查评价表	5 项	30 条	
	环境安全管理检查评价表	3 项	14 条	
	质量管理检查评价表	9 项	65 条	
	分部分项工程质量评价表	11 项	52 条	
第三方监测模块（1 个）	质量安全检查评价表	6 项	35 条	

说明：此外，该系统内同时涉及装饰装修和安装工程模块，但因不属于本书范围，故从略。

（2）石家庄市轨道交通工程安全质量状态监管信息平台

其主要功能设置有信息发布（交流）、评估检查信息发布、评估问题整改、质量检测信息发布等。

开放用户端口包括石家庄市住建局、市安监站、市质监站、轨道建设公司、施工单位、监理单位、检测单位。

2. 系统具体操作

（1）由管理员根据轨道交通建设工程实际，设置地铁线路号、标段号。

（2）建立账号、开放权限

按照开放端口给市住建局、市安监站、市质监站、轨道建设公司、施工单位、监理单位、检测单位建立账号、密码并开放不同的权限，例如登录市安监站和市质监站后看到的评估问题不同，是已经按照模块处理过的安全、质量分开的问题，施工单位登陆看到的检测内容只有本标段的内容。最后管理员就可以按照任务安排在系统中发布评估检查任务，工作人员可通过 APP 上传至监管平台。

3. 操作界面

（1）住建局操作界面，见图 6-2-6。

图 6-2-6　住建局操作界面

·第六章 城市轨道交通土建工程合同及信息化管理·

主要是查看各标段工程进度、评估报告、整改报告、发布文件、信息（接收工作建议与投诉）

市质监站与安监站为市住建局下设端口，可查看市住建局发布的文件、信息、各标段工程进度、评估报告、整改报告。

（2）评估项目部操作界面，见图6-2-7。

图6-2-7 评估项目部操作界面

可查看市住建局发布的信息及各标段工程进度、上传评估报告、查看整改报告、检测报告。

（3）施工单位、监理单位界面，主要通过各自的界面上传本标段工程进度、危大工程进度；上传整改报告（施工单位整改报告须监理复查后上传），查看本标段质量检测报告。

（4）检测单位界面，检测单位上传各项检测结果。

（5）轨道建设公司界面，查看市住建局发布的文件信息，各标段工程进度、评估报告、整改报告、检测报告。

（四）施工单位

地铁施工单位的工程信息化管理也发展很快，普遍安装了视频监控系统，或利用二维码对材料进行控制，或开发了现场管理的APP，再加上各单位自己的OA办公系统，各种信息化平台比比皆是。

中铁十四局北京地铁8号线三期项目部负责王府井-前门区间的盾构施工，十分重视信息化管理，于2018年自主研发、使用、管理的"掌子面"APP，让原本复杂的技术交底、工作清单等变得简洁、有条理。《中国铁道建筑报》于2019年2月26日以《升级版APP"掌"控施工全过程》为题进行了报道。

1."掌子面"APP主要功能

"掌子面"APP具有安全管控，质量管理，问题导索，日报统计，任务、会议和文件管理及通讯录等功能，基本实现了对项目管理内容的全覆盖，有助于该项目深化推进"项目管理年"活动。

2."掌子面"APP的应用

同时，在北京市建设工程安全质量监督总站的支持下，应用大数据手段对北京建设工程领域安全、质量、内业和文明施工四个方面的问题案例进行汇总分析，结合在施项目实际情况生成易发问题清单，并形成权责明晰的解决方案、处理流程，便于现场人员有的放矢开展隐患排查、问题整改。该项目部依托APP建起问题索引，由问题库、问题库关键词、问题采集三部分组成。

问题库是整合了北京市安全质量监督总站和本项目日常巡查发现的有关安全、质量和文明施工的问题清单。

问题库关键词是起到了关键词搜索的作用，它可以帮助快速地查找对应的问题，方便快捷。

问题采集的功能主要是在原有问题库的基础上采集新发现的问题，及时编入问题库。

3."掌子面"APP应用效果

"掌子面"APP上线以来，该项目部施工生产效率快速提升。

为将APP更好地用于项目管理，切实利用提升项目管理深度和管理强度，完善对管理人员的约束和激励机制，项目部结合APP编制了绩效工资发放办法。

这款APP是对现有项目信息化管理手段的一次集成，不仅可以以电子文档形式留存检查资料，而且还便于任务发起者对任务执行者工作情况进行打分，相应分值与任务执行者的绩效收入挂钩，提升了项目管理效率及科学化水平。

（五）现状的不足及展望

1.不足

（1）目前国内城市轨道交通工程建设中参建各方的工程信息化管理条块分割严重，导致信息管理碎片化。虽然信息化平台的建设有利于精细化管理，但由于缺乏信息化建设的总体规划，各企业平台之间尚未完全实现信息共享，各种平台的重复录入甚至会给一线技术人员带来较大困扰。相比国际工程管理的水平，国内信息化管理在项目管理整合，技术及软件支持，后台数据库资源共享管理和多媒体应用等方面尚有一定差距。

（2）工程项目信息化管理的普及程度尚待提高：目前城市轨道交通工程领域内的信息化管理是在建设单位和政府部门双层面大力主导下推进的。更多大型项目建设的信息化管理应用停留在对既有信息资源的整合和对传统单一功能的信息技术的使用上。由于信息化专业人才的相对缺位以及政策法规方面的不完善，导致很多项目在信息技术应用创新及管理创新方面后劲不足，管理效率较低，国内信息化管理水平与开展全过程综合咨询及全过程工程咨询服务需求的差距仍很明显。

2. 展望

轨道交通建设信息化管理应由建设单位进行统筹规划，建立起基于BIM技术的，涵盖风险、安全、质量、进度、投资、前期、资料、办公等各方面，能够与参建各方实现数据交换，充分发挥大数据的作用，促进轨道交通建设信息化、智能化发展。

BIM技术作为未来建筑业发展的必然趋势，在全球建筑市场的应用发展非常迅猛，BIM技术在提升工程质量、缩短工期、减少错误变更的成本、跨专业整合与沟通接口管理等方面成效显著，国内外都已经有许多成功案例。

作为工程项目管理企业，提供的是项目全过程中所涉及的各方面的业务咨询，而BIM技术可以作为一种行之有效的信息化手段，用以辅助和提升咨询过程中的各项管理工作，包括在施工阶段辅助进行质量、进度、造价方面的管理，并进行施工模拟；在运维阶段实现智能共享、协同与管理，大幅提高效率节约运营成本。

信息化平台作为一种重要的沟通工具，就像我们建设好了一组道路，它的利用率和功效发挥，取决于路上跑的车的种类和性能，以及驾车人的意志和需求。因此，大力培育信息化人才，提供信息化管理规范的市场环境，深耕信息化上端的大数据整合，结合5G技术完善工程项目互联网时代下信息化管理的技术创新，以及人工智能给全过程工程咨询带来的服务方式的革新，是新时代信息化管理发展的趋势。

第三节　项目资料管理

工程项目资料管理属于建设项目信息化管理中的信息资源管理范畴。

工程资料是指项目建设全过程（从项目立项到竣工验收）中产生的与工程建设有关的各种形式的信息记录。其中，具有保存价值的各类文件资料称为工程档案。工程资料管理是工程资料的收集、整理、填写、编制、审核、审批、组卷、归档及移交等工作的统称。

城市轨道交通工程是庞大的基础设施工程，施工期长，规模宏大，资料涉及多方参建单位，内容包含了质量、安全、进度、投资、合同管理等诸多方面，时间跨度较长，从施工准备、施工过程，直到单位工程验收、项目工程验收、工程竣工验收和报送档案馆，可长达数年。

由于安全、质量过程控制的资料是工程资料中最为重要的部分，强调质量保证资料的重要性，将有利于促进工程质量的提高；强调安全资料的重要性，体现了安全目标的实现是保证项目其他各目标实现的基础。

根据本书主题，本章仅论述城市轨道交通土建工程中质量、安全资料的管理，内容根据国家各级行业主管部门的行政文件，以及国家、行业、地方（北京市）的相关技术标准，结合我们在城市轨道交通土建工程施工监理中有关资料管理经验编写。

城市轨道交通作为社会公共交通的重要组成部分，其运营安全稳定与人民生命财产息息相关。轨道交通使用期寿命长，工程后期维护、运营及维修改造等均需要工程资料作为参考和依据。对工程资料的完整性、准确性及可追溯性提出了更高的要求，资料管理对轨道交通土建工程的建设和后期维保具有重要意义。

一、资料管理概述

工程资料管理是通过对工程资料进行过程控制和规范化、标准化管理，进而对工程进行有效的控制，促使项目各项计划目标的顺利实现。城市轨道交通土建工程建设周期长，涉及的专业多，资料管理能够为建设工程的有序开展，各专业间的严密对接以及工程建设过程中的质量和安全管理的有效性等提供重要的技术保障和信息支撑。

（一）工程资料管理工作内容和作用

1. 工程资料管理工作内容

工程资料管理工作是建立一整套资料管理和资料流通制度，对施工过程中的各种信息进行收集、整理，并进行分类、组卷和归档。其工作内容主要包括两大部分：一是施工过程中产生的各种信息资料的收集和处理；二是为工程进展提供技术、法律及政策支撑的信息资料的管理。

2. 工程资料管理的作用

工程资料的有效管理既是确保工程施工顺利实现的保证，也是提高工程管理水平，促使工程管理向现代化迈进的途径。

（1）实施管理控制的基础

对工程项目进行控制的主要手段之一是将各目标的计划执行情况与计划值进行比较，找出差异，对比分析，采取纠偏措施，这些工作必须依靠施工过程中各类信息的收集、鉴别和整理才可完成。因此，资料管理是进行管理和控制的基础。

（2）进行管理决策的依据

项目的决策取决于各种因素，重要因素之一是数据和资料。在控制过程中必须以充分、真实、全面的工程资料为依据。工程施工过程产生的工程资料作为项目实施过程的（历史）主要数据，通过先进的方法和工具，经过分析、筛选提供给决策者，为制定未来目标和行动规划提供必要的、科学的依据。

（3）是协调各参与方关系的重要媒介

工程项目施工除众多参与方外，还有管理部门（政府相关主管机构、街道办事处等），为使这些单位有机地联系起来，并协调好相互间的关系，需要工程资料作为重要媒介，起到桥梁和纽带的作用。

（4）是项目成果的载体，有再利用的价值

项目的工作成果体现在各种工程资料中，这些文件和资料既反映了工程管理的过程，是工作成果的载体，记录着工程建设项目的建设过程及对社会的贡献。且要呈报国家城市档案机构存档，可为以后的工程建设者提供借鉴和参考，发挥工程档案再开发、再利用的价值。

（5）是工程验收的必备条件之一

竣工验收必须具备的条件之一是：工程竣工验收前，各参建单位的主管（技术）责任人应对本单位形成的工程资料进行竣工审查；建设单位应按照国家验收规范规定和城建档案管理的有关要求，对勘察、设计、监理、施工单位汇总的工程料进行验收，使其完整、准确。工程资料同工程实体一样，必须通过主管部门验收，工程项目方可竣工。

（二）工程资料管理依据

1. 行政文件

（1）《城市轨道交通建设工程验收管理暂行办法》（建质[2014]42号）。

（2）《重大建设项目档案验收办法》（档发[2006]2号）。

2. 国家技术标准

（1）《建设工程监理规范》GB/T 50319—2013。

（2）《建设工程文件归档整理规范》GB/T 50328—2014。

3. 行业技术标准

（1）《城市轨道交通工程档案整理标准》CJJ/T 180—2012。

（2）《建设电子文件与电子档案管理规范》CJJ/T 117—2017。

（3）《建设电子档案元数据标准》CJJ/T 187—2012。

4. 地方技术标准

（1）《建设工程监理规程》DB11/T 382—2017。

（2）《建设工程施工现场安全资料管理规程》DB 11/383—2017。

（3）《城市轨道交通工程资料管理规程》DB11/T 1448—2017。

（三）工程资料的组成及管理原则

1. 工程资料的组成

按照工程项目的前期准备、报建手续、施工过程和竣工验收等建设流程可把工程资料分为以下几类：

（1）基建文件

在立项决策、建设用地、勘察设计、招投标及合同、开工、商务、竣工验收和备案过程中形成的文字和影像资料。

（2）监理资料

监理单位在工程设计、施工等监理过程中形成的文字及影像资料。

（3）施工资料

施工单位在施工过程中形成的文字及影像资料。

（4）竣工图

工程竣工验收后，能真实反映建设工程项目施工结果的图样，由建设单位组织编写。

（5）电子及影像资料

工程资料按照载体不同分为纸质资料和电子资料。后续将逐步由纸质资料为主转为以电子文件为主，电子文件中个人签字宜采用手写电子签字，需要时亦可输出纸质资料。

2. 工程资料管理的原则

在工程项目的施工全过程中，各参建单位都应根据以下"一标三效"的工作原则做好本单位的工程资料管理工作。

（1）标准化原则

在项目施工过程中对有关工程资料进行统一分类，规范流程，所产生的各类报表力求做到格式化，通过建立健全工程资料管理制度，从组织上保证工程资料形成的标准化。

（2）有效性原则

资料管理是应对施工过程产生的各种信息、数据进行分析和比较。依据不同管理方的需求进行适当加工，整理成工程资料，而不能仅是原始状态的简单记录，需针对各管理层的不同需要提供相应的工程资料，以确保工程资料的可用性和有效性。

（3）时效性原则

由于工程项目决策具有很强的时效性，而施工期的工程资料的形成都有一定的周期，任何工程资料仅在一定的时间内起作用，工程资料应及时采集，及时更新，确保工程资料的时效性，以保证能够服务于决策，以及对于决策支持的有效性。

（4）高效处理原则

通过采用高效能的工程资料处理工具（如：建设工程资料管理系统），尽量缩短处理过程的所需时间，并把主要精力放在对处理结果的分析和控制措施的制定上。

（5）可追溯性原则

工程资料的签认应真实、完整，技术管理人员应在各自的职责范围内签署相应资料，不得越级签认，以保证工程资料具有可追溯性。

（四）各参建单位管理职责

1. 工程资料形成单位的共同责任

（1）工程资料形成单位应对资料内容的真实性、有效性、完整性、准确性、可追溯性负责；由多方形成的资料，应各负其责。

（2）工程各参建单位应及时对工程资料进行确认、签字、盖章，并承担相应责任。

（3）需多方签认的资料应由主要责任单位负责，内容应完整有效，签字盖章应齐全。

2. 建设单位的职责

（1）基建文件必须按有关行政主管部门规定和要求进行申报、审批，并保证开、竣工手续和文件完整。

（2）工程竣工验收应由建设单位组织勘察、设计、监理、施工等有关单位进行，并形成竣工验收文件。

（3）工程竣工后，建设单位负责工程竣工备案工作。按照政府关于竣工备案的有关规定，提交完整的竣工备案文件，报住房和城乡建设委员会竣工备案管理部门备案。

3. 施工单位职责

（1）施工资料应实行报验、报审管理。施工过程中形成的资料应按报验、报审程序，通过相关施工单位审核后，方可报建设（监理）单位。

（2）施工资料的报验、报审应有时限性要求。工程相关各单位宜在合同中约定报验、报审资料的申报时间及审批时间，并约定应承担的责任。当无约定时，施工资料的申报、审批宜在本工序施作前完成。

（3）轨道交通工程实行总承包的，应在与分包单位签订施工合同中明确施工资料的移交套数、移交时间、质量要求及验收标准等。分包工程完工后，应将有关施工资料按约定移交。

4. 监理单位的职责

（1）应指定专人负责施工监理资料的收集、整理、保管和归档工作。

（2）应对施工单位报送的施工资料进行审查，使施工资料完整、准确，合格后予以签认。

二、施工过程的资料管理

城市轨道交通工程的土建工程施工周期较长，其结构工程的质量、安全是整个工程项目的基础，在施工期形成的有关安全质量管理的资料种类繁多，数量庞大，渠道来源多；试验检测单位包括材料供应商（厂家）、专业分包（厂）等。现阶段工程资料的计算机管理已经很普遍，现场各种记录、表格、计算、统计、查询等工作应由计算机进行，其收集、整理和查询应用工程资料智能管理系统进行，实现了工程资料的数字化管理。更高的要求是建立信息化平台管理。

（一）资料管理前期工作

根据历年来对资料管理的经验，要实现工程资料的完整、准确、真实，各参建单位需在工程开工伊始做好以下前期工作。

1. 建立工程资料管理组织体系及岗位职责

（1）建立组织体系

工程资料管理体系的建立将加快项目工程资料交流的速度，有效提高管理效率，各参建单位的项目部都应建立工程资料的管理系统，明确岗位设置及人员职责。

（2）明确岗位职责

举例项目监理单位建立工程资料管理组织体系以及相应岗位职责。在监理企业领导层有总工程师（办公室）的专人负责，总监理工程师对本工程项目的工程资料管理全面负责，各专业监理工程师负责本专业的质量、进度、造价控制和安全、合同和工程资料管理的相关工作。项目监理机构设有资料员，专门负责工程资料和监理资料的收集、整理、传递和归档工作。

2. 建立制度

（1）建立资料管理制度

工程资料是在工程施工过程中逐步形成的。而整个施工过程环节繁杂，专业各异，不论是项目技术负责人，还是专职资料员，仅仅依靠个人的知识和能力是无法做好这项工作的。必须有相应的制度指导工作，因此工程项目部机构内部必须明确分工。

工程项目的建设、勘察、设计、施工、监测、监理、试验检测和分包单位和供应商等均应建立工程资料管理制度，明确职责，专人管理，并进行过程控制。如：建立内部借阅手续，各种工程资料的收发、借阅、传递等都应制定具体制度。

（2）建立奖惩制度

奖惩制度能起到鼓励资料管理人员工作，约束工作的怠慢和失误。项目部负责人检查汇报工作时，应同时检查、汇报资料管理的情况。在检查管理人员工作时，也应同时检查资料。从资料的质量可评估该管理人员的工作质量。据此，给予奖励或惩戒，以保证项目资料满足相关要求。

3. 准备文件并组织学习

各参建单位都应为工程项目部配备必要的资料管理相关文件和技术标准，项目部的技术负责人应组织资料管理人员和专业技术人员共同学习，掌握与本工程有关的各项规定，以便在资料的采集和整理中执行，避免走弯路。

4. 做好与相关单位之间的沟通

资料管理工作不是某一个参建单位独立的工作，是所有参建单位共同的工作。首先，对工程资料的要求应在合同中列明，签订合同或协议时，应明确工程资料的套数、标准、费用和移交时间。其次，除必须遵守文件和标准要求外，还有一些工作需要相互间协调共同确定，以便于在项目组织系统内传递和共享，使资料的组卷和归档口径一致。

如对本工程的分层次划分、结合具体工程图纸确定分项工程名称、检验批的划分等，都需要施工单位与监理单位统一认识，确定划分标准、方法，只有如此才能使工程的验收资料统一，并逐步积累，直至完成竣工资料。

（二）施工过程资料的管理

1. 工程资料的基础工作

1）资料采集和整理

（1）工程施工过程中，信息无处不在，无时不有。管理人员必须从中选定对管理和控制有用的信息形成工程资料。工程资料的采集是工程资料管理的基础，它反映了工程资料源的原始性和分散性，作为资料管理人员，按照每个项目的管理要求和范围进行采集。工程资料的形式包括：文字、图形、语言、影像等不同类别，应根据工程资料形式确定采集、保存、积累的方法，形成有利用价值的工程资料原件。

（2）资料整理是一项系统性强、细微的工作，如果平时不注意保存，或只顾收集和积累原始施工记录、现场检测数据、来往文档，而未能及时分类整理，历经时日，人员变动，均可能难以恢复原始状态，导致后续工作陷于被动局面。因此必须及时、合理进行工程资料的分类和整理。

2）资料的筛选和传递

项目各参建方组织各专业工程技术人员和资料管理人员，需对收集的工程资料进行筛选，重点抓好工程资料的分类、筛选和在项目内部和外部企业之间的传递，在各参建单位之间与上级主管部门和相关部门之间的传递，以便能很好地为项目现场进行科学决策、风险防范和风险管理提供基础资料。

3）分类建档

在项目管理工作过程中，管理资料应按资料分类建立案卷盒（夹），并分类存放保管、编目，以便于跟踪检查。

对于采集到的工程资料进行分类是工程资料管理的重要环节，它反映了工程资料的可分析性和适用性，工程资料分类便于政府主管部门、各参建方内部及各方之间的工程资料查阅。工程资料分类可按控制目标、相关单位、资料（信息）种类划分，视需要定夺。

2. 工程资料的管理规定

（1）基本要求

资料管理的基本要求是：整理及时、真实齐全、分类有序。各参建方的项目管理部门根据基本要求认真审核资料，不得接受经涂改的报验资料，并在审核整理后交资料管理人员存档。

（2）工程资料管理应专人负责，资料管理人员应持证上岗。

（3）应用计算机管理

各参建单位资料管理人员应利用工程项目管理软件和建筑工程资料管理软件等，用计算机建立图、表等系统文件进行资料管理工作，在计算机内设立相关的各类资料台账。

3. 工程资料形成的规定

1）基本要求

（1）工程资料应真实反映工程的建设情况和实体质量，严禁伪造、故意撤换或随意修改，各类资料的签字、盖章手续齐全，内容应符合现行法律、法规、规定、规范标准、工程合同和设计文件的相关要求。

（2）应使用原件。当不能使用原件而使用复印件时，应加盖复印件提供单位的公章（注明使用复印件原因、复印日期及联系方式），并有经手人签字，以保证工程资料的可追溯性。与国外有关公司签订的合同、外文资料（包括进口设备随机文件等）须有中文、外文两种版本。

2）声像、电子资料的相关规定

（1）声像文件的形成、收集、积累、整理和归档，应与工程同步。影像文件的管理应纳入资料管理工作程序，明确岗位责任。工程资料计算机管理软件所采用的数据格式应符合《建设电子档案元数据标准》CJJ/T 187—2012 要求。

（2）凡按规定向城建档案馆移交的工程档案应逐步实现以缩微品和光盘载体的工程档案代替纸质载体的工程档案，并符合档案馆公布的数据格式要求。属国家和地方重点、大型工程项目的工程档案宜采用缩微品。消防、环保等相关文件资料必须符合国家、行业等相关规定。

3）文字资料编写要求

编制工程资料应字迹清楚，图样清晰，图表整洁。

4. 安全资料的管理要求

（1）安全资料的作用

安全资料作为施工安全管理过程控制的重要载体，承载着施工管理过程中安全管理实际情况的信息记录。它有别于上述的质量管理资料，仅作为过程控制资料的组成部分，要求安全管理资料的重点突出，且覆盖全面。

（2）安全专项方案要求

对危险性较大的分部分项工程做到安全专项方案齐全，安全管理措施到位，文字记录严密且整改前后资料记录闭合，反应现场的安全管理有关问题等需要逐一进行整改痕迹的记录，如实反映现场实际的安全管理状况，并作为安全责任事故处理等的重要参考和依据。

（三）参建单位工程资料管理流程

1. 建设单位基建文件管理流程，见图 6-3-1。
2. 监理单位工程质量资料管理流程，见图 6-3-2。
3. 施工单位工程资料管理流程

（1）施工技术资料管理流程，见图 6-3-3-1。

（2）施工物资资料管理流程见，图 6-3-3-2。

（3）施工质量验收记录管理流程，见图 6-3-3-3 ~ 图 6-3-3-5。

4. 工程验收文件管理流程，见图 6-3-4。

5. 资料信息管理工作流程，见图 6-3-5。

（四）工程资料主要内容

各参建单位的项目技术负责人在进入施工现场后，应组织专业工程师和资料管理人员分析本工程具有的各类安全、质量资料及其内容，并应分清本单位应负责管理和保留的工程资料。

1. 管理文件

国家及地方有关工程安全质量的法律、法规、条例、规章以及轨道交通土建工程有关的各类技术标准、规程、规范。

2. 项目文件

（1）决策立项及审批文件

（2）设计文件

审定设计方案通知及附图、政府有关部门审查意见、初步设计图及说明、施工图设计及说明、施工图审查通知等。图纸会审、设计交底记录与纪要、设计变更文件、工程变更记录等。

（3）施工准备阶段报审文件

工程开工文件、年度施工任务批准书、修改工程施工图通知书、建设工程规划许可证及附件附图、建设工程施工许可证、工程质量监督手续等。

（4）工程项目管理规划、各种管理月报等资料

如：施工单位的施工组织设计、施工方案等；监理单位的工程项目监理规划、监理实施细则、监理月报、监理例会纪要、工程质量评估报告、监理工作总结等。

3. 质量控制资料

（1）施工过程资料

各类工程材料、构配件、设备报验；施工测量放线报验；施工试验报验；检验批、分项、分部工程施工报验与认可；不合格项处置记录、质量问题和事故报告及处理资料等。

（2）工程验收资料

工程地基、基础、主体结构等中间验收资料；竣工验收资料、资料验收等。

（3）质量事故及其处理资料

4. 安全管理资料

（1）安全施工

项目安全管理资料、生活区资料、脚手架资料、安全防护、施工用电、工程项目塔吊、起重吊装资料、机械安全资料、工程保卫消防资料等。

（2）文明施工

工程项目现场料具资料、环境保护资料、现场场容、环境卫生和卫生防疫、扬尘治理等。

（3）绿色施工及环境保护等资料

5. 其他往来函件。

6. 参建各方工作总结（专题、阶段和竣工总结等）。

三、竣工验收的资料管理

竣工资料是对施工情况的记录和评价，真实反映了工程施工的全过程，反映了工程实体的内在质量，特别是对于隐蔽工程和建成后不易检测的项目更具有唯一的、不可替代的重要价值。竣工资料不仅在整个项目评定和今后维护、改建、扩建中起到重要的作用，还可以为以后新建项目提供借鉴。

所有的城市轨道交通土建工程的参建单位都必须按照前述的国家相关行政文件和各层级相关技术标准进行竣工资料的管理。北京地区的轨道交通土建工程项目可依据《城市轨道交通工程资料管理规程》DB11/T1448—2017，竣工验收时提交审查，通过后按规定向城市档案管理部门移交。其他地区项目应按照当地城市建设档案馆及有关技术标准的规定和要求整理竣工资料。

（一）工程资料的组卷

工程竣工后各参建方应对工程资料编制组卷，即按照一定的原则和方法，将有保留价值的文件分类整理成案卷。组卷的方式分为手工组卷和自动组卷，自动组卷按照预先定义的组卷规则进行，完成组卷的案卷经补充、调整和确认后，就可以正式提交档案室进行管理。

1.组卷的质量要求

（1）组卷前应保证基建文件、施工资料和监理资料齐全、完整。

（2）编绘的竣工图应反差明显、图面整洁、线条清晰、字迹清楚，能满足缩微和计算机扫描的要求。

（3）文字材料和图纸应满足组卷的质量要求。具体要求详见《城市轨道交通工程资料管理规程》DB11/T1448—2017。

2.组卷的基本原则

（1）工程资料按单位工程组卷

北京地区的城市轨道交通土建工程的资料应按《城市轨道交通工程资料管理规程》DB11/T1448—2017划分表中的单位工程组卷。

（2）按类别组卷

应按照不同的收集、整理单位及资料类别，按基建文件、监理资料、施工资料和竣工图、影像资料分别进行组卷。

（3）卷内资料排列顺序

应依据卷内资料构成而定，一般顺序为封面、目录、资料部分、备考表和封底。组成的案卷应美观、整齐。同类资料按自然形成的顺序和时间排序。

（4）组卷表格应设置二维码标识

卷内目录、资料管理清单、分项目录均应有二维码标识。同一案卷的案卷封面、卷内目录、案卷备考表，二维码标识应一致。

（二）工程资料的归档

归档即指将具有保存价值的资料组卷，交档案部门保存。

1. 项目资料归档

建设单位、施工单位、监理单位均应各负其责，按照《城市轨道交通工程资料管理规程》DB11/T1448—2017附录内容的要求进行归档，此处不赘述。

2. 档案编制与归档要求

（1）归档的工程文件一般应为原件。

（2）工程文件的内容及其深度必须符合国家有关工程勘察、设计、施工、监理等方面的技术规范、标准和规程。

（3）内容必须真实、准确，与工程实际相符合。

（4）应采用耐久性强的书写材料，如碳素墨水、蓝黑墨水。

（5）应字迹清楚，图样清晰，图表整洁，签字盖章手续完备。

（6）文字材料幅面尺寸规格宜为A4（297mm×210mm）。

（7）纸张应采用能够长期保存的韧力大、耐久性强的纸张。

（8）所有竣工图均应加盖竣工图章。

（9）利用施工图改绘竣工图，必须标明变更修改依据。

（10）工程档案资料的照片及声像档案，要求图像清晰，声音清楚，文字说明或内容准确。

（三）工程档案的验收与移交

1. 档案验收

（1）工程档案预验收

列入城建档案馆接受范围的工程，在组织竣工验收前，建设单位应邀请当地城建档案馆管理机构进行档案预验收。资料预验收通过，出具资料基本合格记录后，建设单位方可向监督部门申请工程的竣工验收。

（2）工程档案验收

预验收通过，组织正式的五方验收，通过后报档案馆正式档案验收和接收。

2. 档案移交

档案验收确认合格后，进行档案移交。

1）基建文件的归档

根据《建设工程质量管理条例》第五十二条之规定："工程竣工验收后6个月内，建设单位应当向城市建设档案管理部门移交建设工程档案原件"。

2）施工文件的归档

施工单位准备好全部工程施工资料，应内容齐全、签批完整、真实有效。

3）竣工图绘制

根据《城市轨道交通工程资料管理规程》DB11/T1448—2017要求，建设单位在工程竣工后应及时组织竣工图的绘制。绘制竣工图须遵照以下原则：

（1）凡在施工中，按图施工没有变更的，在新的原施工图上加盖"竣工图"的标志后，可作为竣工图。

（2）无大变更的，应将修改内容按实际发生的描绘在原施工图上，并注明变更或洽商编号，加盖"竣工图"标志后作为竣工图。

（3）凡结构形式改变、工艺改变、平面布置改变、项目改变以及其他重大改变；或虽非重大变更，但难以在原施工图上表示清楚的，应重新绘制竣工图。

（4）改绘竣工图，必须使用不褪色的黑色绘图墨水。

3. 项目组织系统内的档案移交

（1）施工单位档案的归档

应在与分包单位签订施工合同中明确施工资料的移交套数、移交时间、质量要求及验收标准等。分包工程完工后，应将有关施工资料按约定移交。

（2）监理资料的归档移交

监理单位应按相关资料管理规程准备工程全部监理资料。建设单位所需的工程资料，项目监理部在竣工验收后一个月内将监理工程的资料整理、装订，总监理工程师审核后，经建设单位验收，合格后移交建设单位，并办理手续。同时，督促检查施工单位竣工资料和竣工图等符合归档规定和工程的实际。

（3）其他参建单位内部的档案移交

各参建单位应确定各种资料的规定，如资料的格式、内容、数据结构要求等。按照不同的需求进行资料归档，并按本企业的管理制度在规定的时间内向档案管理部门移交。

四、工程资料现代化管理

工程资料、档案管理是贯穿于工程建设的整个生命周期中，尤以施工后竣工阶段的工作最为繁重，传统的工程资料、档案管理是基于人工的管理过程，管理效率低下，十分不便，不利于工程资料、档案的再利用。电子文件作为一种新型的信息载体出现在档案领域，以磁性材料和光学材料为载体的电子档案，将逐步替代传统的纸质档案载体，在档案领域占主导地位，给档案工作注入生机和活力。

（一）一般规定

1. 加强对电子文件归档管理

电子文件的形成、收集、积累、整理和归档，应与工程同步。电子文件的管理应纳入管理工作程序，明确岗位责任。计算机电子档案软件所采用的数据格式应符合相关要求，向城建档案馆移交的电子资料应按其公布的数据格式要求，纸质版与电子档案同步建立并归档、验收与移交。

2. 建立电子文件管理系统

电子文件形成单位应建立轨道交通工程电子文件归档与管理系统，实现建设电子文件自形成到归档、保管、利用过程中电子文件及其表录数据、原数据的连续管理。

3. 电子文档题名

电子文件的题名应包含文件的时间、地点、对象、要素等内容。不得用随机生成的序号为题名。

4. 电子文件的转化

相关方提供的纸质资料及需采用纸质载体加盖（法人）印章的工程资料，应通过扫描等方式转化为电子文件。

（二）声像资料归档的内容

工程建设声像资料是指在项目实施期各参与方在各阶段直接形成的，设计准备阶段、设计阶段、施工阶段、动用前准备阶段和保修期

"项目各参与方"包括政府主管部门和项目法人的上级部门、金融机构（银行和保险机构以及融资咨询机构等）、业主方、工程管理和工程技术咨询方、设计方、施工方、供货方、设施管理方（其中包括物业管理方）等。

以照片、录像带、录音带等声像材料为载体，以影像为主要反映方式，并辅以文字说明的具有保存价值的历史记录，需保证视角合理，图像清晰，声音清楚，文字说明或内容准确。城市轨道交通土建工程的声像资料主要涉及以下内容。

1. 施工阶段六项内容

（1）工程开工前原貌，包括：建设前的原貌，含原建筑物、构筑物及周围的环貌；重要的纪念物，含文物及古建筑重要的搬迁、拆除、场地平整等情况。

（2）工程形象记录。

（3）关键部位、关键工序施工记录。

（4）工程建设施工过程中采用或引进的新技术、新工艺、新材料、新设备的应用情况。

（5）工程项目中主要的质量检查、验收活动内容。

（6）工程质量事故及分析处理情况（事故第一现场、事故指挥和处理措施、结果等重要活动）。

2. 竣工验收四项内容

（1）工程项目的竣工、验收仪式。

（2）竣工后新貌，包括工程项目不同角度的重要布局、交通设施、夜景照明。

（3）配套工程设施。

（4）绿化、雕塑等环境工程。

3. 重要活动、会议照片资料

（1）开工仪式，竣工、验收仪式。

（2）反映在工程项目建设中，上级领导、建设单位、承包人主要负责人以及知名人士、专家、学者视察、考察、检查工作及相关的重要外事活动内容。

（3）工程建设过程中形成的照片材料，按照声像档案归档范围，选择符合质量要求，具有保存价值的照片进行电子归档。

五、工程资料电子化管理的趋势

（一）目前状态

工程资料目前虽然增加了电子文件的投入和使用，但归档和移交资料仍然处在纸质版和电子版并行使用的阶段，后续需继续加大电子版资料的占比，大力推行对缩微档案、磁介质档案、电子文件档案在工程档案中的运用，逐渐实现取代纸质版资料。

（二）发展趋势

计算机已经广泛应用于档案管理、统计和检索，微缩技术也在档案的保管方面具有十分重要的意义。计算机、光盘、多媒体、现代通信技术、微缩复制技术的应用，为充分利用现代化手段，多角度、多层次开发建筑工程档案信息资源，做好档案信息统计工作创造了条件。同时随着各部门的档案管理水平和协调能力的不断提高，方便各部门对档案的利用，借以提高工作效率。这将大大加快档案事业的发展进程，使之进入现代化管理的先进行列。

随着国家推行的"互联网+"工程项目的发展，建筑行业 BIM 技术的推广使用和资料管理软件的不断升级、完善，资料管理的现代化必将进一步得到发展。

附图1 建设单位基建文件管理流程

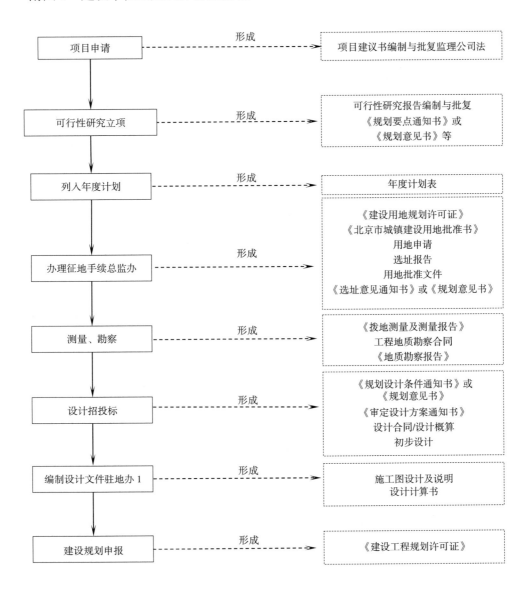

（续下）

（续上）

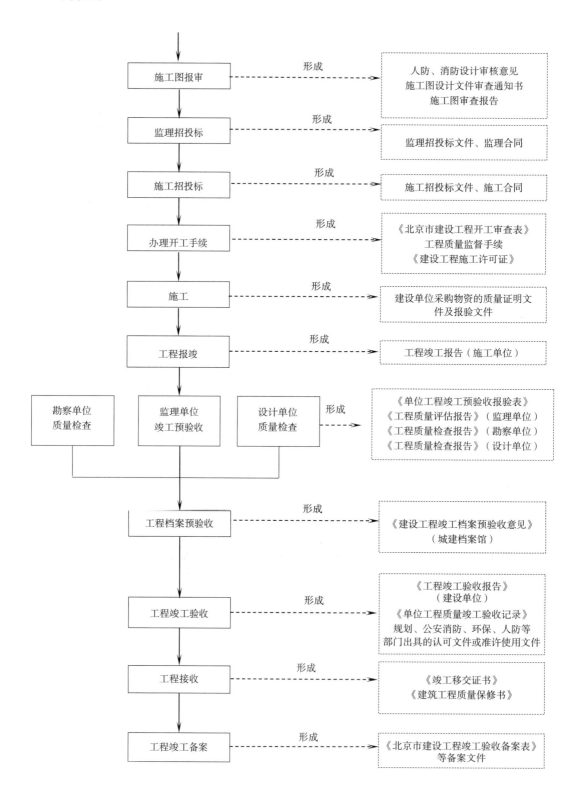

附图 2 监理单位工程质量控制资料管理流程

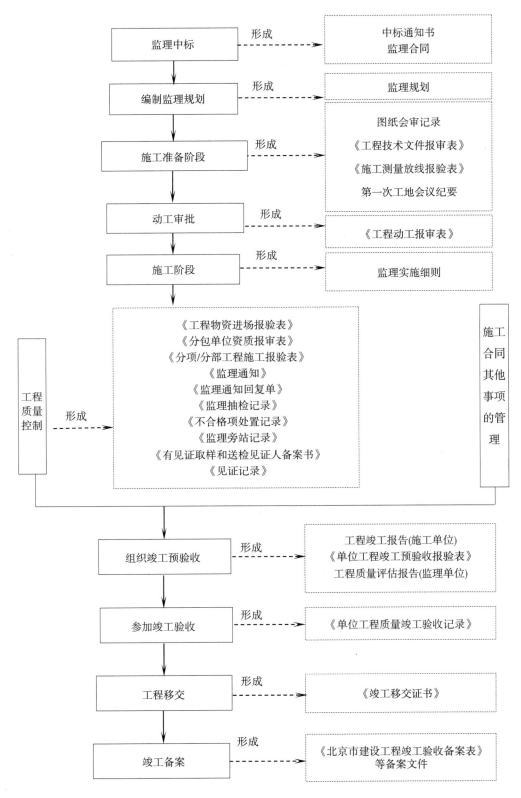

附图3 施工单位工程资料管理

1）施工技术资料管理流程

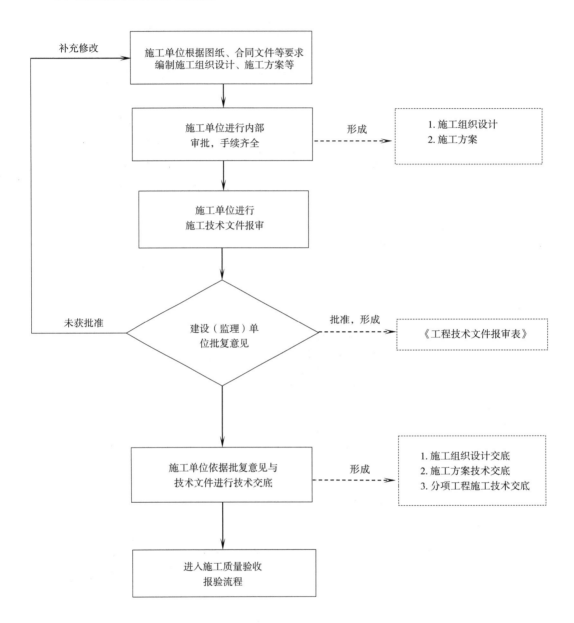

2）施工物资资料管理流程

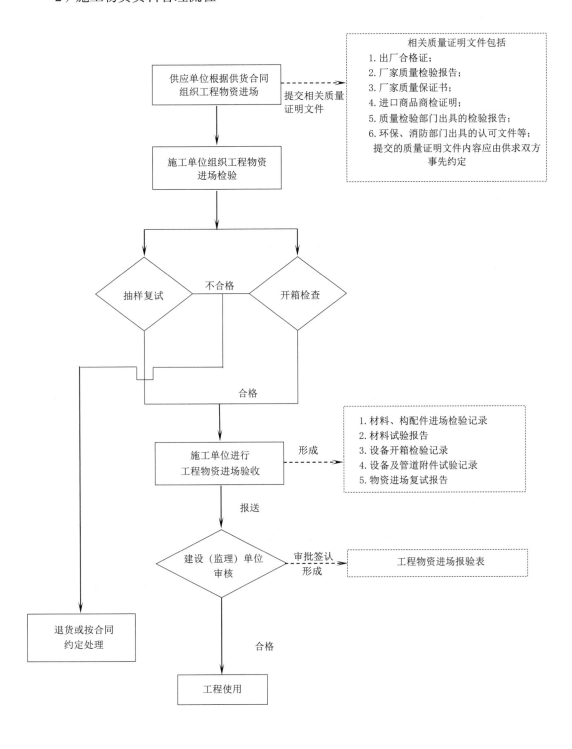

3）施工质量验收记录管理流程

（1）检验批质量验收流程

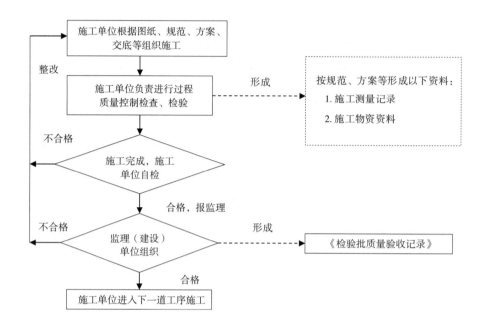

（2）分项工程质量验收流程

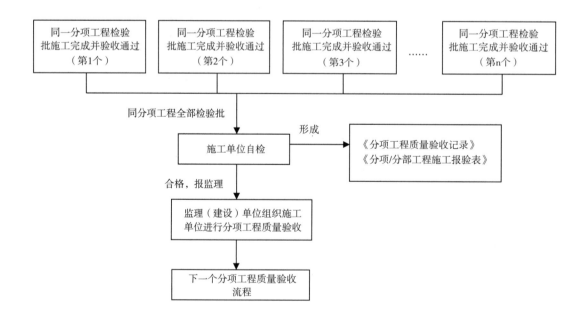

（3）分部（子分部）工程质量验收流程

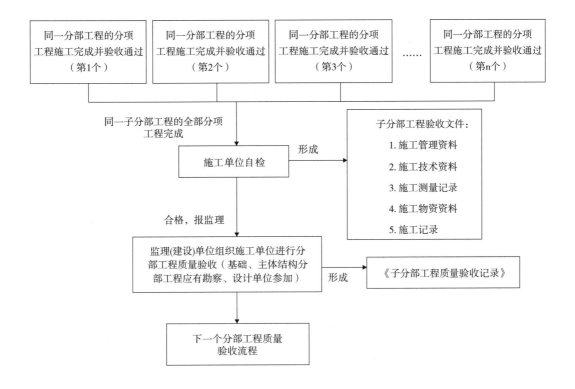

附图4 工程验收文件管理流程

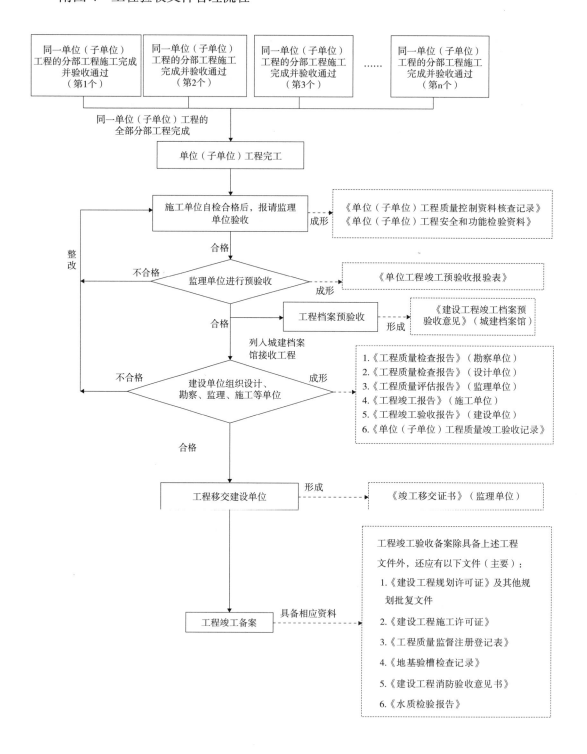

附图 5　资料信息化管理流程图

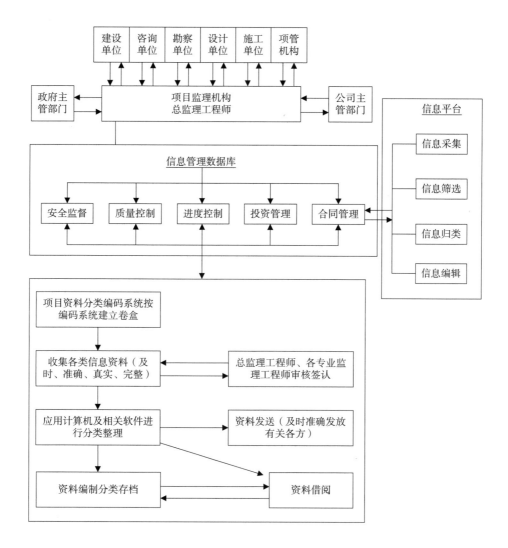

第七章
城市轨道交通土建工程测量、监控量测质量管理

　　城市轨道交通的测量工作简单说包括工程测量、监控量测两大部分，测量是根据规划设计，从最初的线路带状地形图测量，至将建筑物及构筑物的位置准确测设到地面或地下；监控量测是监测建构筑物和地基、地表的沉降、变形和应力变化，直至运行期的变形监测，贯穿于工程项目的各个环节，包括施工、运行及维护改造。测量工作具有明显特点和要求。

　　城市轨道交通是重要的基础设施工程，在建筑物稠密、地下管网密布的城市中建设，政府和公众关注程度高，社会影响大，必须以精确的测量质量保证线路的顺利建成；城市轨道交通土建工程测量线路长，一般从城市的中心区开始，向近郊、远郊逐步延伸，作业条件艰苦，而且工程结构复杂、设备众多，范围广泛（涉及地下隧道、地面建筑及高架桥梁等），各建筑部位、工程环节精度要求高，结构施工、铺轨、设备安装等工作需要高精度施工测量技术配合与保障。测量是基础工作，监控量测则是指导施工的重要依据，测量人员必须精通专业，掌握相关技术标准，以科学敬业、认真采集、分析各种监测数据，为施工生产提供可靠的安全保障。同时应适应施工节奏要求，能在艰苦甚至有一定风险的环境下安全施测。要做到严谨务实，传承工匠精神，不断创新发展，为打好城市轨道交通工程建设的基础做出贡献。

　　按划分表，测量与监测未列为独立的单位（子单位）工程，而是作为分项工程划分在各单位工程中，为便于读者对测量、监测工作有整体的了解，利于质量、安全管理，本书将其单列一章叙述。

　　本章共分两节，分别叙述测量和监控量测的工作内容及其质量管理。

第一节 土建工程测量质量管理

城市轨道交通工程的测量从施工图设计阶段直至运营阶段，内容广泛，见图7-1-1。

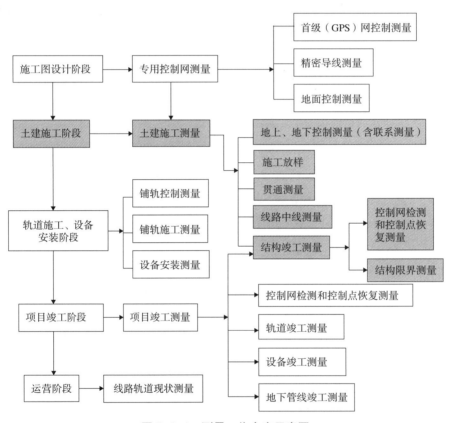

图 7-1-1 测量工作内容示意图

本书仅论述上图中深色部分，即土建施工阶段测量，包括控制测量、各工法细部放样测量、土建结构竣工测量（各部分具体内容见图），其他阶段不属本书范围，不予介绍，读者需要时可参考相关文献。

一、施工测量质量管理依据和目标

（一）管理依据

施工测量质量管理的依据包括：设计图纸及文件，建设单位与施工单位（含测量专业队伍)、第三方测量单位、监理单位签定的合同,以及相关行政法律法规和技术标准。现只将主要技术标准按国家、行业标准顺序排列。

1.《工程测量规范》GB50026—2007。

2.《城市轨道交通工程测量规范》GB/T50308—2017。

3.《国家一、二等水准测量规范》GB/T12897—2006。

4.《全球定位系统实时动态测量(RTK)技术规范》CH/T2009—2010。

(二)测量质量管理目标

施工测量工作的目的,是为了确保建成后的线路平面、纵断面符合设计要求;地下结构、建筑群体、设备、管线安装按设计准确就位,避免因施工测量偏差超过规定要求而造成工程事故。

二、测量管理的体制及制度

(一)城市轨道交通土建工程施工测量管理体制

城市轨道交通土建工程的测量工作由建设单位统一管理,施工单位是测量工作的实施主体,监理单位对测量工作进行复核及管理,第三方测量单位则负责测量成果的复核和验收。各方分工合作,各司其职。

(二)管理制度

城市轨道交通工程规模巨大,测量工作贯穿始终且内容繁多,需要建立严格和科学的管理制度,以保证测量工作的质量,主要制度如下:

1. 多级测量复核

多级测量复核包括两层含义,一是指施工单位内部的多级复核;二是指监理单位以及代表建设单位的第三方单位对施工单位的测量成果进行复核或复测。由不同的单位进行测量复核,可以有效避免施工单位测量工作中可能出现的错误。测量工作必须坚持复核制,实践表明,这是确保测量质量行之有效的基础管理方法。

2. 严格执行交接桩制度

开工前,建设单位应向施工单位和监理单位提供导线控制点、高程控制点的资料。各方签署交接桩文件纪要。

3. 桩点复测及保护

接桩后,施工单位、监理机构对建设单位提供的导线控制点、高程控制点进行复测,若成果符合规范要求即可使用;若成果不符合规范要求,须报告建设单位,由其委托第三方测量单位进行复核,若结果仍不合格,则需要建设单位重新组织交桩。经复核合格的桩点,施工单位需要进行桩点保护,并定期或根据实际需求进行巡视和复测。

4. 加密导线点、高程点

当使用导线控制点、高程控制点难以满足施工放样需求时,施工单位需要加密控制点,其成果需要监理机构、第三方测量单位进行复核。

三、各参建单位的测量管理职责

（一）建设单位职责

1. 选择第三方测量单位

实际工程中，建设单位可通过招投标择优选定具有与所承担的测量业务相应资质的第三方测量单位，全权委托其负责项目测量检测及复核工作。与其签定委托合同，明确各方责、权、利，建立第三方测量的管理制度，加强对其工作的管理。

2. 提供资料

在工程开工前，建设单位除了应向施工单位、监理机构、第三方测量单位提供前述的交桩资料外，还应提供相邻建筑物、道路、地下管线、工程地质、水文地质等相关资料。

（二）施工单位的测量职责

施工单位是城市轨道交通土建工程的测量工作的实施主体，应完成所承包工程的全部施工控制测量和细部放样测量工作，对测量质量负第一责任，第三方测量、监理单位的复测和检测均不减轻或免除施工单位对工程测量质量的责任。

1. 做好测量准备工作

准备工作的基本内容包括资源准备、技术准备、现场条件准备三大部分，综述如下。

1）测量工作一般由施工单位的测量专业队伍完成，若条件不具备可经招标选定具有相应专业资质的测量分包单位完成。施工单位与测量分包签订合同、安全协议，对其进行管理。

2）施工单位应根据标段规模、复杂程度和工法特点，配备具有相关经验和资质的测量工程师和测量人员，在施工期间应保证人员相对稳定，经监理单位审批后，报建设单位备案。

3）建立完善的质保体系和测量管理制度

（1）施工单位建立完善的测量质量保证体系，应至少指定一名主要领导负责测量工作的管理并建立健全测量管理制度。

（2）建立复核制度。详见前述。

4）测量仪器、设备

（1）所需的各种测量仪器、设备，相关的检定证书齐全、有效，测量仪器设备状态良好，满足施工需要，主要测量仪器设备的精度要求见表7-1-1。

主要测量仪器的要求（摘自《城市轨道交通工程测量规范》GB/T50308—2017） 表7-1-1

设备名称	主要技术指标
全站仪	测角精度不低于2″，测距精度不低于2mm+2ppm
水准仪	不低于DS1，每公里高差偶然中误差≤±1mm

续表

设备名称	主要技术指标
陀螺经纬仪	每测回定向中误差≤20″
GPS接收机	静态或快速静态定位，精度不低于10mm+2ppm
铅垂仪	精度不低于1/200000
检定钢尺	最小刻划为mm

（2）作业前应检查仪器和工具，并应根据相关标准进行定期检验校正，以满足作业要求。

5）施工测量前，应熟悉设计图纸，复核结构设计数据，尤其是平面轴线、高程等尺寸必须准确无误，并对引用的测量数据、资料核验，确认无误，以便测量准确定位。

6）编制施工测量专项方案，方案应满足下列要求：

（1）内部的审批手续完整、有效，内容应完整。

（2）测量管理体系及保证措施健全，作业过程的安全保证措施全面。

（3）施工测量方案重点应放在保证工程的空间位置的正确放样，保证与相邻工程正确贯通两方面。

（4）施测方法的选择必须与施工方法相匹配。

7）现场条件准备。测量人员应查阅施工设计文件，了解线路技术条件和建筑物位置、类型、规格等。

8）控制点埋设与保护

（1）地面施工测量控制点应埋设在施工影响的变形区以外，当施工现场条件限制时，埋设在变形区内的施工测量控制点使用前应进行测量复核。

（2）测量人员做好合同段内各种控制点的保护工作，确保控制点成果准确；准备工作充分后，应依据图纸开展各项测量工作。

（三）监理单位职责

监理单位应对工程施工测量履行监理职责，主要监管职责及工作如下。

1. 作好资源准备

（1）监理单位在项目监理部中应配有专业测量监理工程师，主要测量人员由具有城市轨道交通工程测量经验的中级及以上职称的人员出任，还应根据需要配备一定数量的助手，包括熟悉仪器使用的技术人员或技师，并报建设单位备案。

（2）测量监理工程师应尽量使用本单位的仪器，对提高监理单位的声誉更为有利。条件有限时可借用施工单位的仪器，但应确认仪器经检校准确。

（3）检查测量单位投入的各种资源应能满足工程测量需要，详见测量准备管理。

2. 技术准备

（1）编写施工测量监理实施细则。

（2）建立测量报表、测量日志及测量报告制度，完善相关资料管理。

（3）审核施工单位编制的施工测量专项方案，应具有针对性和可操作性，应能具体指导项目施工测量作业。

3. 测量过程的管理

配合建设单位、第三方测量单位加强对施工单位测量工作的管理。

（1）对施工测量放样进行复核。

（2）对测量人员资质及所使用的测量仪器的工作状态进行动态监督。

（3）督促施工单位严格落实测量施工方案。

（4）完成建设单位要求的其他相关测量工作。

（5）监理单位应对所有部位的测量进行不低于30%复核检测，抽测合格并签认报验资料后，施工单位方可进行下道工序施工。对建筑结构重要部位的测量，进行100%检测复核，合格后签认资料。并经建设单位委托第三方复测合格出具报告后，方可施工。

（四）第三方测量单位职责和工作内容

1. 职责与责任

第三方测量工作应在施工单位完成测量工作后独立进行，其成果仅用于对施工单位测量成果的校对，不能替代施工单位的测量成果。由于疏忽或不负责任而造成工程质量事故，第三方测量单位负有相应的责任。

2. 测量工作内容

（1）编制测量方案。

应收集线路基础测绘资料、水文气象资料、岩土工程勘察报告、设计文件及施工方案等相关资料，进行现场踏勘，并应在研究工程条件和测量要求后编制。必要时，建设单位可组织专家对其进行评审，评审通过后方可实施。

（2）按《城市轨道交通土建工程测量规范》GB/T50308—2017的要求，对涉及工程项目的导线控制点、高程控制点进行定期复测。

（3）审核施工单位测量方案，合格后方可实施。

（4）对施工单位的控制测量、关键工序的施工测量工作进行100%检测，见表7-1-2。合格后，施工单位方可进行后续施工。

各工法中第三方检测内容表　　　　表7-1-2

检测项目	检测的具体内容
矿山法区间	地面加密控制点及其他；地下导线及水准在隧道掘进（含联络通道）至50m处、100～150m处和距离贯通面150～200m处分别进行一次包括联系测量在内的检测（若单向开挖长度超过1km时，掘进至500m处要增加一次检测）；隧道开挖接近贯通面时，应对隧道内的控制点进行一次全面检测
盾构法区间	地面加密控制点及其他；基线及始发前的圆心定位及地下高程点；地下导线及水准在隧道掘进至50m处、200～300m处和距离贯通面150～200m处分别进行一次包括联系测量在内的检测（若开挖长度超过1km时，掘进至500m处要增加一次检测）；隧道开挖接近贯通面时，应对隧道内的控制点进行一次全面检测
地下车站	地面加密控制点及其他；地下导线及水准在施工完第一块底板后、至整个车站长度的1/4、1/2、3/4处及车站底板结构完工时应进行检测

续表

检测项目	检测的具体内容
明挖车站	地面加密控制点;采用护坡桩围护基坑时的四角及变断面处定位检测;基坑开挖至底部应进行坐标、高程传递测量检测
明挖区间	地面加密控制点;地下导线及水准在施工完第一块底板后、至整个区间长度的1/4、1/2、3/4长度处及底板完工时应进行检测
地面线、地面车站	地面加密控制点或百米桩中线点
高架桥梁	地面加密控制点;承台(含桥台)中心;梁位应在第一跨架完后、至整个区间长度的1/4、1/2、3/4长度处及最后一跨架完后应进行检测

四、控制测量

控制测量分为平面控制测量和高程控制测量,通常情况下施工单位应对每个施工标段分别建立一个平面控制网和高程控制网,用于城市轨道交通工程标段内各建筑物、构筑物的土建施工测量放样、监控量测、竣工验收测量等。

按《城市轨道交通工程测量规范》GB/T50308—2017的规定,地面平面控制网应分为三个等级,一级网为全市轨道交通控制网,根据各个城市近期、中期或远期规划要求,由国家测绘单位给定。应采用卫星定位测量方法,一次全面布设;二级网为精密导线网,在一级网的基础上根据各条线路建设需要分期布设,由建设单位聘请的第三方测量单位给定,三级网为线路加密控制网,由施工单位施测,即工程施工中,进行二级、三级控制网的布设。

测量控制网布设原则为:先整体,后局部;先细部,后碎部。精度由高到低进行。

各级控制网的精度要求不同,每一级别按精度可分为多等,首级网,可能有一、二等精度,二级网可能有三等或四等精度,三级网精度可能更低。

(一)平面控制测量

1.建立平面导线加密控制网(精密导线网)

施工单位应在建设单位交桩点位的基础上,根据现场的施工需要,适当加密测量控制网(点),并上报监理、第三方测量单位复核审批后方可使用。

2.复测已建成的平面导线加密网

由于城市轨道交通工程建设周期较长,加上城市其他建设对控制网的影响,造成初期建立的平面控制网点在工程建设中有可能发生位移或扰动。因此,对已建成的控制网需要进行复测,并对变化较大的控制点及时进行更新。

根据经验,线路控制网和线路加密控制网除在开工前进行交接桩的复测外,一般情况下,1年内复核1次。但为了保证已建成的控制网的精度需要,根据布网位置的实际情况和控制点稳定情况,可适当增加复测频次。

3.二等线路控制网的布设

(1)应满足各自线路城市轨道交通建设和运营对测量控制网的要求和需要,应采用一等全市轨道交通控制点作为约束点，且不应少于3个，并应沿线路分布。

（2）应在隧道出入口、竖井、车站或车辆段附近设置控制点，在线路交叉和分期建设的线路衔接或换乘处宜布设2个以上的重合控制点。

4. 控制点的连接与基线

每个控制点应分别通过独立基线与至少两个相邻点连接。控制网由一个或多个独立基线闭合环构成时，闭合环之间应采用边连接。每个闭合环独立基线数不应超过6条。

当控制点构成的三角形中，其中一条边的基线长度小于其他两边基线长度之和的30%时，应测设独立基线。

5. 控制点标石的埋设

各等级卫星定位控制点应埋设永久标石。标石有基本标石、岩石标石和建筑楼顶标石三种。各种标石宜按规范附录A中所示的形式和规格埋设，其中建筑楼顶上的标石宜现场浇筑。埋石后，按规范附录A中规定绘制点之记，点位标识应牢固清楚，并应办理测量标志委托保管书。

6. 精密导线网

三等线路加密控制网应沿建设线路两侧布设，并应采用精密导线网测量方法施测。精密导线网应采用附合导线、闭合导线或结点导线网形式。精密导线网的布设应符合规范规定。

7. 精密导线点标石埋设应符合规范规定。

（二）高程控测测量

工作内容同平面控制网，应注意具体计算方法与平面控制网不同。

1. 建立高程加密控制网（点）

施工单位应在建设单位所交的高程控制点的基础上，根据现场的施工需要，适当加密高程控制点，并上报监理、第三方测量单位复核审批后方可使用。

2. 复测已建成的高程控制网（点）

由于地表沉降、控制网（点）保护不到位以及城市其他建设对高程控制网（点）的影响，初期建立的高程控制网（点）有可能发生沉降或扰动。因此，需要定期或根据现场实际情况，对其进行复测，并对变化较大的控制点及时更新。

3. 高程控制网设计与埋石

（1）高程控制网应采用水准测量方法施测。水准测量技术要求应符合规范规定。

（2）水准点应沿城市轨道交通规划或建设线路进行设计、布设，水准线路应构成附合线路、闭合线路或结点网。

（3）水准点标石宜分为混凝土水准标石、墙上水准标志、基岩水准标石和深桩水准标石四种。水准点标石和标志应按规范附录B的形式和规格埋设。地层为软土的城市或地区应根据其岩土条件设计和埋设适宜水准标石，墙上水准点应选在稳固的永久性建筑上。

（三）联系测量

根据《城市轨道交通土建工程测量规范》GB/T50308—2017术语，联系测量是"将地面的坐标、高程系统传递至地下，使地上、地下坐标与高程系统相一致的测量工作"。该规范规定，联系测量包括地面近井导线测量、近井水准测量以及通过竖井、斜井、平峒、钻孔的定向测量和传递高程测量。

在城市轨道交通工程施工中，联系测量涵盖地面与地下（深基坑）、地面与高架的联系测量，所传递的坐标、高程均是地下工程施工的基本依据，其精度直接关系到地下和高架车站是隧道施工能否按设计位置准确定位，必须慎之又慎，需要监理和第三方测量单位进行100%的检测和复核。

1. 地面近井导线测量和近井水准测量

（1）地面近井点包括平面和高程近井点，应埋设在井口附近便于观测和保护的位置，并标识清楚。

（2）地面平面近井点可利用精密导线点测设，并应符合规范规定。

（3）高程近井点应利用一、二等水准点测定，并应构成附合或闭合水准路线。高程近井点应按本规范第4章二等水准测量技术要求施测。

2. 定向测量

（1）根据现场条件，定向测量可采用一井定向（见图7-1-2）、两井定向（见图7-1-3）、铅垂仪+陀螺仪组合定向（见图7-1-4）、导线直接传递测量和投点定向法等。

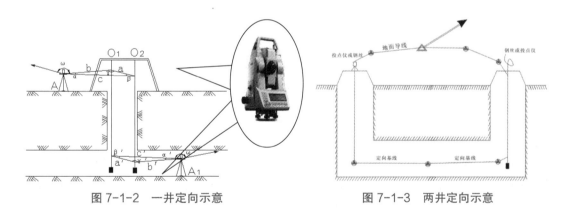

图7-1-2 一井定向示意　　　　　图7-1-3 两井定向示意

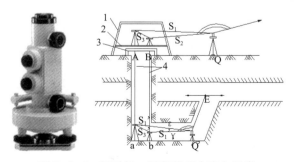

图7-1-4 铅垂仪+陀螺仪组合定向示意

（2）采用上述各种定向测量方法时，应符合规范规定。

3．高程传递测量

（1）高程传递测量主要包括地面近井水准、高程传递和地下近井水准测量三部分。

（2）测定近井水准点高程的地面近井水准路线，应附合在地面一、二等水准点上。近井水准测量，应执行规范有关技术要求。

（3）高程传递测量可采用悬挂钢尺法、电磁波测距三角高程法、水准测量法和电磁波测距法，高程传递示意，见图7-1-5和图7-1-6。

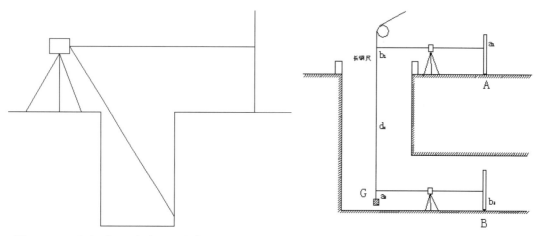

图 7-1-5　光电测距三角高程法（高程传递）示意图　　图 7-1-6　悬吊钢尺法（高程传递）示意图

（四）地下控制测量

城市轨道交通工程建设中的地下控制测量，建立地下控制网，进行地下平面和高程控制测量，应通过联系测量从地面传递到地下的近井点作为测量起算点。地下控制测量的方法和要求均应按规范执行。

（五）各工法中的控制测量

城市轨道交通土建工程中各单位、分部工程均应按照施工标段内的控制网进行控制测量，如明挖车站区间、车辆基地中的各建筑物、构筑物，但暗挖区间车站需通过联系测量建立地下平面、高程控制网，高架车站和区间也应通过联系测量将控制网引向高架结构，关于各单位工程中的具体测量内容参见《城市轨道交通土建工程测量规范》GB/T50308—2017相关内容。

五、施工放样测量

工程测量中的放样就是将设计或图纸上的建构筑物的平面位置，在实地上测量出来，以引导施工。

施工放样测量是各工法施工中的基础工作，在各工法的划分表中列为分项工程，测量前的准备工作详见前述,特别强调施工测量前,应熟悉设计图纸,包括结构平面、立面、剖面图及建筑图,检核设计数据和已有的测量资料。现将主要工法中放样测量具体内容分述如下。关于测量的技术和精度要求可参阅《城市轨道交通工程测量规范》GB/T50308—2017 的相关规定,在此不予摘录。

(一)明挖施工放样测量

明挖区间和车站施工测量主要包括基坑围护结构、基坑开挖和结构施工放样测量。

1. 基坑围护结构

目前,明挖区间、车站围护形式主要采用地下连续墙、护坡(围护)桩两种,特殊情况下,可采用钢板桩等围护结构。本节仅叙述围护结构的测量放样工作,其他形式的围护结构测量可以参考本部分内容。

1)地下连续墙

(1)应对连续墙的中心线和内外导墙放样,内外导墙应平行于地下连续墙中线,成槽的深度、宽度和垂直度应满足设计和施工规范要求。

(2)连续墙完成后,应测定其实际中心线与设计中心线的偏差,其偏差应满足设计和施工规范要求。

2)护坡桩

(1)施工前,应对护坡桩地面位置进行放样。

(2)桩成孔过程中,应测量其孔深、孔径及其铅垂度。

(3)采用预制桩应根据设计要求测量桩的铅垂度。

(4)桩完成后,应测定各桩位置及与轴线的偏差。

2. 基坑开挖

(1)以线路中线控制点为依据,对边坡线位置放样。

(2)开挖中应检测边坡坡度,确保坡脚距结构的距离应满足设计要求。

(3)开挖至基坑底部时,应将线路中线引测到基坑底部,其纵横向允许误差满足规范要求。

3. 结构施工

(1)基坑开挖完成并经过验槽后,对底板垫层进行测量放线和混凝土施工。

(2)底板混凝土浇筑前,应测量检查其模板、预埋件和变形缝的放样定位。

(3)边墙、中墙模板支立前,应对模板位置准确定位放样。

(4)顶板模板安装过程中,应准确控制其顶面高程。

(5)结构施工完成后,复测中线控制点和高程控制点。

(二)盖挖法施工放样测量

1. 盖挖逆作法

(1)顶板立模前,应进行连续墙或桩墙的顶板面、底面及侧墙高程和位置的放样。

(2)中板施工前,应复测顶板上的中线和高程控制点,并通过预留孔口将其坐标和高程传递到中板的基坑面上并标定,作为支立中板模板和钢筋的依据;在浇筑混凝土前应检核控制点,确保混凝土浇筑完成后,平面和高程偏差符合设计和规范要求。

(3)底板的测量方法同中板。

2.盖挖顺作法

施工测量方法和技术要求同暗挖车站。

(三)暗挖车站区间施工放样测量

目前,暗挖施工方法有多种,现综合叙述需放样测量之处。各种开挖方法的放样测量、技术要求和测量精度均应满足《城市轨道交通工程测量规范》GB/T50308—2017的规定。

暗挖前期需用施工导线控制细部放样,随施工进展,暗挖达到建立控制导线精密网条件时,建立总体地下控制导线,进行地下细部放样测量。

1.暗挖车站施工放样测量

地下暗挖车站施工有多种工法。本书仅以PBA工法为例,叙述其主要结构施工放样测量部位。

PBA工法施工放样测量主要是对竖井、圈梁、竖井围护桩、出入口及风道马头门、中线,横通道马头门、大管棚(若有)、中线,小导洞马头门、中线,初支扣拱大管棚(若有),洞内围护桩、桩顶冠梁、顶纵梁、底纵梁、钢管柱、站台结构、站厅结构,以及以上部位的初支、二衬结构边线等部位。初支结构施工的超前导管、管棚、钢拱架、喷射混凝土厚度、二衬结构,宜以中线为依据进行放样和控制。

(1)对地下车站施工竖井、斜井等进行地面放样,应测设结构四角或十字轴线,放样后进行检核,确保应满足规范要求。竖井围护桩、冠梁的定位放样可根据竖井地面放样结果进行,竖井围护桩的地面放样也可根据设计给定的桩位坐标进行。

(2)出入口及风道、横通道、小导洞等结构的马头门、大管棚(若有)、中线施工放样测量,采用地下平面控制网、高程控制网进行。

(3)采用双侧壁或桩及梁柱导洞法施工,应利用施工导线测设壁、桩或梁柱的位置。

(4)洞内围护桩、桩顶冠梁、顶纵梁、底纵梁、钢管柱施工放样测量

应根据线路中线点进行位置测定,利用地下高程控制点控制各部位高程。钢管柱安装过程中应监测其垂直度,安装就位后应进行位置、垂直度检核测量。

(5)车站站台、站厅的结构放样

应使用已调整后的线路中线点进行结构放样,以地下高程控制点控制结构高程。混凝土结构模板测设应沿站台、站厅边线以线路中线为依据进行定位。

2.暗挖区间放样测量

暗挖区间放样测量主要是对竖井、隧道马头门、初支(含大管棚)、二衬结构进行放样测量,可参考以上PBA工法车站进行。使用台车浇筑二衬混凝土前,应准确定位台车轨道中心线,确保二衬混凝土浇筑质量满足设计要求。

(四)高架结构施工放样测量

应包括高架桥和高架车站的柱(墩)桩基础、柱(墩)、柱(墩)结构及横梁、支

座、纵梁等放样测量。

1. 一般规定

（1）应根据高架桥结构设计图，正确选择起算点并检核。若不能满足放样需要时，应加密控制点。

（2）相应结构联测

高架桥施工测量应整体布设，分区、分段进行施工时，由于多家单位非同时开工等情况，都存在与相邻已完工结构衔接的问题。为了掌握结构衔接质量，相邻区段的控制点和相邻结构应进行联测。

2. 柱、墩基础施工放样测量

1）柱、墩基础施工应利用线路中线控制点或精密导线点进行放样，放样后应在不同测站进行检核。

2）同一里程处对多柱或柱下多桩组合的基础放样除检核应满足测量规范要求外，还应检核柱或桩间的几何关系。

3）柱、墩基础放样下列各种误差应满足规范规定：

（1）横向放样中误差。

（2）柱、墩间距的测量中误差。

（3）各跨的纵向累积测量中误差。

（4）柱下基础高程测量中误差。

4）基础放样后应测设基础施工控制桩，宜设立2组，每组不应少于2根，其中一组控制桩间的连线宜垂直于线路方向。

5）应以施工控制桩为依据，测定基坑边沿线、基础结构混凝土模板位置线，以及基底高程和基础混凝土面高程。各种测量误差满足规范要求。

6）柱、墩基础施工完成后，进行基础承台施工测量。施工放样包括中心或轴线位置、模板支立位置和顶面高程，满足规范要求。

3. 柱、墩施工放样测量

（1）柱、墩施工前，应在不同测站对完成的柱、墩基础承台中心或轴线位置以及模板支立位置及尺寸、垂直度以及顶部高程进行测量检核，合格后进行柱、墩施工测量。

（2）柱、墩施工放样包括中心或轴线位置、施工模板位置线、中心坐标及支立铅垂度、高程等测量方法、误差均执行《城市轨道交通工程测量规范》GB/T50308—2017的有关规定。

（3）浇筑混凝土前，应复核测量模板中心坐标和垂直度，测量精度满足规范要求。

（4）柱、墩完成后，应按下列要求测定柱、墩顶帽中心坐标和高程符合设计及规范要求。

4. 横梁施工放样测量

（1）施工前，应检核柱（墩）顶部的中心位置、高程及相邻柱距和位置调整。依据检核后的控制点标定横梁位置。

（2）浇筑混凝土前应检测模板支立的位置、断面尺寸、方位和高程，其各项测量误差不应超过允许值。

（3）预制梁安装前应检查几何尺寸和预埋件位置，几何尺寸偏差和预埋件位置偏差应满足设计文件规定。

5.纵梁施工放样测量

（1）纵梁架设前应在横梁上恢复线路中线点和高程点，并应复核相邻柱、墩的跨距。

（2）在横梁上测设纵梁轴线时，应以线路中线点、高程点和复核后的跨距为依据；测设完成后再以轴线为依据安装纵梁，以高程控制点为依据控制纵梁高程。

（3）安装混凝土预制纵梁时，其中线和高程与线路设计中线和高程的较差应小于5mm。

（4）采用混凝土现浇纵梁时，现浇梁端模上测设线路中线和高程控制点。测放底模和侧模位置时，应以上述控制点为依据，各项误差满足规范要求。

（五）路基施工放样测量

主要采用坐标法或极坐标法进行平面放样，水准测量方法测定其高程。各部分的放样测量满足规范要求。

1.中线桩、曲线控制桩放样及横断面测量

路基工程开工前进行路基中线桩、曲线控制桩的放样测量，并进行路基横断面测量，横断面测量成果和设计图纸中的断面比对，若差距大应由设计单位调整方案，放样精度应符合规范要求。

2.填方路基放样

每层填土碾压合格后，都要重复进行中线桩和路基边桩放样，边桩放样要在设计路基边界处外放不少30cm，确保路基碾压到位，边坡成型后，采用人工拉线修整控制边坡坡度。

3.挖方路基放样

要先对开挖坡口线进行放样，控制每层开挖深度和开挖坡角线，开挖平台的宽度和高程控制要提前布置好放样桩点，确保不超挖、欠挖。

4.附属结构放样

路基挡墙、路基边沟和边仰坡、天沟放样测量，可参考中线桩、曲线控制桩放样进行。

（六）车辆基地施工放样测量

1.施工场地放样测量

包括场地平整、施工道路、临时管线敷设、临时建筑以及场地布置等测量工作。

（1）场地平整测量采用方格网法时，其布设要根据车辆段的施工总平面图进行设计，应考虑联测方案、精度、点位扩展等情况。方格网边长，可根据场地的起伏、坡度等具体情况决定，一般在平坦场区宜为20m×20m，地形起伏场区宜为10m×10m，工作中可根据实际情况选用。

（2）施工道路、临时管线与临时建筑等的位置，应利用场区测量控制点，根据施工现场总平面图，采用极坐标方法进行施工放样。

（3）允许误差应满足《城市轨道交通工程测量规范》GB/T50308—2017规定。

（4）对场地内需要保留的原有地下建筑、地下管线、古树等应采用双极坐标法进行细部测量，且应符合相关的精度要求。

2.建筑施工放样测量

包括各建筑物及附属设施细部点放样测量等。

（1）建筑轴线和建筑细部放样以及竖向投测误差应小于建筑施工允许偏差的1/3~1/2。

（2）建筑轴线和建筑细部放样点的平面坐标以及50线或1m线的高程等应进行检核测量，放样点平面设计坐标与实测坐标分量较差应分别小于10mm，50线或1m线的设计高程与实测高程较差应小于10mm。

六、贯通测量

根据《城市轨道交通工程测量规范》GB/T50308—2017术语，贯通测量是指"对相向施工的地面路基、地下隧道和高架桥建筑结构或按要求施工到一定地点与另一建筑结构相通后，对连接偏差状况所进行的测量工作"（也称为贯通误差测量）。

在地铁结构施工中，由于地面控制测量、联系测量、地下控制测量及细部放样的误差的影响，使得两个相向施工的贯通面、单向施工的贯通面与预留面的施工中线不能按设计要求衔接，而产生错开，即产生平面和高程的贯通误差。因此，结构贯通后及时进行这两种贯通误差测量，以检验测量是否满足精度要求，结构是否按设计要求准确就位。贯通测量内容、方法及各种允许误差均应符合《城市轨道交通土建工程测量规范》GB/T 50308—2017的规定。

（一）贯通误差测量

1.平面贯通误差测量

平面贯通误差测量一般以贯通面两侧的平面控制点为起算依据，用平面测量联测到贯通面处的同一中线点上，其平面位置较差即为平面贯通误差。

2.高程贯通误差测量

高程贯通测量均以贯通面两侧的高程控制点为起算点，用水准测量联测到贯通面处的同一临时水准点上，其高程较差即为高程贯通误差。

3.贯通误差测量评定标准及相关要求

平面和高程贯通误差必须满足《城市轨道交通工程测量规范》GB/T50308—2017相关规定。

4.提交资料

贯通测量完成后，及时按要求提交测量报告，主要内容包括：

（1）测量技术说明。

（2）控制点成果表。

（3）贯通误差测量成果表。

（4）测量示意图。

（二）主要工法需进行的贯通测量

1．明挖法施工隧道分段施工或不同工法结构衔接部位处应进行贯通误差测量；

2．矿山法、暗挖相向施工的隧道贯通面或单向施工的贯通面处应进行贯通误差测量；

（1）车站采用分层开挖时，宜在各层测设地下控制点，各层间应进行贯通测量。

（2）车站结构二衬施工测量前，应先恢复上、下层隧道底板上的线路中线点和水准点，下层底板上各点，应与车站两侧区间隧道的相应点进行贯通误差测量。

（3）采用导洞法施工，上层边孔拱部隧道和下层边孔隧道两侧各开挖到100m时，应分别进行贯通测量，随后应进行线路中线的调整，并标定出隧道下层底板上相关特征点。

（4）分标段施工的地段不同标段之间的结构贯通误差测量。

贯通测量示意见图7-1-7。

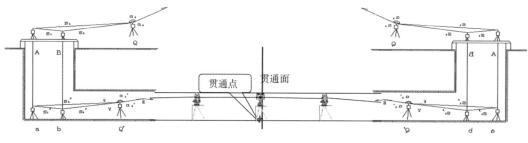

图7-1-7　贯通测量示意图

七、线路中线测量

根据《城市轨道交通工程测量规范》GB/T50308—2017术语，线路中线测量是"对由线路中线点构成的导线进行的测量工作"，广义讲，包括对规划设计或初步设计阶段的线路中线测量及施工阶段的地面中线测量，此处论述后者。

线路中线测量是指施工单位根据贯通测量成果，完成线路中线测量和中线点的归化改正及断面测量（如中线需变更，须经设计单位进行中线调整设计），并经测量监理工程师复测审核后，上报第三方测量单位检测。

（一）中线测量

1．线路中线桩测设

（1）线路中线桩应包括控制桩和各种加密桩。根据地形复杂情况直线地段加密桩间距宜10～50m，曲线地段加密桩间距宜10～20m。

（2）中线桩纵、横向偏差符合规范规定。

（3）中线桩高程测量

宜采用水准测量和电磁波测距三角高程测量方法，技术要求应符合规范要求。中线桩高程应起算于线路等级水准点。

2. 中线测量的检核

中线测量完成后，应对中线桩坐标、相邻桩之间的距离及线路几何关系进行检核，可采用附合导线形式进行线路中线桩联测，并应符合下列规定：

（1）中线桩实测坐标与设计坐标较差：控制桩应小于20mm，加密桩应小于30mm。

（2）相邻中线桩间实测距离与设计距离较差：控制桩应小于50mm，加密桩应小于70mm。

（3）相邻中线桩若不通视时，宜采用间接测量的方法检核。

（4）中线桩位置超限时应进行归化改正。

3. 中线桩测设完成后应对其进行加固，并应建立护桩。

（二）中线恢复测量及线路调整（调线）

由于施工误差导致线路中线与设计中线不符，贯通测量完成后，若误差在允许值内，应对线路中线进行恢复测量，使中线几何关系满足设计要求，线形圆顺，为断面测量、铺轨基标测设奠定基础。

若误差较大超过允许值，即超限，产生测量质量事故，此时需要提请设计单位根据实际情况进行相应的线路调整，以确保行车及设备安装不受影响。为避免测量线路中线超限事故发生，施工过程中应加强联系测量频率，以确保贯通前的控制导线精度。关于线路调整不在本书叙述范围之内，此处从略。

中线恢复测量示意见图7-1-8。

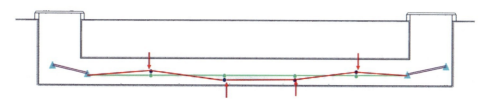

红色为实测线路中线，绿色为设计线路中线，红色箭头为恢复方向。

图7-1-8 线路中线调整测量示意图

线路中线恢复应按照《城市轨道交通工程测量规范》GB/T50308—2017的相关规定执行。

（三）线路纵横断面测量

1. 线路纵断面测量

线路纵断面测量是指测量线路中线上各里程桩土建结构的顶、底板高程，并将这些测量数据成果绘制成纵断面图，按要求的格式提交给设计或相关人员供其与原设计值比较分析，如满足设计要求，继续下道工序，如不满足原设计则进行线路坡度调整，以满足行车限界的需求。一般采用水准测量和全站三角高程测量方法。具体测量内容为：

线路纵断面点的平面位置和高程位置。

2.线路横断面测量

区间隧道、车站和高架线路的横断面测量又称结构净空测量。主要为保证装饰装修、设备安装能准确就位和保证行车限界的要求。横断面测量采用全站仪结合CAD、断面仪或三维激光扫描、断面仪法等方法，根据测量断面位置，采用不同仪器和方法，详见《城市轨道交通工程测量规范》GB/T50308—2017。

（1）横断面测量位置

地铁隧道断面形式较多，有直拱、矩形、圆形、马蹄形等。根据不同断面形式及行车限界，选择与行车密切相关的位置或设计指定位置，测定断面上有关的点位与线路中线的距离，见图7-1-9和图7-1-10。

图7-1-9　圆形隧道断面测量示意

图7-1-10　马蹄形隧道断面测量示意

通常以隧道内控制点或中线点为依据，直线段每隔6m、曲线段包括曲线要素在内每隔5m测设一个横断面。结构横断面变化段和施工偏差较大段应加测断面。

（2）暗挖区间初支断面测量

在此特别需要说明的是，在暗挖区间施工过程中也应进行初支结构开挖断面的净空测量，主要采取中线法或五寸台法进行测量控制，不再详述。目的是避免超挖、欠挖，以有效控制二衬结构及保护层厚度满足设计及规范要求。

3.断面成果检核

断面测量完成后，应对结构断面测量成果进行检核，发现结构位置不满足设计限界要求后，及时联系设计单位解决。

（四）资料整理

结构横断面和底板纵断面测量完成后，应按设计要求的数据格式编制和提供断面测量成果，并绘制断面图。包括：

1.技术说明；

2.起算控制点成果表；

3.线路调整测量成果表；

4.线路调整测量示意图；

5. 结构断面测量成果表；

6. 结构断面测量成果图。

八、人防门及屏蔽门安装测量

人防门及屏蔽门安装测量的目的是使隔断门及屏蔽门等相关设备按设计要求准确安装就位，防止设备侵入限界。由于人防门施工时，对于人防门框及人防门测量精度要求极高，因此在地下人防结构施工时测量工作就显得极为重要。特别应注意人防门及屏蔽门安装测量技术要求。

（一）人防门及屏蔽门安装测量的技术要求

1. 人防隔断门安装测量

人防隔断门安装测量应在隧道土建结构完成后进行。其测量工作分为两部分：预埋件（隔断门导轨支撑基础）测量及下门框安装测量。由于其安装要求精度高，预埋件的调整量极小，一般从预埋件基础开始至安装前至少进行三次以上检测，才能达到设计要求，所以必须保证测量的技术手段有效，精度可靠。

（1）人防隔断门预埋件测量

预埋件测量在导轨支撑基础混凝土浇筑前进行，分别对两块预埋钢板平面位置及高程进行测量。平面测量按地下精密导线作业要求实施，采用附合导线或双极坐标法对预埋钢板中心位置及轴线进行检测，保证其中心位置与设计里程重合，轴线与线路中线垂直；高程采用精密水准测量方法作业，布设附合水准线路对两块预埋件钢板高程进行测量。

测量后中心位置与线路中线设计值横向平面偏差≤5mm、与设计值高程偏差≤2mm，人防隔断门预埋件示意，见图7-1-11。

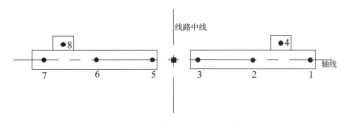

图7-1-11 人防隔断门预埋件示意图

（2）人防隔断门下门框检测

下门框检测包括门框中心平面位置和门框高程检测。平面检测按地下精密导线作业要求实施，采用附合导线或双极坐标法检测，保证其中心位置与设计里程重合，轴线与线路中线垂直；高程采用精密水准测量方法作业，布设附合水准线路对下门框高程进行检测。

检测后的误差应满足中心位置与线路中线的横向偏差≤2mm、高程与设计值较差≤3mm，人防隔断门下门框示意，见图7-1-12。

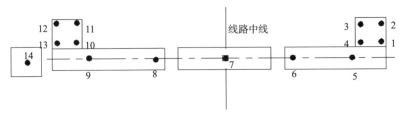

图 7-1-12　人防隔断门下门框示意图

2. 屏蔽门控制基准线测量

屏蔽门的测量一般在装修阶段进行，通常结构竣工测量已完成，但因屏蔽门位置要求极为严格，因此，控制基线测设就更为重要。

控制基准线点位布设：两侧站台控制基准线各布设三个点——站台中心位置及沿线路方向距站台中心线两端 70m 处各一个。其点位均埋设永久标志，并在车站侧墙对应位置明确标识。

九、结构竣工测量

根据《城市轨道交通工程测量规范》GB/T50308—2017，项目竣工测量包括控制网检测与控制点恢复测量、轨道竣工测量、线路建筑结构竣工测量、线路设备竣工测量和地下管线竣工测量。此处仅论述涉及土建工程的两项，即：控制网检测与控制点恢复测量、建筑结构竣工测量，其他各项不在本书范围，不予论述。结构竣工测量一般由施工单位和第三方测量单位进行，采用的坐标系统、高程系统、图式等应与原施工测量一致。监理单位主要进行复核及资料整理工作。

（一）控制网检测与控制点恢复测量

1. 竣工测量前应对卫星定位控制网、精密导线网、水准网和铺轨控制网进行检测。

2. 当需要恢复已经毁坏、丢失的控制点时，应在检测控制网同时以不低于原测精度进行。

3. 卫星定位控制网、精密导线网、水准网检测与控制点恢复测量应按《城市轨道交通工程测量规范》GB/T50308—2017 第 3 章、第 4 章规定进行。铺轨控制网检测与控制点恢复测量应符合《城市轨道交通工程测量规范》GB/T50308—2017 第 10.2 节或第 10.3 节的规定。

4. 工程完工后，必须按建设单位要求移交一定数量的经第三方检测合格的控制点。

（二）结构限界竣工测量

1. 限界的基本概念

根据《城市轨道交通工程测量规范》GB/T50308—2017 术语，限界是"保障城市轨道交通安全运行，限定车辆断面尺寸、限制沿线设备安装尺寸以及确定建筑结构有效净空尺寸的图形和相应定位坐标参数，分为车辆限界、设备限界和建筑限界三类"。三类限界均需做测量，本书仅论述建筑限界测量，实质上对断面的限界进行测量。

城市轨道交通土建工程设计给出了建筑物结构轮廓误差的允许范围，但为了降低工程造价，施工中预留的限界裕量很小，调整余地小。施测人员与管理人员都必须在前期测量工作中，尽量做到精准，以保证建筑限界满足要求。

2. 建筑结构的断面限界测量

结构断面测量是在土建结构竣工、铺轨前进行测量工作，范围包括区间、车站及辅助线范围内轨行区的结构断面测量，在区间隧道内轮廓线至线路中心线的水平距离及顶、底高程，在车站主要测量站台结构面到设计轨道面的距离，以判断竣工误差，并作为判定是否需调整线路的依据。其意义在于检查建筑限界是否侵限，为线路位置检核与调整提供依据，确保轨道铺设的顺利进行。

限界测量应根据设计要求确定断面位置、间隔和断面限界点的数量与测量部位进行，区间、车站各类型断面的限界测量示意见图 7-1-13 ~ 图 7-1-16。

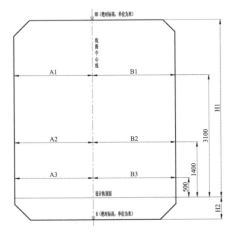

图 7-1-13 矩形断面测点分布图

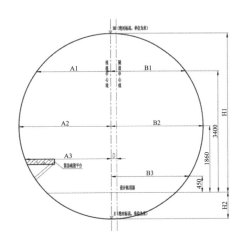

图 7-1-14 圆形断面测点分布图

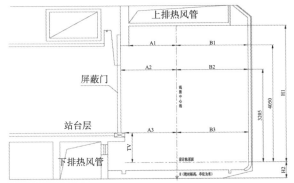

图 7-1-15 地下岛式站台车站屏蔽门地段测点分布图

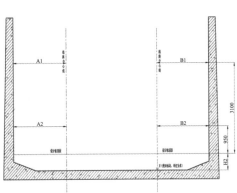

图 7-1-16 U 形槽结构测点分布图

注：图中 A、B 分别为所测断面净空尺寸。

329

3. 限界测量基本规定

（1）收集已有的测量资料并进行实地检测并抽测，抽查比例不应少于30%，并应以检测或回复后的控制点为依据。

（2）抽检的结构限界测点数量、位置、测量方法和精度应执行《城市轨道交通工程测量规范》GB/T50308—2017 第7、8、9章的规定。检测值与原测值较差不应大于25mm。

（3）断面限界误差允许值符合《城市轨道交通土建工程工程测量规范》GB/T50308—2017 相关要求。

4. 建筑结构竣工测量成果

（1）对地面线应进行路基、轨道和附属设施的平面位置、高程测量。对地下区间隧道和地下车站及附属设施应进行结构内侧平面位置、高程和结构尺寸的测量，并调查结构厚度。对高架桥、高架车站及其柱（墩）应进行其平面位置、高程、结构尺寸以及主要角点距相邻建筑的距离测量。对车站出入口、通道和区间风道结构应进行其平面位置、高程和结构尺寸测量。

（2）地下区间隧道和地下车站及附属设施的结构厚度，宜根据地下施工测量成果或设计资料确定。

（3）已有实测的测绘资料抽检，合格后经编绘与新测资料一同作为竣工测量成果。

（三）提交竣工测量成果

结构竣工测量资料应按资料管理规程提交相应单位。

1. 成果精度及资料应符合国家城市轨道交通土建工程竣工测量与验收的要求。

2. 应提交竣工测量有关综合性技术文件，包括下列成果资料：

（1）竣工测量成果表。

（2）竣工测量成果图。

（3）竣工测量报告。

（4）竣工测量资料电子文档。

特别说明：人防门及屏蔽门安装测量的目的是使隔断门及屏蔽门等相关设备按设计要求准确安装就位，防止设备侵入限界。其测量内容包括人防隔断门安装、预埋件、下门框及屏蔽门测量，因属于设备安装范畴，不在本书叙述范围，此处从略，读者有需要时，可参照相关规范。

十、测量工作质量检查验收

城市轨道交通土建工程测量成果质量应实行两级检查、一级验收，并按设计阶段、施工阶段、竣工阶段的测量成果分期进行检查与验收。

（一）相关规定

1. 检查、验收部门

（1）一级检查应由项目承担方的作业部门、二级质量管理部门分别实施。

（2）验收宜由项目委托方组织专家或国家认可的质检机构进行。

2. 测量成果质量检查与验收依据

（1）依据的国家政策法规和技术标准。

（2）项目委托书或合同书，以及项目委托方与承担方达成的其他文件。

（3）技术设计或施测方案。

（4）项目承担方的质量管理文件。

3. 质量等级

对测量成果，应根据质量检查结果评定其质量等级。分为合格和不合格两级。

4. 质量不合格的判定

当测量成果出现下列问题之一时，应判为质量不合格：

（1）控制点和放样点的数量或布设位置严重不符合规范要求。

（2）各级控制点和放样点的标志类型及埋设严重不符合规范要求。

（3）所用仪器设备不满足规范规定的精度要求。

（4）所用仪器设备未经检定或未在检定有效期内使用。

（5）观测成果精度不符合规范要求。

（6）编造数据。

5. 测量成果质量的分级检查

（1）对所有观测记录、计算和分析结果，应进行一级检查。

（2）对测量阶段性成果，应进行二级检查。

（3）质量检查与验收过程应形成记录，并与测量成果一并归档。

6. 不符合项的处理

当成果质量检查与验收中发现不符合项时，应立即提出处理意见，退回作业部门进行纠正。纠正后的成果应重新进行质量检查与验收。

（二）质量检查与成果验收

按《城市轨道交通工程测量规范》GB/T50308—2017 的相关规定，对各测量阶段的质量检查和成果的验收合并于表 7-1-3。

测量质量检查与成果验收一览表　　　　表 7-1-3

分类		检查方式	检查内容	承担者	记录	成果要求
质量检查	一级	内业全数检查、外业针对性检查	编写质量检查报告。应包括检查工作概况、项目成果概况、检查依据、检查内容及方法、质量问题及处理情况、质量统计及质量等级内容。质量等级应由项目承担方质量管理部门根据检查结果评定，并应符合上述相关规定	项目承担方的作业部门	记录样式宜符合规范《轨道交通工程测量规范》附录 M 的规定	应在两级检查合格的基础上进行质量验收；最终提交给项目委托单位的综合成果应为质量验收合格的成果

续表

分类		检查方式	检查内容	承担者	记录	成果要求
质量检查	二级	内业全数检查、外业针对性检查	各级控制点和放样点的布设位置图。标石、标志的构造及埋设照片。仪器设备的检定和检验资料。外业观测记录和内业计算资料。测量成果图表。与项目有关的其他料	质量管理部门	记录样式宜符合规范《轨道交通工程测量规范》附录M的规定	提交给项目委托单位的阶段性成果应为二级检查合格的成果
质量验收抽样核查规定		应随机抽取不少于期数的10%作为样本,且至少为1期。对抽取的样本,应进行内业全数核查、外业针对性核查	应核查技术设计和技术报告,且应包括下列内容:控制点的布设位置图。标石、标志的构造及埋设照片。仪器设备的检定和检验资料。外业观测记录和内业计算资料。测量成果图表。检查记录和检查报告与项目有关的其他资料	项目委托方组织专家或国家认可的质检机构	应形成质量验收报告并评定质量等级。质量验收报告应包括验收工作概况、项目成果概况、验收依据、抽样情况、核查内容及方法、主要质量问题及处理情况、质量统计及质量等级内容	质量等级评定应符合规范《轨道交通工程测量规范》相关规定

最后需要说明,城市轨道交通土建工程的测量中还包括铺轨基标的测量,应属于设备安装阶段的测量,此处不予论述。

十一、盾构测量质量管理

盾构施工测量的原理是在控制测量的基础上,利用盾构机所匹配的盾构机导向系统进行自动放样、人工复核的过程,以达到盾构机按设计线路准确掘进的目的。虽然测量内容也包括前述各项,但与前述各种工法的测量方法有较大区别,故单列于此叙述。

盾构法施工测量贯穿于盾构工法的全过程,涵盖盾构始发、掘进和接收三个阶段,其测量工作内容包括地面控制测量、联系测量、隧道内控制测量、掘进施工测量、贯通测量和竣工测量,各种测量精度要求偏差控制均应满足《盾构法隧道施工及验收规范》GB50446—2017的相关规定,限于本书篇幅,不再摘录具体数值。

(一)盾构测量准备管理

盾构施工测量的准备工作除应满足工程测量的准备工作(见第六章第一节)以外,还应根据盾构施工测量特点,重点做好下列工作:

1.技术准备

根据周边环境、地面控制网、盾构进入隧道方式、贯通长度和贯通精度,以及盾构配置的导向系统的精度、特点和人工测量仪器精度等,制定施工测量方案,报监理单位审核批准后实施。

2.现场条件准备

(1)控制点联测

同一贯通区间内始发和接收工作井所使用的地面近井控制点间应进行联测,并应与区间内的其他地面控制点构成附合路线或附合网。

（2）控制点埋设要求

地面施工测量控制点应埋设在施工影响的变形区以外，当施工现场条件限制时，埋设在变形区内的施工测量控制点使用前应进行检测。

（二）盾构测量质量管理

1.地面控制测量

（1）各级控制网联测

平面和高程控制网应与线路工程整体控制网联测，线路整体控制网应满足国家现行相关标准的要求。关于布设平面、高程控制网，详见第六章相关内容。

（2）工作井控制点布设

盾构始发和接收工作井之间，应建立统一的施工控制测量系统，每个井口应布设不少于3个控制点。

在施工过程中要确保始发至接收控制导线的精度。

（3）跨越水域测量

当水准路线跨越水域时，应进行跨水域水准测量，并应符合现行国家标准《国家一、二等水准测量规范》GB/T12897的有关规定。

（4）定期复测

地面控制网应定期复测，复测频率每年不应少于一次，当控制网所使用的控制点不稳定时，应增加复测频率。

2.联系测量

联系测量包括地面近井的导线测量和高程测量、工作井定向测量和导入高程测量，以及隧道内的近井导线测量和高程测量等。

1）地面近井导线和近井高程路线

应采用附合导线路线形式，近井导线测量和近井高程测量应符合规范要求。

2）盾构隧道贯通前的联系测量

（1）隧道贯通前的联系测量工作不应小于3次，宜在隧道掘进到约100m、300m以及距贯通面100~200m时分别进行一次。当贯通长度超过1500m时，应增加次数或采用高精度联系测量方法，以提高精度。各次地下近井定向方位角较差应小于16"，地下高程点高程较差应小于3mm，符合要求时，可取各次测量成果的平均值作为后续测量的起算数据指导隧道贯通。

（2）当采用支导线方法布设隧道内控制网不能满足隧道贯通限差要求时，应采用布设导线网或加测陀螺边等方法，也可使用高精度测量仪器。

3）定向测量应依据施工现场条件选择下列方法：

（1）联系三角形法；

（2）陀螺全站仪（经纬仪）与垂准仪（钢丝）组合法；

（3）两井定向法；

（4）导线直传法；

（5）投点定向法。

4）导入高程测量

在工作井内可采用悬吊钢尺进行高程传递测量，当盾构平硐或斜井进入时，可采用水准测量方法进行高程传递测量。

5）地下应埋设永久近井点

近井导线点不应少于3个，点间边长宜大于50m，近井高程点不应少于2个。

3. 隧道内控制测量

隧道内测量包括隧道内施工导线测量、施工控制导线测量和隧道内施工水准测量、施工控制水准测量。盾构区间控制测量应以地下平面控制点测设隧道中线，以地下高程控制点测设隧道高程。

1）隧道内控制测量起算点

应采用直接从地面通过联系测量传递到工作井下的平面和高程控制点，隧道内平面起算点不应少于3个，起算方位边不应少于2条，高程起算点不应少于2个。

2）隧道内控制点的布设要求

虽然盾构机配备有自动导向系统，但其工作基础仍需人工给定控制基点，控制基点的精度来源于洞内控制导线的给定，因此保证洞内控制点的精度是确保整体盾构掘进精度的关键。一般要求直线段控制点间距为150~200m，曲线段为60~80m，在隧道侧壁对称布设，已消除旁折光对精度的影响，尽量拉大导线角度以提高导线精度。

3）控制点的埋设

应在稳定的隧道结构上埋设，并埋设强制对中装置。平面控制点应避开强光源、热源、淋水等地方，控制点间视线距隧道壁及洞内设施应大于0.5m。

4）隧道内控制网

已完成的盾构长度满足布设地下控制网基本要求时，应按相关技术要求建立相应控制网，并符合下列规定：

（1）控制网延伸测量前，应检测已建立的既有控制网点，符合要求后作为起算数据。

（2）随着盾构区间的延伸，一旦路线长度满足布设平面和高程控制点的要求后，应以建立的地下平面控制点和高程控制点为依据，作为施工测量的依据，进行地下施工导线和施工高程测量。

（3）控制网为支导线和支水准路线，当有联络通道时，应形成附合路线或结点网。长隧道宜布设成交叉双导线。

5）施工控制导线和施工控制水准的布设

（1）应随盾构掘进布设，当直线隧道掘进长度大于200m或到达曲线段时，应布设施工控制导线和控制水准。

（2）施工控制导线测量的要求：

直线隧道的导线平均边长、采用全站仪观测要求、导线点横向中误差均应符合《盾构法隧道施工及验收规范》GB50446—2017 规定。

（3）施工控制水准测量的要求：

水准点间距、水准点设点、水准测量要求均应符合《盾构法隧道施工及验收规范》GB50446—2017 规定。

6）延伸隧道检测施工控制点

延伸隧道内控制导线和控制水准时，应对现有施工控制点进行检测，并应选择稳定点进行延伸测量。

7）隧道贯通前的控制导线和控制水准

在隧道贯通前，隧道内控制导线和控制水准测量不应少于 3 次，重合点坐标较差应小于 $30\text{mm} \times l_d/L_d$，高程较差应小于 10mm，且应采用平均值作为测量结果。

8）满足隧道贯通限差要求

当采用支导线方法布设隧道内控制网不能满足隧道贯通限差要求时，应采用布设导线网或加测陀螺边等方法，也可使用高精度测量仪器。

4. 盾构换站测量

盾构机在掘进过程中，由于导向系统的全站仪及后视吊篮固定于管片之上，随着盾构机的前移导致视距增大超出导向目标搜索范围，因而，此时就需要前移全站仪及后视吊篮，即为换站测量。

1）移站（换站、迁站）

（1）关闭导向系统前，必须保证其在正常工作状态，记录下移站前机器姿态并截屏保存。

（2）移站时，必须利用经过复核的控制点再次复核已有的全站仪托架（原设站点）向前传递坐标、高程，但仅限一次；下一次移站应从车站（或洞内至少 3 个）控制点用导线测量托架（原设站点）和后视棱镜坐标，两次平面坐标偏差不宜超过 4mm，高程偏差不超过 10mm。

（3）移站结束，导向系统开机正常工作后，再次记录移站后的机器姿态并截屏保存。

（4）对比移站前后盾构姿态数据，如果各项偏差小于限差（移站前后限差 15mm），则说明移站成果合格；否则必须查找原因，必要时重测。

2）移站间隔

移站间隔和后视距离条件允许时，应尽量加大移站距离（一般 40~60 环）；全站仪不应安装在管片变形较大地段，视线不要过于贴近墙壁和设备，姿态数据跳动较大时，应及时移站。因各种原因造成移站距离较短且不易加长时，应尽量增加全站仪托架到后视棱镜的距离并大于前视距离，可连续搬几站用同一个后视点，但应及时检查全站仪托架坐标和高程。

3）移站记录

移站记录按指定要求的固定表格真实填写，测量负责人及时对其进行复核检查并保存。

5.盾构掘进施工测量

1）平面和高程测量数据导入

盾构始发工作井建成后,应采用联系测量方法,将平面和高程测量数据传入地下隧道内控制点,进行隧道掘进中心线、反力架、洞门圈安装测量。

2）反力架、洞门圈和基座的安装测量:

(1）应利用隧道内测量控制点采用极坐标法放样隧道中心线和盾构基座的位置、方向,利用水准测量方法测设隧道高程控制线以及基座坡度,坐标和高程放样中误差为 ±5mm；

(2）反力架和洞门圈位置应采用三维放样方法放样,反力架安装后和洞门浇筑前应对其经过设计中心的竖直和水平位置进行复测,并应提供相应里程的坐标或与中心的距离,放样和复测中误差应为 ±10mm。

3）人工测定盾构初始姿态

盾构就位后应采用人工测量方法测定盾构的初始姿态,并符合下列规定:

(1）盾构测量标志点应牢固设置在盾构机上,且不应少于3个,标志点可粘贴反射片或安置棱镜；

(2）盾构测量标志点的三维坐标应与盾构机本身坐标系统几何关系要建立准确；

(3）盾构测量标志点测量宜采用极坐标法,并采用双极坐标法进行检核,测量中误差为 ±3mm；

(4）盾构机始发就位后,应根据盾构机出厂设定值结合始发控制坐标系对其进行参数设定,主要包括:切口与光靶或棱镜间的小坐标系的参数、滚动角、仰俯角等。

4）自动导向系统测定盾构实时姿态

隧道掘进中采用自动导向系统测量,应符合下列规定:

(1）盾构始发前,审查施工单位提交的 DTA 数据,检查其数据计算方法及计算结果的正确性。

由于设计图纸仅提供线路的平面、高程参数,而指导隧道掘进的主要数据为隧道中心线的三维空间坐标(DTA),DTA数据的计算要进行中线偏移值及隧道外轨加高值的设置,所以 DTA 数据的正确计算是保证隧道正确掘进的关键。

(2）对输入自动导向系统的线路设计参数进行核查,确认无误后方可输入。

(3）测量控制点迁站应符合：迁站前,自动导向系统应测量盾构姿态；迁站时,盾构应停止掘进,采用人工测定的方法测定盾构姿态；迁站后,应对使用的相邻控制点间几何关系进行检核,确认控制点位置正确；应利用迁站后控制点进行盾构姿态测量；迁站前后测定的盾构姿态测量较差应小于 $2\sqrt{2}m$（m 为点位测量中误差)。必须由人工依据洞内控制点进行迁站核,以保证各站点的精度,避免由于掘进初期至迁站时管片不稳所造成的测量偏差累积。

6.盾构姿态测量及纠偏

(1）盾构姿态测量包括横向偏差、竖向偏差、俯仰角、方位角、滚转角和切口里程。

盾构姿态计算取位精度均应符合《盾构法隧道施工及验收规范》要求。

（2）当盾构始发和距接收工作井 100m 内时，应提高测量频率。

（3）盾构姿态应根据测量成果及时调整。

（4）盾构机姿态控制及纠偏要求

盾构水平姿态控制在 ±20mm 为最佳，考虑环片上浮对姿态的影响，垂直姿态可以控制在 -30 ~ -20mm。自动导向系统的报警值为 ±50mm，建议以 ±30mm 为预警值，尽量避免盾构姿态超过 ±50mm。纠偏时相邻两环盾构姿态之差不大于 ±5mm，避免纠偏过急，造成环片错台、破损。

7. 衬砌管片测量

（1）管片拼装后，应进行盾尾间隙测量。

（2）壁后注浆完成后，宜进行衬砌环测量，包括衬砌环中心坐标，底部高程，水平直径、竖直直径和前端面里程，测量中误差为 ±3mm。

（3）在衬砌管片时，及时测量衬砌环的姿态。每天测量一次，必要时每天测量两次，保证每环都能测到，及时掌握管环的位移情况，同时也是对导向系统的较核。相邻衬砌环测量时重合测定约 10 环环片，环片平面和高程控制在 ±10mm 之内。

（4）盾构隧道可利用管片上安装连接的底部螺栓作为控制点，亦可在管片底部直接埋设水准点标志，并要做好标识。

8. 贯通测量

隧道贯通后应进行贯通测量，内容包括隧道的纵横向和高程贯通误差。

1）贯通测量时，应在贯通面设置贯通相遇点。

2）测定纵横贯通误差

纵横向贯通误差，可利用隧道贯通面两侧平面控制点测定贯通相遇点的坐标闭合差确定，也可利用隧道贯通面两侧中线在贯通相遇点的间距测定；隧道的纵横向贯通误差应投影到线路及其法线方向上。

3）测定高程贯通误差

高程贯通误差应利用隧道贯通面两侧高程控制点测量。

4）成型隧道的贯通测量要求：

（1）成型隧道稳定后的平面位置、高程和曲线半径应符合设计要求。

（2）贯通测量所使用的仪器、仪表类型和精度应符合设计和规范要求。

9. 盾构竣工测量

竣工测量应包括隧道轴线平面偏差、高程偏差、衬砌环椭圆度和隧道纵横断面测量等。可采用全站仪解析法、断面仪法、近景摄影测量法或三维激光扫描法。

（1）重新测设地下控制网

隧道贯通后应以始发和接收工作井的隧道内近井控制点为起算点，采用附合路线形式，对隧道内的导线点和水准点分别重新测设地下控制网，组成附合路线或附合网，测量结果作为隧道竣工测量以及后续施工测量的依据。

（2）横断面测量频次和测点设置

地铁隧道应在直线段每 10 环、曲线段每 5 环测量 1 个横断面，横断面上的测点位置、数量、测量中误差应按设计和规范要求确定。

（3）竣工测量结果应按要求归档。

第二节　城市轨道交通土建工程监控量测质量管理

根据《城市轨道交通工程监测技术规范》GB 50911—2013 术语，监测是指"采用仪器量测、现场巡查或远程视频监控等手段和方法，长期、连续地采集和收集反映工程施工、运营线路结构以及周边环境对象的安全状态、变化特征及其发展趋势的信息，并进行分析、反馈的活动。"城市轨道交通土建工程施工中，由于地下土体和地质条件不定因素较多，施工中地层受力情况改变，地上结构的逐步加载等原因都会导致工程结构及邻近范围内的地下管线、地表、建（构）筑物发生一定的沉降、位移、变形，以及结构物自身受力情况的改变。线路运营后，在长期动荷载的作用、运行维护甚至改造的需要和沿线邻近新建工程项目的影响，加之不良地质条件的发展，还会导致变形、沉降和结构受力变化继续发生、发展和变化，都直接关系到工程的安全。根据该规范的基本规定以及施工需要，城市轨道交通地下工程应在施工阶段，对支护结构、周围岩土体及周边环境进行监测，监测对象为基坑工程中的支护桩（墙）、立柱、支撑、锚杆、土钉等结构，矿山法隧道工程中的初期支护、临时支护、二次衬砌及盾构法隧道工程中的管片等支护结构；工程周围岩体、土体地下水及地表；工程周边建（构）筑物、地下管线、高速公路、城市道路、桥梁、既有轨道交通及其他城市基础设施等环境。关于建成运营后的监测，包括对相关线路的建筑结构、轨道、道床和周边环境进行变形监测，不属本书范围，不予论述。

监测内容含施工变形监测和力学监测两方面，本节论述监测工作及其管理要点，准备阶段的管理要点基本同第一节测量，此处从略。

一、监控量测管理的依据和目的

除本章第一节测量的依据外，额外补充监测质量控制的技术标准。

（一）技术标准

1.《城市轨道交通工程监测技术规范》GB50911—2013；

2.《地下水监测工程技术规范》GB/T51040—2014；

3.《建筑基坑工程监测技术规范》GB50497—2009；

4.《建筑变形测量规范》JGJ/8—2016；

5.《建筑基坑支护技术规程》JGJ 120—2012；

6.《地铁工程监控量测技术规程》DB 11/490—2007。

（二）监控量测目的

动态描述城市轨道交通土建工程建设期间结构自身、周边环境的安全、稳定性，掌握围岩、支护结构和周边环境的变化，通过监测数据、巡视信息的分析处理与必要的计算和判断，为验证设计、施工及环境保护等方案的安全性和合理性，优化设计和施工参数，分析和预测工程结构和周边环境的安全状态及其发展趋势，为实施信息化施工等提供资料，同时积累监测资料和经验，为今后的同类工程提供类比依据。

二、各参建单位监控量测工作的管理职责

（一）建设单位对监控量测的管理

建设单位作为城市轨道交通土建工程建设的组织者，在施工全过程中，应根据国家相关法律、法规，专业技术标准，及设计图纸关于施工监测的要求，对工程监控量测工作全面管理。

1.委托第三方监测单位

建设单位应委托具备相应资质，并有从事城市轨道交通土建工程监测或类似工程业绩的第三方单位在工程建设期间进行监测工作。

2.建立监测管理工作制度、管理体系和管理办法，督促各参建主体遵照执行。

（二）施工单位的监测管理

1.编制监测方案

详见下述。

2.监测过程管理

施工单位负责落实监测方案，监测实施应符合下列规定

（1）确定观测路线和观测方法

对每个单体建筑进行不同周期变形监测时，应在基本相同的环境下采用相同的观测路线和观测方法，使用相同的仪器和设备，并应固定观测人员。

（2）监测现场应加强巡视检查，对施工现场岩土变化和工程状况进行察看、记录。

（3）采集初始值

自工程降水前开始至需监测的分项工程施工前都应采集初始数据。初始值观测应独立观测2次，取平均值作为初始值，包括水平位移观测和垂直位移观测，其较差应分别满足《城市轨道交通工程测量规范》GB/T 50308—2017中表15.1.9-1和表15.1.9-2的要求。

（4）地上和地下都进行变形监测时，应设置重合断面并同步进行监测。

（5）监测方案的调整

变形监测中，变形体的变形量、变形速率等发生超常规变化时，应及时调整变形监测方案，增加监测频率，以致进行实时监测。

（6）观测记录内容要齐全

观测记录应包括日期、时间、天气、温度、人员、设备观测数据以及施工现状、荷载变化、岩土条件、气象情况的描述。

3. 定期检测监测控制网

应定期对监测控制网的稳定性进行检测，各周期观测前应对选用的基准点、工作点进行检测。

（三）第三方监测单位的管理

1. 编制监测方案

编制内容和要求详见下述，开工前应将监测方案的主要内容，如监测点埋设方式、埋设时间和监测精度要求向施工、监理单位进行技术交底。

2. 获取监测点初始值

施工前，应对布设的测点进行初始监测。施工监测与第三方监测应在同一时段分别在现场独立获取监测点初始值，并应分别独立进行全过程现场监测。

3. 监测内容

应遵循对关键工序、关键过程、关键时间、关键部位监测原则的要求，根据合同规定拟定监测内容，从下列项目中选择，并经专家评审通过。除现场巡查外，选择的项目监测工作量一般不应少于施工监测的30%。

（1）巡查必选，且应每天进行。

（2）基坑围护桩（墙）顶水平位移及沉降、桩（墙）体水平位移、中间立柱位移及沉降等。

（3）盾构隧道法施工中的隧道拱顶沉降及净空水平收敛。

（4）矿山法施工中隧道初期支护的沉降、净空水平收敛。

（5）高架线路结构的桥墩基坑变形，桥墩水平位移及沉降。

（6）建设工程周边环境的建筑物沉降及倾斜、地表及道路沉降、桥梁变形及应力变化、管线沉降、既有轨道交通变形。

（7）按照设计图纸、规范要求以及实际施工需要，其他应监测的内容。

4. 现场巡查

巡查范围应包括工程实体、工程周边地表和建筑物等，具体内容详见第三章第二节，并符合下列规定。

（1）根据巡查路线特点与状况制定巡视路线和巡视内容。

（2）巡查中应对巡视对象状态、现场状况进行文字、视频记录。

（3）每日应对巡查对象的安全、质量等方面进行评价，明确存在的隐患，并提交巡查报表。

5.监测成果的分析及反馈

每次监测工作完成后,应立即分析、整理监测成果,并应按下列要求反馈。

(1)应及时通过信息化平台发布监测信息。

(2)依照工程制定的预警标准,及时判断现场安全状态,达到预警条件时应及时发布预警。

(3)定期向建设单位报送阶段成果报告和总结报告。

6.出具监测成果

(1)监测工作应独立进行,数据采集精度不应低于原施工监测的要求。

(2)为优化设计参数和施工控制措施,结合现场施工情况,提供参考意见。

(3)相同时间的监测成果与施工监测成果的较差,应符合该规范第3.1.7条和第4.1.5条规定。

(四)监理单位的管理

1.编写相应的监理实施细则。

2.审查、批准施工单位编制的监测方案并上报建设单位备案。

3.动态检查

加强过程控制和日常监督,检查施工监测方案的落实情况,以保证施工单位监控量测投入的技术力量及所使用的仪器满足要求。

4.验收初始值

施测前,会同第三方监测单位对控制基点、监测点及初始值进行验收,并对验收报告予以签认。

5.及时上报监测异常情况

监测数据出现异常,及时上报建设单位,指令施工单位在第一时间采取措施,控制事态的进一步发展,保证施工和周边环境安全。

6.比对数据

及时对施工单位监测数据与第三方的监测数据进行比对分析,重点是变形最大点位及数据差异较大点位,并对监测数据做出严谨的分析评判,保证监测数据信息的真实、准确,并及时反馈相关信息。

7.参与预警、消警相关工作

负责现场巡视预警、建议发布综合预警,负责对施工单位消警申请的审核,督促施工单位响应预警和消警工作。

8.配合对安全风险事故的调查、分析、处理。

三、掌握工程影响分区和监测等级划分

(一)工程影响分区及监测范围

根据《城市轨道交通工程监测技术规范》GB 50911—2013术语,工程影响分区是

指"根据周围岩土体和周边环境受工程施工影响程度的大小而进行的区域划分"。

基坑、隧道工程施工对周围岩土体的扰动范围、扰动程度不同，扰动程度邻近岩土体最大，由近到远逐渐减小。这一受施工扰动的范围称之为工程影响区，可分为主要、次要和可能三个工程影响分区。分区主要目的是区分工程施工对周边地层、环境的影响程度，把握工程关键部位，对影响较大的周边环境对象进行重点监测，使监测工作经济、合理。该规范规定了影响分区范围。

1. 基坑工程影响区，见表 7-2-1 和图 7-2-1。

基坑工程影响区　　　　　　　　　　　　　　　表 7-2-1

基坑工程影响区	范围
主要影响区（Ⅰ）	基坑周边 0.7H 或 H·tg（45°-φ/2）范围内
主要影响区（Ⅱ）	基坑周边 0.7H-（2.0-3.0）或 H·tg（45°-φ/2）-（2.0-3.0）H 范围内
主要影响区（Ⅲ）	基坑周边（2.0-3.0）H 范围外

注：1. H——基坑设计深度（m），ϕ——岩土体内摩擦角（°）。
2. 基坑开挖范围内存在基岩时，H 可为覆盖土层和基岩强风化层厚度之和。
3. 工程影响分区的划分界线取表中 0.7H 或 H·tg（45°-ϕ/2）的较大值。

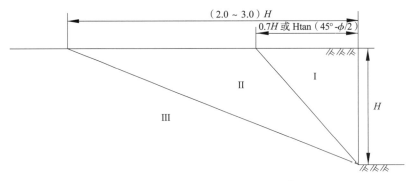

图 7-2-1　基坑工程影响分区示意

2. 土质隧道工程影响分区，见表 7-2-2 和图 7-2-2。

土质隧道工程影响分区　　　　　　　　　　　　　表 7-2-2

隧道工程影响区	范围
主要影响区（Ⅰ）	隧道正上方及沉降曲线反弯点范围内
次要影响区（Ⅱ）	隧道沉降曲线反弯点至沉降曲线边缘 2.5i 处
可能影响区（Ⅲ）	隧道沉降曲线边缘 2.5i 外

注：i——隧道地表沉降曲线 Peck 计算公式中的沉降槽宽度系数（m）。

3. 隧道穿越基岩时，应根据覆盖土层特征、岩石坚硬程度、风化程度及岩体结构与构造等地质条件，综合确定工程影响分区界线。

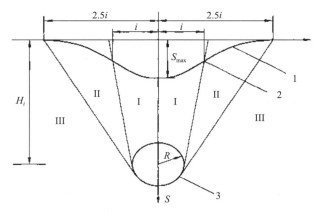

1——沉降曲线；2——反弯点；3——隧道；i——隧道地表沉降曲线 Peck 计算公式的中沉降槽宽度系数；
H_i——隧道中心埋深；S_{max}——隧道中线上方的地表沉降量。

图 7-2-2 浅埋隧道工程影响分区

（二）工程监测等级划分

根据《城市轨道交通工程监测技术规范》GB 50911—2013 术语，工程监测等级是指"根据基坑、隧道工程自身、周边环境和地质条件等的风险大小，对工程监测进行的等级划分"。

监测单位应根据拟监工程的基坑、隧道工程自身风险等级、周边环境风险等级划分监测等级，并结合地质条件复杂程度对其进行调整。

1. 工程自身风险等级

根据基坑、隧道工程支护结构发生变形或破坏、岩土体失稳等的可能性和后果的严重程度，采用工程风险评估的方法确定，也可根据基坑设计深度、隧道埋深和断面尺寸等划分。见表 7-2-3。

工程自身风险等级 表 7-2-3

工程自身风险等级		等级划分标准
基坑工程	一级	设计深度大于或等于 20m 的基坑
	二级	设计深度大于或等于 10m 且小于 20m 的基坑
	三级	设计深度小于 10m 的基坑
隧道工程	一级	超浅埋隧道；超大断面隧道
	二级	浅埋隧道；近距离并行或交叠的隧道；盾构始发与接收区段；大断面隧道
	三级	深埋隧道；一般断面隧道

注：1. 超大断面隧道是指断面尺寸大于 100m² 的隧道；大断面隧道是指断面尺寸在 50～100m² 的隧道；一般断面隧道是指断面尺寸在 10～50m² 的隧道；

2. 近距离隧道是指两隧道间距在一倍开挖宽度（或直径）范围以内；

3. 隧道深埋、浅埋和超浅埋的划分根据施工工法、围岩等级、隧道覆土厚度与开挖宽度（或直径），结合当地工程经验综合确定。

2.周边环境风险等级,见表 7-2-4。

周边环境风险等级　　　　　　　　　　　　　　表 7-2-4

周边环境风险等级	等级划分标准
一级	主要影响区内存在既有轨道交通设施、重要建(构)筑物、重要桥梁与隧道、河流或湖泊
二级	主要影响区内存在一般建(构)筑物、一般桥梁与隧道、高速公路或重要地下管线。 次要影响区内存在既有轨道交通设施、重要建(构)筑物、重要桥梁与隧道、河流或湖泊隧道工程上穿既有轨道交通设施
三级	主要影响区内存在城市重要道路、一般地下管线或一般市政设施。 次要影响区内存在一般建(构)筑物、一般桥梁与隧道、高速公路或重要地下管线
四级	次要影响区内存在城市重要道路、一般地下管线或一般市政设施

3.工程监测等级,见表 7-2-5。

工程监测等级　　　　　　　　　　　　　　表 7-2-5

工程监测等级 \ 周边环境风险等级 \ 工程自身风险等级	一级	二级	三级	四级
一级	一级	一级	一级	一级
二级	一级	二级	二级	二级
三级	一级	二级	三级	三级

4.监测等级应根据当地经验结合地质条件复杂程度(见表 7-2-6)进行调整。

地质条件复杂程度　　　　　　　　　　　　　　表 7-2-6

地质条件复杂程度	等级划分标准
复杂	地形地貌复杂;不良地质作用强烈发育;特殊性岩土需要专门处理;地基、围岩和边坡的岩土性质较差;地下水对工程的影响较大需要进行专门研究和治理
中等	地形地貌较复杂;不良地质作用一般发育;特殊性岩土不需要专门处理;地基、围岩和边坡的岩土性质一般;地下水对工程的影响较小
简单	地形地貌简单,不良地质作用不发育;地基、围岩和边坡的岩土性质较好;地下水对工程无影响

(三)工程影响分区和等级划分的应用

施工、监理、第三方监测单位的监测人员应掌握关于工程影响分区及监测范围的规定,以便在实际工作中科学、合理地确定监测项目、布设监测点、进行监测频率的调整和优化。

监理单位对第三方监测单位和施工单位的监测数据比对分析尤为重要,应依据工程影响分区和监测等级划分,结合相应的地质条件进行严谨的监测数据比对分析,以确保监测数据能够及时准确地反馈，准确判定施工所存在的风险程度。

四、监测方法及技术要求

监测方法应根据监测对象和项目的特点、设计要求、精度要求、场地条件和工程经验综合确定，且应合理易行。监测技术要求分述如下。

（一）编制监测方案

施工单位、第三方监测单位均应按照设计图纸要求、建筑结构和周边环境，编制监测方案。其内容应符合《城市轨道交通工程监测技术规范》GB 50911—2013 的相关要求，控制要点如下。

1. 确定监测项目

1）通常，设计单位根据施工范围，在图纸中以确定变形监测项目，一般包括：支护结构、结构自身以及周边变形区内的地表道路、建筑、管线、既有轨道线路和市政隧道等的变形监测。

2）当工程周边存在对位移、沉降有特殊要求的既有轨道交通、建（构）筑物及设施时，建设单位（设计单位）应与有关管理部门或单位共同协商确定监测项目。详见后述实例。

3）若工程对周边环境的监测需要延续和新增加变形监测项目，应符合下列规定：

（1）延续施工阶段的变形监测项目，应继续利用原变形监测控制点对变形监测点进行观测。控制点和变形监测点被破坏时应进行恢复，观测数据应保持连续性。

（2）新增变形监测项目宜利用施工阶段布设的变形监测控制点，也可在远离变形区的出入口、横通道、通风竖井或车站、区间隧道等稳定的建筑结构上埋设新的控制点。

4）在施工过程中图纸给定的监测点位置受现场条件限制无法布设时，施工单位应及时与设计单位协商调整。

2. 对第三方监测方案的要求

第三方监测方案的质量，直接关系到对现场风险的了解和预控，为施工后期监测提供重要的指导。其方案除满足综合判断关键监测部位，确定监测重点和重点关注问题外，还应根据工程特点、施工经验和监测项目要求，执行《城市轨道交通工程监测技术规范》GB 50911—2013 相关技术规定及监测预警标准。

建设单位应组织专家对第三方监测方案进行评审，通过后方可实施。

3. 当工程遇到下列情况时，应编制专项监测方案：

（1）穿越或邻近既有轨道交通设施；

（2）穿越重要的建（构）筑物、高速公路、桥梁、机场跑道等；

（3）穿越河流、湖泊等地表水体；

（4）穿越岩溶、断裂带、地裂缝等不良地质条件；

（5）采用新工艺、新工法或有其他特殊要求。

提请注意的是，当工程遇到某种上述情况时，不仅需要第三方监测单位编制专项监测方案，还有可能涉及到施工方案调整，此时需要建设单位及政府主管部门牵头协调处理，以保证工程安全顺利进行，详见下述实例。

北京地铁八号线三期前门站位于北京市前门大街与前门东路交叉口，原设计方案车站施工分为三段：两端采用明挖法施工，基坑深度为32m；中部下穿前门东路，采用PBA暗挖法施工，拱顶覆土约8m。与既有2号线前门站通过箭楼东侧换乘厅形成平行换乘。

因车站东端明开段地上有既有建筑——升旗宾馆，其拆迁困难，经相关各方多次讨论、申请、沟通，最终市政府会议签报决定："前门站暗挖施工通过升旗宾馆。"即确定了暗挖下穿升旗宾馆的方案，车站东端明开段已变更为暗挖，采用四导洞平顶直墙洞桩法施工。

先经建设单位组织施工单位、监理单位、监测单位等各方开会确定监测方案，东端的监测项目同常规暗挖监测项目，对于升旗宾馆的沉降、差异沉降变形监测，为不影响其正常运营，将人工监测改为自动化监测系统；经北京市重大办组织，协调建设单位与升旗宾馆的经营单位铁道旅行社进行对接，达成一致，双方签订协议，第三方监测单位进场布设自动化监测仪器，履行监测职责。

（二）基准点、监测点布设一般规定

1.基准点和临时基准点（又称工作基点和临时工作基点）

变形监测通常通过测量基准点和临时基准点进行。

基准点是永久性的，可以利用原有设施，也可根据需要增设，是远离变形区域，稳定可靠的已知点，分为高程基准点和平面基准点。在基准点上直接测定变形监测点。

临时基准点只是为方便监测设置的临时点，是离监测点不远，变动可能性较小的控制点。当基准点远离变形体或不便直接观测监测点时可布设，不能布设在变形区内，其点位应稳固，便于监测。若必须在变形区内布设，则应每日与基准点核对。在通视条件良好或监测项目较少的情况下，可不设临时基准点。

变形监测基准点、临时基准点的布设应符合下列规定：

（1）基准点应布设在施工影响范围以外的稳定区域，且每个监测工程的竖向位移观测的基准点不应少于3个，水平位移观测的基准点不应少于4个；

（2）当基准点距离所监测工程较远致使监测作业不方便时，宜设置工作基点；

（3）基准点和临时基准点应在工程施工前埋设，并应埋设在相对稳定土层内，经观测确定稳定后再使用；

（4）监测期间，基准点应定期复测，当使用临时基准点时应与基准点进行联测；

（5）基准点的埋设宜符合《城市轨道交通工程监测技术规范》GB 50911—2013附录的相关规定。

2.监测点

根据《城市轨道交通工程监测技术规范》GB 50911—2013术语，监测点是指"直接或间接设置在监测对象上,并能反映监测对象力学或变形特征的观测点。"

(1)监测点的布设位置和数量应满足反映工程结构和周边环境安全状态的要求。

(2)监测点的埋设位置应便于观测,不应影响和妨碍监测对象的正常受力和使用。监测点应埋设稳固,标识清晰,并应采取有效的保护措施。

(3)施工监测和第三方监测单位应定期对基准点、工作基准点进行复核联测及检查,并形成记录,应时可有效防止基准点的变化带来的数据错误。

(4)施工单位应对监测点进行保护,确保监测连续、正常,防止监测点被破坏或占压而使监测数据中断,信息缺失。

3. 支护结构和周围岩土体监测点布设

(1)监测点的布设位置和数量应根据施工工法、工程监测等级、地质条件及监测方法的要求等综合确定,并应满足反映监测对象实际状态、位移和内力变化规律,及分析监测对象安全状态的要求。

(2)监测点应在支护结构设计计算的位移与内力最大部位、位移与内力变化最大部位及反映工程安全状态的关键部位等布设。

(3)布设时应设置监测断面,其布设应反映监测对象的变化规律,以及不同监测对象之间的内在变化规律,位置和数量宜根据工程条件及规模进行确定。

4. 周边环境监测点布设

(1)布设位置和数量应根据环境对象的类型和特征、环境风险等级、所处工程影响分区、监测项目及监测方法的要求等综合确定,并应满足反映环境对象变化规律和分析环境对象安全状态的要求。

(2)应布设在反映环境对象变形特征的关键部位和受施工影响敏感的部位。

(3)布设应便于观测,且不应影响或妨碍环境监测对象的结构受力、正常使用和美观。

(4)爆破振动监测点的布设及要求应符合《爆破安全规程》GB6722的有关规定。监测建(构)筑物不同高度的振动时,应从基础到顶部的不同高度部位布设监测点。

(三)监测频率

变形监测项目的监测频率,应根据施工方法、施工进度、监测对象、监测项目、地质条件等情况和特点,并结合工程经验确定。

1. 定时监测

为使监测信息及时系统的反映施工工况及监测对象的动态变化,宜采取定时监测。

2. 根据影响程度确定监测频率

施工降水、岩土体注浆加固等工程措施对周边环境产生影响,应根据环境的重要性和影响的预测程度确定监测频率。

3. 提高监测频率

当遇到监测数据异常变化、不良地质条件特殊情况、出现警情等时,应提高监测频率,详见规范规定。

4.各工法监测频率要求

(1)明挖法和盖挖法基坑工程监测频率,详见该规范表8.2.1。

(2)盾构法隧道工程监测频率,详见该规范表8.2.4。

(3)矿山法隧道工程监测频率,详见该规范表8.2.5。

5.监测工作的结束

施工阶段监测工作贯穿施工全过程,其结束的条件应满足设计要求,并满足规范对各工法(基坑回填、暗挖隧道、盾构隧道)和周围岩土体和周围环境变形的具体要求。

(四)监测项目控制值和预警

城市轨道交通工程监测应根据工程特点、监测项目控制值、当地施工经验等制定监测预警等级和预警标准。在施工过程中当监测数据达到预警标准是必须进行警情报送。

1.监测项目控制值

控制值一般根据地质条件、设计参数、监测等级及工程经验确定。也可按照规范表确定。

(1)明挖法和盖挖法基坑支护结构和周围岩土体的监测项目控制值,详见该规范表9.2.1-1和表9.2.1-2。

(2)盾构法隧道监测项目控制值,详见该规范表9.2.2-1和表9.2.2-2。

(3)矿山法隧道监测项目控制值,详见该规范表9.2.3-1和表9.2.3-2。

2.监测预警

当监测点达到设计图纸规定的预警值时,应及时报警,具体工作步骤可按该规范或参照本书第三章第二节相关要求执行。

五、变形监测

根据《城市轨道交通工程监测技术规范》GB50911—2013术语,变形监测是指"对周边环境、支护结构和周围岩土体等监测对象的竖向、水平、倾斜等变化所进行的量测工作",即施工期间变形监测包括建筑结构自身及其支护结构,以及周边环境变形监测。监测使用的仪器设备应根据工程要求选择全站仪、水准仪、静力水准仪、传感器等。

城市轨道交通土建工程大都穿越城市繁华地区,埋深浅,地层岩土条件复杂,工程施工期间会引起自身结构以及沿线环境稳定性的改变及至发生变形,为工程的安全,必须做好变形监测工作。需要注意的是,施工单位仅对施工阶段进行变形监测,第三方监测单位不仅进行施工阶段的监测,还应在运营期间对线路中的隧道、高架桥梁和路基结构及重要附属结构等的变形进行监测。由于线路建成后的监测不在本书范围之内,不予论述。但应注意城市轨道交通工程项目工期较长,部分单位或子单位工程建成但未交工直到竣工运营尚有相当长时间,建设单位应对此阶段的变形监测给予安排。

(一)监测点埋设和监测网的布设

1.确定初始变形监测时间

由于线路分段招标,各标段由不同的单位施工,因此全线或各施工段开工时间、工程进度不同,由此工程受影响产生变形的时间不一样,所以应根据各个标段开工时间和可能引起变形的情况、工程进度以及工程需要及时确定初始变形监测时间。

2.埋设变形监测点

虽然变形体现状各异,监测内容也不一样,但选择变形观测点埋设均应符合下列规定:

(1)变形监测点应埋设在变形体上能反映出变形特征,便于施测的部位。

(2)监测点标志应标识清楚埋设牢固,保证整个监测过程不易毁坏,易遭毁坏的部位应加设保护装置。监测点的标识类型和埋设形式参见《城市轨道交通工程监测技术规范》GB50911—2013附录B。

(3)对工程的监测点应在施工降水及结构施工前埋设,对环境的监测点应在施工影响前埋设,并应及时进行初始值观测。

(4)各种工法,包括明挖法、盖挖法、暗挖(矿山)法、盾构法的变形监测点均应直接或间接设置在监测对象上。埋设具体要求详见《城市轨道交通工程监测技术规范》GB50911—2013相应规定。

3.布设变形监测控制网

变形监测控制网是变形测量的依据,分为平面监测网和高程监测网,并应分别由基准点、工作基点和变形监测点组成。一般应由施工单位布设专用控制网,并在施工变形观测期间采用有效措施,确保基准点和工作基点的正常使用、稳固可靠。

(二)现场巡视内容

现场巡视是监控量测的基本手段,各工法和周边环境现场巡视部位和内容,见表7-2-7。但在现场巡视工作中不能局限于此部分内容,应根据实际情况适当增加其他巡视内容,并按规范填写现场巡查报表。

各工法和周边环境现场巡视部位和内容(摘自《城市轨道交通工程监测技术规范》GB 50911—2013) 表7-2-7

工法和施工巡视部位	施工工况	支护结构
明(盖)挖法基坑	开挖面岩土体的类型、特征、自稳性,渗漏水量大小及发展情况; 开挖长度、分层高度及坡度,开挖面暴露时间; 降水或回灌等地下水控制效果及设施运转情况; 基坑侧壁及周边地表截、排水措施及效果,坑边或基底有无积水; 支护桩(墙)后土体有无裂缝、明显沉陷,基坑侧壁或基底有无涌土、流砂、管涌; 基坑周边有无超载; 放坡开挖的基坑边坡有无位移、坡面有无开裂	支护桩(墙)有无裂缝、侵限情况; 冠梁、围檩的连续性,围檩与桩(墙)之间的密贴性,围檩与支撑的防坠落措施; 冠梁、围檩、支撑有无过大变形或裂缝; 支撑是否及时架设; 盖挖法顶板有无明显变形和开裂,顶板与立柱、墙体的连接情况; 锚杆、土钉垫板有无明显变形、松动; 止水帷幕有无开裂、较严重渗漏水

续表

工法和施工巡视部位	施工工况	支护结构
盾构法隧道	盾构始发端、接收端土体加固情况； 盾构掘进位置（环号）； 盾构停机、开仓等的时间和位置； 联络通道开洞口情况； 管片变形、管片破损、开裂、错台、渗漏水情况	
矿山法隧道	开挖步序、步长、核心土尺寸等情况； 开挖面岩土体的类型、特征、自稳性、地下水渗漏及发展情况； 开挖面岩土体有无坍塌及坍塌的位置、规模； 降水或止水等地下水控制效果及降水设施运转情况	超前支护施作情况及效果、钢拱架架设、挂网及喷射混凝土的及时性、连接板的连接及锁脚锚杆打设情况； 初期支护结构渗漏水情况； 初期支护结构开裂、剥离、掉块情况； 临时支撑结构有无明显变位； 二衬结构施作时临时支撑结构分段拆除情况； 初期支护结构背后回填注浆的及时性
周边环境	建（构）筑物、桥梁墩台或梁体、既有轨道交通结构等的裂缝位置、数量和宽度，混凝土剥落位置、大小和数量，设施能否正常使用； 地下构筑物积水及渗水及地下管线漏水、漏气情况； 周边路面或地表的裂缝、沉陷、隆起、冒浆的位置、范围等情况； 河流湖泊的水位变化情况，水面有无出现漩涡、气泡及其位置、范围，堤坡裂缝宽度、深度、数量及发展趋势等； 工程周边开挖、堆载、打桩等可能影响工程安全的其他生产活动	

监测设施：基准点、监测点、监测元器件的完好状况、保护情况应定期巡视检查。

（三）结构和周边岩土体变形监测。

根据《城市轨道交通工程监测技术规范》GB 50911—2013 要求，城市轨道交通土建工程施工中，各工法的结构和周围岩土体的变形监测项目由工程监测等级决定，分为应测项目和选测项目两类。在具体工程中监测项目、监测频率由设计单位在施工图纸中给定，参建各方监测管理人必须严格按照图纸实施。

1. 明挖法和盖挖法基坑支护结构和周围岩土体监测项目，详见该规范表 4.2.1。

2. 盾构法隧道管片结构和周围岩土体监测项目，详见该规范表 4.2.2。

3. 矿山法隧道支护结构和周围岩土体监测项目，详见该规范表 4.2.3。

（四）周边环境监测

根据《城市轨道交通工程监测技术规范》GB 50911—2013 要求，城市轨道交通土建工程施工中，各工法施工阶段周边环境监测项目由工程影响（主要影响区和次要影响区）决定，分为应测项目和选测项目两类，详见该规范表 4-2-5。

1. 周边环境主要监测对象

包括建构筑物、地下管线、高速公路与城市道路、桥梁、既有城市轨道交通及铁路等。

2.监测项目

主要为水平和竖向位移、倾斜、裂缝、差异沉降等,详见该规范表4-2-5。

3.隧道监测范围

据基坑设计深度、隧道埋深和断面尺寸以及施工工法、支护结构形式、岩土条件、周边环境条件确定。

4.周围环境变形监测

宜与隧道内变形监测同步进行。地表监测示意,见图7-2-3。

图7-2-3 地表变形监测示意

(五)冻结施工监测

由于在《城市轨道交通工程监测技术规范》GB 50911—2013中未涉及关于冻结法施工的监测内容,所以冻结法施工监测单列在此叙述。

1.建立监测原始基准数据

在冻结施工前,建立监测原始基准数据,监测时间自钻孔开始即进入第一天监测,直至冻结帷幕融化后。监测数据应满足设计和施工方案要求,如有异常应采取措施处理。

2.监测频率和监测点布置

根据相关规范、标准要求或设计规定,此处从略。监测频率变化应征得监理工程师书面同意后,方可进行下步施工。

3.冻结过程监测内容为各种技术参数

包括:盐水泵工作压力、冻结器去回路盐水温度、冷却循环水进出水温度、冻结机吸排气温度、冻结机吸排气压力、制冷系统冷凝压力、制冷系统汽化压力、冻结帷幕温度等,应符合设计或施工方案的要求,若有偏差应及时调整。

4.变形监测及冻胀、融沉监测

在钻孔期间,可能引起地层的变形和沉降,在冻结过程和冻结结束后,地层可能发生冻胀与融沉,这些都会影响到周边建(构)筑物和地下管线的安全,应加强监测。监测项目包括:洞内收敛(净空变形)、拱顶沉降、地表下沉、地层位移、区间结构下沉及倾斜、冻胀和融沉监测。

六、力学监测

根据《城市轨道交通工程监测技术规范》GB 50911—2013 术语,力学监测是指"对周边环境、支护结构和周围岩土体等监测对象所承受的拉力、压力及变化等所进行的量测工作"。实际包含结构和土体所承受的外力和内力的变化两类。外力包括墙背所承受的土压力、水压力、施加给钢支撑的轴力等,内力包括衬砌结构内力、临时支护内力、钢管柱应力、锚索(锚杆)应力、混凝土支撑应力等。

(一)地下水位监测

地下水位的上升将降低地基承载力,引起建筑物附加沉降,或产生湿陷、溶陷、冻胀,而其下降易产生地面沉降,诱发地面塌陷和诱发地裂缝,因此对其变化进行监测。

1. 宜通过钻孔设置水位观测管,采用测绳、水位计等进行量测。
2. 水位观测管的安装应符合相关规范规定。
3. 应分层观测

水位观测管的滤管位置和长度应与被测含水层的位置和厚度一致,被测含水层与其他含水层之间应采取有效的隔水措施。

4. 水位观测管埋设稳定后应测定孔口高程并计算水位高程。人工观测地下水位的测量精度不宜低于 20mm,仪器观测精度符合规范要求。

5. 水位观测管宜至少在工程开始降水前 1 周埋设,且宜逐日连续观测水位并取得稳定初始值。

(二)孔隙水压力

孔隙水压力是指土壤或岩石中地下水的压力,作用于微粒或孔隙之间,与地下水位的高低和土中的渗流状态有关,可以产生超静水压力。直接影响着土体强度,特别对桩基有较大的危害,可用桩基施工前插入塑料排水板减压,因此在对地下水位监测的同时对其产生的孔隙水压力进行观测。

在施工前地下不同深度埋设测点,在施工前后和施工过程中测设得到超孔隙水压力相关数据。

1. 监测方法

应根据工程测试的目的、土层的渗透性和测试期的长短等条件,选用封闭或开口方式埋设孔隙水压力计进行监测,并调好量程。

2. 孔隙水压力计的埋设

(1)当在同一测孔中埋设多个孔隙水压力计时,宜采用钻孔埋设法,埋设时应符合《城市轨道交通工程监测技术规范》GB 50911—2013 的相关要求。当在黏性土层中埋设单个孔隙水压力计,宜采用不设反滤料的压入埋设法;在填方工程中宜采用填埋法。

(2)应在施工前埋设,并应符合该规范规定。

3. 监测内容

测量埋设位置的地下水位,并根据实测数据,按压力计的换算公式计算出孔隙水压力。

(三)岩土压力监测

1. 监测的项目和方法

基坑支护桩(墙)侧向土压力、盾构法及矿山法隧道围岩压力宜采用界面土压力计进行监测,并调好量程。

2. 土压力计的埋设

可采用埋入式,埋设前检查标定土压力计,埋设的方向、导线长度、回填土等应符合规范相关规定。

3. 监测初始值

(1)基坑工程开挖前,应至少经过 1 周时间的监测并取得稳定初始值;

(2)隧道工程土压力计埋设后应立即进行检查测试,并读取初始值。

(四)锚杆和土钉拉力监测

在地下工程基坑的围护结构中,锚杆和土钉墙的使用比较广泛,在施工过程中,其受力情况会有所变化,应对其进行监测,以防止因受力过大发生坍塌。

1. 监测方法

宜采用测力计、钢筋应力计或应变计进行监测,并调好其量程。当使用钢筋束作为锚杆时,宜监测每根钢筋的受力。

2. 锚杆张拉设备仪表应与锚杆测力计仪表相互标定。

3. 检查测试

锚杆或土钉施工完成后应对测力计、钢筋应力计或应变计进行检查测试,并应将下一层土方开挖前连续 2d 获得的稳定测试数据的平均值作为初始值。

4. 锚杆拉力监测断面及监测点布设应符合《城市轨道交通工程监测技术规范》GB 50911—2013 的相关要求。

(五)结构应力监测

1. 监测方法

结构应力可通过安装在结构内部或表面的应变计或应力计进行量测,并调好量程。

(1)混凝土构件可采用钢筋应力计、混凝土应变计、光纤传感器等进行监测;传感器埋设前应进行标定和编号,埋设后导线应引至适宜监测操作处,导线端部应做好防护措施。

(2)钢构件可采用轴力计或应变计等进行监测。

2. 监测应排除的因素

结构应力监测应排除温度变化等因素的影响,且钢筋混凝土结构应排除混凝土收缩、徐变及裂缝影响。

(六)内支撑监测

1. 内支撑监测项目

监测项目根据《基坑工程内支撑技术规程》DB 11/940—2012 选定,见表 7-2-8。

基坑工程其他监测项目应符合《建筑基坑工程监测技术规范》GB50497—2009 的规定。

内支撑监测项目　　　　　　　　　　　　　　　　表 7-2-8

监测项目	基坑安全等级	
	一级	二级
支撑轴力	应测	宜测
立柱竖向位移	应测	宜测
立柱内力	可测	可测
内支撑两端沉降	对监测轴力的重要内支撑，宜同时监测其两端沉降	

2. 预警值

监测预警是预防支撑体系发生破坏的重要措施，专项施工方案中确定的监测预警值应符合设计及相关规范要求。构件的承载能力设计值是由材料强度设计值和几何参数设计值所确定的结构构件所能承受最大外加荷载的设计值。监测项目按两级、三级预警进行反馈和控制。

（1）支撑结构轴力预警值采用了对应于构件承载能力设计值的百分比确定。

为了满足结构规定的安全性，构件的承载力设计值应大于或等于荷载效应的设计值。考虑基坑的安全等级，一级基坑、二级支撑轴力分别达到承载能力设计值的和 80% 预警是适宜的。

（2）立柱竖向位移及内力预警值一般根据施工风险程度由设计具体给定。

3. 监测仪器

监测所采用的监测仪器及元件见《城市轨道交通工程监测技术规范》GB 50911—2013。

4. 监测方法和要求

（1）钢支撑各监测项目的监测方法和要求，见表 7-2-9。

钢支撑各监测项目的监测方法　　　　　　　　　　　表 7-2-9

监测项目	监测仪器及方法	监测要求	监测点布置
钢支撑轴力	采用轴力计，构造和尺寸应满足钢支撑刚度和稳定性的要求；采用振弦式、应变式表面应变计应焊接在钢支撑表面监测应力应变，并换算支撑轴力。轴力计应安装在钢支撑的端部直接监测	各种传感器均应在钢支撑受力之前安装布置就位；截面内传感器的设置数量及布置应满足不同传感器测试要求；安装过程中的预加轴力与轴力损失监测：1. 加载受力之前读取基准值并不少于 3 次。2. 加载过程中与千斤顶同步监测各阶段的轴力，并将监测轴力与千斤顶加载油表读数相互校核。3. 千斤顶加载锁定后测读相应状态的轴力，并确定轴力损失值	布置在支撑轴力较大或在整个支撑系统中起控制作用的支撑上。受力较大的斜撑和基坑深度变化处宜增设监测点；监测点每层不少于 3 个，位置在竖向上宜保持一致；监测截面宜选择在两支点间 1/3 部位或支撑的端头

续表

监测项目	监测仪器及方法	监测要求	监测点布置
立柱内力	将待测应力部位的主筋切断，串入钢筋计，两端与主筋轴心对准、焊牢，埋设在立柱中进行轴力监测。或采用应变计监测立柱的应变	监测精度为 0.15%F.s； 监测频率要求在开挖及结构施工期间 1 次 /2d；结构完成后 1 次 /7d；经数据分析确认达到基本稳定后 1 次 /30d； 出现异常情况时，应增大监测频率	应在基坑标准段选择 4~5 根具有代表性的立柱，测点宜布置在坑底以上各层立柱下部的 1/3 部位
立柱沉降	精密水准仪和钢尺测量	监测精度符合规范要求； 监测频率在开挖及结构施工期间 1 次 /2d；结构完成后 1 次 /7d；经数据分析确认达到基本稳定后 1 次 /30d； 出现异常情况时，应增大监测频率	宜布置在基坑中部、地质条件复杂处的立柱上。测点宜布置在与立柱刚性连接的顶板表面上，采用铆钉枪打入或钻孔埋设膨胀螺丝。监测点不应少于立柱总根数的 5%，逆作法施工的基坑不应少于 10%，且均不应少于 3 根
支撑两端点的沉降和中部沉降	精密水准仪和钢尺测量	内支撑两端和中部沉降、位移监测应符合规范要求	采用铆钉枪打入或钻孔埋设膨胀螺丝

（2）钢筋混凝土支撑轴力宜采用钢筋计监测钢筋的应力，将待测应力部位的主筋切断，串入钢筋计，两端与主筋轴心对准、焊牢，埋设在混凝土中进行轴力监测。或采用混凝土应变计监测混凝土的应变，通过钢筋与混凝土共同工作、变形协调条件反算支撑的轴力。

5. 支撑轴力监测断面及监测点布设

应符合《城市轨道交通工程监测技术规范》GB 50911—2013 的规定。

6. 基坑开挖过程中的支撑轴力变化值监测要求

应符合《城市轨道交通工程监测技术规范》GB 50911—2013 的规定。

若采用中拉槽方式开挖，应当依据设计要求编制中拉槽试挖监测方案，可以基坑工程监测方案为基础并适当加强，中拉槽试挖影响范围内的监测项目包括围护桩（墙）顶（身）位移、钢筋应力、内支撑轴力、地面沉降等，测点布置应能反映中拉槽状态下支护及内支撑结构的最不利情况，监测数据应真实可靠。监测值超过设计允许值时应停止试挖并及时采取措施。

（七）暗挖（矿山）法力学监测

1. 车站中柱沉降、倾斜及结构应力监测

2. 围岩压力、初期支护结构应力、二次衬砌应力监测

监测断面及监测点布设应符合《城市轨道交通工程监测技术规范》GB 50911—2013 的规定。

（八）盾构法的力学监测

1. 盾构管片结构应力、管片围岩压力、管片连接螺栓应力监测

监测断面及监测点布设应符合《城市轨道交通工程监测技术规范》GB 50911—

2013 的规定。

2. 孔隙水压力监测

监测点布设应符合《城市轨道交通工程监测技术规范》GB 50911—2013 的规定。

（九）高架区间力学监测

1. 桥梁结构应力监测

监测点宜布设在桥梁梁板结构中部或应力变化较大部位。

2. 桥梁裂缝宽度监测

监测点的布设应符合规范规定。

七、监测成果及信息反馈

（一）监测资料内容

1. 现场监测资料

宜包括外业观测记录、现场巡查记录、记事项目以及仪器、视频等电子数据资料。

2. 监测记录

外业观测记录、现场巡查记录和记事项目应在现场直接记录在正式的监测记录表格中，监测记录表格中应有相应的工况描述。

（二）资料的整理

1. 监测数据整理要求

（1）取得现场监测资料后，应及时对监测资料进行整理、分析和校对；监测数据出现异常时，应分析原因，必要时应进行现场核对或复测。

（2）对监测数据应及时计算累计变化值、变化速率值，并绘制时程曲线，必要时绘制断面曲线图、值线图等，并应根据施工工况、地质条件和环境条件分析监测数据的变化原因和变化规律，预测其发展趋势。

（3）监测数据的处理与信息反馈宜利用专门的工程监测数据处理与信息管理系统软件，实现数据采集、处理、分析、查询和管理的一体化以及监测成果的可视化。

2. 监测报告

可分为日报、警情快报、阶段性报告和总结报告。监测报告应采用文字、表格、图形、照片等形式，表达直观、明确。监测报告内容应满足《城市轨道交通工程监测技术规范》GB 50911—2013 的要求。及时向相关单位报送。

（1）每次工作完成后，应对监测数据及时进行检查、整理并填写监测成果报表。

（2）应根据监测数据计算变形体的变形量、变形速率等，绘制变形时态等曲线图。

（3）根据变形时态曲线形态，应对监测成果进行回归分析，并结合变形体和施工环境现状预测变形体的变形趋势。

（4）编写管理部门规定的其他内容。

3. 监测总结报告

监测单位应定期向委托方等单位提交包括各种图表、变形和变形趋势分析、结论与建议等内容的阶段性总结报告。

4. 制定预警标准

变形监测应根据建设地段岩土条件，监测对象特点，监测对象本身的允许变形值以及设计和相关规范的要求制定预警标准。当实测变形值大于预警标准的 2/3 时，应及时上报，并宜启动应急变形监测方案。

5. 变形监测信息反馈

（1）应建立变形监测信息反馈体系。

（2）根据变形体变形程度和可能产生的安全隐患，应规范变形监测信息的等级以及不同等级监测信息的反馈渠道。

（3）上报的各等级监测信息应及时处理。

6. 建立信息平台

各条线路应建立变形监测信息数据处理和管理系统平台，采用仪器量测、视频监控等多种手段采集信息，对穿越既有轨道交通、重要的建（构）筑物等安全风险较大的周边环境宜采用远程自动化实时监测，实现监测信息共享，供建设单位与其他参建单位及时处理现场出现的问题。

第八章
城市轨道交通土建工程试验和检测管理

第一节　工程试验及实体检测概述

工程材料是构成建设工程实体的重要组成部分，其质量优劣直接影响结构安全、使用寿命和观感效果。原材料质量保证是工程质量保证的先决条件，为确保"百年大计、质量第一"，加强原材料、半成品、成品的试验和检测的管理是提高整体工程质量的重要手段。

在城市轨道交通土建工程施工中，工程材料试验、检测贯穿于施工全过程，是各层次的工程质量控制和竣工验收工作中不可缺少的环节，主要通过对各种原材料的进场检验、抽样试验，施工过程的抽样试验检测，工程实体的试验检测来实现对工程质量的控制。其间要处理大量的原始数据，而客观、准确、及时的试验检测数据，是指导、控制和评定工程质量的科学依据。通过试验检测工作能用定量的方法科学地评定各种材料性能和构件质量，确保其合格，因此，认真做好城市轨道交通工程土建施工的试验检测工作，是工程质量的基本保障。

一、控制依据

（一）法律法规及行政文件

1.《建设工程质量管理条例》（国务院令第279号，自2000年01月30日起施行）。

2.《北京市建设工程质量条例》（以下简称《北京市质量条例》，北京市第十四届人民代表大会常务委员会第二十一次会议于2015年9月25日通过，自2016年1月1日起施行）。

3.《房屋建筑工程和市政基础设施工程实行见证取样和送检的规定》（建[2000]211号，2000年9月26日公布并实行）。

4.《北京市建设工程见证取样和送检管理规定（试行）》（京建质[2009]289号）。

（二）试验技术标准（按国家、行业、地方及企业标准层次排列）

1.《通用硅酸盐水泥》GB175—2007。

2.《建设用砂》GB/T14684—2011。

3.《建设用卵石、碎石》GB/T14685—2011。

4.《混凝土质量控制标准》GB50164—2011。

5.《混凝土结构工程施工质量验收规范》GB50204—2015。

6.《混凝土强度检验评定标准》GB/T50107—2010。

7.《混凝土外加剂应用技术规范》GB50119—2013。

8.《钢筋混凝土用钢　第1部分：热轧光圆钢筋》GB/T1499.1—2017。

9.《钢筋混凝土用钢 第2部分：热轧带肋钢筋》GB/T1499.2—2018。
10.《弹性体改性沥青防水卷材》GB18242—2008。
11.《预铺防水卷材》GB/T23457—2017。
12.《聚氨酯防水涂料》GB/T19250—2013。
13.《地下铁道工程施工质量验收标准》GB/T50299—2018。
14.《混凝土耐久性检验评定标准》JGJ/T193—2009。
15.《轨道交通预制混凝土盾构管片质量验收标准》JQB-029—2017。
16.《建设工程检测试验管理规程》DB11/T 386—2017。
17.《混凝土外加剂应用技术规程》DB11/T 1314—2015。
18.《预拌砂浆应用技术规程》DB11/T696—2016。
19.《预拌盾构注浆料应用技术规程》DB11/T1608—2018。
20.《预拌喷射混凝土应用技术规程》DB11/T1609—2018。
21.《建筑材料、构配件和设备进场质量控制指南》TB0101-301—2018
22.《轨道交通防水工程质量验收标准（修订版）》QCD-012—2015（北京市轨道交通建设管理有限公司）。

（三）实体检测技术标准（按国家、行业、地方及企业标准层次排列）

1.《预制混凝土衬砌管片》GB/T22082—2017。
2.《建筑地基基础工程施工质量验收标准》GB50202—2018。
3.《回弹法检测混凝土抗压强度技术规程》JGJ/T23—2011。
4.《钻芯法检测混凝土强度技术规程》JGJ/T384—2016。
5.《混凝土结构后锚固技术规程》JGJ145—2013。
6.《建设工程检测试验技术管理规范》JGJ190—2010。
7.《建筑地基处理技术规范》JGJ79—2012。
8.《城镇供热管网工程施工及验收规范》CJJ28—2014。
9.《公共建筑节能施工质量验收规程》DB11/510—2017。
10.《铁路隧道衬砌质量无损检测规程》TB10223—2004。
11.《轨道交通车站工程质量验收标准（修订版）》QCD-006—2018。

二、试验和检测的相关规定

施工单位首先要建立完善的工程材料试验检测制度、合理配备试验检测人员和设备、加强工程材料检测技术的规范化管理、加强试验操作管理及试验数据的管理，并应遵守下列规定。

（一）国家相关法规的规定

根据《建设工程质量管理条例》，对于材料的试验和结构的检测有如下相关的规定，施工和监理单位应认真执行。

1. 第三十一条：施工人员对涉及结构安全的试块、试件以及有关材料，应当在建设单位或者工程监理单位监督下现场取样，并送具有相应资质等级的质量检测单位进行检测。

2. 第二十九条：施工单位必须按照工程设计要求、施工技术标准和合同约定，对建筑材料、建筑构配件、设备和商品混凝土进行检验，检验应当有书面记录和专人签字；未经检验或者检验不合格的，不得使用。

3. 第四十二条：发现检测结果不合格且涉及结构安全的，工程质量检测单位应当自出具报告之日起2个工作日内，报告住房城乡建设或者其他专业工程行政主管部门。行政主管部门应当及时进行处理。任何单位不得篡改或者伪造检测报告。

4. 第三十八条：相关工程建设标准、施工图设计文件要求实施第三方监测的，建设单位应当委托监测单位进行监测。

（二）行业技术标准规定

各地区工程项目可执行《建筑工程检测试验技术管理规范》JGJ190—2010和当地的地方标准中的相关规定。

根据《建筑工程检测试验技术管理规范》JGJ190—2010，施工实体检测有关程序和结果作出如下规定。

1. 委托单位

第3.0.5条：当行政法规、国家现行标准或合同对检测单位的资质有要求时，施工单位应委托有实体检测资质的检测机构进行检测。

2. 检测结果的确认

（1）第5.7.5条：检测试验报告的数据和结论由检测单位给出，检测单位对其真实性和准确性承担法律责任。

（2）第3.0.5条：对检测试验结果有争议时，应委托共同认可的具备相应资质的检测机构重新检测。

（三）地方技术标准规定

北京地区采用《建设工程检测试验管理规程》DB11/T 386—2017的规定，要求如下：

1. 第3.2.5条：施工单位及其取样、送检人员应确保提供的检测试验试样具有真实性和代表性。

2. 第3.3.2条：监理单位应委派具有建筑施工试验知识的见证人员，对见证试样的取样、制样、标识、封样的过程进行见证，做好见证记录，并对见证试样的代表性、规范性、真实性负监理责任。

3. 第3.1.2条：检测机构应对出具的检测报告的真实性、准确性和合法性负责。企业应对出具的试验报告的真实性、准确性和合法性负责。

三、参建各方职责

依据国家各层级的相关行政法规和工程当地建设主管部门的有关规定以及国家、

行业、地方的相关技术标准中的规定，城市轨道交通土建工程项目的建设单位和参建单位应履行的主要职责如下。

（一）建设单位

1. 通过招标选定或委托具有相应资质的检测单位。

2. 招标选定第三方实验室

试验室应具有相应的资质、试验人员、仪器设备、设施及场地，并将招标选定的试验室资质文件报监理单位审核。

3. 检测单位工作

按照规定对见证取样的建筑材料、建筑构配件和设备、预拌混凝土、混凝土预制构件和工程实体质量、使用功能进行检测。

（二）施工单位

1. 原材料从进场到使用有应按照规范要求的程序进行，应按招标法规定采购材料。

2. 按规定制定试验检测计划

建立工地试验室（包括混凝土养护室），配备试验室人员，工地试验室主任应持有北京市住建委考试合格的试验员岗位证书，取样人员一般应是专职试验室人员担任。

3. 建立健全检测试验管理制度

施工项目技术负责人应组织检查检测试验管理制度的执行情况，根据工程需要应配备满足检测试验需要的试验人员、仪器设备、设施及相关技术标准。

4. 对涉及结构安全的试块、试件和材料应实行见证取样和送检。

施工单位及其取样、送检人员必须确保提供的检测试样具有真实性和代表性。并对所提供的检测试样的真实性和代表性承担法律责任。

5. 委托有资质的第三方检测单位，在监理工程师的见证下进行的现场检测工作，检测合格后，方可进行下一道工序的施工。

（三）监理单位

1. 应配备专职试验人员

试验人员应具有相关单位考试合格的试验员岗位证书，或者具有交通部颁发的试验检测工程师证书、试验员证书。负责见证取样的专业监理工程师应具有材料、试验等方面的专业知识，应在工程所在地的质量监督机构备案。

2. 配备必要的仪器工具

按监理规范开展有关检验和检测的监理工作，审核施工单位报送的相关报表符合要求，并签署意见。

3. 现场实地核查第三方试验室

资质、试验人员、仪器设备、设施及场地等条件，应符合相关规定。

4. 审查施工组织设计中的材料采购供应计划及试验检测计划

（1）对影响结构安全和重要使用功能的材料，应审查生产、供应单位的产品质量保障能力，必要时进行实地考察。

（2）根据施工检测试验计划，制订相应的见证取样和送检计划，并依据《房屋建筑工程和市政基础设施工程实行见证取样和送检的规定》建建[2000]211号和《北京市建设工程见证取样和送检管理规定（试行）》京建质[2009]289号，对涉及结构安全的试块、试件和材料应实行，见证人员必须100%对取样和送检进行见证，且必须确保其过程的真实性，定期检查施工单位的工地试验室的仪器设备应满足施工现场的需求。

（四）检测单位

1. 试验室要具有相应资质

经国家或地方计量、试验主管部门认证，并进行备案、认可。

2. 应具备与承接的检测试验项目相适应的检测试验能力。

3. 检测过程和结果符合法规和技术标准规定；按合同约定配备足够的检测人员和设备，开展的试验项目满足工程需要，出具的报告具有法律效果。

4. 检测数据必须准确、可靠，检测报告必须真实、有效，对检测数据和检测报告的真实性和准确性负责。

第二节　工程材料试验管理

城市轨道交通工程土建主体结构的使用寿命一般为100年，因此对材料的物理性能指标要求严格，施工使用的材料广泛，试验种类多，材料试验的管理难度大。具有代表性材料，主要包括钢筋、水泥、骨料、外加剂、混凝土、防水材料、钢结构等，对其各种试验的管理简述如下。其中高架区间涉及的预应力筋、锚具、夹具、支座等工程材料、构件的试验检测在《城市轨道交通土建工程质量安全管理实务》中的第七章叙述。

一、钢筋试验管理

在城市轨道交通土建工程中钢筋使用量大，控制好钢筋质量尤为重要。工程中均按设计要求采用一、二、三级抗震钢筋，在框架和斜撑构件（含梯段）中的纵向受力普通钢筋应采用HRB335E、HRB400E、HRB500E、HRBF335E、HRBF400E或HRBF500E钢筋。

（一）钢筋原材料试验管理

1. 进场检验

1）钢筋进场时，首先检查产品质量证明文件，再依次检查外观质量、数量、包装，每捆钢筋包装必须有产品标识（厂家名称缩写、符号、钢筋规格、钢筋强度等级），标识必须准确规范,合格证必须齐全,数量正确,形成材料进场检验记录;材料进场后分类码放及做好标识,见图 8-2-1 和图 8-2-2。

图 8-2-1　材料标牌

图 8-2-2　加工品分区标识

2. 复试项目

按国家相关标准的规定,对通过进场检验的钢筋由试验监理工程师和施工试验人员现场取样、封样并送至符合资质的第三方检测单位做力学性能(屈服强度、抗拉强度、伸长率)、弯曲性能试验和重量偏差检验,检验结果应符合相应标准的规定。详见表 8-2-2。

3. 组批与取样

依据《钢筋混凝土用钢》第 1 部分:热轧光圆钢筋 GB1499.1—2017、《钢筋混凝土用钢》第 2 部分:热轧带肋钢筋 GB1499.2—2018 的组批与取样原则规定如下:

(1)钢筋应按批进行抽样检验,每批由同一牌号、同一炉罐号、同一尺寸的钢筋组成。

每批重量通常不大于 60t。超过 60t 的部分,每增加 40t(或不足 40t 的余数),增加一个拉伸试验试样和一个弯曲试验试样。

(2)允许由同一牌号、同一冶炼方法、同一浇筑方法的不同炉罐号组成混合批,但各炉罐号含碳量之差不大于 0.02%,含锰量之差不大于 0.15%,混合批的重量不大于 60t,取样方法,见表 8-2-1。

取样方法	表 8-2-1
检测项目	取样方法
力学性能试验	不同根(盘)钢筋切取,长度约 500~600mm
弯曲性能试验	不同根(盘)钢筋切取,长度约 400mm
反向弯曲试验	任 1 根(盘)钢筋切取,长度约 1000mm
重量偏差试验	从不同根钢筋上截取 5 支,每支试样长度不小于 500mm

4. 合格要求

对于一、二、三级抗震等级设计的框架和斜撑构件（含楼梯）中的纵向受力普通钢筋应采用 HRB400E、HRB500E、HRBF400E、HRBF500E 钢筋，其强度和最大力下总伸长率的实测值应符合下列规定：

（1）抗拉强度实测值与屈服强度实测值的比值不应小于 1.25；

（2）屈服强度实测值与屈服强度标准值的比值不应大于 1.30；

（3）最大力下总伸长率不应小于 9%；

（4）钢筋的复检与判定应符合《钢及钢产品交货一般技术要求》GB/T 17505—2016 的规定，钢筋的重量偏差项目不允许复检。

5. 钢筋复试一览表，见表 8-2-2。

复试项目一览表　　　　　　　　　　　　　　　　表 8-2-2

材料名称	进场复验项目	取样规定（数量）	依据标准
热轧带肋钢筋	屈服强度、抗拉强度、伸长率（注：对于钢筋伸长率，牌号带"E"的钢筋必须检验最大力下总伸长率）、反向弯曲试验（注：牌号带"E"的钢筋必须作反向弯曲试验）、弯曲性能、重量偏差	每批由同一牌号、同一炉罐号、同一规格的钢筋组成。每批重量通常不大于 60t；超过 60t 的部分，每增加 40t（或不足 40t 的余数），增加一个拉伸试验试样和一个弯曲试验试样；允许同一牌号、同一冶炼方法、同一浇筑法的不同炉罐号组成混合批，但各炉罐号含碳量之差不大于 0.02%，含锰量之差不大于 0.15%。混合批的重量不大于 60t）	《钢筋混凝土用钢 第2部分：热轧带肋钢筋》GB1499.2—2018；《混凝土结构工程施工质量验收规范》GB50204—2015
热轧光圆钢筋	拉伸试验（屈服点、抗拉强度、伸长率）、弯曲试验、重量偏差	每批由同一牌号、同一炉罐号、同一尺寸的钢筋组成。每批重量通常不大于 60t；超过 60t 的部分，每增加 40t（或不足 40t 的余数），增加一个拉伸试验试样和一个弯曲试验试样	《钢筋混凝土用钢 第1部分：热轧光圆钢筋》GB1499.1—2017《混凝土结构工程施工质量验收规范》GB50204—2015
余热处理钢筋	屈服强度、抗拉强度、伸长率、弯曲性能、重量偏差	每批由同一牌号、同一炉罐号、同一尺寸的钢筋组成。每批重量通常不大于 60t（取样数量不少于 9 根）；超过 60t 的部分，每增加 40t（或不足 40t 的余数），增加一个拉伸试验试样和一个弯曲试验试样；允许同一牌号、同一冶炼方法、同一浇筑法的不同炉罐号组成混合批。各炉罐号含碳量之差不大于 0.02%，含锰量之差不大于 0.15%。混合批的重量不大于 60t	《钢筋混凝土用余热处理钢筋》GB13014—2013；《混凝土结构工程施工质量验收规范》GB50204—2015
盘卷钢筋（调直后检验）	力学性能（屈服强度、抗拉强度、断后伸长率）、重量偏差	同一设备加工的同一牌号、同一规格的调直钢筋，重量不大于 30t 为一批，每批见证抽取 3 个试件；采用无延伸功能的机械设备调直的钢筋，可不进行此条的检验	《混凝土结构工程施工质量验收规范》GB50204—2015
预应力混凝土用螺纹钢筋	抗拉强度、伸长率	每批应由同一炉罐号、同一规格、同一交货状态的钢筋组成。每一检验批取 2 个试样，对每批重量大于 60t 的钢筋，超过 60t 的部分，每增加 40t，增加一个拉伸试验试样	《预应力混凝土用螺纹钢筋》GB/T20065—2006；《混凝土结构工程施工质量验收规范》GB50204—2015

续表

材料名称	进场复验项目	取样规定（数量）	依据标准
冷轧带肋钢筋	重量偏差、拉伸试验（抗拉强度、伸长率）、弯曲或反复弯曲试验	按同一厂家、同一牌号、同一直径、同一交货状态组成检验批，CRB550 钢筋每批重量不大于 10t，CRB650、CRB800 钢筋每批重量不大于 5t，每一检验批取一组试样 3 个	《冷轧带肋钢筋》GB13788—2008；《冷轧带肋钢筋混凝土结构技术规程》JGJ95—2011
冷轧扭钢筋	截面控制尺寸、节距、定尺长度、重量、拉伸试验、弯曲试验	应由同一型号、同一强度等级、同一规格尺寸、同一台轧机生产的钢筋组成，每批不应大于 20t，不足 20t 按一批计。每一检验批取一组试样不少于 3 个	《冷轧扭钢筋》JG190—2006；《冷轧扭钢筋混凝土构件技术规程》JGJ115—2006
预应力混凝土用钢丝	抗拉强度（0.2% 屈服力、最大力、最大力总伸长率）、伸长率	同一牌号、同一规格、同一加工状态的钢丝为一验收批，每批质量不大于 60t；每一检验批取一组试样 3 个	《预应力混凝土用钢丝》GB/T5223—2014；《预应力混凝土用钢绞线》GB/T5224—2014；《混凝土结构工程施工质量验收规范》GB50204—2015
预应力混凝土用钢绞线	最大力规定非比例伸长力最大力总伸长率、弹性模量、抗拉强度、松弛（120h）疲劳	同一牌号、同一规格、同一生产工艺捻制的钢绞线为一检验批，每批质量不大于 60t；每一检验批取一组试样 3 个	
碳素结构钢	拉伸试验（屈服点、抗拉强度、伸长率）、弯曲性能	同一厂别、同一炉罐号、同一规格、同一交货状态每 60t 为一验收批，不足 60t 按一批计；每一验收批取一组试件（拉伸、弯曲各一个）	《碳素结构钢》GB700—2006
钢筋闪光对焊接头	抗拉强度、弯曲试验	同一台班内由同一焊工完成的 300 个同牌号、同直径接头为一批。当同一台班内焊接的接头数量较少，可在一周内累计计算；累计仍不足 300 个接头时，应按一批计；应从每一检验批接头中随机切取 3 个接头做拉伸试验，3 个做弯曲试验	《钢筋焊接及验收规程》JGJ18—2012
钢筋电弧焊接头	抗拉强度	同钢筋级别的接头 300 个为一检验批，不足 300 个接头也按一批计	
钢筋气压焊接头	抗拉强度、弯曲试验	同一楼层中应以 300 个为一检验批，不足 300 个接头也按一批计。试件应从成品中随机切取 3 个接头进行抗拉试验，应另切取 3 个试件做弯曲试验	
机械连接接头	现场检验项目：抗拉强度、拧紧扭矩值（螺纹接头）、压痕直径（挤压接头）	同一施工条件下采用同一批材料的同等级、同型式、同规格接头，应以 500 个为一个验收批，不足 500 个也按一批计；对每一验收批，必须在工程结构中随机截取 3 个接头试件作抗拉强度试验	《钢筋机械连接技术规程》JGJ107—2016
	工艺检验项目：残余变形、抗拉强度	钢筋连接工程开始前，应对不同钢筋生产厂的进场钢筋进行接头工艺检验；施工过程中，更换钢筋生产厂时，应补充进行工艺检验；每种规格钢筋的接头试件不应少于 3 根	

6. 钢筋焊接质量抽查

工程应用接头时，接头设计应满足强度及变形的要求。

（二）成型钢筋试验管理

成型钢筋的类型包括箍筋、纵筋、焊接网、钢筋笼等。

1. 进场验收

成型钢筋进场应履行验收程序，审查生产厂家提供的质量证明文件齐全有效，主要包括产品合格证、产品标准要求的出厂检验报告和成型钢筋所用原材料钢筋的第三方检验报告。同时应进行外观检查，品种、数量、外观质量和成品尺寸应符合要求。

2. 复试检测项目

（1）成型钢筋进场时，应抽取试件作屈服强度、抗拉强度、伸长率和重量偏差检验。详见表8-2-3。

（2）对于钢筋焊接网，材料进场还需按《钢筋焊接网混凝土结构技术规程》JGJ114—2014的有关规定检验弯曲、抗剪等项目。

（3）对于由热轧钢筋制成的成型钢筋，当有施工单位或监理单位的代表驻场监督生产过程，并提供原材钢筋力学性能第三方检验报告时，可仅进行重量偏差检验。

（4）对由热轧钢筋组成的成型钢筋不满足上述条件时，及由冷加工钢筋组成的成型钢筋，进场时应按本条规定作屈服强度、抗拉强度、伸长率和重量偏差检验。

3. 组批及取样

（1）同一厂家、同一类型、同一钢筋来源的成型钢筋，不超过30t为一批。

（2）每批中每种钢筋牌号、规格均应至少抽取1个钢筋试件，总数不应少于3个。

4. 合格要求

检验结果合格应符合《钢筋焊接网混凝土结构技术规程》JGJ 114—2014的相关规定。

成型钢筋复试项目一览表　　　　　　　　　　　　　　　表8-2-3

材料名称	进场复验项目	取样规定（数量）	依据标准
成型钢筋	屈服强度、抗拉强度、伸长率、弯曲性能、重量偏差	同一厂家、同一类型、同一钢筋来源的成型钢筋，不超过30t为一批。每批中每种钢筋牌号、规格均应至少抽取1个钢筋试件，总数不应少于3个	《混凝土结构用成型钢筋》JG/T226—2008；《混凝土结构工程施工质量验收规范》GB50204—2015
钢筋焊接网	屈服强度、抗拉强度、伸长率、弯曲性能、抗剪力、重量偏差	每批由同一型号、同一原材料来源、同一生产设备并在同一连续时段内生产的、受力主筋为同一直径的焊接网组成，重量不大于30t。每一验收批取样一组试样（重量偏差5个；拉伸2个，两个方向各截取拉伸1个；弯曲2个，两个方向各截取1个；抗剪3个，在同一根非受拉钢筋上截取）	《钢筋混凝土用钢　第3部分：钢筋焊接网》GB/T1499.3—2010；《钢筋焊接网混凝土结构技术规程》JGJ114—2014

二、现场用水泥、集料、外加剂试验管理

城市轨道交通工程主体及附属结构需要大量使用喷射混凝土，按环保要求不宜现场搅拌，现正在推广和研制喷射混凝土集中厂家供应，但受施工现场条件所限，现阶段尚未大面积推广使用。在明挖、暗挖工法中，喷射混凝土和注浆仍有现场搅拌，所使用的水泥、集料、外加剂的相关试验管理必须满足质量和环保两方面的要求。

（一）水泥

水泥是现场喷射混凝土及注浆的主要原料。

1. 进场验收

水泥进场时，应对其品种、代号、强度等级、包装或散装编号、出厂日期等进行检查，供货商应提供产品合格证明、有效的型式检验报告、出厂检验报告，包装上的喷码日期应与合格证上的出厂日期一致。

2. 复试检测

当对水泥质量有怀疑或水泥出厂超过三个月时，或快硬硅酸盐水泥超过一个月，应进行复验并按复验结果使用。

检测项目为：细度、标准稠度用水量、凝结时间、安定性和强度；其中凝结时间、安定性和强度是水泥的重要性能指标。

3. 组批及取样

取样方法及送检程序同前述钢筋，组批规定如下。

按同一生产厂家、同一品种、同一代号、同一强度等级、同一批号且连续进场的水泥，袋装不超过200t为一批，散装不超过500t为一批，每批抽样不少于一次。

4. 合格条件（依据《通用硅酸盐水泥》GB175—2007）

（1）凝结时间：硅酸盐水泥初凝时间不少于45min，终凝时间不大于390min。

普通硅酸盐水泥、矿渣硅酸盐水泥、火山灰质硅酸盐水泥、粉煤灰硅酸盐水泥和复合硅酸盐水泥45min，终凝时间不大于600min。

（2）安定性：沸煮法合格。

（3）细度：硅酸盐水泥和普通硅酸盐水泥的细度以比表面积表示，其比表面积不小于300㎡/kg；矿渣硅酸盐水泥、火山灰质硅酸盐水泥、粉煤灰硅酸盐水泥和复合硅酸盐水泥的细度以筛余表示，其80um方孔筛筛余不大于10%或45nm方孔筛筛余不大于30%。

（4）强度：各类水泥强度合格条件，见表8-2-4。

水泥强度合格表（单位为兆帕） 表8-2-4

品种	强度等级	抗压强度		抗折强度	
		3d	28d	3d	28d
硅酸盐水泥	42.5	≥17.0	≥42.5	≥3.5	≥6.5
	42.5R	≥22.0		≥4.0	
	52.5	≥23.0	≥52.5	≥4.0	≥7.0
	52.5R	≥27.0		≥5.0	
	62.5	≥28.0	≥62.5	≥5.0	≥8.0
	62.5R	≥32.0		≥5.5	
普通硅酸盐水泥	42.5	≥17.0	≥42.5	≥3.5	≥6.5

续表

品种	强度等级	抗压强度		抗折强度	
		3d	28d	3d	28d
普通硅酸盐水泥	42.5R	≥22.0	≥42.5	≥4.0	≥6.5
	52.5	≥23.0	≥52.5	≥4.0	≥7.0
	52.5R	≥27.0		≥5.0	
矿渣硅酸盐水泥 火山灰质硅酸盐水泥 粉煤灰硅酸盐水泥	32.5	≥10.0	≥32.5	≥2.5	≥5.5
	32.5R	≥15.0		≥3.5	
	42.5	≥15.0	≥42.5	≥3.5	≥6.5
	42.5R	≥19.0		≥4.0	
	52.5	≥21.0	≥52.5	≥4.0	≥7.0
	52.5R	≥23.0		≥4.5	
复合硅酸盐水泥	32.5R	≥15.0	≥32.5	≥3.5	≥5.5
	42.5	≥15.0	≥42.5	≥3.5	≥6.5
	42.5R	≥19.0		≥4.0	
	52.5	≥21.0	≥52.5	≥4.0	≥7.0
	52.5R	≥23.0		≥4.5	

（二）集料

施工所用喷射混凝土集料分粗集料和细集料，粗集料主要为粒径不大于10mm的碎石，细集料为中砂。

1. 进场验收

审查供货单位提供的砂、石产品合格证等质量证明文件齐全有效，其中还包括第三方出具的型式检验报告，同时应进行外观检查，品种、数量、外观质量应符合要求。

2. 复试项目

（1）天然砂：颗粒级配、含泥量、泥块含量。

（2）碎石或卵石：颗粒级配、含泥量、泥块含量，针片状颗粒含量。

3. 组批及取样

施工单位和监理工单位的试验管理人员按规范要求现场取样、封样，送检程序同前，检测结果合格后方准予使用。组批规定如下，

（1）按同产地同规格分批验收，采用大型工具（如火车、货船或汽车）运输的，应以400m³ 或600t为一验收批；采用小型工具（如拖拉机等）运输的，应以200m³ 或300t为一验收批。不足上述量者，应按一验收批计。

（2）当质量比较稳定、进料量又较大时，可以1000t为一验收批。

4. 合格条件（依据《建筑用砂》GB/T 14684—2011和《建筑用卵石、碎石》GB/T

14685—2011）

（1）天然砂的含泥量和泥块含量应符合表 8-2-5 的规定。

天然砂含泥量和泥块含量　　　　　　　　　　　　　表 8-2-5

类别	Ⅰ	Ⅱ	Ⅲ
含泥量（按质量计）/%	≤ 1.0	≤ 3.0	≤ 5.0
泥块含量（按质量计）/%	0	≤ 1.0	≤ 2.0

（2）卵石、碎石的含泥量和泥块含量应符合表 8-2-6 的规定。

卵石、碎石含泥量和泥块含量　　　　　　　　　　　表 8-2-6

类别	Ⅰ	Ⅱ	Ⅲ
含泥量（按质量计）/%	≤ 0.5	≤ 1.0	≤ 1.5
泥块含量（按质量计）/%	0	≤ 0.2	≤ 0.5

（3）卵石、碎石的针、片状颗粒含量应符合表 8-2-7 的规定。

卵石、碎石的针、片状颗粒含量　　　　　　　　　　表 8-2-7

类别	Ⅰ	Ⅱ	Ⅲ
针、片状颗粒总含量（按质量计）/%	≤ 5	≤ 10	≤ 15

（三）外加剂

现场明挖桩间和暗挖初支施工的喷射混凝土主要用速凝剂和早强剂。

1. 进场验收

供货单位应提供速凝剂、早强剂的产品合格证或质量检验报告。监理工程师和施工单位试验人员按规范要求现场取样、封样，送至符合要求的第三方检测机构检测，检测结果合格后方准予使用。

2. 复试项目

速凝剂：密度（或细度）、水泥净浆初凝时间和终凝时间。

早强剂：密度（或细度）、碱含量、1d、3d 抗压强度比、氯离子含量。

3. 组批及取样

每 50t 为一批，不足 50t 时也应按一批计，每一批取样量不应少于 0.2t 胶凝材料所需用的外加剂量。

4. 合格条件（依据《喷射混凝土用速凝剂》JC477—2005）。

喷射混凝土用速凝剂技术要求，应符合表 8-2-8 的规定。

喷射混凝土用速凝剂技术要求 　　　　　表 8-2-8

检测项目		技术要求	
		一等品	合格品
净浆凝结时间	初凝时间，min：s	≤ 3：00	≤ 5：00
	终凝时间 min：s	≤ 8：00	≤ 12：00
密度，g/cm³		1.50±0.1	

三、砂浆试验管理

（一）管理依据

为了防治大气污染，改善城市大气环境质量，保障人民群众身体健康，推进生态文明建设，国家、行业及各地方出台了相关规范性文件，城市轨道交通土建施工必须遵从执行，主要文件如下。

1.《关于进一步做好城市禁止现场搅拌砂浆工作的通知》（商贸发 [2009]361 号）。

2.《预拌砂浆应用技术规程》JGJ/T223—2010。

3.《预拌砂浆》GB/T25181—2010。

（二）预制砂浆管理

根据住房和城乡建设部要求，施工现场必须使用预拌砂浆。预拌砂浆对节能减排、保护环境有着重要意义，可有效减少粉尘污染，符合施工现场预防职业病消除粉尘危害的要求。施工单位要将使用预拌砂浆作为绿色文明施工的一项重要内容。

预拌砂浆包括干混砂浆和湿拌砂浆，干混砂浆应外观均匀、无结块、无受潮，到施工现场后按配合比要求由施工单位技术人员加水搅拌至符合现场施工要求。湿拌砂浆应外观均匀、无离析、泌水现象，由于受到初凝时间和现有施工工艺制约，目前还不具备大面积推广使用条件，目前施工现场通常使用干混砂浆。对于湿拌砂浆参考商品混凝土管理。

对于干混砂浆的管理，施工单位与监理单位试验管理人员应做好如下工作：

1. 考察砂浆预拌厂家

考察砂浆预拌厂家的企业资质、生产规模、业绩及规范化管理，能满足工程的需求；砂浆生产企业,要配置必要的储存、运输设施,努力提高预拌砂浆的规模化、规范化水平，使预拌砂浆的优越性得到充分展示和社会认可。

2. 砂浆进场管理

进场的预拌砂浆应符合产品性能的要求，并要求供应企业提供企业产品标准、型式检验报告、出厂检验报告以及产品合格证，预拌砂浆企业必须全部使用符合相关技术标准的原材料并附原材料检验报告，预拌砂浆进场后按要求进行强度、凝结时间、保水率、流动性等产品性能复试，满足规范要求后方可使用。

3. 控制配合比

砂浆进场复试合格后，经试验室结合工程需求出具砂浆加水量，确定现场施工配

第八章 城市轨道交通土建工程试验和检测管理

合比，严格按配合比要求加水，确保保水率及砂浆强度满足施工及规范要求。

4. 控制砂浆试块制作

1）砂浆试块应在使用地点或出料口随机取样。

2）每次至少应制作 1 组 3 块标准养护试块。

3）砂浆试块的养护条件应与实验室的养护条件相同。

5. 砂浆试块试验，见表 8-2-9。

砂浆试验项目一览表　　　　　　表 8-2-9

试件名称	进场复验项目	取样规定（数量）	依据标准
砂浆	抗压强度、稠度	建筑地面用水泥砂浆：检验同一施工批次、同一配合比水泥砂浆强度的试块，应按每一层（或检验批）不少于 1 组。当每一层（或检验批）面积大于 1000m² 时，每增加 1000m² 应增做 1 组试块；小于 1000m² 按 1000m² 计算，取样 1 组；检验同一施工批次、同一配合比的散水、明沟、踏步、台阶、坡道的水泥砂浆强度的试块，应按每 150 延长米不少于 1 组	《建筑地面工程施工质量验收规范》GB50209—2010
砂浆	抗压强度、稠度	每一检验批且不超过 250m³ 砌体的各类、各强度等级的普通砌筑砂浆，每台搅拌机应至少抽检一次。验收批的预拌砂浆、蒸压加气混凝土砌块专用砂浆，抽检可为 3 组；预拌砂浆中的湿拌砂浆稠度应在进场时取样检验	《砌体结构工程施工质量验收规范》GB50203—2011
湿拌砌筑砂浆	抗压强度、保水率	同一生产厂家、同一品种、同一等级、同一批号且连续进场的湿拌砂浆，每 250m³ 为一批，不足 250m³ 时，应按 1 个检验批计	《预拌砂浆应用技术规程》DB11/T696—2016
湿拌抹灰砂浆	抗压强度、保水率、拉伸粘结强度	同一生产厂家、同一品种、同一等级、同一批号且连续进场的湿拌砂浆，每 250m³ 为一批，不足 250m³ 时，应按 1 个检验批计	
湿拌地面砂浆	抗压强度、保水率	同一生产厂家、同一品种、同一等级、同一批号且连续进场的湿拌砂浆，每 250m³ 为一批，不足 250m³ 时，应按 1 个检验批计	
干混砌筑砂浆（普通）	抗压强度、保水率	同一生产厂家、同一品种、同一等级、同一批号且连续进场的干混砂浆，每 500t 为一批，不足 500t 时，应按 1 个检验批计	
干混抹灰砂浆（普通）	抗压强度、保水率、拉伸粘结强度	同一生产厂家、同一品种、同一等级、同一批号且连续进场的干混砂浆，每 500t 为一批，不足 500t 时，应按 1 个检验批计	
干混地面砂浆	抗压强度、保水率	同一生产厂家、同一品种、同一等级、同一批号且连续进场的干混砂浆，每 500t 为一批，不足 500t 时，应按 1 个检验批计	
聚合物防水砂浆	外观、凝结时间、7d 抗渗压力、7d 粘结强度	每 10t 为一批，不足 10t 亦为一批	
自流平砂浆	流动度、24h 抗压强度	每 30t 为一批，不足 30t 亦为一批	《干混砂浆应用技术规程》DB11/T696—2009

四、商品混凝土试验管理

城市轨道交通土建工程主体结构使用商品混凝土，常用普通混凝土、抗渗混凝土、高强混凝土、轻骨料混凝土等。各参建单位的管理人员对上述各种混凝土的试验管理必须给予同样的重视。

（一）对混凝土搅拌站的管理

为控制混凝土质量，监理单位可向搅拌站派驻监理人员，对混凝土的生产进行全过程监督。

1. 原材料的管控

（1）原材料进站后在监理工程师的见证下送有资质的试验检测机构检测合格后方可使用。

（2）每批次原材料进站后，材料管理员应立即通知试验室及驻站监理工程师，按规定的检测项目进行试验，填写检测单并签字，试验结果合格后方可入库。

（3）驻站监理工程师应随时对现场原材料进行巡视，每天不少于2次，以便确认所用的原材料应与批准的原材料保持一致。

2. 配合比

商品混凝土严格按相关规范和设计要求进行配合比试配，试配的各项技术指标应满足设计要求，同时应符合《普通混凝土配合比设计规程》JGJ55—2011的相关要求。

搅拌站应在混凝土正式生产前14天申报混凝土配合比申请书，由驻站监理工程师签字确认，然后交项目监理机构进行审批。未经批准的混凝土配合比不得使用。

3. 生产过程

（1）搅拌站提出开盘申报，驻站监理工程师在接到后立即对《混凝土配合比通知单》以及工、料、机进行审核，同意后批准开盘。

（2）开盘后要在驻站监理工程师的见证下及时检测混凝土坍落度，检测合格后，签认《混凝土开盘鉴定》，正式生产混凝土。

（3）混凝土搅拌完成后，由搅拌站填写《预拌混凝土交接验收单》，质检员和驻站监理工程师对混凝土进行坍落度、温度、含气量检验，并观察混凝土的粘聚性和保水性，检验合格签署意见后方可出站。

（4）质检人员在驻站监理工程师的见证下制取混凝土试件，并填写混凝土试块记录。

（5）必要时，驻站监理工程师按相关要求留置一定数量的混凝土试件。

（二）混凝土进场验收

1. 检查质量证明文件

（1）预拌混凝土进场浇筑前，首先检查搅拌站提供的混凝土原材料试验验报告、配合比通知单、开盘鉴定、运输单等资料，现场施工单位技术人员、监理工程师共同核对混凝土配合比，确认混凝土强度等级及浇筑部位相符。

（2）检查混凝土运输时间在规定范围内，确保混凝土和易性。

（3）28天后供应方提供预拌混凝土出厂合格证。

2. 坍落度试验

（1）施工单位与监理单位核对资料无误后，在监理工程师见证下，必要时搅拌站技术人员在场，由施工单位试验人员在施工现场做混凝土坍落度试验，检验方法应符合《普通混凝土拌合物性能试验方法标准》GB/T50080—2016的有关规定；同时应观察混凝土的粘聚性和保水性符合规范要求。

（2）坍落度大于220mm的混凝土，应根据需要测定其坍落扩展度，扩展度的允许偏差为±30mm，所检查项目均符合要求后方可进行混凝土浇筑，并留存照片及影像资料。

3. 控制混凝土入模温度

混凝土入模温度不应低于5℃，且不应高于35℃。

4. 施工禁止事项

混凝土运输、输送、浇筑过程中严禁加水；散落的混凝土严禁用于结构浇筑。

（三）混凝土的复试组批取样规定

1. 普通混凝土的组批取样

普通混凝土的强度等级必须符合设计要求，用于检查结构构件混凝土强度的标准养护试件，应在混凝土的浇筑地点随机抽取。其力学性能试验应以三个试件为一组，每组试件所用的拌合物应从同一盘混凝土或同一车混凝土中取样，取样与试件留置应符合表8-2-11中的相关规定。

2. 冬季施工混凝土的组批及取样

混凝土冬期施工必须有效地控制负温混凝土质量，根据《建筑工程冬期施工规程》JGJ/T104—2011规定，室外日平均气温连续5d稳定低于5℃，混凝土工程即进入冬期施工，当室外日平均气温连续5d高于5℃时即解除冬期施工。冬期施工的混凝土同条件试件的留置要求，详见表8-2-11。

3. 抗渗混凝土的组批及取样

抗渗混凝土抗渗性能应采用标准养护混凝土抗渗试件的试验结果评定，试件应在混凝土浇筑地点随机取样后制作，并应符合规定，详见表8-2-11。

4. 喷射混凝土组批取样

（1）明挖车站、区间配合比应通过试验确定，检验喷射混凝土抗压强度所需的试件应在工程施工中采用喷大板切割法制取，取样数量详见表8-2-11。

（2）暗挖车站、区间：取样数量详见表8-2-11。

（四）试件的制作

混凝土试件要按操作规程和要求制作，混凝土试件要具有代表性。

1. 依据

混凝土的取样和制作应符合《普通混凝土拌合物性能试验方法标准》GB/T 50080—2016的相关要求。

2. 成型前检查

检查试模尺寸应符合《普通混凝土拌合物力学性能试验方法标准》GB/T50080—2016 的规定，试模内表面应涂一薄层脱模剂。

3. 取样

取样应有代表性，每组试件所用的混凝土应从同一盘或同一车中取样，从车内取样时先快速搅拌均匀，浇筑量达 1/4 混凝土后取样，取样量应多于试验所需量的 1.5 倍，且宜不少于 20L。

4. 试件制作

同条件试件制作可在现场制作；标准养护试件应在环境温度为（20±5）℃、相对湿度大于 50% 的操作间内制作，混凝土充分拌和均匀后方可装入试模。

5. 人工振捣

（1）坍落度大于 70mm 的混凝土宜使用人工插捣的方法制作试件。

（2）混凝土拌合物应分两层装入试模内，每层的装料厚度大致相等，插倒应按螺旋方向从边缘向中心均匀进行，在插捣底层混凝土时，捣棒应达到试模底部；插捣上层时，捣棒应贯穿上层后插入下层 20～30mm，插捣时捣棒应保持垂直，不得倾斜，用抹刀沿各试模内壁插拔数次，插捣后用橡皮锤敲击试模四周，直至捣棒留下的孔洞消失为止。

（3）每层插倒次数按在 10000mm² 截面积内不得少于 12 次。

6. 振动台振捣

（1）坍落度不大于 70mm 的混凝土宜使用振动振实的方法制作试件。

（2）混凝土一次装入试模内，装料时用抹刀沿试模壁插捣，表面相对平整并高出试模约 10mm，以混凝土不再下沉且气泡溢出相对较少为止，不得有过振情况。

7. 试件整理

振捣完毕后，使混凝土面高出试模 2～3mm，刮除多余混凝土，初凝前用抹刀抹平。立即做好试件标识，标识应清楚准确，包括试件编号、强度等级、成型日期、代表部位等。

8. 强度换算系数

检验评定混凝土强度要用混凝土标准试件（150×150×150）的强度，实际工地所做的试件尺寸有多种，要换算成标准尺寸的试件强度，强度换算系数应按表 8-2-10 取用，其标准成型方法、标准养护条件及强度试验方法应符合普通混凝土力学性能试验方法标准的规定。

混凝土试件尺寸及强度换算系数表　　　　表 8-2-10

骨料最大粒径（mm）	试件尺寸（mm）	强度尺寸换算系数
31.3	100×100×100	0.95
40	150×150×150	1.00
63	200×200×200	1.05

（五）同条件试块的留置要求

1. 留置条件

对混凝土结构工程中的各混凝土强度等级，均应留置同条件养护试件。同条件养护试件的留置宜均匀分布于工程施工周期内，两组试件留置之间浇筑的混凝土量不宜大于1000m³。

2. 留置数量

同一强度等级的同条件养护试件，其留置的数量应根据混凝土工程量和重要性确定，详见表5-2-11。

3. 放置位置

试件拆模后，应放置在靠近相应结构构件或结构部位的适当位置，并应采取相同的养护方法。

（六）混凝土试件养护的要求

1. 养护前的准备

采用标准养护的试件，应在温度为（20±5）℃的环境中静置一昼夜至两昼夜，按照标识条的内容在硬化的试件表面进行编号，标识后再进行拆模，拆模后立即放入标养室养护，或在温度为（20±2）℃的不流动的氢氧化钙饱和溶液中养护。

2. 试件留置与放置

每次取样应至少留置一组标准养护试件。标准养护室内的试件应放在支架上，彼此间隔10～20mm，试件表面应保持潮湿，不得被水直接冲淋。

3. 养护时间

（1）采用硅酸盐水泥、普通硅酸盐水泥或矿渣硅酸盐水泥配制的混凝土，养护时间不应少于7d，采用其他品种水泥时，应根据水泥性能确定。

（2）采用缓凝型外加剂、大掺量矿物掺合料配制的混凝土，不应少于14d。

（3）抗渗混凝土、强度等级C60及以上的混凝土，不应少于14d。

（4）大体积防水混凝土在设计许可的情况下，掺粉煤灰混凝土设计强度等级的龄期宜为60d或90d。

（5）地下室底层墙、柱和上部结构首层墙、柱，宜适当增加养护时间。

（七）混凝土相关试验项目

各类混凝土及砌块的试验项目见表8-2-11

各类混凝土、砌块试验项目   表8-2-11

试件名称		进场复验项目	取样规定（数量）	依据标准
普通混凝土	标准养护	抗压强度	对同一配合比混凝土，每拌制100盘且不超过100m³时，取样不得少于一次； 每工作班拌制不足100盘时，取样不得少于一次； 连续浇筑超过1000m³时，每200m³取样不得少于一次； 每一楼层取样不得少于一次。每次取样应至少留置一组试件	《混凝土结构工程施工质量验收规范》GB50204—2015

续表

试件名称	进场复验项目	取样规定（数量）	依据标准
普通混凝土	标准养护 抗压强度	1. 围护结构预制桩、灌注桩：同一配合比试件每5根不应少于1组。 2. 结构预制桩、灌注桩：直径大于1m或单桩混凝土量超过25m³的桩，每根桩应留置1组试件，直径小于或等于1m或单桩混凝土量不超过25m³的桩，每灌注台班不应少于1组试件。 3. 旋喷桩、水泥土桩墙和咬合桩：同一配合比每20根桩不应少于1组。 4. 工程桩：灌注桩混凝土强度检验的试件应在施工现场随机抽取，来自同一搅拌站的混凝土，每浇筑50m³必须至少留置1组试件；当混凝土浇筑量不足50m³时，每连续浇筑12h必须至少留置1组试件。对于单柱单桩，每根桩应至少留置1组试件。 5. 地下连续墙：每一单元槽段混凝土制作抗压强度试件1组，每五单元槽应制作抗渗压力试件1组，当不足五个槽段或不是同一批次混凝土时，应单独制作一组抗渗试件	《建筑地基基础工程施工质量验收标准》GB50202—2018。 《地下铁道工程施工质量验收标准》GB/T 50299—2018
	条件养护 抗压强度	对同一配合比混凝土，冬期施工时，应增设不少于两组同条件试件，一组用于检查混凝土受冻临界强度；而另外一组或一组以上试件用于检查混凝土拆模强度或拆除支撑强度或负转常温后强度检查等； 结构实体试块留置：同一强度等级的同条件养护试件，不宜少于10组，且不应少于3组； 每连续两层楼取样不应少于1组，每2000m³取样不得少于1组	
高性能混凝土	抗渗试验	同一工程、同一配合比的混凝土，取样频率与试件留置组数应符合有关标准规定；连续浇筑混凝土每500m³应留置一组6个抗渗试件，且每项工程不得少于两组	《混凝土结构工程施工质量验收规范》GB50204； 《地下防水工程质量验收规范》GB50208—2011
	抗压强度	同普通混凝土	《混凝土结构工程施工质量验收规范》GB50204—2015
混凝土	耐久性（有耐久性指标要求时）	对同一配合比混凝土，每单位工程不同强度等级、不同混凝土厂家生产的混凝土至少留置一组耐久性试块； 用于受氯离子侵蚀环境条件下的混凝土的抗氯离子渗透性能宜满足电通量（56天龄期）不大于1200库仑或氯离子扩散系数（28天龄期）不大于 8×10^{-12} m/S 的要求	《普通混凝土长期性能和耐久性能试验方法》GB/T50082—2009； 《混凝土结构现场检测技术标准》GB/T50784—2013
喷射混凝土	抗压强度	1. 检验喷射混凝土抗压强度所需的试件数量为每500m²喷射混凝土取一组，小于500m²喷射混凝土的独立工程不得少于一组，每组试块不得少于3个，材料或配合比变更化时应另作一组。 2. 同一配合比，区间或小于其断面的结构，每20m拱和墙各取一组抗压强度试件，车站各取两组。 3. 当设计文件要求为抗渗混凝土时，应留置抗渗压力试件，区间结构每40m取1组；车站每20m取1组	《岩土锚杆与喷射混凝土支护工程技术规范》GB50086—2015； 《地下铁道工程施工质量验收规范》GB50299—2018
	厚度	1. 采用喷层厚度的标志或凿孔检查喷层厚度数量：车站每10m、区间每20m检查一个断面，从拱顶中线起，每2m检查一个点。 2. 喷射混凝土厚度合格条件： 1）大于和等于设计要求厚度的测点应在80%以上； 2）最小值不应小于设计要求厚度的80%； 3）厚度总平均值不应小于设计要求的厚度	

续表

试件名称	进场复验项目	取样规定（数量）	依据标准
预拌喷射混凝土干料	外观、凝结时间、1d抗压强度、28d抗压强度	1. 同一批号的800t预拌喷射混凝土干料应为一个检验批，不足800t时应按一批计。 2. 每500m²的喷射混凝土应为一批，小于500m²的独立工程不得少于一批；当材料或配合比变更时，应另作一批	《预拌喷射混凝土应用技术规程》DB11/T1609—2018
轻集料混凝土小型空心砌块	抗压强度、密度	每1万块为一验收批，不足10000块也按一批计	《轻集料混凝土小型空心砌块》GB15229—2011
蒸压加气混凝土砌块	立方体抗压强度、干体积密度	同品种、同规格、同等级的砌块，以10000块为一验收批，不足10000块也按一批计； 从尺寸偏差与外观检验合格的砌块中，随机抽取砌块，制作3组9块试件进行立方体抗压强度试验，制作3组9块试件进干体积密度检验	《蒸压加气混凝土砌块》GB/T11968—2006

五、防水材料试验管理

城市轨道交通土建工程大部分是地下工程，结构防水始终是施工中的重点和难点。设计单位根据不同工法和不同地质条件选择相适应的防水材料。

明挖车站常采用的防水材料为：单组分聚氨酯防水涂料、聚酯胎体SBS改性沥青防水卷材（Ⅱ型）、膨润土防水毯、高分子聚录乙烯卷材、双面自粘型沥青基聚酯胎预铺防水卷材；明挖区间常采用单组分聚氨酯防水涂料、聚酯胎体SBS改性沥青防水卷材（Ⅱ型）、ECB塑料防水板、膨润土防水毯等。

暗挖法车站常采用ECB塑料防水板；暗挖法区间常采用EVA塑料防水板等。

盾构区间管片防水材料常用有三元乙丙（EPDM）橡胶密封胶条、遇水膨胀橡胶密封垫等。

细部构造防水材料常采用有背帖式止水带、橡胶止水带、水泥基渗透结晶型、遇水膨胀止水条、遇水膨胀止水胶等防水材料等。

（一）进场验收

1. 检查质量证明资料

按程序组织防水材料的进场验收。检查并按规定留存产品出厂合格证、物理技术性能检测报告、防伪标志、产品使用说明和产品备案材料。

2. 进行外观检查

对防水材料的外观、品种、规格、包装、尺寸和数量等进行检查，均应与设计相符。

3. 经监理工程师检查确认合格后，形成相应进场验收记录，组织进场。

（二）现场抽样检测

防水材料进场检验合格后，必须按相关规定进行现场抽样100%见证试验，在建设单位或监理单位的见证下,现场取样、封样,送至有相应资质的检测单位进行性能检测。

1. 复试项目

防水材料检验内容及规定,见表8-2-12。

2. 组批及抽样

对进场的防水材料应按《地下防水工程质量验收规范》GB50208—2011附录B的规定抽样复验,在工程实地取样时,按同一生产厂、同规格型号为一批次取样。

防水材料复试项目　　　　　　　　　　　表 8-2-12

材料名称	进场复验项目	组批原则及取样规定	依据标准
改性沥青聚乙烯胎防水卷材;弹性体改性沥青防水卷材;预铺/湿铺防水卷材	可溶物含量、拉力、延伸率、低温柔度热老化后低温柔度、不透水性	大于1000卷抽5卷,每500~1000卷抽4卷,100~499卷抽3卷,100卷以下抽2卷,进行规格尺寸和外观质量检验。在外观质量检验合格的卷材中,任取一卷作物理性能检验;将试样卷材切除距外层卷2500mm后,取2m长的卷材进行材料性能检验	《改性沥青聚乙烯胎防水卷材》GB18967—2009;《弹性体改性沥青防水卷材》GB18242—2008;《预铺防水卷材》GB/T23457—2017;《地下防水工程质量验收规范》GB50208—2011;《屋面工程质量验收规范》GB50207—2012
	可溶物含量、拉力、最大拉力时延伸率、耐热度、低温柔度、不透水性	大于1000卷抽5卷,每500~1000卷抽4卷,100~499卷抽3卷,100卷以下抽2卷,进行规格尺寸和外观质量检验。在外观质量检验合格的卷材中,任取一卷作物理性能检验;将试样卷材切除距外层卷2500mm后,取2m长的卷材进行材料性能检验	
自粘聚合物改性沥青防水卷材	可溶物含量、拉力、延伸率、低温柔度热老化后低温柔度、不透水性	大于1000卷抽5卷,每500~1000卷抽4卷,100~499卷抽3卷,100卷以下抽2卷,进行规格尺寸和外观质量检验。在外观质量检验合格的卷材中,任取一卷作物理性能检验;将试样卷材切除距外层卷2500mm后,取2m长的卷材进行材料性能检验	《自粘聚合物改性沥青防水卷材》GB23441—2009;《地下防水工程质量验收规范》GB50208—2011
	可溶物含量、拉力、最大拉力时延伸率、耐热度、低温柔度、不透水性		《自粘聚合物改性沥青防水卷材》GB23441—2009;《屋面工程质量验收规范》GB50207—2012
	拉力、最大拉力时延伸率、不透水性、卷材与铝板剥离强度	同一生产厂的同品种、同一等级的产品,大于1000卷抽5卷,500~1000卷抽4卷,100~499卷抽3卷,100卷以下抽2卷;将试样卷材切除距外层2500mm后,取2m长的卷材进行材料性能检验	《住宅室内防水工程技术规范》JGJ298—2013
合成高分子密封材料	拉伸模量、断裂伸长率、定伸粘结性	每1t产品为一批,不足1t的按一批抽样;取样量1kg,密封包装送样	《屋面工程质量验收规范》GB50207—2012
高分子防水材料（片材）	断裂拉伸强度、断裂伸长率、低温弯折性、不透水性、撕裂强度	大于1000卷抽5卷,500~1000卷抽4卷,100~499卷抽3卷,100卷以下抽2卷,进行规格尺寸和外观质量检验。在外观质量检验合格的卷材中,任取一卷作物理性能检验;将试样卷材切除距外层卷头300mm后顺纵向切取1500mm的全幅卷材2块,一块作物理性能检验用,另一块备用	《高分子防水材料 第1部分 片材》GB18173.1—2012;《地下防水工程质量验收规范》GB50208—2011

续表

材料名称	进场复验项目	组批原则及取样规定	依据标准
高分子防水材料（片材）	断裂拉伸强度、扯断伸长率、低温弯折性、不透水性	大于1000卷抽5卷，500～1000卷抽4卷，100～499卷抽3卷，100卷以下抽2卷，进行规格尺寸和外观质量检验。在外观质量检验合格的卷材中，任取一卷作物理性能检验；将试样卷材切除距外层卷头300mm后顺纵向切取1500mm的全幅卷材2块，一块作物理性能检验用，另一块备用	《高分子防水材料 第1部分 片材》GB18173.1—2012；《屋面工程质量验收规范》GB50207—2012
聚氨酯防水涂料	潮湿基面粘结强度、涂膜抗渗性、浸水168h后拉伸强度、浸水168h后断裂伸长率、耐水性	每5t为一批，不足5t按一批抽样；随机抽取搅拌均匀的两组样品，一份试验用，一份备用；每组取混合样品2kg（多组分产品按配比抽取）	《聚氨酯防水涂料》GB/T19250—2013；《地下防水工程质量验收规范》GB50208—2011
聚氨酯防水涂料	固体含量、拉伸强度、断裂伸长率、低温柔性、不透水性	同一生产厂每10t产品为一验收批，不足10t也按一批计；随机抽取搅拌均匀的两组样品，一份试验用，一份备用；每组取混合样品2kg（多组分产品按配比抽取）	《聚氨酯防水涂料》GB/T19250—2013；《屋面工程质量验收规范》GB50207—2012
膨润土防水材料	单位面积质量膨润土膨胀指数、渗透系数、滤失量	每100卷为一批，不足100卷按一批抽样；100卷以下抽5卷，进行尺寸偏差和外观质量检验。在外观质量检验合格的卷材中，任取一卷作物理性能检验；将试样卷材切除距外层卷头300mm后顺纵向切取1500mm的全幅卷材2块，一块作物理性能检验用，另一块备用	《地下防水工程质量验收规范》GB50208—2011；《水泥基渗透结晶型防水材料》GB18445—2012
水泥基渗透结晶型防水材料	抗折强度、粘结强度、抗渗性	每10t产品为一批，不足10t的按一批抽样；取样量5kg，装于密封容器内，一份作试验用，一份备用	
聚氨酯建筑密封胶	拉伸模量、定伸粘结性、断裂伸长率	每1t产品为一批，不足1t的按一批抽样；取样量2支或1kg，密封包装送样	《聚氨酯建筑密封胶》JC/T482—2003；《屋面工程质量验收规范》GB50207—2012
聚氨酯建筑密封胶	表干时间、挤出性、弹性恢复率、定伸粘结性、浸水后定伸粘结性	同一生产厂、同等级、同类型产品每2t为一验收批，不足2t也按一批计；随机抽取，抽样数应不低于$\sqrt{\frac{n}{2}}$（n是产品的桶数或支数）；取样量2支或1kg，密封包装送样	《聚氨酯建筑密封胶》JC/T482—2003；《住宅室内防水工程技术规范》JGJ298—2013
聚硫建筑密封胶	流动性、挤出性、定伸粘结性	每2t产品为一批，不足2t的按一批抽样；取样量2支或1kg，密封包装送样	《聚硫建筑密封胶》JC/T483—2006；《地下防水工程质量验收规范》GB50208—2011
聚硫建筑密封胶	拉伸模量、定伸粘结性、断裂伸长率	每1t产品为一批，不足1t的按一批抽样；取样量2支或1kg，密封包装送样	《聚硫建筑密封胶》JC/T483—2006；《屋面工程质量验收规范》GB50207—2012

续表

材料名称	进场复验项目	组批原则及取样规定	依据标准
硅酮建筑密封胶	拉伸模量（定伸粘结性）、断裂伸长率	每1t产品为一批，不足1t的按一批抽样；取样量2支或1kg，密封包装送样	《硅酮和改性硅铜建筑密封胶》GB/T14683—2017；《屋面工程质量验收规范》GB50207—2012
硅酮建筑密封胶	表干时间、挤出性、弹性恢复率、定伸粘结性、浸水后定伸粘结性	同一生产厂、同等级、同类型产品每2t为一验收批，不足2t也按一批计；随机抽取，抽样数应不低于$\sqrt{\frac{n}{2}}$（n是产品的桶数或支数）；取样量2支或1kg，密封包装送样	《硅酮和改性硅铜建筑密封胶》GB/T14683—2017；《住宅室内防水工程技术规范》JGJ298—2013
遇水膨胀止水胶	表干时间、拉伸强度、体积膨胀倍率	每5t产品为一批，不足5t的按一批抽样；随机取样2支	《地下防水工程质量验收规范》GB50208—2011；《混凝土接缝用建筑密封胶》JC/T881—2017
混凝土建筑接缝用密封胶	流动性、挤出性、定伸粘结性	每2t产品为一批，不足2t的按一批抽样；取样量1kg，密封包装送样	
橡胶止水带	拉伸强度、扯断伸长率、撕裂强度	每月同标记的止水带产品为一批抽样；取样2m长一组	
腻子型遇水膨胀止水条	硬度、7d膨胀率、最终膨胀率、耐水性	每5000m为一批，不足5000m按一批抽样；取样2m长一组	
弹性橡胶密封垫材料	硬度、伸长率、拉伸强度、压缩永久变形	每月同标记的密封垫材料产量为一批抽样；抽取足够样品	
遇水膨胀橡胶密封垫胶料	硬度、拉伸强度、扯断伸长率、体积膨胀倍率、低温弯折	每月同标记的膨胀橡胶产量为一批抽样；抽取足够样品	
土工布	撕破强力、CBR顶破强力、断裂强度、断裂伸长率	同一班次生产的同一规格、同一工艺的产品为一批，批量较小时可累计100卷为一批；采样及实验准备按GB/T13760进行	《土工合成材料取样和试样准备》GB/T13760—2009
聚合物水泥防水砂浆	7d粘结强度、7d抗渗性、耐水性	每10t产品为一批，不足10t的按一批抽样；取样量5kg，装于密封容器内，一份作试验用，一份备用	《聚合物水泥防水砂浆》JC/T984—2011；《地下防水工程质量验收规范》GB50208—2011
	凝结时间、7d粘结强度、7d抗渗压力、压折比	同一生产厂的同一品种、同一等级的产品，每400t为一验收批，不足也按一批计；取样量5kg，装于密封容器内，一份作试验用，一份备用	《聚合物水泥防水砂浆》JC/T984—2011；《住宅室内防水工程技术规范》JGJ298—2013

（三）合格要求

各类防水材料的试验结果符合设计及相关规范要求后方可使用，不合格的防水材料严禁使用并立即清场。

六、钢结构工程试验管理

钢结构在城市轨道交通土建工程中多有应用，其涉及对钢材、高强度螺栓、焊接材料、焊接工艺、焊接质量等的试验，必须做好试验的管理工作。钢结构一般在钢结构加工厂家预制加工，钢材的性能指标应由厂家负责检测（或外委检测）；如钢结构在现场加工制作，则钢材的性能指标应由施工单位负责外委检测。

（一）原材料进场验收

检查原材料质量证明文件、中文标志及检验报告等应齐全，对钢结构的材料外观、品种、规格、数量等检查合格后填写材料进场检验合格记录。

（二）取样检测项目

进场验收合格后按规范要求现场取样、封样，送至符合要求的第三方检测机构检测，合格后报监理工程师审批后方准予使用，检测项目如下。

1. 钢材、钢铸件

钢结构连接用高强度大六角头螺栓连接副、扭剪型高强度螺栓连接副、钢网架用高强度螺栓、普通螺栓、铆钉、射钉、锚栓等紧固标准件及螺母等标准配件，其品种、规格、性能等应符合现行国家产品标准和设计要求。

2. 焊接材料和焊接质量

建筑结构安全等级为一级的一、二级焊缝；建筑结构安全等级为二级的一级焊缝；大跨度结构中一级焊缝；重级工作制吊车梁结构中一级焊缝及设计有要求时，对所用焊接材料及焊缝焊接质量必须进行进场复试。

3. 防腐涂料（油漆类）

钢结构用防腐涂料的涂装遍数、涂层厚度均应符合设计和有关规范要求。

4. 防火涂料

钢结构用防火涂料分薄涂型和厚涂型，其品种、性能应符合设计和有关规范要求。

以上各种钢结构原材料复试项目见表8-2-13。

钢结构原材料复试及现场相关检测项目　　　　表8-2-13

材料名称	进场复试项目	取样规定（数量）	标准
钢材	屈服点、抗拉强度、拉伸率、冷弯	同碳素结构钢或低合金高强度钢结构为一检验批	《碳素结构钢》GB/T700—2006
扭剪型高强度螺栓连接副	预应力	每批抽8套连接副	《钢结构工程施工质量验收规范》GB50205—2001；《钢结构焊接规范》GB50661—2011
高强度大六角头螺栓连接副	扭矩系数	每批抽8套连接副	

续表

材料名称	进场复试项目	取样规定（数量）	标准
高强度螺栓连接摩擦面	抗滑移系数	每2000t为一批，不足2000t可视为一批。选用两种及两种以上表面处理工艺时，每种处理工艺应单独检验，每批三组试件	《钢结构工程施工质量验收规范》GB50205—2001；《钢结构焊接规范》GB50661—2011
螺栓	实物最小荷载	每一规格螺栓为一检验批	
焊接材料（焊丝、焊条）	化学分析、熔敷金属力学试验	焊丝五个炉批批取一组试验、焊条三个炉批取一组试验	《钢结构工程施工规范》GB50755—2012；《气体保护电弧焊用碳钢、低合金钢焊丝》GB/T8110—2008
焊接工艺评定	拉伸、弯曲、冲击	钢结构工程按相应的钢结构制作或安装工程检验批的划分原则划分为一个或若干个检验批	《钢结构工程施工质量验收规范》GB50205—2001；《钢结构现场检测技术标准》GB50621—2010；《钢结构焊接规范》GB50661—2011
焊接质量	焊缝探伤检验	一级焊缝探伤100%，二级探伤焊缝20%	
防腐涂料	涂层厚度	—	
防火涂料（薄涂型）	涂层厚度、粘结强度	100t	
防火涂料（厚涂型）	涂层厚度、粘结强度、抗压强度	500t	
网架安装	节点承载力	按变形缝、施工段、或者空间刚度为一个检验批	

七、盾构工法试验管理

（一）管片厂原材料检验

在管片生产过程中，对于厂家自购的原材料，可按相关规范、标准要求进行进场复试，主要有盾构管片用防水材料及螺栓，参见8-2-12和表8-2-13中相关内容。

（二）管片混凝土

1.混凝土坍落度

每工作班检测新拌混凝土坍落度、目测其粘聚性和保水性。直径8m以下隧道，同一配合比按每生产10环制作抗压试件一组，每生产30环制作抗渗试件一组。

2.试块取样和送检

管片生产过程应按照不低于30%比例的要求，对涉及结构安全的试块、试件（包括混凝土同条件养护试件）和材料进行见证取样和送检。详见表8-2-11中相关内容。

关于盾构施工现场涉及的实体检测，详见第三节。

第三节 实体检测管理

在城市轨道交通土建工程中,建筑实体质量具有重要地位,加强对工程质量的监督,并公正、客观的对其评价,土建施工实体检测具有重要的现实意义,是保证城市轨道交通工程安全质量目标的基础环节。在对土建工程主体结构验收之前,针对结构实体进行质量检测,能够切实保障工程结构的质量,具有安全性和稳定性。

实体检测的主要内容和目的有两大方面,一是控制受力构件的强度以保证建筑物的安全;二是控制使用功能和观感质量以使建筑物满足使用的舒适度和美观,如此可达到质量的全面要求。试验管理人员应严格按各相关要求,对实体检测的现场条件及操作过程进行监督。

一、土建施工实体检测

在城市轨道交通土建工程施工过程中的实体检测,其中涉及基坑支护、地基加固、基础及路面,以下分别叙述具体的检测项目和方法。

(一)基坑支护实体检测

检测内容和方法

检测内容包括地下连续墙、锚杆(索)抗拔力、土钉墙土钉抗拔力检测,土钉墙面层喷射混凝土厚度、型钢水泥土搅拌桩等项,取样规定和方法见表 8-3-1。

基坑支护实体检测项目　　　　　表 8-3-1

检测项目	取样相关规定	检测方法及应具备的条件	依据标准
地下连续墙墙身结构质量检测、槽壁垂直度检测	应进行槽壁垂直度检测:检测数量不得少于同条件下总槽段数的 20%,且不少于 10 副;当地下连续墙作为主体地下结构构件时,应对每个槽段进行槽壁垂直度检测,检测数量应满足结构设计要求;应进行槽底沉渣厚度检测:当地下连续墙作为主体地下结构构件时,应对每个槽段进行槽底沉渣厚度检测;对地下连续墙墙身完整性进行检测:检测墙段数量不少于同条件下总墙段数的 20%,且不得少于 3 幅墙段,每个检测墙段的预埋超声波管数不应少于 4 个,且宜布置在墙身截面的四边中点处;地下连续墙作为主体地下结构构件时,其质量检测尚应符合相关规范的要求	采用声波透射法结果不合格时,应采用钻芯法进行验证	《建筑基坑支护技术规程》DB11/489—2016

续表

检测项目	取样相关规定	检测方法及应具备的条件	依据标准
锚杆（索）抗拔力	随机抽样，抽样应代表不同地层土性和不同抗拔力要求，检测数量应取每层锚杆总数的5%，且不少于3根，试验锚杆材料尺寸及施工工艺应与工程锚杆相同；检测试验的最大试验荷载应取锚杆极限抗拔承载力的0.8倍	锚杆注浆体宜采用水泥浆或水泥砂浆，其试块抗压强度标准值不宜低于20MPa，应在锚杆浆体强度达到15MPa或设计强度的75%以上	《建筑基坑支护技术规程》DB11/489—2016
土钉墙土钉抗拔力	同一条件下，检测数量不宜少于土钉总数的1%，且不宜少于3根，土钉拉拔试验宜分层、分区段进行	应有代表性和针对性，验收合格标准为二级、三级土钉墙，抗拔承载力检测值不应小于土钉轴向拉力标准值的1.3倍、1.2倍	
土钉墙面层喷射混凝土厚度	检查数量宜为500m²取一组，每组不少于3个点；全部检查孔处厚度的平均值应大于设计厚度，最小厚度不小于设计厚度的80%，并不应小于50mm	可采用钻孔法和其他方法检查	
型钢水泥土搅拌桩 桩身均匀性	成桩7d后进行检查，开挖深度宜超过停浆（灰）面下0.5m，检查量为总桩数的5%	浅部开挖桩头法、目测检查、量测成桩直径	《建筑地基基础工程施工质量验收标准》GB50202—2018
型钢水泥土搅拌桩 桩身均匀性	成桩后3d内检查上部桩身，检验数量为总桩数的1%，且不少于3根	轻型动力触探法（N10）	
型钢水泥土搅拌桩 桩身28天强度	每台班应抽检1根桩，每根桩不应少于2个取样点，每个取样点应制作3件试块。取样点应设置在基坑坑底以上1m范围内和坑底以上最软弱土层处的搅拌桩内	采用浆液试块无侧限抗压强度试验；试块应及时密封水下养护28d后进行	
型钢水泥土搅拌桩 桩身28天强度	应在成桩28d且基坑开挖前检验，抽查数量不应少于总桩数的2%，且不得少于3根	钻芯法	

（二）地基加固

地基加固现场检测项目　见表8-3-2。

地基加固实体检测项目　　　　　　　　　　　　　　　　　表8-3-2

检测项目	取样相关规定	检测方法及应具备的条件	依据标准
旋喷桩质量检验	检验点的数量为施工孔数的2%，并不应少于5点	钻孔取芯	《建筑地基处理技术规范》JGJ79—2012

（三）桩基础

在城市轨道交通土建工程中，混凝土灌注桩可用于基坑支护桩和结构基础的承重桩，因其受力与作用、使用时间不同，对其质量检测的要求也有所不同。围护桩只进行桩身完整性检测，承重桩需进行桩身完整性和单桩承载力检测，一并列于表8-3-3。

第八章 城市轨道交通土建工程试验和检测管理

桩基础检测 表 8-3-3

检测项目		取样相关规定	检测方法及应具备的条件	依据标准
混凝土桩身完整性	围护桩	建筑桩基设计等级为甲级，或地质情况复杂、成桩质量可靠性低，检测数量不应少于总桩数的30%，且不应少于20根	声波透射法	《建筑基桩检测技术规范》JGJ106—2014；《建筑地基基础工程施工质量验收标准》GB50202—2018
承载力试验	工程桩	设计等级为甲级或地质条件复杂时，应采用静载试验的方法对桩基承载力进行检验，检验桩数不应少于总桩数的1%，且不应少于3根，当总桩数少于50根时，不应少于2根	静载试验	
桩身完整性		工程桩的桩身完整性的抽检数量不应少于总桩数的20%，且不应少于10根。每根柱子承台下的桩抽检数量不应少于1根	声波透射法	

工程桩完整性现场检测，见图 8-3-1 和图 8-3-2。

图 8-3-1 桩基检测　　　　　　　图 8-3-2 桩基检测

（四）路面弯沉

在轨道交通土建工程路基路面施工中，涉及压实度检测，应依次在土基封层，水泥稳定基层，沥青面层完成后进行路面弯沉检测，每次检测合格后方能进行后续工序施工，检测方法和要求见表 8-3-4，路面弯沉现场检测见图 8-3-3。

路面弯沉检测 表 8-3-4

检测项目	取样相关规定	检测方法及应具备的条件	依据标准
路面弯沉值检测	试验布点、试验步骤、合格标准详见该标准	使用贝克曼弯梁进行	《公路路面基层施工技术细则》JGJ/T F20—2015

图 8-3-3 路面弯沉现场检测

（五）土壤压实度现场检测

明挖车站、区间基坑回填完成后，均需对回填土进行压实度的检测。检测要求见表 8-3-5。

回填土压实度检测　　　　表 8-3-5

检测项目	检验取样数量	检测方法及应具备的条件	依据标准
基坑回填碾压压实度	当机械碾压时，每层填土按基坑长度 50m 或面积为 1000m²（不足 50m 或小于 1000m² 按 1 组计）时取一组；2. 当机械夯实时，每层填土按基坑长度 25m 或基坑面积为 500m²（不足 25m 或小于 500m² 按 1 组计）时取一组，每组取样点不少于 6 个，其中部和两边各取 2 个；3. 监理单位 100% 见证取样检测或按施工单位检验数量的 10% 平行检验	环刀法或灌砂法	《地下铁道工程施工质量验收标准》GB/T50299—2018

基坑及顶板回填土压实度检测取样，见图 8-3-4。

图 8-3-4　压实度检测的现场环刀取样

（六）后置埋件的实体检测

后置埋件包括：膨胀型锚栓施工、扩底型锚栓施工、化学锚栓施工、植筋施工等。

因工程特殊情况，需要植筋时，应按规范要求进行锚固质量现场抽样检测，见表8-3-6。

后置埋件实体检测项目 表 8-3-6

检测项目	取样相关规定	检测方法及应具备的条件	依据标准
植筋拉拔试验	锚固质量现场检验抽样时，应以同品种、同规格、同强度等级的锚固件安装于锚固部位基本相同的同类构件为一个检验批； 对重要结构构件及生命线工程的非结构构件，应取每一检验批植筋总数的3%且不少于5件进行检验； 对一般结构构件，应取每一检验批植筋总数的1%且不少于3件进行检验； 对非生命线工程的非结构构件，应取每一检验批锚固件总数的0.1%且不少于3件进行检验	/	《混凝土结构后锚固技术规程》JGJ145—2013

（七）预应力筋张拉质量

地铁土建施工中，预应力结构多有应用，其预应力筋张拉或放张前，应对构件强度进行检验，当同条件养护的混凝土立方体试件抗压强度符合设计要求时，方可进行预应力筋张拉试验，见表8-3-7。

预应力张拉检测 表 8-3-7

检测项目	取样相关规定	检测方法及应具备的条件	依据标准
预应力筋张拉质量	预应力筋的伸长值	采用应力控制方法张拉时，张拉力下预应力筋的实际伸长值与计算伸长值的相对允许偏差为 ±6%（监理单位检查张拉记录）	《混凝土结构工程施工质量验收规范》GB50204—2015

（八）钢结构焊缝探伤

在钢结构施工过程中严格按规范要求进行焊缝无损检测，在整体安装完成后应在外观检测合格后进行焊缝的无损探伤检测，设计要求全焊透的焊缝，其内部缺陷的检测应符合下列规定：

1. 一级焊缝

应进行100%的检测，其合格等级不应低于《钢结构焊接规范》GB50661—2011的要求。

2. 二级焊缝

应进行抽检，抽检比例不应小于20%，其合格等级不低于《钢结构焊接规范》GB50661—2011的要求。

3. 三级焊缝

应根据设计要求进行相关的检测。

焊缝无损检测，见图 8-3-5。

图 8-3-5　焊缝无损检测

（九）主体结构实体检测

工程结构实体检测包括混凝土强度、钢筋保护层厚度、结构位置与尺寸偏差及合同约定的项目。除结构位置与尺寸偏差外的结构实体检验项目，其他项均应由第三方有资质的检测机构完成。

1. 结构实体钢筋保护层厚度检验

1）结构实体钢筋保护层厚度检验应符合《混凝土结构工程施工质量验收规范》GB 50204—2015 附录 E 的规定，主要有非悬挑梁板类构件、悬挑梁及悬挑板构件进行检验。

2）检测构件的选取应均匀分布，且应符合以下规定：

（1）对非悬挑梁板类构件，应各抽取构件数量的 2% 且不少于 5 个构件进行检验。

（2）对悬挑梁，应抽取构件数量的 5% 且不少于 10 个构件进行检验；当悬挑梁数量少于 10 个时，应全数检验。

（3）对悬挑板，应抽取构件数量的 10% 且不少于 20 个构件进行检验；当悬挑板数量少于 20 个时，应全数检验。

3）对选定的梁类构件，应对全部纵向受力钢筋的保护层厚度进行检验；对选定的板类构件，应抽取不少于 6 根纵向钢筋的保护层厚度进行检验。对每根钢筋，应选择有代表性的不同部位量测 3 点取平均值。

4）采用非破损或局部破损的方法，也可采用非破损方法并用局部破损方法进行校准。保护层厚度检验的误差不应大于 1mm。

5）纵向受力钢筋保护层厚度的允许偏差应符合下表：

构件类型	允许偏差（mm）
梁	+10，−7
板	+8，−5

6）梁类、板类构件纵向受力钢筋的保护层厚度应分别进行验收，并应符合下列规定：

（1）当全部钢筋保护层厚度检验的合格率为 90% 及以上时，可判为合格；

（2）当全部钢筋保护层厚度检验的合格率小于 90% 但不小于 80% 时，可再抽取相同数量的构件进行检验；当按两次抽样总和计算的合格率为 90% 及以上时，仍可判为合格；

（3）每次抽样检验结果中不合格点的最大偏差均不应大于上表的规定允许偏差的 1.5 倍。

2.结构实体混凝土同条件养护试件强度检验

1）混凝土强度应按不同强度等级分别检验，检验方法宜采用同条件养护试件方法；当未取得同条件养护试件强度或同条件养护试件强度不符合要求时，可采用回弹—取芯法进行检验。

2）混凝土强度检验时的等效养护龄期可取日平均温度逐日累计达到 600℃·d 时所对应的龄期，且不应小于 14d，日平均温度为 0℃ 及以下的龄期不计入。冬期施工时，等效养护龄期计算时温度可取结构实际养护温度条件，按照同条件养护试件强度与在标准养护下 28d 龄期试件强度相等的原则由监理、施工等各方共同确定。

3）强度检验应符合《混凝土结构工程施工质量验收规范》GB 50204—2015 附录 C 的规定；回弹—取芯强度检验就符合《混凝土结构工程施工质量验收规范》GB 5024—2015 附录 D 的规定。

4）取样和留置应符合以下规定：

（1）同条件养护试件所对应的结构构件或结构部位，应由施工、监理等各方共同选定，且同条件养护试件的取样宜均匀分布于工程施工周期；

（2）同条件养护试件应在混凝土浇筑入模处见证取样；

（3）同条件养护试件应留置在靠近相应结构构件的适当位置，并应采取相的养护方法；

（4）同一强度等级的同条件养护试件不宜少于 10 组，且不应少于 3 组。

5）对同一强度等级的同条件养护试件，其强度值应除以 0.88 后按《混凝土强度检验评定标准》GB/T50107—2010 的相关规定进行评定，评定结果符合要求时可判定结构实体混凝土强度合格。

同条件养护试件的取样宜均匀分布于工程施工周期内，应在混凝土浇筑入模处见证取样，应留置在靠近相应结构构件的适当位置，并应采取相同的养护方法。详见第二节表 8-2-11。

3.结构实体混凝土回弹 - 取芯法强度检验

回弹构件主要是对主体结构梁、板、墙、柱等重要受力构件进行评定，同一混凝土强度等级的梁、板、墙、柱，抽取构件最小数量应符合《混凝土结构工程施工质量验收规范》GB50204—2015 的规定，并应均匀分布。

每个构件应选取不少于 5 个测区进行回弹检测及回弹值计算，并应符合《回弹法检测混凝土抗压强度技术规程》JGJ/T23—2011对单个构件检测的有关规定。

1）对同一强度等级的混凝土，应将每个构件5个测区中的最小测区平均回弹值进行排序，并在其中最小的3个测区各钻取1个芯样组成一组试件。

2）对同一强度等级的混凝土，当三个芯样的抗压强度算术平均值不小于设计要求的混凝土强度等级值的88%时，或其最小值不小于设计要求的混凝土强度等级值的80%，结构实体混凝土强度可判定合格。

试验过程见图8-3-6和图8-3-7。

图8-3-6 车站底板钻芯取样

图8-3-7 回弹法检测混凝土强度

4.结构实体位置与尺寸偏差检验

结构实体位置与尺寸偏差检验主要针对梁、柱、墙、板构件。

1）结构位置与尺寸偏差应符合《混凝土结构工程施工质量验收规范》GB50204—2015附录F的规定。

2）检验构件的选取应均匀分布，并应符合下列规定：

（1）梁、柱应抽取构件数量的1%，且不应少于3个构件；

（2）墙、板应按有代表性的自然间抽取1%且不应少于3间；

（3）层高应按有代表性的自然间抽查1%，且不应少于3间。

3）对选定的构件，检验项目及检验方法应符合表8-3-8。

结构实体位置与尺寸偏差检验项目及检验方法　　　表8-3-8

项目	允许偏差（mm）	检验方法	检验器具
柱截面尺寸	+10, -5	选取柱的一边量测柱中部、下部及其他部位，取3点平均值	钢卷尺
柱垂直度	H/10000 且≤80	沿两个方向分别量测，取较大值	经纬仪、钢卷尺
墙厚	±5	墙身中部量测3点，取平均值；测点间距不应小于1mm	钢卷尺
梁高	±5	量测一侧边跨中及两个距离支座0.1m处，取3点平均值；量测值可取腹板高度加上此处楼板的实测厚度	钢卷尺

续表

项目		允许偏差（mm）	检验方法	检验器具
板厚		±5	悬挑板取距离支座0.1m处，沿宽度方向包括中心位置在内的随机3点取平均值；其他楼板，在同一对角线上量测中间及距离两端各0.1m处，取3点平均值	钢卷尺
层高	≤6m	10	与板厚度测点相同，量测板顶至上层楼板板底净高，层高量测值为净高与板厚之和，取3点平均值	经纬仪或吊线、钢卷尺
	≥6m	12		

4）墙厚、板厚、层高的检验可采用非破损或局部破损的方法，也可采用非破损方法并用局部破损方法进行校准。当采用非破损方法检验时所使用的检测仪器应经过计量检验。

5）结构实体位置与尺寸偏差项目应分别进行验收，并应符合以下规定：

（1）当检验项目的合格率为80%及以上时，可判为合格；

（2）当检验项目的合格率小于80%但不小于70%时，可再抽取相同数量的构件进行检验；当两次抽样总和计算的合格率为80%及以上时，仍可判为合格。

（十）初支和二衬背后回填注浆密实度

1. 检查数量

暗挖隧道初期支护及二次衬砌后进行的注浆，应进行实体检测。每10m检查一次，每个断面应从拱顶附近检查不少于3点。

衬砌背后密实度检测，见图8-3-8。

图8-3-8 雷达法检测 衬砌背后密实度

2. 检测项目及内容（见表8-3-9）

二衬背后回填注浆密实度检测　　表8-3-9

检测项目	检测内容	检测数量及检测方法
衬砌背后密实度检测	雷达探测无损检	沿着隧道纵向布置测线，测线位置在隧道拱顶、左右拱腰、左右边墙各布置1条线，共5条雷达测线，当大断面隧道应在隧道拱顶部位增加2条测线

（十一）盾构工法施工检测

1.预拌注浆料的质量控制和检验

1）预拌盾构注浆料进场时应附带产品合格证、型式检验报告等质量证明文件，且应附带悬挂于移动筒仓外的标识，标识内容（不限于）

（1）名称与型号；

（2）生产厂家；

（3）生产日期；

（4）用水量范围；

（5）执行标准。

2）进场的预拌盾构注浆料应按下列规定进行复验

（1）同一生产厂家、同一品种的每2000t预拌盾构注浆料或每500m隧道所用预拌盾构注浆料应作为一批，不足2000t或不足500m的盾构隧道所用预拌盾构注浆料应按一批计。

（2）检验项目

主要包括以下三个项目：

流动度（Ⅰ型）或截锥流动度（Ⅱ型）；

表观凝结时间（Ⅰ型）或初凝时间（Ⅱ型）；

固结率。

2.同步注浆的工程检验应符合规定

1）盾构机每推进20环应作为一个检验批，不足20环应按一批计。

2）应在混浆机出口随机抽取浆液，取样数量不得少于500mL，试样应混合均匀。

3）检验项目应包括：

（1）表观凝结时间（Ⅰ型）或初凝时间（Ⅱ型）

（2）固结率

3.管片实体检测

盾构施工中钢筋混凝土管片进场前要在加工厂进行相关试验，四方验收合格后方可运往施工现场。

（1）吊装孔拉拔检测（见图8-3-9）。

（2）盾构管片水平三环拼装（见图8-3-10和图8-3-11）。

（3）管片检漏试验（见图8-3-12），合格后方可运往施工现场。

各检测项目的具体内容及方法见表8-3-10。

4.监理单位要派驻专职试验人员见证检测全过程

管片的抗拔试验、检漏试验和水平拼装检验必须按照《预制混凝土衬砌管片》GB/T22082—2017要求的试验方法进行，试验报告应注明试验方法、试验依据及试验结果等情况。

5.土体加固检测项目 见表8-3-11。

·第八章 城市轨道交通土建工程试验和检测管理·

图 8-3-9 盾构管片吊装孔强度检测

图 8-3-10 量测管片拼装内径

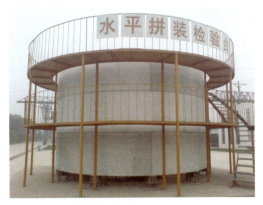

图 8-3-11 盾构管片水平三环拼装试验

图 8-3-12 管片检漏试验

盾构管片检测项目及内容 表 8-3-10

检测项目	检测内容	检测数量及检测方法
管片实体检测	管片吊装孔强度检测，抗弯性能，吊装孔预埋件首次使用前进行拉拔试验，抗拉拔力不小于 5 倍或 7 倍构件自重（设计要求）	盾构管片吊装孔拉拔试验（采用分级加载方式）：先按设计荷载的 20% 级差加荷至设计荷载的 80%，再按设计荷载的 10% 级差加荷至设计荷载的 90%，继续按设计荷载的 5% 级差加荷至设计荷载
	管片拼装试验，检验其内、外直径及环缝和纵缝宽度是否符合设计要求	每 200 环 1 组（3 环），管片拼装应严格按设计要求进行，宜随机抽取不同模具生产的管片在拼装试验台上进行混合拼装
	管片成品应定期进行检漏试验，检漏标准按管片外表在 0.8MPa 水压力下，恒压 3h，渗水进入管片外背高度不超过 50mm 为合格	管片的初期检漏测试频率应为每生产 100 环抽取 1 块管片进行检漏测试，合格后出具检漏测试报告；如不合格，抽取 2 块进行复检；如再不合格，应逐块检测。初期连续 3 次合格后合格后，检测频率应改为每生产 200 环抽检 1 块管片；再连续 3 次检测合格后，检测频率应改为每生产 400 环抽检 1 块管片；如果出现 1 次检测不合格，则恢复每生产 100 环抽检 1 块管片的检测频率，再按上述要求进行抽检

土体加固检测项目 表 8-3-11

检测项目	检测内容	检测数量及检测方法
土体加固强度	盾构始发端头和接收洞口段的地层加固范围必须符合设计要求，加固土体的强度和渗透系数指标应符合设计文件要求	每个加固段检查 3 点

二、其他相关实体检测项目

城市轨道交通土建工程中，还有与土建工程相关的下列三项实体检验。

（一）使用功能检测

城市轨道交通工程中，有部分单位工程中含有建筑设备安装工程，竣工后应进行各专业使用功能的检测，检测项目应依据国家现行相关标准、设计文件及合同要求确定。主要检测项目、参数和取样依据可按表 8-3-12 的规定确定。

使用功能检测项目、主要检测参数和取样依据 表 8-3-12

类别	主要检测项目	依据标准	备注
屋面、幕墙防水	淋水、蓄水	《屋面工程质量验收规范》GB50207—2012	蓄水时间不得少于 24h
管道功能性试验	水压试验（强度试验）	《建筑给水排水及采暖工程施工质量验收规范》GB50242—2002	试验的压力均为工作压力的 1.5 倍，但不得小于 0.6MPa
	严密性试验	《城镇供热管网工程施工及验收规范》CJJ28—2014	严密性试验压力应为 1.25 倍设计压力，且不得低于 0.6MPa

（二）系统节能性能检测

城市轨道交通工程中车站、车辆基地等单位工程中含有房屋建筑和建筑设备工程，均涉及建筑节能工作，为加强建筑节能工程的质量管理，应依据国家现行法律法规和建筑节能施工验收规范，做好房屋建筑节能和设备系统节能性能检测。采暖、通风与空调、配电与照明工程安装完成后，应由建设单位委托具有相应资质的检测机构，并出具检测报告。进行系统节能性能的检测，主要检测项目、检测参数和取样依据可按表 8-3-13 的规定确定。

系统节能性能检测主要项目、取样依据及要求 表 8-3-13

类别	主要检测项目	抽样数量	允许偏差或规定值	规范标准
系统节能性能	室内温度	以建筑面积每 100m² 为受检样本数量基数，抽样数量按规范规定执行，不同功能区域检测部位不少于 2 处，且应均匀分布	冬季不得低于设计计算温度 2℃且不应高于 1℃，夏季不得高于设计计算温度 2℃且不应低于 1°	《公共建筑节能工程施工质量验收规程》DB 11/510—2017
	各风口的风量	以单个风口为受检样本数量基数，抽样数量按规范规定执行，且不同功能的系统不应少于 2 个	≤15%	

续表

类别	主要检测项目	抽样数量	允许偏差或规定值	规范标准
系统节能性能	通风、空调（包括新风）系统的风量	以单个系统为受检样本数量基数，抽样数量按规范规定执行，且不同功能的系统不应少于1个	≤10%	《公共建筑节能施工质量验收规程》DB11/510—2017
	空调机组的水流量	以单个空调机组为受检样本数量基数，抽样数量按规范规定执行，且不应少于1台	≤20%	
	空调系统冷热水、冷却水的循环流量	全数	≤10%	
	平均照度与照明功率密度	按同一功能区不少于2处	照明不小于设计值90%，功率密度不大于设计或规范要求值	
	水力平衡度	热力入口总数不超过6个时，全数检测；超过6个时，应根据各个热力入口距热源距离的远近，按近端、远端、中间区域各抽检2个热力入口。被抽检热力入口的管径不应小于DN40	0.9～1.2	
	室外管网热损失率	全数	≤10%	
	风机单位风量耗功率	以单个风机为受检样本数量基数，抽样数量符合相关规范要求	符合标准《公共建筑节能设计标准》GB50189—2015规定的限值	

（三）室内环境质量检测

城市轨道交通土建工程中有大量的房屋建筑，如车站、站厅，车辆基地内的综合办公楼、维修中心等均涉及室内环境质量，为保障公众健康、维护公共利益、确保室内环境质量达标，除施工中应做到预防和控制民用建筑工程中建筑材料的室内环境污染外，必须在竣工后对室内环境主要污染物进行检测，检测方法及合格条件依据《民用建筑工程室内环境污染控制规范》GB50325—2010（2013版），主要检测项目详见表8-3-14。

室内环境污染物浓度限量和取样依据　　　　　表8-3-14

类别	主要检测项目	Ⅰ类民用建筑工程	Ⅱ类民用建筑工程
污染物	氡（Bq/m^3）	≤200	≤400
	甲醛（mg/m^3）	≤0.08	≤0.1
	苯（mg/m^3）	≤0.09	≤0.09
	氨（mg/m^3）	≤0.2	≤0.2
	TVOC（mg/m^3）	≤0.5	≤0.6

注：1. 表中污染物浓度测量值，除氡外均指室内测量值扣除同步测定的室外上风向空气测量值（本底值）后的测量值。
　　2. 表中污染物浓度测量值的极限值判定，采用全数值比较法。

基坑开挖前应进行土壤中氡浓度检测，可采用电离室法、静电收集法、闪烁瓶法、金硅面垒型探测器等方法进行，见图 8-3-13。

图 8-3-13　金硅面垒型探测器法测定基坑外侧（底部）土壤中氡浓度

参考文献

[1] 广州英赛科技有限公司.工程档案竣工资料管理系统(公路工程版)[M].

[2] 夏勤.工程档案竣工资料的管理及现代化管理系统[M].

[3] 《住建部标定所领导调研暗挖机械化施工工艺》,发布时间:2015-10-22.

[4] 《市监督总站大力推进轨道交通暗挖施工机械化作业》,发布时间:2015-08-25.

[5] 浙江省电力公司基建部(杜光跃).安全文明施工标准化管理[M].2010.

[6] 李世华,李智华.城市轨道工程施工技术交底手册[M].北京:中国建筑工业出版社,2011.

[7] 练松良.轨道工程[M].北京:人民交通出版社,2009.

[8] 崔波,王华强.铁路轨道工程施工安全交底[M].北京:中国铁道出版社,2014.

[9] 王希.城市轨道交通高架桥工程施工安全管理探析[M].

[10] 中交一公局第一工程有限公司承秦高速公路第五合同项目经理部.高架桥施工安全措施[M].

[11] 张立青.城市轨道交通高架桥工程施工的安全管理[M].

[12] 《盾构的分类和适用范围》(提供平台:混凝土机械网).

[13] 高莉萍.停车列检库工艺设计[M].